ディルタイと現代

歴史的理性批判の射程

西村　皓・牧野英二・舟山俊明　編

法政大学出版局

序文

まず最初に、本書刊行のねらいを説明しておきたい。二一世紀を迎えた今日、あらゆる分野で知のあり方が大きな変貌を遂げつつある。たしかに個別科学の学問水準と研究成果の進展には、目覚ましいものがある。これについては贅言を費やすまでもないであろう。他方、これらの知の高度化・専門化は、知の生成の基盤である日常生活、社会生活との密接な連関を見失うという結果を生じさせたことも否定することはできない。加えて、知の専門化の必然的な帰結として、人文科学・社会科学・自然科学という従来の学問領域の三区分を前提にした、個別科学とその内部領域でのいわゆる「蛸壺化」現象や知識の分散化現象を生じる結果ともなった。学問の進歩と科学技術の発展は、皮肉にも、人間全体や社会全体を総体的・総合的に把握する学問的視座を喪失する帰結をもたらしたのである。これが、今日私たちが直面する知的状況の実相にほかならない。

こうした知的状況に対する反省と新たな知の創造の試みとして、現在の学問形態、知の枠組みを超えた新たな学問領域の形成と諸学問間の連携の試みも進行しつつあり、ある程度の成果を挙げていることもたしかである。いわゆる学際的研究、相関科学的研究、総合的な観点からの地域研究などは、その一例である。このような知的傾向は、今後もますます盛んになるであろう。しかしこれらの営みは、どこに向かおうとしているのであろうか。それらは、どのような基礎と基盤に依拠すべきであろうか。これらには、その機軸となる原理的な役割を担う学問が必要ないのであろうか。今日の知的課題は、高度に専門化し、学際化する学問をゆるやかな仕方であれ方向づけ、あるいは基礎づける学問的な営みを求めているように思われる。

ところで、一〇〇年ほど前にディルタイはすでに、今日の知的状況とほぼアナロガスな知的状況の下で同様の課題に直面していた。ディルタイは、自然科学が飛躍的に進歩した時代に、それと対抗する精神科学、すなわち人文科学と社会科学の固有性と、すべての知の生成の場としての歴史的生の体験の構造を解明しようとしたのである。端的にいえば、思弁哲学にもたんなる実証主義や経験主義にも陥ることなく、自然科学を含むあらゆる知の可能性と基礎づけのために、みずから「歴史的理性批判」と呼んだ知の創造的営みとその批判的解明に生涯を賭したのである。本書の随所で散見されるように、ディルタイは、ありとあらゆる知的領域でこの不可能に近い困難な試みに挑戦した。そしてその苦難に満ちた試みのドキュメントは、主要な著作が第一巻で中断し、無数の遺稿断片の山のままに後世に引き継がれる結果となった。しかし、これらの思索のプロセスと成果は、今日われわれが取り組んでいる困難な課題に対する有益な手がかりを提供してくれるはずである。ここに、『ディルタイと現代』と題する本書を刊行する第一のねらいが存する。

ところがこれまでディルタイは、まず歴史家・精神史家、生の哲学者として、ついで教育哲学者、そして解釈学的哲学の嚆矢として評価されてきたものの、いずれもディルタイ思想のかぎられた一面的な評価にとどまっていた。それどころか解釈学的哲学者としての位置づけにしても、ハイデガーやガダマーなどによる評価と批判は、ディルタイ思想の極めてかぎられた文献・資料によって形成された狭隘な見解にすぎないことが、近年のドイツ語版『ディルタイ全集』による遺稿類の相つぐ刊行によって確実に明らかにされつつある。このようなディルタイ像の変貌と従来のディルタイ解釈のカノンを超える新たな思想的運動は、ドイツやアメリカにかぎらず、徐々にグローバルに広がりつつある、と言ってよい。一九八五年に刊行を開始した英語版の『ディルタイ著作集』(全六巻、プリンストン大学出版局)の企画は、その一実例にすぎない。今日、グローバルな規模で「ディルタイ・ルネサンス」が着実に進行しているのである。

次に、本書刊行の経緯について言及する。本書は、二〇〇二年より刊行開始予定の日本語版『ディルタイ全集』(全一一巻・別巻一、法政大学出版局)別巻の第一部・入門編として当初企画された部分を独立させ、内容的に拡大・深化させたものである。したがって本書は、たんに「ディルタイ案内」ないし「ディルタイ入門」としての意味づけだけでなく、ディルタイ思想と直接・間接に関わる内外の最新の研究成果を取り入れて「ディルタイ・ルネサンス」の状況に対するいわば「見取り図」を提供することを意図して刊行することになった。それはディルタイ思想の生成と発展の全貌と実相を解明することだけでなく、同時にディルタイの思索の成果を機軸にしたグローバルな規模での影響作用史と思想史の読み直しの作業を読者に求めることも意図している。さらに本書は、ディルタイを読まずしてディルタイを評価するという、日本にありがちな通弊を是正するきっかけを提供できることを期待している。

以上のような意図に基づいて本書第I部では、ディルタイの生涯と思想形成・発展のプロセスを近年のディルタイ全集の刊行状況と研究成果に依拠して紹介しつつ、その時代のさまざまな歴史的背景との関連から明らかにしている。それによって、ディルタイ像とそのドラスティックな変遷のプロセスも追考されている。また第II部では、ディルタイ思想の全体像を哲学・文学・芸術学・教育学・倫理学・宗教学・歴史学・社会学・心理学・解釈学などの多様な学問分野から照らし出そうと試みている。さらに第III部では、ディルタイによる近代の哲学者・思想家の評価と批判とともに、現代の哲学者・思想家たちによるディルタイ評価と批判をたんにドイツ語圏に限定せず、フランスおよび英米系の哲学者や日本を代表する哲学者・思想家たちとの関係にも考察の視野を拡大して、ディルタイを主軸に据えた哲学者群像に光を当てることを試みた。それによってこれまでの通説化した哲学史・思想史の枠組みでは捉えることのできなかった、いわば隠されたディルタイ思想の多面性と創造性を解明し、その正当な評価を下すことが可能になるであろう。

しかし厳密に言えば、ディルタイ思想の全体像を解明し、その正確な評価を下すためには、日本語版『ディルタイ全集』の刊行を待たなければならない。かつて第二次世界大戦終結直後の一九四六年（昭和二一年）に、日本語版『ディルタイ著作集』（全一五巻・別巻一、創元社）の刊行が開始されたが、第四巻一冊を刊行しただけで中断してしまった。当時の刊行趣意書には西田幾多郎や阿部次郎、伊藤吉之助などの錚々たる人物が推薦文を寄せている。また、訳者・監修者には当時の新進気鋭の学者や第一線の哲学者・思想史研究者などが名前を連ねていた。この著作集の刊行が挫折したことは、その後の日本のディルタイ研究だけでなく、哲学・思想研究全体にとっても大きな損失であった。今回の日本語版『ディルタイ全集』の刊行に向けたいわばプレ企画とも言える本書の刊行によって、日本の学問研究にいささかでも寄与できれば、本書刊行のねらいは十分に果たせたと言えるであろう。

二〇〇一年二月

編者　西村　皓
　　　牧野　英二
　　　舟山　俊明

凡例

一、本書収録の各論考において、『ディルタイ全集』(Wilhelm Dilthey, *Gesammelte Schriften*) からの引用箇所や参照箇所の指示に際しては、巻数をローマ数字で、頁数を算用数字で表わし、( ) に入れて本文中に示す。たとえば、(VII 95) は『全集』第七巻、九五頁を意味する。

二、引用文中、〔 〕内は引用者により補足された語句を、……で示した箇所は引用者による省略をそれぞれ示す。また、引用文中の強調は、断りがない場合、すべて引用者による。

三、また、以下の文献については、原則として、次のような略号あるいは略称を用いる。

jD : *Der junge Dilthey. Ein Lebensbild in Briefen und Tagebüchern 1852–1870*, hrsg. von Clara Misch geb. Dilthey, Stuttgart 1933.

BrY : *Briefwechsel zwischen Wilhelm Dilthey und dem Grafen Paul Yorck von Wartenburg 1877–1897*, hrsg. von Sigrid von der Schulenburg, Halle/Saale 1923.(必要に応じて『往復書簡集』とも略記)

EuD : W. Dilthey ; *Das Erlebnis und die Dichtung*, Göttingen ^{16}1985 (1. Aufl., 1905).

この三書からの引用にあたっては、それぞれの略号のあとに頁数を算用数字で挙げ、(jD 163)(BrY 47)(EuD 285)のように表記する。

『序説』:『精神科学序説』
「ブレスラウ完成稿」:「『精神科学序説』第二巻のための完成稿　第四部」
「詩学」:「詩人の想像力――詩学のための礎石」
「美学史」:「近代美学の三つの時期と美学の今日的課題」
「実在性論文」:「外界の実在性についてのわれわれの信念の起源とその信念の正当性とに関する問いを解決することへの寄与」
「記述的分析的心理学」:「記述的分析的心理学の構想」
「比較心理学」:「[比較心理学について]個性研究への寄与」
「歴史的世界の構成」:「精神科学における歴史的世界の構成」
『ヴェスターマン月報』:『月刊ヴェスターマン・ドイツ画報』

目次

第II部　ディルタイ思想の全体像

第I部　ディルタイの思想と生涯

第一章　ディルタイとその時代

ヴィルヘルム・ディルタイの一八三三年一一月一九日の誕生にはじまって一九一一年一〇月一日の死去によって閉じられる生涯については、次の章で詳しく語られることになっている。その章の前にこの人物のデッサンを求められた私のもっとも重要な役割は、たぶん劇場の舞台背景を描くことにある。ディルタイという名の人物が登場する場面がどのような光景であるのかを語ることにある。

もしも映像で「ディルタイとその時代」というテレビ番組を作ることになって私がプロデュースする役目をもつことになったとしたら、最初の数分間で私はいくつかの土地の風景を上空からの撮影によって見せようとするだろう。ドイツの中西部の都市ヴィースバーデンに近いビープリヒからスタートする。ディルタイ誕生のこの土地からスタートして、南下してハイデルベルク、東に向かってベルリン、そこからはるか西南のスイスのバーゼル、北に飛んでドイツ北海岸のキール、一転して東南のブレスラウ（今日のポーランドのヴロツラフ）、ふたたびベルリンに行き、最後は南チロル（当時はオーストリア領内。今日のイタリア北部ボルツァーノ州）。地図の上でこの軌跡をたどれば、ドイツ語の文化の世界いっぱいに大きな図形を描くことになる。まさにドイツの言語と文化の世界の全体におよぶ足跡である。イギリスのロンドン、フランスのパリなどと並ぶほどの強力な中心地を持たなかったドイツ語の世界は、地域ごとに強い個性を持っていたし、今でもそうでありつづけている。それらの地域のどこにも偏しない、もっとも広い意味でのドイツ文化の世界をわたりあるいた人物であったことを印象づける映像を私は見せたいと思う。

これらの土地をめぐる映像の背景に流すバックグラウンド・ミュージックは、ディルタイ誕生の年に作られたメンデルスゾーンの『イタリア交響曲』からはじまって、この人の死の年に初演されたリヒャルト・シュトラウスの『ばらの騎士』でしめくくられることになるだろう。メンデルスゾーンとショパンの時代に生まれたディルタイは、シュトラウスとバルトークの活躍する時代に没した。クラシック音楽好きの人には、これらの曲によってディルタイの生きた時代がどれほどの時間的な幅を持つものであったかが推理できるだろう。

このような時間と空間の中にディルタイの一生があった。これを導入部として、彼の生きた時代を絵解きすることにしたいと思う。

ディルタイの誕生の年をあいだにはさむ形で、二年前にヘーゲル、一年前にゲーテとスコット、そして一年後にシュライアーマッハーが没した。古典主義の文学の代表者ゲーテとロマン主義の文学を代表するスコットの死は、文学の領域での転換期に彼が誕生したことを暗示する。シュライアーマッハーの死はロマン主義の哲学の終幕を予告するものであり、ヘーゲルの死は、唯物弁証法を基盤として組み立てられた壮大な哲学的な秩序を検証する時代の到来を告げていた。

学者としてのディルタイの声価を最初に高めたのが一八六〇年代のシュライアーマッハー論であり、一八〇〇年代の末に書かれた青少年期のヘーゲルを論じる著述が彼の哲学研究の第二の頂点とみられている。自分の誕生と相前後して世を去った人びとを研究のテーマに選んだこと自体が、動機を暗示するかのようだ。これら二人の人物に光をあてようとしたことの動機の一端がこのことに見てとれるように思える。彼自身の研究者としての生涯の軌跡、すなわち聖職者であった父親の希望による神学からのスタート、哲学と歴史の研究への方向転換、それに伴っていたはずの内面的な葛藤の克服にあった、と思われるからである。彼が最初のテーマとしたシュライアーマッハーその人が神学から哲学に転向した人だった。聖書の絶対的な真理を否定するわけにいかない神学の束縛から離れて、すべてを相対化した上で新しい絶対的な原理をさがしもとめようとする哲学にディルタイは向かった。

ディルタイの誕生の前年にヴントが生まれたということも、見逃せない事実であるように思われる。ヴントは哲学と心理学を一つにしようとする人になった。ディルタイは哲学と「体験」を一つにすることをこころみる人になった。ヴントはディルタイより七年ほど長生きしたのだが、両者はまさしく並走して一九世紀の学識の粋を二〇世紀に橋渡ししたのだった。ヴントとディルタイの二人を並べて、両者の研究の軌跡を比較しながら追跡してみたら興味深いものになるのではないかと私は思う。観念論と現実主義の両極端を批判し、個人の心理学を民族の心理学に発展させることをこころみるなど、ヴントは近代の学問が細分していたものを総合する方向で思考をめぐらした。このような意味でヴントとディルタイは似ていた。しかし、ヴントが人間の心理をさまざまな条件の総和としてとらえる考え方、一種の加法原理に支配された見方をとることによって、現実主義的な知の潮流に乗ろうとしたのに対して、ディルタイはヴントと異なる道を模索したように見える。

一九世紀が後半を迎えたころ、ヨーロッパの芸術はリアリズム、学問は実証主義を旗印としていた。その点ではディルタイはたしかに時代の子だった。時間や存在、物質や本質といったものごとについて憶測することに終始する観念的な形而上学を忌避して、経験を重んじる基本的な態度がそれを証明する。けれども、即物的な経験だけが万能でありうるという極端な考え方に彼はくみしなかった。

自然科学が文明の進歩と産業革命以来の急速な技術革新をもたらし、ドイツが産業先進国イギリスを追って経済発展のめざましかった時代だった。その時代に学問の道に入ったディルタイは、何より先に人文科学の研究の方法について思いをめぐらさなくてはならなかった。同時代の自然科学者の中で彼がとくに尊敬していた人物はヘルムホルツだった。物理学と生理学を哲学と両立させてエネルギー保存の法則を数学的な図式で表現し、検眼鏡と立体望遠鏡を発明し、神経伝導の速度を計測するなど、つぎつぎに成果を発表したヘルムホルツは、一九世紀後半の進歩思想を経験にもとづく自然科学の領域でもっともみごとに示した人だったからだ。ちなみにヘルムホルツの『生理光学ハンドブック』が世に出たのは一八六六年だった。しかし、ヘルムホルツの例、つまり一種の哲学に裏付けられた自然科学の好ましい例は、むしろ例外と思われた。哲学欠如の自然科学またはその亜流にディルタイはきびしい批判の目を向けた。

自然科学の原理によって人間社会の事象を分析しようとしたもっとも顕著な例はフランスのテーヌの著作に見られた。人種と環境（社会的構造）と時代の三つの要素に還元する方程式を駆使して、人間の情緒を排除した文学史あるいは社会史を著した。ドイツ文学研究の分野でテーヌの方法を意識的にもちいたのがW・シェーラーだった。この文学史家は、ベルリン大学の教授であったという点ではディルタイの同僚の一人でもあったのだが、歴史科学は本質的に自然科学と同じく科学的で実証的な研究になりうると信じて実践してみせた人だった。一八八六年に死んだ後に出版された未完の大著『文学論』の中の第二章をシェーラーは「文学と読者」と名づけた。文学的生産物を商品とみて書籍の価格、作家の報酬、出版社の組織、書物の流通経路、貸し出し専門の図書館、書評など、客観的に数量化ないし図式化の可能な指標をもとにして文学の歴史的状況をかたる文学論だった。シェーラーによる大胆で斬新なこころみは、この人の説得力のある言葉と迫力のある講義によってたいそう人気をえた。ドイツ経済のめざましい発展に呼応して、経済学の数学的な要素を取り入れた実証的文学研究の華麗な手本だった。

ディルタイはシェーラーの没後に個人的な思い出としてこの文学史家を回想する文章を書いた。今は亡き同僚へのおもんばかりをうかがわせる文章ではあるけれども、辛辣な批判を行間に含む内容だった。作家を自然界の法則と同じ因果関係の中に置いて、自由な意志を持たない者として扱い、作品を社会的な因果関係の必然的な産物と見るシェーラーは、ディルタイの目には、作家個人の心理的な要素をすべて排除した文学観としか見えなかった。シェーラーによる社会学的な文学理論は、二〇世紀後半の一時期に西ドイツで「受容美学」または「読者論」という形での文学研究の理論と実践においてよみがえった。主観的な判断にかたよりやすい文学作品の価値づけが行き詰まるとき、この種の数量化や図式化による実証主義が魅力をもつもののように思われるからだ。だが、ディルタイはこの種の文学研究理論が文学の本質、つまりきわめて人間的で個人的ないとなみである芸術創造の根幹にせまるものとは信じなかった。人間の芸術的な営為とその結果の産物である作品をどのように理解し解釈するべきであるのか、という問いは、人間の思考の行為と産物である哲学と歴史学にもあてはまる。

では、ディルタイはどのような方法で自然科学が優勢になりつつある時代に人文科学の独自性と主体性を確保しようとしたのだろうか。

ディルタイの晩年に一冊の書物となって刊行されたのが『体験と創作』という日本語訳のタイトルをもつ作家論である。一九〇六年に出版されたこの文学論集が、もっとも多くのドイツ人によって読まれ、また日本でも文庫本となってディルタイの名を印象づけた。私自身もこの本を翻訳で読んだ。タイトルにその文字があるばかりでなく、ディルタイの著述の全体を通じて「体験」が大事な意味をもつキーワードであるからには、私にも自分の体験を語ることが許されるだろう。

まだ二〇歳にもなっていなかった私が大学の文学部でドイツ文学を専攻する学生になることを決心して間もないころのことだった。私は自然科学系の学部にも未練を感じながら中学高校時代に積み上げた読書体験の延長上に進路をおくことを決心した。文学でありさえすればどの学科でもよかったはずだが、私はドイツ文学を選択した。ドイツ文学は、ゲーテやヘッセの作品を除けば、まだ未知にひとしい領域だったから、好奇心を満足させたいと思った。とは言うものの、ドイツ文学の何を自分の研究対象としてよいものやら、見通しが立たずにいた。そのような状態だったとき、たまたま手にしたのが『体験と創作』の訳書だった。レッシングにはじまってゲーテを経てヘルダーリンやクライストに至るドイツの作家たちを語るその本を、私はドイツ文学入門のつもりで読んだ。そして、その本を通じて他のだれよりもレッシングに興味を感じた。古代ギリシアから近代のドイツ、フランス、イギリスなど、広くヨーロッパの文学伝統とかかわりをもったレッシングの存在を知るにおよんで、私はヨーロッパ文学の全体の歴史を視野におさめる絶好の地点をえられる喜びを感じた。特定の言語であるドイツ語と特定の国であるドイツだけに拘泥する気持ちは若い私にはなかった。広いパースペクティブをもたせてくれる人物との幸福な出会いの機会をあたえたくれた恩人、すなわちディルタイの名が私の記憶に残った。レッシングをはじめとして、ドイツ文学の重要な時代の代表者たちを論じた文章を、若い私はドイツ文学史の書物の一種としてしか読まなかったのだが、今にして思えば、それは通常の文学史の乾いた記述とは別種のものだった。作家たちの作品についての記述の年代順の羅列ではなくて、作家その人の生涯と作品の関係を語る書物として『体験と創作』を読んだことが刺激の痕跡を私に残していたのだろう。多角的に、さまざまの視点から生きかたと作品の密接な関係を説くディルタイの作家論は、ドイツ文学の人物と作品をつねにヨーロッパ文学の広い視野の中で歴史的にとらえようとする傾向を私の身につけさせた。しかも、私は貴重な刺激をあたえてくれた人のことを長いあいだ忘れていた。

哲学者フッサールは論理学と心理学というまったく異なったもののように見える二つの領域のあいだの深い関係を自然科学の持つ厳密さで論じたことで知られる。その人の『論理学研究』の第一巻が一九〇〇年に出版された。この書物に刺激を受けてディルタイが書くに至ったのが一九〇五年以降の著述である「精神科学の基礎づけのための研究」だった。この著述で彼は、精神科学における認識を体験、内面的な経験といったものにしばしば直結させた。他者の体験は、その情緒的な状況に同化することによって理解が可能となる、という意味に解釈してもよいだろう。じっさい彼は「感情移入解釈学者」と（やや皮肉な意味合いをこめて）呼ばれることがあった。彼自身が後期の著述の中で、他者による生の表現は、同種の体験を自分自身がもつこと、すなわち「追体験」を基盤としなければ理解できない、という意味のことを再三語っていた。ただし、「体験－理解」ではなくて「体験－表現－理解」の三項を想定することによって、文章の形で表現されたもの（ディルタイ自身の言い方にならうならば「文書として定着された生の表現」）を、どのように解釈して理解に至るか、という問いが彼の問題意識の根底にあったのだろう。当然、このような文献解釈のいとなみが純然たる主観主義におちいる危険をはらんでいる。そこで彼は、人間社会の歴史的現実を構成するあらゆる要素の総体と、そこに生きる個人との、相互関係の考察に重きを置いた。この原理を文学研究にあてはめれば、文学作品は作家の個性の表現であると同時に、その作品が生まれた社会的状況の表現でもあって、「作品の意義は、歴史、社会、芸術、およびそれらのファクターによって影響された作者の学習史が概念化されることによってのみ、最終的に把握されることになる」のであった。

たぶん、ディルタイ自身にとっては、レッシング以下の名だたるドイツ作家たちについての論述は、シュライアーマッハーやヘーゲルを論じ、古代ギリシア・ローマから中世、近世、そして近代に至るまでの哲学や世界観を論じた多数で多量の論述の中ではごく小さな一部分にすぎなかった。あるいは、正念場である哲学と歴史についての仕事の応用編にすぎなかったのかも知れない。かりにそうでしかなかったにせよ、あるいは、まさにそうであったからこそ、『体験と創作』におさめられた作家論は——一貫した内容を持つ書物として書かれたものでなくて、多年にわたる論稿を集めたアンソロジーであったという理由からも——ディルタイの年来の方法論の一貫性を証明する。

何と言っても、ディルタイの著述の魅力は、多面的な考察によって精神の歴史や個人史がダイナミックなものとなっているところにある。そして、その魅力の源泉は、彼の「解釈学」の理念にある。

現代のドイツ文学研究のメソッドとして重要視されている方法論の一つが「解釈学」と呼ばれる。この概念をシュライアーマッハーは「理解の技法」と呼んだのだが、ディルタイはそれを一歩も二歩も進めて、あるいはいっそう厳密に規定して「文章として固定された生の表現であるものの理解の技法」とみた。この「解釈学」と訳されている言葉はドイツ語の「ヘルメノイティク」という名詞であるのだが、この語の由来であるギリシア神話の神々のうちのヘルメスは、言葉と文字を生み出した神とされている。神々の伝令として人間に伝令する役割をあたえられていた。仲介の役目をつとめる神の名に由来をもつ「解釈学」の歴史はすでに古代ギリシアに起源をもっていた。言葉の表面からでは読み取れない深い意味を探り出して理解に至る道筋をつけるメソッドのことだった。中世以後は主として聖書の文言の解釈の技術として発展したが、一八世紀に至って「神学解釈学」と「世俗解釈学（文献学）」の二つのジャンルの垣根がとりはらわれた。近代では「解釈の理論」という意味でこの概念が用いられるようになった。そして、シュライアーマッハーが、言語の諸問題を普遍的な問題、思考の諸問題を個人的な問題として解釈学に導入するにおよんで、解釈学は「理解の技法」となり、これを批判的かつ発展的に受け継ぐ形でディルタイの解釈理論とその実践の方法が形成されたというわけだった。

一九世紀後半から二〇世紀の初頭、つまりディルタイが膨大な著述をおこなっていた時代に、文化のすべての分野で「危機」が叫ばれていた。急速な社会構造の変化に直面して文学の世界では「小説の危機」が、演劇の世界では「ドラマの危機」が取り沙汰された。文化の担い手となった市民階級の作家たちは、自分たちの階級の人間である物語や戯曲の主人公をつつむ環境を描こうとした。どの人間の運命も、一つの原因と一つの動機による一貫した行為として描くことが困難になった。一つの原因から一つの結果に至る太い骨格を持つ、強い感動を呼ぶことのできる作品が生まれにくくなった。運命に立ち向かって身の危険をものともしないで自分の意志を貫こうとする人物が古典的な文学に一定の大きさを保証してきたのだが、今や因果関係もさだかでない現実社会の中でとまどって決断力を失って受動的に運命を受け入れる人物を描くような、そんな時代になっていた。人間の意志と行動のあいだに因果関係を見いだせない人物は、状況を打開するための主体的な行動をさえしない。スケールの大きな小説もドラマティックな劇も生み出されにくくなったという思いから「小説の危機」や「ドラマの危機」が語られるようになった。哲学と歴史の分野でも、文学の世界で起こっていたような「危機」が話題とされていた。唯物論にもとづくメカニズム（機械論、機械的宇宙論）と極端な主観主義への二極分解が顕著になろうとしていた。この「哲学の危機」の時期を克服するさまざまなこころみがおこなわれた時期にディルタイの出番があった。この種の「危機」がディルタイに意識されていなかったはずがない。この危機を克服するためにとった彼の方法とは、個人の内面と外側の現実との、一種の相対的な「連関」を見いだすことだった。通俗的な言い方をすれば、「主体的体験」と「客観的状況」の相互の関係から人間を理解し、人間の考え方の歴史を理解することだった。そして、（それが偉大な作家個人の生であれ、人間の思考の仕方の歴史という形をとる集団の生であれ）「生」の軌跡を追うことが、精神科学の本来の研究対象であると言う時のディルタイの言葉は自信と確信にみちていた。それは、自然科学の方法を意識しながらも、精神科学に独自の存在理由をあたえようとする意志から生まれた確信だった。

今日、その巨大な姿に圧倒されながらディルタイ全集の大冊が並ぶさまを見るにつけても、心理学、文学、美学、経済学、社会学、論理学、哲学、歴史学等々のすべての領域を統合するかのような仕事の連続に感嘆しないではいられない。たとえば同時代者であるフロイトが精神分析の理論を基礎にして人間の心理と行動のすべてを極端に単純な素因に還元しようとしたのとはまったく対照的に見える。

ところで、ディルタイの解釈学をはじめとする著述について説明をこころみようとする時につねに翻訳の問題が生じる。「生（せい）の哲学」を「生（なま）の哲学」と誤読するような若い人びとに、せめてエッセンスだけでも伝えるには、どうしたらよいのか。たとえば、重要なキーワードである「精神科学」はドイツ語の「ガイスト（精神）」と「ヴィッセンシャフト（学問、科学）」の二つの名詞から合成された熟語である。英語の翻訳では「ガイステスヴィッセンシャフト（精神科学）」が「ヒューマン・サイエンス（人間科学）」と訳されている。精神とは人間にだけそなわっている特殊な頭脳のはたらきであるという前提に立つならば、これは魅力的な訳だと言えそうに思われる。さりとて、このひそみにならって「人文科学」というのは古風にすぎる。「人間科学」というのもアメリカ風の、すべてを「ヒューマン」の修辞でくくる手軽さに多少のとまどいを禁じえない。そのように思う反面、「自然科学」に対する訳語としての「人間科学」という言い方は、ディルタイの「記述分析心理学について思うこと」（「記述的分析的心理学の構想」）という著述にあって、彼の基本姿勢を象徴するものとしてしばしば引用される文句、すなわち「自然をわれわれは説明する。人の魂の生（＝内面生活、情緒）をわれわれは理解する」（V 144）という文句にも対応する。

「精神科学における歴史的世界の構成」、くだいて訳せば「さまざまの文科系学問において歴史的な世界を組み立てること」と題された著述の中でディルタイは「ひとつの語の文字（が意味をもつの）と同じように、生と歴史がひとつの意味をもつ」と書いた。もしもディルタイが、ドイツの百科事典のたぐいに書かれているように「ドイツの哲学者」と呼ばれるしかない人物であるとしたら、哲学を専門としていない私にこの人物を語る資格も勇気もないことになる。しかし、彼の領域は哲学だけにおさまりはしなかった。作家の生涯とその作品に歴史的な展開の軌跡を見いだすのも、人間の知的活動としての精神の歴史を追求するのも、つまり文学作品の解釈も、人間の社会集団の歴史の考察も、彼にとって本質的な差はなかった。だから彼は文学者としてドイツ文学研究の指針となるものを生み出したし、歴史学者として歴史の叙述の仕方の見本を示した。両方に共通するメソッドこそが、彼を哲学者と呼ぶゆえんなのだ。そして、個人の歴史に似た性格を帯びた作家論を展開する場合も、哲学や宗教の歴史を通じて社会的集団の知の歴史を論じる場合も、ディルタイは進化を信じた。その意味でディルタイはダーウィンの同時代者としての面目を示していた。人間の知性と感性と意志の複合が人間を形成するとみる発想が教育学の指針にもなったという事実の重さを私たちは認識するべきだろう。

このディルタイの著作の全貌を日本語で知ることができるようになるとは喜ばしい。ディルタイに始まる精神史研究の柱となる部分は多くの人びとによって尊重され、批判され、時には否定されながら形を変えた。ハイデガーの哲学もユングの心理学も、さかのぼればディルタイの提起した問題と方法に帰り着くことになる。たぶん、二一世紀に生きる者たちが、ディルタイの業績とその影響の歴史を、ディルタイ自身が用いた方法を使って叙述してくれることだろう。

それはそうと、日本語版『ディルタイ全集』の翻訳者の一人となって巨大な事業に参加する機会を得た私は、ドイツでも日本でも百科事典や人名事典のたぐいで「哲学者」とされているディルタイの文体にしばしば目を奪われる。一七世紀の精神史を論じて淡々と言葉をつらねる中で、ふいに「これこそ政治家が教訓としてよいことだ！」と感嘆符付きで短く言い放つ。ディルタイの生きた時代の政治的状況を考えながらこれを読むとき、次々に大きな仕事をしつづける原動力となったものが何であったか、と問わずにいられなくなる。自己を文学形式で語ることのなかったディルタイの著述を、彼のおこなった方法を応用して分析してみたらどうなるだろうか？　彼の「生」と著作の相互的な「連関」を『体験と創作』に似た形で叙述するこころみを次代の研究者たちに期待してもよいのではないか、と私はいっそう強く切実に思う。

第二章　思想形成の歩み

はじめに

カントの哲学は、その人物や生活を充分に論じることをしなくとも完全に理解することができる。それに対して、シュライアーマッハーの意義やその世界観そして彼の諸々の著作を理解するためには、伝記的な叙述を欠くことができない。(XIII xxxii)

ディルタイは、彼の公刊された最初の著作となった『シュライアーマッハーの生涯』第一巻の冒頭をこのように書き出している。一人の思想家の思想を論ずる場合に、その生涯を跡づけることのもつ意義は人それぞれであろうが、この言葉はそのままディルタイ自身にもまた当てはまるであろう。というのも、ディルタイは、学問体系をひとたび完成させたならば、その後はそれを洗練させていくだけのタイプの学者ではなく、むしろ、若き日に時代の精神状況から生じた学問課題を、その生涯にわたってできるだけ広範な展望の下に、慎重に吟味しつつ歩み続けるタイプの思想家の一人であったとみなしうるからである。それゆえに彼は、同僚や弟子たちにもその全貌が明らかでないところから「謎の老人」と呼ばれ、また生前に著書として公刊されたものが、いずれも計画されたものの前半のみであったために、「第一巻の男」とも称せられたのであった。したがって、彼の学問上の多種多様な形をとった表現である著述群はまた、彼自身の生涯を包み込む時代の表現でもあると考えられるのであり、それゆえそれらは、彼の哲学形成史の文脈に位置づけて理解されるべきであろう。

さて、ディルタイの弟子の一人で女婿でもあるミッシュは、ドイツ語版『ディルタイ全集（*Gesammelte Schriften Wilhelm Diltheys*）』第五巻（一九二三年）の編者緒言において、ディルタイの思想形成を辿りながら、初めてその全体像を描き出したが、それ以来、ディルタイ研究の分野ではその哲学形成史に関して長らく、精神科学の心理学的基礎づけに努力した「前期」のディルタイから、それを解釈学的基礎づけへと転換した「後期」のディルタイへ、というディルタイ解釈上のカノンが形成され維持されてきた。しかし、今日のディルタイ研究では、彼の思想形成の歩みを「前・後期」に二分するよりも、むしろ三つの時期に分け、その間の連続性と展開を見ようとするのが通例となってきている。ここでは、ディルタイが大学での勉学を開始した一八五二年を始まりとして、以後一八七六年までを「初期」、一八七七年から一八九六年までを「中期」、そして一八九七年から没年の一九一一年までを「後期」と区分けすることにする。したがって従来の「前期」とは、ここでの「初期」と「中期」にあたる。(1)

一　生まれと育ち

ドイツとフランスとの国境に沿いながら南から北へと流れるライン川のほぼ中流域、ワインの生産地で名高いこの地域の中ほど、マイン川と交わるところに位置する古くからの司教座都市マインツ、そのほぼ対岸にビープリヒ（Biebrich）という小さな町がある。今日ではヴィースバーデン市の一部となっているこの町の北部モスバッハに、ヴィルヘルム・クリスチャン・ルートヴィヒ・ディルタイは、一八三三年一一月一九日、宮廷牧師で、モスバッハ・ビープリヒの教会参事官であった父マクシミリアン・ディルタイの子ども二男三女のうちの長男としてこの世に生を受けた。それはヘーゲルの没後二年、ゲーテが逝った翌年である。同年生まれには、後期ロマン派の作曲家のひとりであるブラームスや化学者のA・ノーベルがいる。時代は、文化史的にはゲーテ時代の末葉、つまりドイツにおける古典主義とロマン主義の終わりにあたり、社会史の上では資本主義的産業化の始まり、貧困などの社会問題が増大する時期にあたっている。さらに、政治史的には、国家統一に向けて自由主義とナショナリズムを軸としたさまざまな運動が興隆した時代でもあった。

彼の祖先は、永らく改革派の聖職者や法律家であり、数百年にわたってナッサウ家やヴィトゲンシュタイン家に仕えていた。父方の祖父ザムエルは、ディーツでは主任牧師の職にあり、オラニエンシュタインにおいては宮廷牧師の地位にあった。ザムエルの妻カロリーネは、周囲の多くの人から、多面的な関心をもった教養のある女性との印象をもたれていた。一方、ディルタイの母親ラウラの父、ペーター・ホイシュケルは、ビープリヒのナッサウ公国宮廷楽長であった。『魔弾の射手』の作曲家として知られるC・ヴェーバーは彼の教え子でもある。母方から受けた音楽的教養は、ディルタイの文芸論や哲学のもう一つの基盤となった。父マクシミリアンは、ハレとマールブルクで神学を修め、一八二〇年代終わりに公爵の子どもたちの教師そして助任司祭としてビープリヒに赴いた。彼は、そこでの筆頭牧師となり、上級宮廷牧師の称号を得ている。またマクシミリアンは、交友関係も豊かで、人としても開けた性格の持ち主であったという。政治的には彼は、公爵と大変緊密な関係を保っており、一八六六年には、オーストリアと手を結んだ領邦君主に対して中立を守るよう建言することもあった。こうしたディルタイの父親も、普仏戦争後のプロイセンによるナッサウの併合の一年後（一八六七年）に逝去している。

ところで、ナポレオンによってライン同盟の時代に建国されたナッサウ公国は、相対的に小国であって、いまだ農業を主体とした領邦という性格を有しており、地域経済にかかわる職業が支配的であった。数多くの小規模な農家や手工業者が、慎ましやかな生活条件のもとで暮らしを立てており、自立した市民階層はいまだ萌芽の状態にあった。したがって、市民の多くは封建的権力と密接な関係にあり、ディルタイ一族もまたそこに属していた。他方で、宗教的な側面においては、さまざまな宗派が相互に争うことなく共存しており、一八一七年の「同盟」(Union)締結以後は信仰の自由が成立していた。ナッサウにドイツにおける最初の諸宗派混合学校が創られたことが、その事実を明瞭に示している。ディルタイの父は、合理的な世界観の持ち主であって、他宗派に属する人々とも親しく交わっており、おそらくカトリック教会に所属する彼の仲間たちとも協調していたにちがいない。というのも、彼は神学上の細かなことにもこだわらなかったし、宗派的な闘争ともあまり関係を持たなかったからである。

ディルタイは、まずはビープリヒの国民学校に通い、その後に私立学校に転校し、一八四七—五二年の間ヴィースバーデンにあるギムナジウムで学んだ。その二年生のときすでに彼は、哲学や科学に対してめざめ、精神的世界の研究へと激しく誘われたのであり、それを生涯にわたって持ち続けたのであった。少年時代に父親の書棚にカントの著作を見つけ、それを貪り読むことが契機となって哲学への目覚めとなった、と彼みずから語っている。ところで彼は、ギムナジウム在学中に、まさに一八四八年の三月革命に遭遇したが、これに対して彼を含むギムナジウムの生徒たちがどの程度のかかわり方をしていたのかは、今日手にしうる史料からは判断がつけられない。ともかくも、ディルタイは、「青年に与えたギリシア古典の影響について」という小論を書いてそこを首席で卒業した。

二　初期ディルタイの思想形成（一八五二―七六年）

一八五二年にディルタイはハイデルベルク大学に進学し、まずはそこで神学の勉強を始めた。ディルタイにとって、法規上からすれば勉学可能なところはゲッティンゲン大学であったのだから、あえてハイデルベルクを選択したことにはそれなりの理由があったと考えられる。ハイデルベルクの属するバーデンでは、ナッサウと同様に、ルター派と改革派との間に「同盟」が創られており、それによって異なった思想に対しても寛大で、自由な勉学環境を期待できるというのが、ハイデルベルクを勉学の地として選択した理由のひとつであったと考えられる。実際、ゲッティンゲンは、当時の保守的体制に対する抗議運動を展開した進歩的教授陣の罷免という事件、いわゆる「七教授追放事件」以来、反動的な勢力の占めるところであった。こうしたディルタイの宗教的な立場については、彼が後年に形而上学批判を展開したこともあって、これまでほとんど考察が加えられていない。この問題は、彼の精神科学論の特徴を照らしだす要点ともみなしうるのであり、一九世紀後半の「世俗化」過程における教養市民層の宗教意識という点からも充分に光を当てられるべき課題であると言ってよい。

ハイデルベルクでもまた、彼が過ごした三学期間の間に、教会や領邦君主の側よりの大学への新たな忌まわしい攻撃が発生していた。ディルタイが経験した反動政治の最初の例は、歴史家ゲルヴィーヌスの罷免という事件であった。ゲルヴィーヌスは、バーデンにおける自由主義の唱道者のひとりであり、社会的に抑圧された階層の解放こそが歴史の法則であるとの主張が原因となって裁判にかけられ、大学教授資格を剝奪され、さらにその主張を表明した著作『一九世紀史序説（*Einleitung in die Geschichte des 19. Jahrhunderts*）』は発禁処分となった。もう一つの例は、哲学の私講師であったクーノ・フィッシャーの件である。彼は模範的な神学者ではなかったが、この若き哲学者は、ディルタイにとっては「足下に跪くべき偉大な先生」であった。こうしたフィッシャーに対して、神学者シェンケルが奸智を企て、その汎神論的世界観を攻撃するという手段をとったことで、ここにいわば宗教闘争が展開されることになった。その結果、私講師であったフィッシャーにとっては、もはや教鞭を執ることがかなわなくなったのである。進歩的なフィッシャーへの攻撃の契機は、彼の著作『近代哲学史（*Geschichte der neueren Philosophie*）』第一巻が一八五二年に刊行されたことにあった。ハイデルベルクでは、フィッシャーはすでに世間の人々のよく知るところの人物であり、彼の講義の聴講者には、シュロッサー学派のホイザーや、先に名を挙げたゲルヴィーヌスなどの著名な学者が含まれていた。こうした経過をたどった闘争の期間、ディルタイは、フィッシャー側について、封建的反動的な権力や権威的教会権力に対して反抗的な態度を示していた。後になってディルタイは、博士論文で、彼の哲学の先生としてトレンデレンブルクと並んでフィッシャーの名を折に触れて挙げている。ディルタイが生涯にわたってフィッシャーを高く評価していたことは、フィッシャーの死後に、その子息に宛てて書かれた詳細な手紙から窺い知ることができる。そこでは次のように言われる。

非常に若い頃に私が哲学に身を捧げるべく決断するにあたって、お父上が与えて下さった決定的な影響に心より感謝しています。お父上を変らず尊敬してきました。そのお名前は、前世紀のあの重要な運動と、栄光に満ちて常に結びついています。そこでは哲学が、歴史研究の対象となりました。そう

した運動の結果はますます有意義なものとなるでしょう。(jD 305)

一八五三年の冬学期からディルタイは、ベルリンに移り、そこで勉学を継続する。転学した理由として彼は、父に対して、手紙の中で以下のような事柄を挙げている。ベルリン大学の神学部の優秀さ。大都市をよく知るにあたって絶好の機会であること。この都市の有する芸術作品や、上演される演劇、音楽生活が彼を魅了したこと。こうしてベルリン大学の豊かさに幻惑されつつも、大学が提供する多くの授業を活用し、計画的で本格的な勉強にとりかかったのであった。

ディルタイは歴史と哲学に興味を抱きつつも、神学の国家試験をもって大学を修了することができるために、聖書神学に関する授業すべてに登録した。このことが、息子の勉学を財政的に支える父親の期待するところでもあったことは確かである。ベルリンにおいて、ディルタイの神学研究上の先生たちには、ヘングステンベルクや、シュライアーマッハーの弟子であるニッチュそれにトヴェステンがいた。その他にディルタイは、古典文献学者ベックや言語学者ボップ、地理学者リッターや独文学者グリム、それに歴史家のモムゼンらの講義にも出席した。そうした中で、ランケの与えた影響にはきわめて大なるものがあった。ディルタイは、ランケのところで中世史と近世史の講義を聴講したし、さらには彼のゼミナールにも出席し、そこで徹底した史料批判としての「歴史的批判的方法」(jD 23)の研鑽を積んだのであった。ランケの授業に出て彼と知り合いになれたことにディルタイがどれほど満足していたかは、父親に宛てた手紙の中に現われている。その当時、ランケは最も重要な歴史家であった。それゆえ、将来において教会史を勉強したいと考えていたディルタイにとっては、とりわけランケとの交流は是が非でも必要なことであったわけである。後年(一九〇三年)にこの頃のことを振り返って、次のように記している。

私がベルリンに来たのは前世紀の五〇年代の初めだったが、その時そこでは歴史学の決定的な構築、そしてこれを介した精神科学一般の構築を遂行した偉大な運動がその絶頂にある時であった。……歴史学の構築はドイツ人の手になるものであり――ここベルリンがその中心地であった――、そして私はこの時期ここで生活し勉学するという過分の幸福に恵まれた。(V 7)

ディルタイは、ハイデルベルクにおいては、フィッシャーのもとで歴史的な問題設定に基づく哲学史的な研究を学んだが、ベルリンでは、その関心を精神史全体へと拡大した。その結果、そうした問題設定へのこだわりから彼は、「歴史と哲学の結合という」課題に生涯を捧げることになった。こうしてディルタイは、精神史的研究に携わることによっておのずと、神学上の問いに対して従来とは別様な立場へと立ち至ることになった。彼は神学に対してますます批判的になり、緊密な接触を持っていた哲学者トレンデレンブルクの影響も与って、研究領域を哲学と精神史へと転向することになった。

時間の許すときにはディルタイは、友人や仲間とおちあって共に読書をし、勉強をした。彼の友人としては、哲学者であり民族心理学者であったラザルス(2)や、教会史家でヨアヒムスタール・ギムナジウムの教師であり、一八六二年より哲学の私講師であったヴァインガルテン、それにトレンデレンブルクの弟子で一八六〇年にゲッティンゲンで哲学の私講師となり、一八六八年にディルタイをついでバーゼルの哲学教授となったタイヒミュラーらがいた。

すべてが「田舎のように静かで自由」であると感じられたベルリンのティアガルテンにおいて、ディルタイは、ヴェーレンペニヒと生活を共にした。当時、ヴェーレンペニヒは、ヨアヒムスタール・ギムナジウムの教師であったが、その後、一八六三年には『プロイセン年報(*Preußischen Jahrbücher*)』の刊行を引き受け、一八六七―八三年の間トライチュケと一緒になって編集を担当している。ヴェーレンペニヒは、国民自由主義右派（nationalliberale Rechte）の指導的な構成員のひとりであって、一八七九年以降は、プロイセン文部省での仕事に就いたのであった。さらにディルタイは、学生時代に、後に『ヴェスターマン月報』の編集者となるグラーザーとも相見の間柄となった。

一八五六年、ディルタイは、ヴィースバーデンにおいて神学の試験を済ませたが、それが父親の喜びであったことは疑う余地のないところである。同年彼は文献学の国家試験にも合格している。教職試験の後、彼は、いったん王立フランス語ギムナジウムで助教師の職に就いた後、三カ月後にはヨアヒムスタール・ギムナジウムに移っている。そこでは正式の教師として、また学生寮の舎監教師として働いた。しかし、ディルタイは早くから、学校での授業のための準備と学問的な研究とを一致させることが非常に困難であることに気づいていた。それゆえ、教職を断念して、その時より自由な著述家としての生活を始め、生活の糧を得るために新聞や雑誌に多くの論考や書評を書いた。しかし、バーゼルへ招聘されるまでの一〇年ほどは、あいかわらず父親の財政的支援を受け続けねばならなかったのである。

ディルタイは実に多くの論考を『プロイセン年報』や『ヴェスターマン月報』上で発表しており、そこで書評に取り上げられた書物の数は数百タイトルにのぼる。『ヴェスターマン月報』は一八五六年に創刊され、ディルタイの学友であったグラーザーが、一八五六―七八年の間と一八八四―一九〇七年の間、この雑誌の編集者を務めたが、この雑誌は上層市民層を対象としたものであって、そこには政治的というよりも文化的な傾向をもった諸論考が掲載された。一方、『プロイセン年報』は、ハイム（Rudolf Haym）によって一八五八年に創刊されたもので、これへのディルタイの寄稿もまた同様に豊富であった。ディルタイとハイムとは友人同士であって、一八六三年の秋にはスイスやオーストリアでともに休暇を過ごしている。この時期、ディルタイに与えたハイムの影響には、多大なものがある。ハイムは、一八四八年のフランクフルト連邦議会の代議員であり、国民自由党の創立者のひとりであった。ハイムの後任として『プロイセン年報』の編集にあたったのは、先に名を挙げたヴェーレンペニヒであったが、ディルタイもまた、後にこの雑誌の編集者として一度指名されるという機会もあった。しかし彼は、学問的な仕事をする予定であることを理由に、この申し出を断わっている。『プロイセン年報』は、創刊の当初より、政治的雑誌として刊行されたもので、自由主義者や国民自由主義者の宣伝媒体として考えられていたのであった。

ディルタイは、ベルリンでの最初の滞在中に、その時代の政治的出来事と密接な関わりを持っていた。彼の立場は自由主義左派に属し、共和主義者や自由主義の政治家たちと交際を持っていたし、意見の交換もしていた。たとえばその中には、ハイムの他に、J・シュミット、ヴェーレンペニヒ、バウムガルテン、ドゥンカー、ベニングセン、そしてトライチュケやドロイゼンらの歴史家たちがいた。ディルタイの知人の多くの立場は、彼自身がそうであったように、一八五九年に創設され、ベニングセンがその中核に位置していた国民協会（Nationalverein）の近くにあった。

ディルタイは、そうこうするなかで一八五九年にシュライアーマッハー財団によって掲げられた懸賞課題「シュライアーマッハーの解釈学がそれ以前の試みに対する関係において有する意義について」に対して答えた論文「シュライアーマッハーの解釈学」によって、審査員から高い評価を獲得し、その研究が内容に厚みのあるものであるという理由で受賞者のひとりに選ばれた。そしてこれによる懸賞金のおかげで、ディルタイはその後の自由な研究を辛抱強く続けることができたのであった。この時期、彼はさらにシュライアーマッハーの往復書簡集の編纂を試みている。ディルタイは、学生時代にすでに、『往復書簡集』の彼以前の編者たちと関係をもっていたが、とりわけ牧師で、シュライアーマッハーの弟子で女婿のヨーナスとは親密な間柄にあった。ヨーナスが一八五九年に亡くなったことによって、ディルタイは、『書簡集』の第三巻と第四巻を遺稿から編集する作業を引き継いだのである。一方において解釈学的問題との生涯にわたる取り組みの、そして他方では『シュライアーマッハーの生涯』の仕事にとりかかったその淵源は実にここにある。また、シュライアーマッハー研究を通じて、ドイツ・ロマン主義の歴史的・精神的世界と同時に、いわゆる近代的な自由主義神学思想の精髄を受容するところとなった。

一八六四年初めにディルタイは、ベルリン大学哲学部においてトレンデレンブルクの下で、「シュライアーマッハー倫理学の原理について」という論文で博士学位を、同年夏にはまた、道徳意識に関する論文「道徳的意識の分析の試み」で教授資格を取得し、ここでの修業はとりあえずの終結を迎えた。そしてその時より一八六七年夏学期まで、私講師として教授活動に携わることになった。これによってついに彼は、自身の経済的問題から解放されたのであり、父親の財政的支援から自立することができたのである。一八六五年に彼は、講義のための手引きとして「哲学的諸科学の論理と体系の綱要（Grundriß der Logik und Systems der philosophischen Wissenschaften）」を公刊する。これは、彼が精神科学の学理論上の問題に関して著した最初の著作であり、論の構成は旧套を墨守するかに見えるも、そこにはすでに彼自身の独自な立場の萌芽がみられ、ディルタイの思想形成史上注目すべき著作であるといってよい。

一八六七年に彼は、バーゼル大学へ員外教授として招聘される。バーゼルにおける彼の就任講義は、「一七七〇―一八〇〇年のドイツにおける文学的・哲学的運動（Die dichterische und philosophische Bewegung in Deutschland 1770-1800）」と題するものであったが、すでにその中で彼は、カントの理性批判に比する、精神的現象の経験科学を基礎づける「新しい理性批判」が課題であると主張している。この講義には歴史家ブルクハルトも出席しており、若きディルタイの才能と教養を高く評価したのであった。一方、バーゼルにおいてディルタイは、「幸福な孤独」(JD 225) のなか、自然科学の研究にも没頭している。とりわけ、ヨハネス・ミュラーの感覚生理学やヘルムホルツの心理物理学を介して、また後に音楽家J・S・バッハの遺骨鑑定で名を馳せた生理学者のW・ヒスのところでの二学期間にわたる解剖実習への参加や、講義の聴講などを通じて、当時の経験科学的知見を旺盛に習得しようとした。この時期のディルタイの、勃興しつつある経験的自然科学への熱中は、彼の実証科学への造詣を示すものとして特筆するに値する。

ニーチェが新進気鋭の古典文献学者としてバーゼルに赴任した一八六八年に、ディルタイはキールへ招聘される(ボン大学への転任を希望したがかなえられなかった)。そこで彼は、『シュライアーマッハーの生涯』の第一巻を完成する――その第一部はすでに一八六七年に刊行されていた。シュライアーマッハーの青年期に関するこの研究は、「伝記」の形をとった研究として、精神科学的な研究にとって、まさにそれらの雛形をなす業績であり叙述であった。結局のところ、『シュライアーマッハーの生涯』は、第一部の完成は見たものの第二部は断章に終わってしまったが、こうした経緯は後年(一九〇五年)に書かれることになる「ヘーゲルの青年時代(Jugendgeschichte Hegels)」も同様である。

キールでの五学期を経てディルタイはそこを去って、ブレスラウに移り(ハイムをブレスラウに招聘しようとする計画がハイムの意志によって頓挫した後)、哲学の教授として教鞭を執る。一八七五年には、『月刊哲学雑誌(*Philosophiche Monatshefte*)』に、重要な論文「人間・社会・国家の学の歴史研究について(Über das Studium der Geschichte der Wissenschaften vom Menschen, der Gesellschaft und dem Staat)」を発表する。この論文はその多くの部分がそのまま『序説』に取り入れられることになった、という点からも期を画する著作であるといってよい。

三　中期ディルタイの思想形成（一八七七―九六年）

ディルタイのブレスラウ時代はまさに、一八六六年の普仏戦争を経て一八七一年に国家統一を成し遂げたドイツが、急速で飛躍的な産業化を背景として西欧社会の中心勢力へと興隆した、いわゆるビスマルク体制時代にあたっている。こうした状況下で、ディルタイには、その後の彼に多大な知的刺激を喚起し、ともに思索を深めあうことになったヨルク伯爵との出会いがあった。そしてその時（一八七七年）からヨルクの死去まで二〇年以上の間、二人の間には濃密な交際が継続された。この間の両者の『往復書簡集』は、一九世紀末葉のドイツ精神史を物語るドキュメントとして、今日なおその生彩を失っていない。それゆえに、ディルタイは、一八九七年にヨルクが他界した時、最も親密な関係を取り結んできたこの友人の喪失を大いなる悲しみを持って受け入れねばならなかったのである。ヨルクの子息に宛てた手紙の中で、ディルタイは、この交友関係がみずからにとっていかに大きなものであったかを以下のように記している。

> まだはっきりと自覚しているわけではありませんが、もはや彼とかつてのような関心を分かち合うことができないのですから、将来何か哲学的なものがこれまでと同様な関心で私を刺激することはないだろう、と思われます。（BrY vii）

実際のところ、ディルタイがその思索のすべてをまさにこの友人と充分に語り合ったことは、以下の事実からまったく明らかである。彼は、一八八三年に公刊され、『シュライアーマッハーの生涯』と並んで学問世界における彼の立場を基礎づけるところとなった『序説』の冒頭に、ヨルク伯への次のような献呈の辞を記している。

私たちが最初に談話を交わしたさいに、私は当時まだ向こうみずに「歴史的理性批判」という標題を付けようと思っていたこの書物の計画を貴方にお話ししたことがありました。それ以来の素晴らしい年月の間、相似た確信に支えられ、ほとんど毎日のように対話をしながら共に哲学するという無類の幸福を享受してきました。ここにご高覧に供する一連の思想が貴方のお陰であるという点を、どうしていちいち選り分けようと思うことなどできるでしょうか。私たちは離ればなれに住んでおりますので、せめて本書を変わらぬ気持ちの印としてご笑納下さい。友人の賛同こそが、私にとって、本書ができあがるまでの長い労苦に対する最も素晴らしい報酬となることでしょう。(I VIII)

ディルタイがここで言及する離ればなれの居住とは、彼が一八八二年にベルリンへと転居した事実を指しているが、彼はそこで、『小宇宙(*Mikrokosmus*)』の著者でありディルタイにも多大な影響を与えた新カント学派の哲学者H・ロッツェの後任として、哲学教授職に就いたのである。

ベルリンでのディルタイは、ヘーゲルに比肩しうるような広範囲にわたる顕著な影響をめざしていたわけではなかったと思われるが、しかし彼の周囲には、この哲学者が思想上の完成にまで到達する過程を共に体験しようとする親密な信奉者たちのサークルが形成されもした。こうした状況下で、中期のディルタイを特徴づけるのは、なんと言っても、ブレスラウにおけるヨルク伯との出会いと哲学的対話による思想の発展であろう。その成果が、一八八三年の『序説』第一巻の公刊である。それは、旧来の実践哲学が果たしてきた課題を、歴史的・社会的生活世界に関する「経験主義的ではなく、真の経験に依拠する」新たな科学的な理論として再構築することを意図していた。つまり、歴史的社会的な課題の解決を目指して継続的に自己更新していく精神科学、そうした精神科学の学理論的な研究が、こうして著作の形で初めて公にされたのである。その緒論の中で彼は、『序説』の意図を次のように書いている。

政治家や法律家、神学者や教育者のために、私は次のような課題を達成させたい。つまり、彼らを導く諸々の原理や規則が人間社会という包括的な現実に対していかなる位置を占めているのかを彼らが知るようにというものである。彼らもまた、結局のところ、自身の生をその持ち場を通じて社会に捧げるのである。(I 3)

ここには「行為する人間 (Handelnden Menschen)」に基づいた「行為する人間」のための学問としての、そして「道徳的・政治的 (moralisch-politische)」科学としての精神科学、という彼の当初よりの実践的志向が明瞭に現われている。そして、こうした実践への志向を本質に含む精神科学が、興隆しつつあった当時の自然科学に対してひとつの自立した学問領域として認知されるためには、どうしてもそのための確固とした基礎づけが必要とされ、しかもそれはその基礎を形而上学にではなく真の経験の立場におくものでなければならないと考えられたわけである。それが「人間と人間自身によって生み出された社会と歴史とを認識する人間の能力の批判」(I 116) という課題となった。いわゆる、自己自身と社会的・歴史的世界の「自己省察 (Selbstbesinnung)」としての「歴史的理性批判」である。

さて、『序説』公刊以後のディルタイの研究に関して統一した像を描き出すことは、とりわけ彼の研究テーマの拡がりもあって難しい。今日『ディルタイ全集』第一九巻に収録されることで初めて私たちが目にしうるところとなった「ブレスラウ完成稿」をはじめ、ベルリン時代になっての論文「実在性論文」（一八九〇年）や「経験と思惟」（一八九二年）に代表される精神科学の認識論的・体系的な基礎づけに関するさまざまな草稿、断章群が、『序説』第一巻の体系的部分の継続研究であると考えられる。その一方でまた、「一五・一六世紀の人間観の分析」や「一七世紀における精神科学の自然的体系」など、ドイツ精神史に関する歴史的研究が精力的に遂行されもしたが、それらはいずれも『序説』に関連した研究であった。そうした中でもとりわけ「記述的分析的心理学」（一八九四年）と「比較心理学」（一八九五／九六年）は、心理学的基礎づけに傾斜したとされる中期のディルタイを特徴づける重要な、しかも多くの問題を孕んだ著作である。さらにこの時期のもう一つの研究方向としては、基礎づけ問題を個別精神科学の例に則して、彼自身の議論の展開を試みていることである。「詩人の想像力（Einbildungskraft des Dichters）」などの詩学研究や、社会倫理学の基礎づけを試みた倫理学研究、そして教育学の基礎づけと構造に関するメタ理論的研究などは、心的構造の分析を基にした精神科学の基礎づけを目論んだ中期の研究に属している。

四　後期ディルタイの思想形成（一八九七―一九一一年）

「記述的分析的心理学」に対して引き起こされた論駁、わけても実験心理学者エビングハウスによる鋭く厳しい論難(3)と、ディルタイ自身の健康上の問題とが重なり合って、彼はここでその研究活動の方向転換を図らねばならなくなった。こうして一八九五から九六年の冬にかけて、ディルタイ哲学の新たな一歩が踏み出されたのであった。この関連で一九〇〇年には、小論ではあるがその後の解釈学史に重要な位置を占める、そしてディルタイ哲学形成史の上で「中期」と「後期」の区分けに関して要となる論文「解釈学の成立」が公刊される。そして一九〇五年に、ディルタイは、大学での責務としての教授活動から身を引いた。その時以来、彼には、その研究の進展に捧げられた時間と余裕は増大したが、それでもなお公刊するために仕上げられねばならない戸棚いっぱいの手稿群が手元に存在していた。その後に彼は二三のものを刊行したものの、結果として手稿の大部分はベルリンのアカデミーやゲッティンゲン大学に遺稿の形で残されるところとなった。そしてディルタイの死後になって初めて、そこに保存されてきた遺稿から彼の弟子たちによって『全集』が編纂された。しかし、これらの著作群の『ディルタイ全集』への編纂は、今日にいたってもまだ完結していない。(4)

ディルタイは、一九〇六年に、それまでの彼の文学史研究上の仕事の一部をまとめて『体験と創作』として公刊した。この著作は、彼の生前に第二版（一九〇七年）、第三版（一九一〇年）と版を重ね、ディルタイの名声を高め、巷間に彼の名を知らしめた研究であり、今日でもなおドイツ文学史研究において賛否両面からしばしば参照されるところとなったものである。しかしそれとともに、体系的思索に欠ける哲学者というイメージ、また「繊細なる精神史家」とのディルタイ像を流布させる原因ともなったのである。

ここで、この時期のディルタイの様子を物語るユーモラスな逸話をひとつ紹介しておこう。

外見はけっしてアカデミックな教授然とした印象を与えない、その点ではブルクハルトに似ている。しかし、諸々の書物や論文が部屋中を充たしている研究室で一人たたずむ真のドイツの哲学者。彼は、外的な物にはほとんど価値を置かず、手をいつもインクで汚し、たいていの場合に時刻を誤り、それゆえに手紙の日付はあてにならないし、自分自身の誕生日ですら勘違いをする。しかし、生涯の果てるまで変わらぬ新鮮さを備え、多くの計画を抱いている。彼の秘書の一人が言うには、七三歳の学者が毎朝、冷水で洗顔をし、その後にブロックハウス辞典をアレイ代わりに手にして体操をする。その間に秘書は彼のために新聞を朗読せねばならなかった。彼は、概してかなりの著作活動を同時に行なうのを常とした。それゆえに、彼にはきわめて多様な着想が突然にそして入れ替わり立ち替わり押し寄せ、そのためディルタイは都会の雑踏の直中で突然立ち止まり、付き添ってきた助手に対して口述筆記をさせ始める。その結果、この助手は、語られた文章を筆記するために、書類鞄を下敷きとして使用せねばならない羽目に陥るという事態がよく生じた。こうしたことは市街電車の中でもしばしば起こったのである。(5)

ディルタイは、一八八七年以来プロイセン王立アカデミーの会員でもあったが、彼が一九〇二年から刊行が開始された『アカデミー版カント全集』編纂の総責任者として、実に多くの有望な研究者を組織しつつ今日まで続くプロジェクトを推進していったことも忘れるわけにはゆかない。ところで、ディルタイ哲学形成史上この時期の彼にとって特筆すべきは、フッサールの『論理学研究(*Logische Untersuchungen*)』と、ヘーゲルのとりわけ「客観的精神」の概念の顕著な影響が見られることである。フッサールとの取り組みは「精神科学の基礎づけ」研究への新たな進展を促したが、それは『序説』や「記述的分析的心理学」における心理学的分析から、いわば「現象学的」思考方法への拡充を含意していた。他方で、一九〇五年には、その後のヘーゲル哲学解釈史上で重要な位置を占め、またヘーゲル哲学復興の端緒となった「ヘーゲルの青年時代」がアカデミーで講演され同時に公刊された。後期の主要著作のひとつであり、後期ディルタイ哲学の考え方を特徴的に示す「精神諸科学における歴史的世界の構成」(一九一〇年)も、こうしたヘーゲルとフッサールとの二重の哲学的思想の批判的受容の中で叙述されたものである。そこでは、ディルタイは、精神科学の心理学的基礎づけから、体験（Erlebnis）— 表現（Ausdruck）— 理解（Verstehen）の連関を基にした解釈学的（hermeneutisch）基礎づけへの転回（Wende）を明らかにしている。しかし、こうした事実がありながらも、今日のディルタイ研究では、「前期ディルタイ」と「後期ディルタイ」との間に「断絶（Bruch）」を読み込み、後期ディルタイこそがディルタイ自身の本来の立場であるとする理解は必ずしも支持されていない。もしもこの時期が「転回」にあたるとしても、それがディルタイ哲学の形成史の上で「前期」と「後期」を分かつ真に転回なのかどうか、転回であるとすればいかなる意味においてなのか、に関しては今日なお解釈の分かれるところである。

ディルタイは一九〇三年、七〇歳の誕生日に自身の研究の歩みを回顧して次のように記している。

> 私はこの普遍史考察という意味において、文学的および哲学的運動の歴史を叙述しようと試みてきた。……歴史的意識の性質と制約とを研究すること——つまり歴史的理性の批判——を企てたのである。……歴史的意識を徹底的に突きつめていくと外見上融和しがたい対立が生じる。……歴史的現象はすべて有限であり……相対的であるということ……一切のものは過程として流れゆくもので、何一つ留まるものはないということ、これが歴史的世界観の最後の言葉である。歴史的世界観は自然科学や哲学が未だ断ち切っていない最後の鎖から人間精神を解放する。……諸々の確信の無政府状態を克服する手段はどこにあるのであろうか。（V 9）

彼は、生涯を賭けて追求してきたこの課題を後進に託しつつ、一九一一年一〇月一日、南チロルのボーツェン近郊ライン河畔のザイス（Seis）で感染症（コレラ）にかかり、その七七年にわたる生涯に幕を下ろした。時代はヴィルヘルム帝政期の終末で、世界はすでに第一次世界大戦の遠雷の響きが聞こえてくる状況にあった。その最後の著作は彼の死によって完成されずに終わったが、「宗教の問題（Das Problem der Religion）」という、ディルタイ哲学にとってはきわめて興味深いテーマについてであった。

（1）近年のディルタイ哲学形成史の研究によれば、その時期区分にいくつかの異説があるが、ここでは左記の著作の区分を参考にした。

Helmut Johach, *Handelnder Mensch und objektiver Geist*. Meisenheim am Glan 1974.

Hans-Urlich Lessing, *Die Idee einer Kritik der historischen Vernunft*. Freiburg i. Br. 1984.

（2）ラザルスとは、遅くとも一八五五年夏には知遇を得ていたと思われる。当時のディルタイは「民族心理学」という考え方に自己の研究との近しさを感じており、それは後年（一八七八年）になっての、「詩人の想像力（Die Einbildungskraft des Dichters）」という論文の『民族心理学雑誌（*Zeitschrift für Völkerpsychologie*）』への寄稿にも現われている。この論文は、後年の改稿を経て、『体験と創作』に「ゲーテ論」として収録された。

（3）ディルタイに対するエビングハウスの批判の論点の中心は、自然科学を「限定された数の要素をもとに仮説を使用してする説明の体系である」とするディルタイの自然科学観の守旧性を論駁し、あわせて心的「構造は体験されうる」というディルタイの考え方に対して、構造それ自体は仮説であると反駁することにあった。

H. Ebbinghaus, Über erklärende und beschreibende Psychologie, in : *Zeitschrift für Psychologie und Physiologie der Sinnesorgane* 9. 1896, S. 161-205.（F. Rodi/H.－U. Lessing（Hrsg.）, *Materialien zur Philosophie Wilhelm Diltheys*. Frankfurt a. M. 1984. 所収）Vgl. F. Rodi : Die Ebbinghaus-Dilthey-Kontroverse. Biographischer Hintergrund und sachlicher Ertrag. in : *Ebbinghaus-Studien* 2. Passau 1987, S. 145–154.

（4）ドイツ語版『ディルタイ全集』は二〇〇〇年現在、第二三巻まで（第二二巻は未完）公刊されており、まだ残り十余巻の刊行が計画されている。

(5) Karl Kupisch, *Die Hieroglische Gottes*. München 1967. S. 156ff. zit. nach Thomas Kornbichler, *Deutsche Geschichtsschreibung im 19. Jahrhundert*. Pfaffenweiler 1986.

第三章　ディルタイ像とその変遷——最近のディルタイ研究の動向から

一　「謎めいた老人」

一九世紀の偉大な哲学者のうちでヴィルヘルム・ディルタイほど多くの誤解を受けた人はいなかったといわれる。彼は生前にもっとも身近にいた門下生たちにとってさえ、ドイツ精神史におけるもっとも見極めがたく、またもっとも秘密にみちた人物であった。身近な弟子であり、女婿でもあったゲオルク・ミッシュは、一九三六年にフランクフルト新聞に匿名で書き、のちに論集『ヴィルヘルム・ディルタイの生活圏と思想圏について』のなかに収録された文章「教師と研究者としてのヴィルヘルム・ディルタイ」のなかで、次のように述べている。「初心の職人たちは誰一人として親方がいったい何を製作中であるのか知らなかった。人は全体のなかに生きていて、この全体に関与することによって、とくに意図的・計画的な訓育なしに教育されたが、誰一人、全体を全体としてはっきり見た者はいなかった。向上心のある若者たちにとっては、このことは苦悩と内面的な戦いをもたらすものであった。だが、それは不毛ではなかった。それは一人前に成熟するのに必要であった。成熟はひとりでにそうなるのではなくて、努力して勝ち取られなくてはならなかった。この謎めいた老人との静かな格闘のなかで」と。(1)また、同じく身近にいたヘルマン・ノールも「われわれ門下生にとってだけでなく、子どもたちにとっても彼（ディルタイ）の内面生活は一つの謎であった」と述懐している。(2)

二　「第一巻の人」という風評と『体験と創作』の出版

ディルタイは、生存中にきわめて激しく執筆の仕事をしたにもかかわらず、生前にはごく限られた著作しか一般に公刊しなかった。一八七〇年の『シュライアーマッハーの生涯』、一八八三年の『精神科学序説』という二つの著作はともにディルタイの輝かしい出発として注目されたが、同時代の人々の待望にもかかわらず、約束された続巻は出版されず、いずれも第一巻にとどまった。ディルタイは一九世紀末のベルリンでしばしば「第一巻の人」と呼ばれたという。これ以外に重要な数多くの論文があったが、たいていはベルリン科学アカデミーの報告論文として出版され、一般の読者の手には届きにくく、遠ざけられていた。「記述的分析的心理学の構想」（一八九四年）、「ヘーゲルの青年時代」（一九〇五年）、「精神諸科学における歴史的世界の構成」（一九一〇年）などがそれである。

一九〇六年には、レッシング、ゲーテ、ノヴァーリスについての、それぞれ三、四〇年前に成立していた研究にヘルダーリンに関する新たな論文を加えて『体験と創作』という標題の論集が出版された。このドイツ精神史に関する歴史的研究によってディルタイの名前は一般の人々の間にも広まり、その名声は諸外国にも広がっていった。この原本は一九八五年までに一六版を数えている。

ドイツにおいても、この『体験と創作』が出版されるまでは、ベルリン大学に一八八二年に就任したディルタイの講義の聴講者は比較的少なかったという。O・F・ボルノーの記述によれば、後に精神史的方法の旗手としてディルタイの最も重要な弟子の一人に数えられるにいたったR・ウンガーでさえその学生時代にディルタイのことをまるで知らなかったし、また、A・シュヴァイツァーは、一八九九年にベルリンにやって来たとき、彼の文化批判や生の哲学についての基本思想はディルタイにきわめて近かったにもかかわらず、G・ジンメルの講義には出席したのにディルタイには目もくれなかったという。しかし『体験と創作』の出版はそうした状況を一変させ、ドイツ精神史、あるいは文化史のすぐれた研究者としての名声が広まったのであった。

三　日本におけるディルタイ像

日本でもディルタイは「哲学を文芸及び哲学者の生涯と結合して解釈する所に新カント派等の業と著しく異なる」(桑木厳翼)思想の歴史的研究の新境地をひらくものとして評価された。大正七(一九一八)年三月の日付で書かれた西田幾多郎の、ディルタイ著・小牧健夫訳『体験と詩』(未刊)「序」の文章が遺されているが、そこにはこの辺の事情と同時に西田のディルタイに寄せた期待の大きさが偲ばれて、今日から振り返ってみてきわめて興味深い。「ディルタイのことは少数の専門家の外には未だ我国の学会に多く知られて居ない。……ドイツの学会に於いても少なくとも最近に至るまでは彼はその受くべきだけの顧慮を受けて居なかったのである。……ディルタイは一面に於いては種々の見方を綜合すると共に深い洞察に富む一文化史家であったと思われるが、彼の歴史的洞察は彼自身の深い哲学的思想に基づいたもので、彼は実に深い想と濃なる情とに富む独創的思想家であった。……一方の論者からは彼が相対論者とか歴史主義者とか見なされるのであるが、余は必ずしもしか考えないのである。とにかくディルタイからは尚何物かを学び得るであろう、彼の思想はまだ掘られない鉱脈の如き観がある」[3]。すなわち、西田がここで述べているのは、ディルタイはただ抽象的・論理的な思想家であるとか、情感的理解力のすぐれた文化史研究者にはとどまらず、深い思索力と濃密な情感的把握力にともにすぐれた独創的思想家だというのである。当時は、なおドイツ語版『ディルタイ全集』はドイツにおいてもようやく出版の緒に着いたばかりの頃であり、ディルタイの書物は入手することもきわめて困難であったが、そのなかで西田がディルタイの思想にこれほどまでの期待を寄せているのは、さすがの炯眼と思われる。『体験と創作』については、「此書は勿論ディルタイの根本的思想を知るべきものではないが、三、四〇年前に書いたものを集めて一九〇五年に此書を出版してからディルタイの名声頓に文壇に揚がった相である」と書いている。そしてディルタイは多くの小論文を書いたが、その大著は未完のままに遺されたことに触れ、小論文も学会報告や専門雑誌に出したままで、われわれの手に入れることは困難であると述べたあとで、「真に能くディルタイを知るには戦争〔第一次世界大戦〕前に企てられたディルタイ全集の出た後でなければならぬ」と書いた[4]。

四　ディルタイ没後の『全集』刊行とディルタイ像の変遷

一九一四年から一九七〇年まで

ディルタイは、一九一一年秋、旅先の南ティロル、ドロミテ渓谷のザイスのホテルに休暇滞在中に伝染病に感染して急死した。彼の死後、ベルリンの科学アカデミーには大きな書類棚三つ分の厖大な手稿が遺された。弟子たちによって、それまであちこちに散在していたり、絶版になっていたりして入手困難であった著作をも加えて『全集』の形で新たに集大成することが企てられた。最初にはおそらくディルタイ自身によって公刊されていた著作の刊行だけが考えられ、せいぜい遺稿からのごくわずかの補足による増補が考えられたようである。彼の死の直後に開始されたこの刊行事業は、一九一四年から一九一八年までの第一次世界大戦によって中断されながら、ようやく一九二四年に第五巻および第六巻が刊行されたことによって、まずは一応の完結をみたかに思われた。しかし、その後、遺稿の整理が進められて、今日までに第二三巻までが出版されている。ディルタイがいかなる人であり、また彼の思想がどのようなものであるのか、ディルタイのイメージはこのディルタイ『全集』が新しい巻を付け加えるごとに、以下に大要を示すように大きく変貌していった。

そこで、まずはその『全集』の出版状況を振り返っておくことにしよう。最初は一九一四年に、まず第二巻『ルネサンスおよび宗教改革以後の世界観と人間の分析』(この内容は主として日本語版全集第七巻『精神科学成立史研究』に所収。以下、日本語版全集は全集として示す)が出版され、続いて一九二二年に第一巻『精神科学序説　社会と歴史の研究のための基礎づけの試み　第一巻』(全集第一巻『精神科学序説I』に所収)が、一九二一年には第三巻『ドイツ精神史研究』と第四巻『ヘーゲルの青年時代およびドイツ観念論史に関するその他の論考』(主として全集第八巻『近代ドイツ精神史研究』に所収)が出版された。一九二四年には、一九一一年に生前のディルタイ自身が選び、序文まで準備し、また『精神的世界、生の哲学への序説』という標題まで準備された第五巻と第六巻がG・ミッシュの編集によって出版された。この第五巻の冒頭にはミッシュの「編集者の予備的報告」と題する著作全体に対する一〇〇頁に及ぶ詳細な包括的な展望が示され、ディルタイの思想の体系的な統一が明らかにされた。この第五巻には、「人間・社会・国家の学の歴史研究について」(一八七五年)、「経験と思惟」(一八九二年)、「外界の実在性についてのわれわれの信念の起源とその信念の正当性とに関する問いを解決することへの寄与」(一八九〇年)、「記述的分析的心理学の構想」（一八九四年）、「比較心理学」（一八九五―九六年）、「解釈学の成立」（一九〇〇年）、「哲学の本質」（一九〇七年）（以上は主として全集第三巻『論理学・心理学論集』に所収）が収録されており、さらに第六巻には「道徳的意識の分析の試み」（一八六四年）、「普遍妥当的教育学の可能性について」（一八八八年）、「学校改革と教室」（一八九〇年）、「詩的想像力と狂気」（一八八六年）、「詩人の想像力――詩学の礎石」（一八八七年）、「近代美学の三つの時期と美学の今日の課題」（一八九二年）、「宗教の問題」（一九一一年）（前半は全集第六巻『倫理学・教育学論集』に、後半の始めの二つは全集第五巻『詩学・美学論集に所収、最後のディルタイの絶筆となった論文は全集第四巻に所収）が収録されている。

これらの一連の重要な著作は、それぞれに成立した当初には暫定的な出版としてのみ考えられながら、やがてディルタイのライフ・ワークである『序説』の完結した全体の一部となるはずの断片であり、主として一八八七年から一八九五年に書かれている。ミッシュが第五巻への予備的報告に書いているように、これらの論文をこのような形で集大成するという決心にはおそらくかなりの諦めがあったことだろう（Vvii）。しかし、これらの著作によってディルタイが構想していた精神的世界を解明する精神諸科学の哲学的基礎づけの輪郭が初めて明らかにされたのであった。

さらにこの後、一九二七年および一九三一年にB・グレートゥイゼンによって編集された第七巻『精神諸科学における歴史的世界の構成』および第八巻『世界観学――哲学の哲学のための諸論考』が出版されたとき、ディルタイ像はもう一度根本的に変わった。これら二つの巻は、ディルタイが一九一〇年に先述の通りベルリンの王立科学アカデミーへの論文として公刊したが、一般には入手し難かった「歴史的世界の構成」を含めてディルタイの一八七〇年以降の、とりわけ一九〇五年頃以降の最後の数年間に書かれた論考を集めたものであった（それらの論考は全集第四巻『精神科学における歴史的世界の構成《後期論考》』に所収)。これらの諸論稿はディルタイの哲学の最後期の思想内容を明らかにするものであり、最初に述べたような、直系の身近な弟子たちにさえ謎であった最晩年のディルタイ像に光をあてるものであった。

さらに一九三四年には、O・F・ボルノーの編集で第九巻『教育学』が、一九五八年には、H・ノールによる編集で第一〇巻『倫理学の体系』が第二次世界大戦のため予定よりも大幅に遅れて出版された(これらはともに全集第六巻『倫理学・教育学論集』に所収)。一九三六年には、E・ヴェニガーの編集で第一一巻『歴史的意識の出現』および第一二巻『プロイセンの歴史に寄せて』が出版されている(全集第六巻および第七巻に後者の一部を収録)。

一九六六年になるとE・シュプランガーの弟子であるM・レーデカーによって遺稿のなかから編集された『シュライアーマッハーの生涯』第二部が第一四巻として出版され、さらに、かつて一八七〇年に初版が出版され、一九二二年にH・ムーレルトによって増補された改訂第二版にさらに検討を加えたM・レーデカーの編集による『シュライアーマッハーの生涯』第一部の改訂第三版が一九七〇年に第一三巻として出版された(全集第九巻および第一〇巻『シュライアーマッハーの生涯』に所収)。

こうして師匠の精神を継承した直弟子たち、あるいはその直系の門下たちが一つの工房で製作した、いうなれば「アトリエ版」としての『ディルタイ全集』が一九一四年から一九三一年までの一七年間に、まず第八巻までが、続いて一九七〇年までの三九年間に第一四巻までが出版され、一貫した計画はなかったものの、一連のシリーズはこれで完結するかに思われた。その間に、ディルタイの思想の全体像を明らかにしようとした著作としては、G・ミッシュの『生の哲学と現象学　ディルタイの方向のハイデガーおよびフッサールとの対決』(一九三〇年)、O・F・ボルノー『ディルタイ　その哲学への案内』(一九三六年)がある。ミッシュは上掲書のなかでフッサールおよびハイデガーとの対決を通してディルタイの基本的な方向を具体的に展開しながら、とくにディルタイの後期の哲学の解釈の可能性を示した。ボルノーはこれを継承しながら、とくにディルタイの後期の哲学の根本思想を「生をそれ自身から了解しようとする」独自の生の哲学として捉え、とりわけ「生のカテゴリー」を詳細かつ生動的に明らかにしたが、この書はドイツにおいても、また翻訳(一九七七年)を通して日本でも、この後のディルタイ研究を導く道標となった。

この間に入手が可能になったディルタイ研究の基礎的な資料として、次のような出版物がある。クララ・ミッシュ編『若きディルタイ――書簡と日記における生活像　一八五二―一八七〇年』(初版一九三三年、第二版一九六〇年)、ジークフリート・v・d・シューレンブルク編『ヴィルヘルム・ディルタイとパウル・ヨルク・フォン・ヴァルテンブルク伯爵との間の往復書簡　一八七七―一八九七年』(初版一九二三年、第二版一九七四年)など(全集第一一巻『日記・書簡集』に所収)が復刻されて、それぞれにディルタイの思想形成における人間像を身近なものとして理解するための貴重な手段が提供された。

一九七〇年から現在まで

やがて一九七〇年以降、K・グリュンダーとF・ローディの主導のもとに、さらに新たに、なお遺されていた厖大な遺稿の整理を通して一連の重要な著作集の刊行がなされてきた。グリュンダーは、さしあたり最初の第八巻までを直弟子たちによる「アトリエ版」と呼んだ(XV viii)のであったが、上述のように、さらに直弟子のミッシュとノールの直接の影響のもとに継続された第一四巻までは、ゆるやかな意味での「アトリエ版」と見ることができる。しかし、一九七〇年以降の新たな編集作業は、ディルタイに対してもより自由な歴史的距離に立つ一段と若い世代が、豊富な新しい研究手段を駆使して従来達しえなかった完全さを実現するものとなった。

こうしてU・ヘルマンは、かつてディルタイ自身によって書かれたが、大部分は匿名か偽名で出版されていた初期の数多くの論稿を包括的に集成して、一九七〇年から一九七四年にかけて第一五巻から第一七巻までの『一九世紀の精神史に寄せて』と題する論集を編集し『全集』を継続した（全集第五巻『詩学・美学論集』および第七巻『精神科学成立史研究』に一部を所収）。ヘルマンはそれに先立つ一九六九年に、ディルタイに関する当時もっとも詳細な『ビブリオグラフィー』を出版した。さらに一九七七年と、これに続いて一九八三年には、H・ヨーアッハとF・ローディの長年の忍耐強い努力によって『序説』の予備作業であった諸論稿が、『全集』第一八巻『人間、社会および歴史の諸科学　精神科学序説への予備作業（一八六五―一八八〇年）』（全集第一巻『精神科学序説I』のIIに所収）に、さらに『序論』第二巻のための「ブレスラウ完成稿」や「ベルリン草稿」を含む諸遺稿が『全集』第一九巻『人間、社会および歴史の諸科学の基礎づけ　精神科学序説の第二巻のための彫琢と構想（ほぼ一八七〇―一八九五年）』に集約されて出版された。とりわけ第一九巻は、編集者の「予備的報告」にあるように「もしもディルタイがこの書を彼の当時の意図にしたがって一八八〇年と一八九〇年の間の年月に完成することができていたなら、序説の体系的な部がどのようになっていたかの印象を与える」（XIX ix）中核部分を含んでおり、またこれが出版された一九八三年はディルタイ生誕一五〇年に当たっていたこと、また『序説』第一巻の出版からちょうど一〇〇年の記念すべき年でもあったことから、これを機縁として世界各地にディルタイ研究のさらに新しい動向が生まれ、ディルタイ像はさらにもう一度大きく変貌を遂げることになった。

すでに一九六〇年代から、科学論・言語論に見られる経験主義的、実証主義的な伝統と解釈学的、現象学的な伝統との対決が尖鋭化してきたが、ディルタイ研究においても、こうした時代状況が反映されて、行動する人間、ないしは行動する人間についての諸科学の反省が関心の前面に現われてきた。J・ハーバマースの『認識と関心』（一九六八年）、F・ローディ『形態学と解釈学』（一九六八年）、U・ヘルマン『ヴィルヘルム・ディルタイの教育学』（一九七一年）、H・ヨーアッハ『行為する人間と客観的精神——ディルタイにおける精神科学と社会科学の理論のために』（一九七四年）、R・A・マックリール『ディルタイ——精神科学の哲学者』（一九七五年、日本語訳一九九三年）などの著作が現われて、ディルタイ研究はかつてなかった盛況を呈してきたが、一九八三年にF・ローディの編集で『ディルタイ年報（*Dilthey-Jahrbuch*）』が創刊され、一九九八年までに一一巻を重ねて、年々貴重な研究論文や資料が発表されてきた。[4] また日本でも一九八七年に日本ディルタイ協会が『ディルタイ研究』の刊行を開始し、二〇〇一年までに一二号に達している。

以上のほかに、この間に現われた重要な文献を列挙しておこう。それらはいずれもディルタイ像をそれぞれの角度から浮き彫りにする、すぐれた研究であった。H-G・ガダマー『真理と方法——哲学的解釈学の要綱』（初版一九六〇年、第六版一九九〇年）、P・クラウサー『有限的理性の批判』（一九六八年）、K・グリュンダー『パウル・ヨルク・フォン・ヴァルテンブルク伯爵の哲学に寄せて』（一九七〇年）、H・イナイヘン『認識論と歴史的・社会的世界——ディルタイの精神諸科学の論理学』（一九七五年）、Ch・ツェクラー『ディルタイと解釈学——ディルタイによる解釈学の基礎づけとその受容の歴史』（一九七五年）、M・リーデル『理解か説明か？　解釈学的諸科学の理論と歴史に寄せて』（一九七八年）、H-U・レッシング『歴史的理性批判の理念』（一九八四年）などがある。日本では、水野建雄『ディルタイの歴史認識とヘーゲル』（一九九八年）が、ディルタイ著作集の最近の新たな進展までを射程に捉えた上での、新たなディルタイ像を提起する研究として挙げられる。

O・F・ボルノーは一九八六年、京都での講演「ディルタイ研究の新たな諸課題」のなかで、新たな段階でのディルタイ研究の課題は、「精神諸科学の哲学のなかに哲学の新しい一部門を基礎づけることではなくて、やがてそのなかで精神諸科学の哲学もまたその場所を占めるはずの、一つの哲学全体を展開すること」がディルタイの問題であったことを明らかにすることだとして、「解釈学的哲学の基礎づけ」のなかにディルタイの本来の意義を見ようとした。(5) このことは、ボルノー自身が述べているように、なおこれからのディルタイ研究の開かれた問いであるが、ボルノーは哲学的解釈学と解釈学的哲学との間を明確に区別することを提唱し、この遂行がディルタイの本当の願いであったのではないかと言うのである。前者は、文献学や歴史科学のなかで練り上げられてきた方法を高次の哲学的意識にまで高めようとするものであるが、後者は、解釈学の方法を用いて遂行される哲学の努力全体、すなわち、生活世界の現実を解釈するという営みのことを言うのである。

今日、なお遺された厖大な遺稿から講義録などの編集努力が継続されていて、一九九〇年にはH-U・レッシングとF・ローディの編集で第二〇巻『論理学と哲学的諸学の体系』、一九九七年にはG・v・ケルクホーフェンとH-U・レッシングの編集で第二一巻『経験科学としての心理学』が出版され、さらに二〇〇〇年には第二三巻『哲学の歴史　一九〇〇―一九〇五年の講義録』がG・ゲープハルトとH-U・レッシングの編集によって公刊された。一連の講義録の編集はこれで一応完了するようであるが、今後なお多面的に展開されてきたディルタイの思想の研究が進められてゆくことによって、「謎の人」とされたディルタイ像は今後さらにすこしずつ解明されてゆくであろう。しかし、彫刻家としての巨人ミケランジェロが未完成の作品を前にして最後の一打の鑿を断念したように、ボルノーは、これに比しうるディルタイの偉大さが「究極的な概念的厳密さを差し控え、究極的な概念的固定化を恐れ、たえず新たな端緒と新たな試みを求め」させたのであり、彼の思想を許しえない仕方で単純化して、その真に豊かな深みを損なってはならないと警告している。

（1） G. Misch, Wilhelm Dilthey als Lehrer und Forscher, in : *Vom Lebens- und Gedankenkreis Wilhelm Diltheys.* Frankfurt a. M. 1947.

（2） H. Nohl, Zur Neuausgabe der Werke Wilhelm Diltheys, in : *Die Sammlung*, 12. Jg.（1957）, S. 624. また、ノールは晩年のディルタイの思い出について、とりわけディルタイが七〇歳を越えて以後、自宅の書斎に限られた弟子たちを呼んで口述筆記が行なわれたころのことについて次のように述懐している。「それは若い人間にとってはひどくいらだつことであったし、とりわけしばしば口述がどういう連関なのかがわからなかった。そして一般にディルタイのきわめて近づきがたい仕事にあって彼の哲学の全体をすっかり見通すことはできなかった。夕方には、そのつどに扱われる対象に突入するや、どうにか自分の頭だけは水面上に確保し、翌日はまたまったく別の場所に行かされる。しばしばうっとりさせられ、またしばしば気を重くさせられた。しかし、どんなに疑わしく、またしばしばよるべない思いに晒されても、精神の霊気のなかで生かされ、あらゆる歴史的なものの相対性についてどれほど知っていても、いかなる懐疑主義にも陥らず、形而上学的な深みをもつ、より高次の生の確実さのなかに生かされるのであった」。Vgl. H. Nohl, Wilhelm Dilthey, in : *Die großen Deutschen. Deutsche Biographie.* Bd. 4. Hrsg. von Hermann Heimpel, Theodor Heuss, Benno Reifenberg. Berlin 1957, S. 203f. なお、vgl. auch F. Rodi : *Morphologie und Hermeneutik. Zur Methode von Diltheys Ästhetik.* Stuttgart/Berlin/Köln/Mainz 1969, S. 9.

（3） 『西田幾多郎全集』第一三巻、岩波書店、一九一一一九三頁。

（4） 同書、一九三頁。

（5） この『ディルタイ年報』は第一二巻をもって、各方面から惜しまれつつ、「ディルタイと『ディルタイ的な方向』

に対してもはや言うべきものをもたぬということではなく、最も美しい時に身を引くという古くからの生活の知恵にしたがって」（編集責任者F・ローディ）、刊行を停止した。Vgl. F. Rodi. Zu diesem Band, S. 11: *Dilthey-Jahrbuch für Philosophie und Geschichte der Geisteswissenschaften*, Bd. 12/1999-2000.

(6) O・F・ボルノー「ディルタイ研究の新たな諸課題」（森田孝訳）、（日本ディルタイ協会編『ディルタイ研究』1、一九八七年）一七頁以下。なおこの論文は翌年にドイツでも公刊された（O. F. Bollnow, Wilhelm Dilthey als Begründer einer hermeneutischen Philosophie, in: *Zwischen Philosophie und Pädagogik. Vorträge und Aufsätze*. Aachen 1988)。

第II部　ディルタイ思想の全体像

第一章　精神科学の基礎理論——心理学と解釈学

一　問題としての精神科学の基礎づけ

カントの著名な「純粋理性批判」に対して、ディルタイがみずから「歴史的理性批判」と総称した精神科学論（人間科学論）の方法的問題を、本章では心理学と解釈学の理論に集約して考察する。

かつて、ディルタイの思想は、「解釈学」を重点においた観点にしたがって、「心理学」から「解釈学」へと「移行」ないしは「転向」したものととらえられていたが、この点については修正の必要があると言わねばならない。たしかに解釈学は、ディルタイの晩年にいたって、より自覚的に方法論として重視されたにしても、心理学と解釈学は、ともに「現実という岩石にうがった、さまざまな『坑道』」であり、両者は互いに機能的な連関のうちで補完しあう関係にある。[(1)] もっとも、こうした見解そのものが、現在ではさらに根本的に再吟味される必要に晒されている。というのも、近年新たに刊行されたドイツ語版『全集』での「ブレスラウ完成稿」や「生と認識」などの論考に含まれている「現象性の原理」や「生の論理学」といった重要な論点は、「心理学と解釈学」と言うときの「と」の基底的次元にまでさかのぼる意義を含蓄しているからである。だとすれば、心理学や解釈学の個別の議論に先立って、とりわけ「現象性の原理」を核として成立する「精神科学の基礎づけ」の問題領域を提示しておくことによって、ディルタイの精神科学の思想が、その実状によりふさわしく理解されるであろう。そこで本章では、以上の点に留意しながら、まずディルタイの「精神科学の基礎づけ」それ自体の問題性を考察しておいた上で、「心理学」の具体的意義へ、さらに「解釈学」の理論へと考察を進めてゆくことにする。

「精神科学（Geisteswissenschaften）」とは、現代の一般的用語法で言えば、人文科学（humanities）と社会科学（social sciences）とを包括するものであるが、ディルタイはなぜ、この精神科学の基礎づけを、みずからの課題とせねばならなかったのだろうか。

ディルタイの生きた一九世紀は、やはりなんと言っても、自然科学の隆盛の時代であった。だが、これは、裏から見れば、中世以来、宗教・科学・芸術などの精神的生のさまざまの側面を結びつけていた形而上学＝神学が、近代自然科学の成立によって、その紐帯を断ち切られた（I 356）ということである。そして、問題はその先にある。たしかに、自然科学は、一九世紀ドイツの重工業の発展というかたちで、実効性のあるところを示してみせたが、それはかつて形而上学が果たしていた役割を適切に代替できるものであったか、ということである。ここに浮上してくるのが、社会、歴史、宗教といった領域をどのようにとらえるか、という問題である。たとえば、コント、ミルなどの実証主義的社会学は、自然科学の余勢を駆って「帰納と演繹」という自然科学的方法論的一元論を、精神的歴史的世界へと転用する。しかし、それはディルタイからすれば、「生」を歪めてとらえてしまっているのである。また、宗教の領域についてはどうか。ディルタイは、学としての形而上学の崩壊について述べた後、次のように言う。「しかしわれわれの生の超‐自然的なもの（das Meta-Physische）は、人格的な経験として、すなわち道徳的宗教的な真理として残っている」（Ⅰ384）。自然科学が進歩し、人間の此岸的なあり方がどれほど強調されようと、人間が持つ超越的なもの、彼岸的なものへの志向は「形而上学的意識」として残り続ける。だとすれば、われわれはどのように振る舞うべきか。

以上のような問題が、「精神科学の基礎づけ」という問題のなかに流れこんでいる。では、このような状況のなかで生じた「精神科学の基礎づけ」という課題は、どのように具体的に遂行されてゆくのか。

ディルタイによれば、「科学」とは「概念を要素とする、諸命題の総体のこと」（Ⅰ4）であり、精神科学は「歴史的社会的現実を対象とする諸科学の全体」（Ⅰ4）である。具体的には、歴史学、民族学、地理学、言語学、美学、教育学、法学、経済学、社会学……などがあげられよう。そしてこの精神諸科学は、事実・理論・価値判断と規則の定立という三種類の言表から成り立っている。たとえば「ある制度を非難する政治的判断は、真でもなければ偽でもなく、その方向、その目標が評価される限り、正もしくは不正である。これに対して、この制度の他の制度に対する関係を論究する政治的判断は真か偽である」（Ⅰ27）。ここに現われているのは、「事実判断」と「価値判断」とを二元論的にとらえようとしないディルタイの姿勢であり、またその背後には、人間を、意志し、感じ、考えるという、歴史や社会との相互作用のうちに投げ出された「生の統一体」としてとらえるディルタイの人間観がある。そして心理学は、この生の統一体をこそ記述するのである。それゆえ「心理学は個々の精神科学の中で最初の、もっとも基本的な科学」（Ⅰ33）だということになる。ところが、この後さらに次のように続けられる点に注意しなければならない。「しかしその〔心理学の〕諸真理は、この現実から切り離された部分内容を含むにすぎず、したがってこの現実への関係を前提にしている。それゆえ心理学と他の精神諸科学との、また諸科学を部分内容としている現実自身との関係は、認識論的基礎づけを介してのみ明らかにされることができるのである」

（I 33）。また、別の箇所では、次のようにも言われる。「要するに精神科学の認識論が必要である。もっと突っ込んでいうと、精神科学の諸概念や諸命題にたいして、それらと現実との関係、それらの明証、それら相互の関係をたしかめる自己省察が必要なのである」（I 93）。つまり、心理学が、たんに人間の自己自身の考察を深めるだけのものならば、精神諸科学の基礎学たりえないであろう。なされるべきは、その心理学と個別精神諸科学との関わりが見通され、その上で個別精神諸科学における諸洞察が、ふさわしい位置づけを獲るのでなければならない。すなわち「歴史的社会的現実全体の認識は、認識論的自己省察にもとづく真理の連関の中でだんだんに実現される」（I 95）のである。ここで「精神科学の基礎づけ」という課題が、「人間自身および人間によってつくられた社会や歴史を認識する人間能力の批判」すなわち「歴史的理性批判」（I 116）として問題とされる。そしてこのような「歴史的理性批判」を哲学的に基礎づけるのが、次に見る「現象性の原理」である。

現象性の原理

ディルタイは「実在性論文」において、「現象性の原理」を次のように言い表わしている。

私にとって存在するものはすべて、それが私の意識の事実であるという、最も普遍的な制約をうけている。つまり、外部のいかなる事物であれ、意識の事実ないし意識の過程が結合したものとしてしか、私に与えられていない。（V 90）

これは、一見すると、現実を意識へと還元する「現象主義（Phänomenalismus）」に思われる。しかしそうではない。ディルタイによれば、現象主義は、まず「意識の事実」を表象の構成要素の合成物としてとらえる点で、さらには、そのために、感覚を、その原因である外界との関係から遮断してしまっている点で、斥けられるべきである。このような「現象性の原理」の「主知主義的」な読み違いに対して、たとえば、一八世紀末から一九世紀初頭におけるスコットランド学派、フランスの思想家またヤコービなどの「直観主義学派」は、感覚とその原因との関係を「直接的」なものと見なすことによって、解答を与えようとした。しかし、ディルタイからすればそれも不十分である。ディルタイが、この「現象性の原理」で言わんとしているのは、「意識」は、いわば外界と分離された内部ではけっしてなく、「意識の事実」において、内と外とがともにそこに開かれているということである。この意識の様相を言い表わしているのが、かの「覚知（Innewerden）」という事態である。「覚知」という意識においては「覚知されるものはこの覚知の内容をなすものから区別されない。意識の内容を形成するものは意識それ自体と不可分なのである」（XIX 66）。ここに明らかなように、覚知は、自己と対象との対置、区分が生ずる以前の意識のあり方である。つまり、覚知とは、カントになぞらえて言えば、表象作用によって対象が定立されていなくとも意識に伴っている、「超越論的統覚」ならぬ、「超越論的なものを持ち出さない超越論的な」[2]意識だということになる。したがってディルタイがこの「現象性の原理」で意図していることの一つは、覚知の意識を最終審とした認識批判の遂行だと言ってよいだろう。したがってここに、外界の実在性という問題が生じてくる[3]。

以上のように、内と外とが等根源的に与えられる覚知の地平を開示した上で、次に課題となるのは、ここからどのようにして学問的知に到るかということである。ディルタイが、ここで手引きにするのは、自然科学者H・ヘルムホルツの「無意識的推論」という理論である。先にふれた「直観主義学派」は、感覚とその原因である外的対象との関係を直接的であると見なしていた。それに対し、ヘルムホルツによれば、この過程には通常の論理的推論のようには意識に現われない「無意識的な推論」が働いているという。ディルタイはこの成果の哲学的意義を高く評価し、かつてフィヒテやショーペンハウアーが見いだしていたこの過程が、ヘルムホルツによって、実験的、帰納的に証明された、というのである。哲学的に言えば、この「無意識的推論」が意味するのは、自覚的な論証的思考（diskursives Denken）以前に、すでに知的な（intellektuell）働きが作用しているということの指摘に他ならない。つまり、ディルタイはこの「無意識的推論」を手がかりにして、思惟以前に広がる「意識の事実」の領域を手中にすることができるというのである。注意しておきたいのは、この「意識の事実」は、けっしてカント的な意味での「純粋な」意識の事実ではない、ということである。むしろ「意識の事実」には、意志し、感じ、考える全体的人間本性のさまざまな状態が、さらに言えば人間の「歴史性」すら含まれているのである。だからこそ「この意識の事実の分析こそ精神諸科学の中心」（I xviii）なのであり、後の解釈学への展開においても、この意識の事実は、出発点となりうる次元を開いているのである。だが他方で、このような自然科学者ヘルムホルツの「無意識的推論」を精神科学へと転用するさいには問題もある。なぜなら「無意識的推論」は、それが論理的推論だという点では、自覚的な推論と等価であり、ここでの「結果と原因という観念それ自体が、われわれの意志的生からの抽象物にすぎない」（I xix）からである。このような指摘は、かの批判、つまりカント的な認識主観に流れているのは「たんなる思惟活動としての理性の薄められた液にすぎない」（I xviii）という批判と同じ立場からなされている。とすれば、無意識的推論によって開かれた意識の事実の次元に立ち、なおかつそこから意志し、感じ、考える全体的人間性がとらえられねばならない。ここに現象性の原理の第二の課題がある。「ブレスラウ完成稿」ではこの課題は、現象性の原理の「第二の原理」

として次のように言われている。「意識の事実、したがって知覚と想起、対象とその表象、ついには諸々の概念、これらが存立する連関は、心理学的連関である。すなわち、その連関は心的生の全体性のうちに含まれている。したがって、知覚とその他の知覚事象が存するこの連関の説明はこの心的生全体の分析のなかにその基礎をもっている」(XIX 75)。

以上のことから、ディルタイが歴史的理性批判の最終的な審級である「現象性の原理」によって行なおうとしたことは、おおよそ次の二点にまとめることができる。一つは、「覚知」の意識としてとらえられる「意識の事実」が、精神諸科学のなかで獲られる知識の見いだされる根源的な場所であることを明らかにすること。もう一つは、その意識の事実を、心的生の全体性へと引き戻し基礎づけること、である。これによって、精神的生をいびつなものにしてしまう実証主義からも、またロマン主義的な形而上学的な一元論からも、身を斥けることができるのである。ディルタイは、これらの論点をさらに次の方向へと展開させる。一つは、心的生の全体を、生の連関として歪めることなく記述する「心理学」である。もう一つは、たとえば、経済学における「経済性の原理」や美学における「表象のメタモルフォーゼの原理」といった、精神科学上の諸命題の、その基礎になっている「因果性」「同一性」といったカテゴリーを、右の心理学によって記述された生の連関から発生論的に分析することである。これは「生の論理学」ないしは「生のカテゴリー論」と呼ばれる。以下では、これらのうち「心理学」に的を絞って考察を進めたい(4)。

(1) 心理学から解釈学への転回・移行というディルタイ解釈を主導したのは、ハイデガーの現象学的解釈学の影響下にあったボルノーの『ディルタイ』(一九三六年)にほかならない。しかし、そのボルノー自身が、この理解が維持しがたく修正の必要がある点を後に言明している。O・F・ボルノー「ディルタイ研究の新たな諸課題」(日本ディルタイ協会編『ディルタイ研究』1、一九八七年)。

(2) R・A・マックリール「ディルタイの精神科学論における自己理解と解釈の課題」(『カンティアーナ』第21号、大阪大学文学部哲学哲学史第二講座、一九九〇年一二月二五日)六頁。

(3) ディルタイは、この問題を考えるにあたって、「抵抗経験」に着目するが、それについては、本書第III部第七章「二 ハイデガーとディルタイ」を参照。

(4) 生の論理学、生のカテゴリー論については、本章「三 精神科学の基礎学としての解釈学」および本書第III部第一章「カントとディルタイ」を参照。また、邦語で読める文献として以下のものがある。塚本正明「生の現実と学の論理――『ディルタイ全集 第20巻』をめぐって」(日本ディルタイ協会編『ディルタイ研究』5、一九九二年)、齋藤智志「科学論あるいは知識学としての論理学――ディルタイにおける理解論の展開と諸相」(学習院大学文学部編『学習院大学文学部研究年報』第44輯、一九九七年)、O・F・ボルノー『ディルタイとフッサール』(岩波書店、一九八六年)。

二 精神科学の基礎づけの学としての心理学

ディルタイの「精神科学の基礎づけ」の学としての心理学は、わたしたちが現在ふつうに思い浮かべる、たとえば「認知心理学」や「精神分析学」とは大きくかけ離れている。またそれだけでなく、ディルタイと同時代の「心理学」とも異なっている。ひるがえってみれば、ディルタイの生きた一九世紀において心理学は、形而上学を背景にした「心の学」から、実験を中心に据えた「科学」へと大きく変貌するただ中にあった。なかでも特筆すべきは、一八七九年に実験室を創設し、実験心理学を確立したW・ヴントであろう。ディルタイはこのヴントと同世代でもある。ディルタイの心理学を考える場合、このような実験心理学を中心とした心理学の「哲学」への影響を押さえておく必要がある。ヘーゲル的絶対的観念論の崩壊以後、とくに一九世紀後半にいたって、哲学は「哲学史」に改変されることになる。ヴィンデルバントの言葉を借りれば「哲学なるものは存在しない、むしろただ哲学史が存在するのみである」ということになる。このような状況にあって、認識論としての哲学は、めざましい実効をあげつつある心理学を顧慮しないわけにはゆかない。ブレンターノの心理学や、新カント学派による心理学の批判的位置づけ、フッサールによる心理主義批判などは、こうした状況を背景にして進められたものである。ディルタイの「心理学」もまた、このような流れのなかにある。

精神諸科学の基礎づけの学であるディルタイの心理学は、二つの部門に分けることができる。心理学は、すでに見たように個別精神諸科学の基礎学として、人間の一般的な同型性（一様性）(Gleichförmigkeit)(1)を対象とする。これが「記述的分析的心理学」と呼ばれる心理学の一般部門である。それにたいし、この記述的分析的心理学と個別的な精神諸科学との間に、中間項として位置を占めるのが「比較心理学」と呼ばれる、心理学のもう一つの部門である。ここにおいては、人間本性の同型性からの個性化の過程が、そしてまた「類型」が扱われる。ちなみにディルタイは、この一般心理学、比較心理学、個別精神諸科学の三者を合わせて「体系的精神科学」と呼んでいる。以下ではこの「記述的分析的心理学」「比較心理学」の二部門をそれぞれに明らかにしてみよう。

記述的分析的心理学

ディルタイの「記述的分析的心理学」は、「説明心理学」「構成心理学」に対して批判的に定位されたものである。「説明心理学」の特徴は、第一に「一定数の一義的な説明要素からの導出という点」に、さらに、第二として、その説明要素を、結合することによって心的過程を説明するために、仮説的性格を持つという点にある（V 140）。こうした批判的な特徴づけは、すでに見た実証主義批判や、また「現象主義」やヘルムホルツ、カントなどによる「現象性の原理」の知性主義的なとらえ方に対する批判と、ほぼ同様の観点にあると言ってよい。ただし、ここで強調しておきたいのは、ディルタイのこの批判は、精神現象を自然科学的な方法によってとらえようとする説明心理学にこそ向けられているのであって、自然科学そのものに対しては、ディルタイは必ずしもただちに批判的ではなく、むしろ精神科学は、自然科学と区別されなければならないと考えているということである。

精神科学は、何よりも次の点で自然科学から区別される。すなわち、自然科学が対象とする事実は、外から、現象として、しかも個々別々に与えられたものとして意識され、これに対して精神科学が対象とする事実は、内から、実在として、しかも生き生きした連関として、ありのままの姿で意識されるということである。したがって、自然科学においては、自然の連関は、仮説の結合にもとづいて、また補足的な推論によってのみ与えられ、これに対して精神科学においては、心的生の連関は、根源的に与えられたものとして、つねにその基礎をなしている。われわれは自然を説明し、心的生を理解する。（V 143f.）

ここには、ディルタイの記述的分析的心理学のスタンスがはっきりと現われている。精神科学が対象とする「内から、実在として、しかも生き生きした連関として、ありのままの姿で意識」される事実が、すでにみた「現象性の原理」によって開かれる覚知の場であることも、もはや言うまでもないだろう。心理学の課題は、さらにこの事実を、「心的生の連関」として記述し分析することにある。

ディルタイの言う「記述」の核をなすのは、先のヘルムホルツの「無意識的推論」を、ディルタイなりに翻案した「基本的論理的操作」ないしは「内的知覚の知的性格（die Intellektualität der inneren Wahrnehmung）」と言われるものである。「無意識的推論」は、感覚とその原因である外的対象との関係を、無意識のレベルで因果的に推論する働きであったが、「内的知覚の知的性格」とは、覚知の意識において働いている知的な作用、別の言い方をすれば「沈黙的思惟」、また感性のうちで作用する悟性である。実質的には、観察・分離・抽象といった作用がこれにあたる。この「内的知覚の知的性格」によって、先に述べた非「純粋」な「意識の事実」が分節化され、解釈されるのである。たとえば、「渋茶」を飲んで「苦いっ」と感ずるとき、その感覚を「苦み」として感じるのが、この「内的知覚の知的性格」の作用である――むろん、個人差、文化などによってその感じ方は異なるはずである。したがって、心的状態を観察するさいの方法である「記述」は心理学的研究それ自身を内側から制約する、心的状態の把握の特質だということになる。これと並んで心的状態を把握する特質としてあげられるのが、この把握が体験から生じ体験と結びつきながら、心的生の全体に支えられているという点である。これは、分析という手続きとの関わりのなかで、次のようにも言われる。「したがって心理学では、心的連関の個々の分肢を解明するべき分解のプロセスが、そうした全体的な連関に関係づけられることによって、分析という作業が成し遂げられる」（V 175）。ディルタイは、ここに部分と全体の循環を、また理解という働きを見て取っており、いまだ解釈学的な方法への自覚はないものの、この論点は、ディルタイの理解論にまっすぐにつながってゆく。では、このような記述‐分析に立って、ディルタイはどのように心的生の連関をとらえてゆくか。

先に、覚知が、内と外とが等根源的に開示される場であることを見たが、心理学においては、この内と外との関係が、自己と外界との相互作用として、また「生」としてとらえ返されることになる。

生の統一体は、それの住んでいる環境によって制約されるとともに、環境に反応するものとして見いだされるが、このことから、生の統一体のさまざまな内的状態の組成が成立する。この組成を、心的生の構造と呼ぶことにする。記述心理学がこの構造をとらえることによって、さまざまな心理的系列を一つの全体に結びつけている連関が、明らかになってくる。生とは、そうした全体のことである。

(V 200)

このような生の把握は、「哲学的人間学」や「環境世界論」ともつながる有機体論的なものであるが、ディルタイの特徴は、この生を心理学的に、つまり生の全体的な連関として、構造連関、発展連関、獲得連関という三つの大きな心的生の同型的連関に記述 - 分析してゆく点にある。これらの連関は、それぞれ、自己と外界との相互作用において、心的生の構造連関が横軸にあたり、その縦軸が発展連関に相当し、獲得連関は、その相互作用の中で獲得され形成された連関であり、自己の外界に対する相互作用の中心点に位置するものである。

構造連関は、自己と外界との間の相互作用において生ずる心的状態が「過程(Vorgang)」としてとらえられ、この過程が、感情・意志過程・表象的態度として記述 - 分析されることによって示される。そして、このような構造連関の中心には「衝動と感情の束」があり、それが心的生をとりまくさまざまな制約によって、反作用を受け、妨害的にあるいは促進的に働くことによって、移行あるいは達成作用が生ずる。そして、「ある状態から他の状態への移行、ある状態から他の状態へと導いていく達成作用、これが内的経験に落ち」（V 206）、そして「構造連関が体験される」（V 206）という。この「構造連関」に具わっている重要な特徴は、主観内在的な合目的性である（V 207）。そしてこの合目的性格は、事柄から言って「発展連関」とも重なり合っている。発展連関の分肢としては、構造連関・合目的性・生の価値・心の分節化・心的獲得連関の形成・創造的なプロセスなどがあげられるが、これらは右に述べた合目的性によって貫かれており、「これらの契機を活動においてとらえることによって、発展が成立する」（V 218）。獲得連関は、中期ディルタイの思想の中でも、最重要概念の一つである。獲得連関は、自己と外界との相互作用そのものを調整する。つまり、心的生に与えられた、知覚、想起表象、目的ないし理想といった、意識に与えられた諸過程を、適切に方向づける役割を担うのである。それゆえに、この獲得連関は、さまざまなイメージを創造的に変容させる「想像力」とも密接な関わりを持っている。[2]

以上のような心的生の連関について、ここではいくつかの問題を指摘しておこう。まず第一にあげるべきは、「構造連関は体験される」という、生の連関の構造的性格全体にかかわるものである。この点に対し、心理学者エビングハウスは、構造連関は体験されるにしても、それは、生き生きとした経験ではなく、またディルタイがみずから批判するところの仮説にすぎないと批判した。これは、実験心理学者らしい穿った指摘であると言えよう。なぜなら、この問題は煎じ詰めて言えば、ディルタイがいうところの「構造」概念が、「レアール」なものか、「イデアール」なものかということに行き着くからであり、それは他でもなく「ゲシュタルト心理学」における「ゲシュタルト」の身分に関わるものでもあったからである。[3]ディルタイ自身は、たとえば先のくだりでは、「あれやこれやの連結についての内的経験が繰り返され、あれやこれやの結合が体験において繰り返されて、ついには全体的な構造連関が、われわれの内的意識において、確実な経験になっていく」（V 206）とする。この行文を見る限り、ディルタイ自身は「構造」に対してレアールな性格づけを与える陣営に属すると言えるだろう。だがこの問題にはもう少し先がある。なぜなら、この「構造連関」が、ディルタイ後期の「作用連関」と密接に結びついているからである。心理学的な「構造連関」と歴史的世界における「作用連関」とがどのように整合的に考えられるのか。中期ディルタイの心理学においては、これに対する明確な答えはえられないと言ってよい。

またさらにこの問題は、獲得連関とも関わりを持っている。ディルタイによれば、自己と外界との相互作用において働く獲得連関そのものは、全体として意識されることはできず、間接的にしか把握されない。そこで「獲得連関をますます完全に、ますます深くとらえるために、われわれはその創造物を比較する」(V 180) ということが必要になる。たとえば、目の前に桜の花を見て、それを美しいと感じたとすれば、そこには、網膜への刺激もさることながら、それを見る者の歴史的社会的現実の層も媒介として働いている。この心的生のうちに堆積した層が、まさに獲得連関であり、これをすべて意識化することは不可能である。そこで、その創造物、たとえば桜を描いた絵画なり詩歌なりを比較することを通じて、獲得連関を記述しようというのである。ディルタイは、この「獲得連関の創造物」を次のように言い表わしている。

> 言語・神話・宗教的な慣習・習俗・法律・外的組織において、全体精神の産物が存在している。そこでは、ヘーゲルの言葉を借りていえば、人間の意識が客観的になっており、それゆえ分析に耐えるものになっている。(V 180)

ここには、まだヘーゲルからの影響を直ちに見てとることはできない。とはいえ、この論点が後の「客観的精神」の問題圏につながることは明らかであろう。心理学での、心的生の獲得連関の創造物を比較するという構想は、体験の表現を理解する、という後期の解釈学の枠組みにほど近いと言ってよいだろう。

比較心理学

記述的分析的心理学の対象であった「同型性」からの個性化を扱う比較心理学は、具体的な論述としては、一八九六年に発表された「〔比較心理学について〕個性の研究」に集中している。とはいえ、こうした構想そのものは早くから温められていたものだった。たとえば『序説』のなかでは、心理学は、人間的本性の同型性の記述分析にとどまらず、さらに「精神的生の類型的差異」や「芸術家の想像力や行動的人間のもって生まれた気質」、そして「精神的生の諸形式の研究」(I 32) を問題としなければならないとされ、そして「これによって、いままでの社会的歴史的現実の諸体系において、一方では心理学と、他方では美学や倫理学や政治団体の諸科学ならびに歴史学との間にあった隙間が埋められる」(I 32) というのである。たとえば、経済学者、文学研究者といった個別的な精神科学の研究者が、みずからの学問体系を構成するさい、彼らはその体系にふさわしい人間類型を念頭において、研究を進めるはずである。そして、この人間類型は、むろんのこと人間の同型性から形成されたものにほかならない。とすれば、同型性を扱う心理学と個別精神諸科学との中間項がなければならない。比較心理学はこの領域を対象とする。

体系的精神科学のなかで、このように位置づけられた比較心理学を、ディルタイは、おおよそ次のような三つの観点から組み立ててゆく。第一に、人間本性の同型性からの個性化の過程をとらえること。第二に、その過程のなかで形成される「類型」を明らかにすること。そして第三に、「個性の理解」の手続きを明らかにすることである。以下ではこれらの試みを順に見てゆくことにしよう。

人間本性の同型性からの個性の形成を問題にする論点の中心にあるのは、「同型性」「類型」「発展」からなる「個性化の原理」と呼ばれるものである。物質的な世界と同様の同型性が、心理過程の中にも存しており、この同型性にもとづいて個性が形成されてくる、というのが個性化の原理の骨子である。その過程で類型が生じ、またそれは発展の原理に従っている（V 269ff.）[4]。このような「個性化の原理」には、「原型」から個別的なものがメタモルフォーゼするという、ゲーテ的な形態論からの強い影響を見ることができる[5]。ディルタイが「詩学」で試みた、イメージのメタモルフォーゼの法則は、この個性化の原理が、芸術の領域でこそもっともよく作用することを示しているが、個性の形成を、このように発生論的法則によってとらえることは、やや構成主義の誹りを免れえない[6]。とはいえ、この個性化の原理によって目論まれたことの一つは、なんと言っても、個別的なものを、一般法則のたんなる事例とみなすのではなく、個性を個性そのものからとらえようとする、ディルタイの企てであったということは確認しておかなければならない。

次に見ておきたいのは「類型」である。ディルタイの類型概念は、きわめて多岐にわたった含意をもっているが、いま述べた「個性化の原理」にも見られるように、類型は、さしあたって、普遍と個別の間に位置する特殊としての資格を与えられていると言うことができるであろう。つまり、普遍的な人間本性を個性化し特殊化したものであり、他方でさまざまな個体を貫く一般的な特徴を言い表わしたものである。「比較心理学」のなかで行なわれる、シェイクスピアの諸作品に登場する人物の人間類型の分類は、この意味で考えられる。この「博物学的 - 形態学的」[7]な類型概念は、後に発展し、ディルタイ自身の「世界観学」や、シュプランガーの「人間類型学」へと連なってゆく。もっとも、第二として、類型概念は、こうした分類原理としての役割にとどまらない、認識上の役割をももっている。それを端的に示すのが、「類型的に見ること（das typische Sehen）」（V 279f.）というものである。それには次のような例があげられる。

わたしたちは、スケートやダンスをしている人にたいして、その動きを「適切さや完全さ」という観点から、上手下手の評価をくだす。ここに指摘されているのは、わたしたちの「見る」という行為においては、「事実表象」と「価値表象」とが容易に切り離すことができないということであり、そのさい「類型」は、見ることの手引きとして、あるいは「模範」として機能しているということである（vgl. V 279）。このようなとらえ方は、すでに述べた、精神諸科学における言表が、事実・理論・価値判断と規則の定立という三つの種類からとらえていたことにつながっている。さらにまた、ディルタイは、この類型概念が、以下で見る理解-解釈の場面でも、一種の図式として働くことを指摘している。例えば次のような具合である。「われわれのうちの誰もが、自分の中にある類型を持っている。彼が解釈する仕方を、いわば解釈の図式を持っている。われわれは、われわれ自身の内部の類推にしたがってしか、他人を理解することができない。それゆえ、これは何よりもまず、われわれが他人をどう判定するかを決定する」（XX 315. またV 277も参照）。このような「類型」の機能に、ヴェーバーの「理念型」に近いものを見るか、あるいはガダマー的な「先行理解」を引き寄せるかは、解釈の余地のあるところであろう。もっとも、この「類型的に見ること」には、もう一つの含意があることもふれておかなければならない。というのも、この「類型的に見ること」は、「事実的なものにおいて出来事の規則を与える」（V 279）と言われており、したがって、たんに理解 - 解釈の側のみならず、創造の側面においても重要な位置を占めるからである。思惟作用が概念をもたらすとすれば、芸術的創作は「類型」をもたらすのである。そしてその場合類型とは、たんなる個別的なものの平均ではなくして、「現実から高められた本質的なもの」だということになるだろう（VI 186）。それゆえに、類型には、第三に「模範」「典型」という含意ももつことになる。以上のように、類型概念を見てくると、この類型概念のなかには、比較心理学に課せられていた、体系的精神科学における

「中間項」としての役割が、強く刻印されていることがうかがえる。とはいえ、この類型概念には、問題なしとは言えない側面もある。なぜなら「体系的精神科学」の課題が「個性的なものの理解を普遍妥当性にまで高めることができるかどうかにかかっている」（V 317）とするならば、以上のような類型概念を主軸とした「個性化」の視点のみでは、個性はとらええないであろうからである。したがって、「謎めいた個性化」をとらえるためには「個性がいかに成立しているか」を問題にするのみならず、「個性的生がいかに理解されるか」の視点が不可欠となる。(8) 比較心理学の構想に導入されているもう一つの視点は、この「個性の理解」である。

ディルタイの個性の理解の手続きは、「実在性論文」などにも見受けられるように（V 110）、一種の類推推理であるとみなされている。だがむしろ注意すべきは、ディルタイが、このような類推推理による説明は粗雑な図式にすぎないとし、次のように言うことである。

というのは、先のような類推は、内的経験を、それが類推の基礎になっている内的経験であれ、類推によって補充される内的経験であれ、心的生のそのつどの連関から切り離してしまうのであり、ところがこの心的生の連関と関係することによって、追構成は、はじめて確実性とより詳細な規定性を受けとるからである。（V 277）

このようなディルタイの行文からわたしたちが想起すべきは、先の「現象性の原理」に課せられていた第二の課題である。そこでは、さまざまな心的現象が、心的生の全体性においてとらえられなければならないと言われていた。ここでの「理解」の手続きにもまた、基本的にはそれと同様の問題が課せられていると言ってよいだろう。つまり、さしあたって外的知覚を通して与えられた他者の状態を、それ自身で独立させ切り離してしまうのではなく、心的生の全体的な連関に引き戻し位置づけを得させることが求められているのである。これこそが、ディルタイの言うところの「転移（Transposition）」であり、それは後期の解釈学における「理解」の雛形ともなっている。[9] しかしながら、問題が、このように他者理解の領域にまで及ぶと、理解の妥当性の基盤が新たな資格で問われざるをえなくなるはずである。ディルタイ自身は、「比較心理学」においては、「超越論的経験」「超越論的反省」（V 246f.）といった荒削りな概念によってこれらを解決しようとするが、他者理解の問題に関する限り、もはや「現象性の原理」を出発点にとる「心理学」の枠内でこれらの問題を解決することは不可能であると言ってよいだろう。とすれば問題は二重化する。つまり、ここでディルタイに課せられているのは、他者の生をも含めた「意識の事実」を、心的生の連関の記述分析として遂行することであると同時に、外的なもの（他者の生の現われ）を内的なもの（意識の事実）としてとらえる手続き、すなわち他者理解の手続きを解決し、またその妥当性を模索することである。言ってみれば、ここにおいては「「現象性の原理」に加えて、いわば〈表現性の原理〉といったものが打ち出されねばならない」[10]ことになる。心理学から解釈学への「展開」を見届けるとすれば、まさにそれはここにあるといえよう。

（1）このGleichförmigkeitという概念には、同形性／同型性／斉一性／一様性などの訳語があてられるが、もとをたどればJ・S・ミルのuniformity（斉一性）からのドイツ語訳であり、それをディルタイがみずからの心理学へと摂取したものである。それゆえ、文脈によってディルタイの心理学的意味で「同型性」とすべき場合や、より自然科学的実証主義的意味で「一様性」とすべき場合もある。本節では、「同型性」と「一様性」とを文脈によって使い分ける。

(2)「獲得連関」と「想像力」の関わりについては、本書第III部第四章「一　ショーペンハウアーとディルタイ」を参照。また拙論「ディルタイにおける生の美学の構成――体験の場としての感情と想像力の論理」（日本ディルタイ協会編『ディルタイ研究』10、一九九七／九八年）も参照のこと。

(3) 村田純一「現象学の成立」（『現象学運動　岩波講座　現代思想6』所収、岩波書店、一九九三年）を参照。

(4) ディルタイには、同型的な諸要素の量的関係の差異に個性の区別があるとする「量化理論」と呼ばれる議論もある（vgl. V 226ff.）。これについては以下の拙論で、不十分ながら論じたことがある。「ディルタイ『比較心理学』について――解釈学の成立という観点から」（『哲学年誌』第24号、法政大学大学院哲学専攻、一九九三年）。

(5) ディルタイとゲーテの形態論の関係については、高橋義人「ディルタイ解釈学の形態学的視座」（『思想』岩波書店、一九八四年二月）を参照。

(6) R. A. Makkreel, *Dilthey—Philosoph der Geisteswissenschaften*, übersetzt von B. M. Kehm, Frankfurt am Main, 1991, S. 170ff.（邦訳、マックリール『ディルタイ――精神科学の哲学者』、大野篤一郎他訳、法政大学出版局、一九九三年、一五七頁以下）。また「詩学」での想像力論については、前掲拙論も参照のこと。

(7) Vgl. Ludwig Landgrebe, Wilhelm Diltheys Theorie der Geisteswissenschaften. In: *Jahrbuch für Philosophie und phänomenologische Forschung*. Bd. 9 (1928). また、本書第III部第二章「一　ゲーテとディルタイ」も参照。

(8) この「個性の成立」と「個性の理解」の論点については、大石学「個性と歴史的世界――ディルタイの「客観的精神」概念について」（日本ディルタイ協会編『ディルタイ研究』10、一九九七／九八年）より示唆をえた。

(9) このように理解をとらえてみれば、後期論考（「精神諸科学における歴史的世界の構成の続編の草案　歴史的理性批判のための諸計画」）で言われる二つの理解、すなわち論理的には、類推推理と称される「基本的理解」と帰納推理と称される「高次の理解」との整合性も明らかになるであろう。「基本的理解」と「高次の理解」については、本書第III部第六章「ドイツ社会学の伝統とディルタイ」を参照。

(10) 丸山高司「解釈学的理性――知の理論をめぐって」（『現象学運動　岩波講座　現代思想6』所収、岩波書店、一九九三年）二八八頁以下を参照。

三　精神科学の基礎学としての解釈学

ディルタイは「歴史的・社会的現実を対象とする諸科学の全体」を一般に「精神科学（Geisteswissenschaften）」と呼んだが（I 4）、ときには「人間科学一般（die menschliche Wissenschaft überhaupt）」とも称している（XX 130）。一般に近代科学は、物理的自然を対象とする「自然科学」として形成されてきた。それに対してようやく一九世紀に入ってから、社会学や心理学の誕生、そしてヨーロッパ植民地主義を背景にした民族学や言語学その他の文化研究の発展がみられる。この時代趨勢のなかで、社会や歴史や風土の研究を含む広義の人間研究を確かな科学として基礎づけようとする哲学的・科学方法論的論議も高まってくる。ディルタイの精神科学の基礎づけは、まさにそうした人間科学研究をより根底的に確立するための時宜を得た先駆的プロジェクトだった。ディルタイ自身は、このプロジェクトを「歴史的理性批判、つまり人間自身および人間によってつくられた社会や歴史を認識する人間能力の批判」と呼んだ（I 116）。二〇世紀の人間科学の発展に大きな影響を及ぼしたその基礎づけの試みを、この節では「解釈学」の方向からとり上げることにする。ただし、ディルタイ自身が「解釈学」の体系理論をまとめているわけではないので、ここでは諸所の論述から再構成を試みる。

理解の学としての解釈学

ディルタイは科学方法論的二元論の立場から、自然科学の「説明（Erklärung）」の方法に精神科学の

「理解（Verstehen）」を人間研究特有の方法として対置した。この「理解」は、ディルタイの精神科学的認識論の規定によれば、技術的に組織化されることで、さらに「解釈（Auslegung, Interpretation）」の段階に発展することになる。つまりディルタイは、「解釈」を「持続的に固定された生の表出の技術的理解」として規定しているのである。しかもこの「解釈」は、言うまでもなく言語的媒体のうちにその原型をもっている。すなわち「精神的生は、言語のうちにのみ、その完全で余すところのない、それゆえ客観的把握を可能にするような表現を見いだすのであるから、解釈（Auslegung）は、書き物のうちに含まれた人間的現存のなごりについての解釈（Interpretation）において成就される」（VII 217）ということなのである。それどころかディルタイは、「理解が普遍妥当性を獲得するような解釈となるのは、言語的遺産（Sprachdenkmal）に対してのみである」（V 331）とまで言っているのである。

つぎに「解釈学（Hermeneutik）」についてディルタイ自身は、「書き物に固定された生の表出についての理解の技術論」（V 332）という規定を与えているが、ボルノーはこれを「解釈と理解との学的・方法的な形式」としてより一般化している。[1] またこの解釈学がスローガンにしているのは、「生を生そのものから理解すること」であり、人間的現存をそれ自身から解釈することでもあって、それゆえディルタイの構想による解釈学は、「生の解釈学」（ボルノー）とも人間学的解釈学とも言えるわけである。ディルタイの立場からすると、人間的生は根源的に歴史的であるとされるので、解釈学もまた、人間がみずからの歴史をとおして自己自身を知る方法、すなわち「歴史的自己省察（geschichtliche Selbstbesinnung）」という方法の理論となる。（リュッチェの指摘では、ディルタイは初期のシュライアーマッハー研究を機縁として、シュライアーマッハーの文法的・心理学的解釈学を自分独自の歴史的・心理学的考察に変形発展させる着想を得た。[2]）この場合、人間の「自己省察」を課題とするディルタイにとって、「心理学」と「解釈学」とは結論的に相補関係をもってくる。一方の「心理学」（記述分析的、構造論的心理学）は、個々の「心的生」とその包括的連関である「精神的世界」を対象とする「体系的精神科学」の基礎学である。また他方の「解釈学」は、個々の「体験表現」という個人レヴェルから言語をはじめとする「文化諸体系」と国家に至る「社会の外的組織形態」といった共同体レヴェルまでの種々多様な表現形態から構造化される〈表現的世界〉、つまりさまざまな主体が自己表出的に作用しあう「人間的・社会的・歴史的世界」を対象とする「歴史的精神科学」の基礎学である。ただし後者については、少なくとも著作の上では、文化や社会を歴史的な〈表現的世界〉として明確にとらえる視点が提示されたのは最晩年の時期のことである。しかし結論としてディルタイにとっての「生の世界（Lebenswelt）」は、これら二つの領域が統合された全体連関を意味しており、したがって「心理学」と「解釈学」は、必然的に不可分の相補関係をもっているとみなすべきである。またディルタイは、精神科学の認識論的基礎づけのためにこれらの基礎学を確立すると同時に、「自己省察」を精神科学によって実際に遂行するための概念的オルガノンとして、アリストテレスやカントを越える独自の「カテゴリー論」の展開によって「生の概念」や「歴史的概念」、つまり総じて「生のカテゴリー（Lebenskategorie）」を導き出すという概念史上の画期的成果をあげた（VII 228ff.; XIX 359ff.）。人間研究の科学的方法論にとっては、単に技術論だけではなく、むしろこうした概念論による論理的基礎づけが重要で基礎的な位置を占めるのである。ディルタイの功績は、これらを総合的に実現した点に認められる。

そこでつぎに、ディルタイが定式化した「解釈学的方法（hermeneutische Methode）」そのものの具体的な手続きについてさらに詳しくみることにしよう。

まずこの方法にとっての構成契機となっている主要な「生のカテゴリー」は、「部分と全体」のカテゴリーならびに「意義（Bedeutung）」ないし「意味（Sinn）」のカテゴリーである。というのは、ディルタイの用語法では、部分が全体に対して「意義」をもつと同時に、全体は部分に対して「意味」をもつのだが、このとき部分と全体のあいだの「有意味性（Bedeutsamkeit）」から成立する「意義連関（Bedeutungs-zusammenhang）」というものこそが、解釈学において解釈されるべき主題となっているからである。

さて「解釈学的方法」においては、つぎの二つの正反対の方向をもった方法が統合されねばならない。すなわち第一に、①「部分から全体へ」の方向をもつのが〈分析的・歴史的比較方法〉であり、これは実証的・批判的性格をもっている（文学的・文献学的・歴史的批判）。そして第二に、②「全体から部分へ」の方向をもつのが、〈構成的・体系的方法〉であり、これは一見して疑似形而上学的性格をもつようにみえる。しかしなるほどこれは「全体の直観」に依拠するのだが、この直観は、いわゆる神秘的直観としての直接的直覚のようなものではなく、むしろ具体的所与としての諸部分を媒介として、「すべての連関契機が一緒に取り入れられるように、全体を想起のうちに取り入れることによってのみ近づかれる」（VII 227）ようなものである。つまりディルタイの「経験そのもの」の立場を一貫させるならば、ここでの「全体」は諸連関を統合する全体連関（経験的現実の総体）とみなすことができる。

ディルタイの言う「解釈学的方法」の特徴は、こうした対照的な方法をさしあたり①を基礎にしながら結合しようとした点に見いだされるのである。一方で、「体験」を対象とする人間本性の一般的研究は「記述分析的心理学」であり、また他方で、「表現」という歴史的形成物（生産物）を対象とする人間的事実の個別的研究は歴史の諸学問であって、これはさらに「文化諸体系」や「社会の外的組織形態」の「発展史」をも含んでいる。そしてこうした体系的研究と歴史的研究とは、互いに相補関係のうちで結びつかねばならないのである。つまり解釈学は、「体験表現の理解」の学という意味において、生の自己解釈かつ歴史の解釈の方法論だと言えるし、また「歴史的と心理学的との両分析の結合」という意味において、人間的歴史的世界の総合的研究理論と言えるわけである。またこのことと関連して、ディルタイの哲学的基礎づけに固有な一般的特徴を、ミッシュが指摘しているように、「人間学的研究」と「歴史体系的手続き」とを結びつける〈人間学的・歴史的方法〉のうちにみることができる（V L）。

そこでさらに①の具体的プロセスを検討してみよう。まずこのプロセスを根源的に可能にしているのは、「生の第一のカテゴリー的規定」として「生の経過」を現出させる「時間性」であり、すなわち体験のリアリティーに満たされた「リアルな具体的時間」である。この「時間性」を根拠としてはじめて、過去の体験や他者の体験が、「想起」において「模造（Abbildung）」されるわけであり、また自己の体験の充実による「置換」をとおして「追形成」されることになるのである。そしてここで主導的に機能する心的能力は、精神的生の「総体」を発動するいわゆる「心術（Gemüt）」であって、これには、「共感」や「感情移入」や「想像力」などの要素が含まれる。しかしこうしたいわゆる非合理的な契機に加えて、さらに「自他の内的状態の類似性」や「共通のメルクマール」を基礎にした「類推」であるとか種々の「論理的操作」もまた同時に機能するという点をディルタイは重視している。というのも、そのような論理的契機によってこそ、理解は技術的な解釈として認識論的客観性を得ることができるからである。

ところでこのプロセスのうちで機能すべき「論理的操作」というのは、要するに「概念の伝達可能性」によって「一般的規則性」を把握する働きなのである。そしてそれは実際には、(1)事実と因果的要素を確定する帰納、(2)帰納の助けで因果連関を結合する総合、(3)個々の連関を分離する分析、および(4)全体の意義連関のもとで個々の連関を較べてその特異性を見いだす比較、といった諸契機が相互に協働することをとおして遂行されるのである。たとえば解釈学的精神科学においては、意識の直接与件が体験に即して以下のようにして概念化（類型化）されることになる。すなわちまず、直接与件としての体験そのものの「記述」ということがその第一段階である。ここでの課題は、全体と部分という観点から、個々の心的事実や意識の事実を記述することである。これを実際に遂行するのが、ディルタイの言う「記述心理学」としての生の「自己省察」であるが、それはさらに、「生の歴史性」に基づいて「歴史的自己省察」へ発展して解釈学とも結びついてくることになる。またつぎの段階は、記述され表現された体験内容の「分析」である。そしてここで個々の連関に分離された体験内容は、つぎに「比較」されることになる。ただしこの比較ということのうちには、すでに「類型の直観」が先行的に含まれているとされる。そこから最後に、個々の体験連関は、「類型（Typus）」へと分類されることになり、ここに直接与件の精神科学的一般化が成立するわけである。そしてこの成果を「利用」することによって、「解釈」としての「理解」が具体的に遂行されるということである。ただ「類型」について補足説明すれば、「顕著な共通性」を表示することの「類型」の概念は、対象内容である直接与件そのものがもつ制約のために、結局歴史的・相対的であることを免れえない。それゆえ精神科学的一般化とそれに基づく解釈学的な歴史的精神界の理解は、「普遍妥当性」という認識基準のもとでの「無限のプロセス」（「無限の課題」）とならざるをえない。そこでボルノーは、ディルタイを結果的に束縛した近代自然科学の「普遍妥当性」という知識基準にかわって、精神科学的理解の認識基準を「客観性」に置き換えるべきだとする。(3) しかしいずれにしても、厳密な意味ではやはり一種の〈蓋然性〉の領域にとどまりながらも、一方で体験がもつ非合理的で質的な内容についてのゲミュート的な把握と、他方で体験の構造連関がもつ関係性という形式的制約性についての論理的把握との総合的協働を実現することによって、過去や他者の原体験が、現在の自己の体験のうちに再生され（つまり〈適用〉され）「追体験（Nacherleben）」されることになり、そこに理解としての現在の体験が成立する可能性が認められるのである。つまり表現を介して過去や他者の原体験と現在の自己の体験とを統一するのが、ディルタイの言う「体験の知性」を具体化した理解にほかならず、この理解の究極の形態を、ディルタイは「生を共にすること（Mitleben）」と呼ぶわけである。しかもディルタイは、よく知られたさらに積極的なテーゼ、「解釈学的方法の最終目標は、著者を彼自身が理解したよりもよく理解することである」（V 331）というテーゼを掲げる。しかしじつはこのテーゼの志向は、単に著者の心理過程の理解に尽きるのではなく、共同主観的な意味次元の開示という点にあると考えるべきである。つまりディルタイの解釈学的認識目標は、〈他者の理解〉という次元を踏み越えて、言語を含む文化や社会の多様な表現形態を媒介とすることで、「客観的精神（objektiver Geist）」の共同的意味連関の次元を開示し、〈他者との理解〉という次元をめざしていた。[4] ディルタイ解釈学が開拓した地平は、原体験の追体験、産出の再産出、構成の再構成、といった心理学的再生による「心的生（Seele）」のレヴェルを越え出て、自他が共有すべき文化と社会の歴史的な共同主観的意味連関という「精神（Geist）」のレヴェルに及んでいる。それによって、解釈学は文化と社会の歴史的精神科学を基礎づける資格を得ることになる。こうした解釈学的方法を規定している論理的な基本性格は、全体と部分のあいだの相互的循環関係により構造化される「生の世界」の有機体説的論理性であり、またそれゆえ解釈学が遂行される実際のプロセスは、この全体と部分の相互規定的循環（「解釈学的循環」）のうちで理解が次第に深められていく運動過程（これがディルタイの言う「内的弁証法」である）として進行する。

解釈学の可能根拠

これまで述べたように、ディルタイは「記述分析的心理学」とともに「解釈学」を精神科学の基礎学として位置づけている。それではそうした「解釈学」すなわち理解の学を成立可能にしている根拠は、いったいどこにあるのだろうか。その点に関してディルタイが諸所で述べている点をまとめてみると、およそ以下の諸前提（①―⑥）のうちに解釈学の可能根拠を求めることができるだろう。

① 我、汝、共同体のあらゆる主体、文化のあらゆる主体、結局は精神と普遍史との総体のうちに「精神の自同性（Selbigkeit des Geistes）」が存立しており、それが精神科学のさまざまの協働を可能にしているということ（Cf. VII 191）。

② すべての精神的な生の表出のうちに規則的に現われる「固定的な構造的諸関係」ならびに「一様性（Gleichförmigkeit）」が見いだされ、それが「現存するすべての精神的な交流についての解釈学」を根拠づけているということ（Cf. VII 19）。

③ 精神的な個々の統一体のあいだの「共通性」ないし「内的類似性」ひいては「人間本性の同種性」ないし「人間本性の自同性」が存立しており、そこから「普遍的人間本性」のもとでの「個人相互の類縁性という原理」が成立するということ。

④ 個別的に異なる生の諸傾向が、両性や人種や国民性や風土的特殊性やさらに気質といったような「心的生の類型的根本形態」に規則的に結びついており、それによって「顕著な共通性」としての「類型」が成り立つということ（Cf. V 241f.）。

⑤ 人間は、根源的に「歴史的存在」であり、「精神の自同性」の具体領域としての「客観的精神」の領域の媒体のうちにあるということ、またそれとともに、主観的・個別的な心的生に依存しないような共同的・公共的な精神世界に固有の「合法則性」や「連関」があって、これがわれわれの直接的な理解やさらに解釈学のための主要条件になっていること。またさらに、人間の歴史的自己理解にあっては、結局そ

の主体と対象とが同一であり、歴史の理解が人間の自己理解に直結するということ。

⑥　最後に、言語面からみた解釈学の可能根拠としては、言語がもつ「意義」の領域のうちでア・プリオリな「合法則性」が支配しているということ(Cf. VII 40)。すなわち、言語というものは単に「生理学的、心理学的および文化史的な基礎」だけでなくて「ア・プリオリな基礎」をももっている。しかも言語は、人間性の総体の表現なのであるから、人間存在における内と外や個と公共的全体や現在と過去とのあいだを媒介するメディアとして、一定の客観的妥当性をもった解釈のオルガノンである。つまり言語は、生の理解を分節的に具体化する主観的かつ客観的な表現形態として、「世界と生を解釈する媒介」となることができるということ。

ところで、解釈学の成立を可能にする根拠としての以上の諸前提には、なんらかの一般的・規則的関係が含意されている。けれどもそうした関係が、厳密にはもちろん絶対的・普遍的なものではなくて、発展する歴史的現実を構造化する契機としてそれ自体がまた歴史性と不可分なものである以上、認識論的な観点からは「蓋然性(Wahrscheinlichkeit)」の性格を免れない、という難点についてはディルタイ自身も承知していた。しかし解釈学の学的根拠については、さらにつぎのような三つの問題点を提示することができる。

(1)　体験が個別的・主観的であるとすれば、そうした体験の表現はどうして普遍妥当的に理解されうるのか。

(2)　部分から全体へ向かう分析的・歴史的な比較方法がつねに出発点にありながら、しかも同時に、全体から部分へ向かう構成的・体系的な方法をも前提に含まざるをえない、という認識論的ディレンマ、すなわち「理解の循環」ないし「解釈学的循環」がある。

(3)　一方で体験のうちに与えられたものの認識は、生の表出（表現）の理解をとおして完成されるほかないが、他方でこの理解は、ただ体験の主観的な深みからのみ可能である、という場合の循環、つまり内と外とのあいだの循環、言い換えると内的生と外的環境との循環がある。というのも、個々の生は具体的には環境における生であるのだから、内的・精神的状態は外的環境からの刺激・作用を無視しては十分に理解できず、また他方環境とは、単なる（自体的）自然概念ではなく、「生の関わり（Lebensbezug）」によって成り立つ〈生相関的〉な概念なのだから、環境の認識は体験理解の完成を逆に前提している、というアポリアが生じてくる。

さて、こうした問題点に対しては、結論的にはとりあえずつぎにように答えることができる。まず第一の疑念に対するディルタイの解決は、前述した解釈学の可能根拠のうち、とくに①③⑥の所論に見いだされる。また第二のディレンマに対する解決は、同じく②④の所論と、さらに個々の連関が全体連関に関係づけられているという有機的ダイナミズムの構造に基づいて、個と全体のあいだの循環は、現実には「発展」の連関としてとらえ直すことができる、という点に求められる。最後に第三のアポリアに対する解決は、同じく⑤の所論と、人間的現存が「心的物理的生統一体」であり、理解の原理が人間性の総体のうちにある、という点、さらに人間がそうした「生統一体」であることに基づいて、人間には内と外とが「構造連関」において直接かつ根源的に与えられている、という点、つまりは人間存在の根源的歴史性そのもののうちに求められるのである。

ディルタイが基礎づけようと尽力した解釈学は、なるほど少なくとも以上に言及した問題点を孕んだものであった。けれどもその解釈学理論が志向したことは、人間自身の内的生の宇宙を「歴史的意識」に深く根ざした一定の学的方法によって開示すること、つまり「生を生それ自身から理解すること」だったわけであり、しかもその場合の理解の主体と対象とが根本において同一であるという「自己省察」の認識論的コンテクストをディルタイが率直に受け入れていたことからみると、前述した解決策というのも、じつは解釈学につきまとう循環そのものを除去するためのものではなく、この循環という解釈学的根本状況を、解釈学にとって固有かつ必然的な認識状況として鮮明化することで、むしろ積極的に引き受けるために提示されたものだと言える。ディルタイの「生の哲学」の立場では、そもそも認識は生の機能にほかならないのだから、原理的に「認識は生の背後にさかのぼることはできない」(XIX 329)。したがって解釈学的自己省察は、「生のカテゴリー」を認識オルガノンとする精神科学的理解を不可欠の媒介としつつも、「生の世界」(「歴史的・社会的現実」)との内在的関係をもちこたえながら、全体から部分への「分肢化」と部分から全体への「形態化」という相互規定的な有機的連関つまり「解釈学的循環」のうちを探究的に運動しなければならない。人間科学は、真の人間研究であるためには、この内発的必然性によって動かねばならない。そして実際にこれを現代の個別研究の分野で実践している最も注目すべき事例として、ギアーツの文化人類学研究をあげることができる。[5]

(1) O. F. Bollnow, *Dilthey. Eine Einführung in seine Philosophie*, Stuttgart 1955, S. 211.
O・F・ボルノウ『ディルタイ——その哲学への案内』(麻生建訳、未来社、一九七七年、四〇八頁)。
(2) Vgl. J. Rütsche, *Das Leben aus der Schrift verstehen. Wilhelm Diltheys Hermeneutik*, Bern 1999, S. 439ff.
(3) Vgl. Bollnow, *Studien zur Hermeneutik*, Bd. I, Freiburg 1982, SS. 13-47. ボルノウ『解釈学研究』(西村皓・森田孝監訳、玉川大学出版部、一九九一年、一七—三一頁)参照。
(4) 塚本正明『現代の解釈学的哲学——ディルタイおよびそれ以後の新展開』世界思想社、一九九五年、二五—二六頁、参照。

（5） C・ギアーツ『文化の解釈学』I・II（吉田禎吾他訳、岩波書店、一九八七年）参照。

第二章　精神科学論の展開

一　精神科学の「行為論」的構成

本章は、ディルタイのいう精神科学の具体的事例として、教育学・倫理学・美学を取り上げ、そこにおいて彼の精神科学論がいかに展開されていたかを考察しようとするものである。そのためにまずは、これらの学問領域の研究が積極的に論じられた中期ディルタイの学理論的研究を顧みつつ、それぞれの領域について簡単に素描しておくことにする。

「社会と歴史の研究のための基礎づけの試み」との副題を付して一八八三年に公刊された『序説』は、ハイデガーの『存在と時間』刊行の事情と相似して、ディルタイのベルリン大学招聘にからんだ事情から急遽取りまとめられたものであった。したがってそこでは、形而上学の崩壊と精神科学の興隆の過程を歴史的に辿り直す作業と並んで、内的経験の認識論という体系的探求が展開されはしたものの、それは「人間自身と人間によって生み出された社会と歴史とを認識する人間の能力の批判」(I 116) としての「歴史的理性批判」というディルタイの研究プログラムからするならば、結局のところ未だ『序説』の「序説」にすぎず、第一巻の冒頭で予告されていた、本論たる「精神科学の認識論的基礎づけ」は未完に終わっていたのである。

しかしながらこのことによって、基礎づけに関する研究が立ち消えになったというわけではけっしてなかった。今日知られているだけでも、一八八〇年代から一八九〇年代にかけて、つまりは彼のブレスラウからベルリン時代にかけて継続的に研究プログラムの再々度の改訂が試みられ、[1] またそれに対応した多くの体系的研究が蓄積されていた。たとえば「ブレスラウ完成稿」や「実在性論文」(一八九〇年)、そして「経験と思惟」(一八九二年)や「生と認識」(一八九二年/九三年頃)などがそこに含まれる。さらには、「記述的分析的心理学」にみられる心的生の構造の探求も、これに重ね合わせられるものであろう。これらの諸論考の中で展開された中期ディルタイの研究活動に一貫する特徴は、一方では学の基礎づけを、意識的な体験へといわば超越論的に遡及することによって論究しようとする姿勢と、他方では人間の心的・社会的生を、人間と環境世界との間の実践的(行為論的)相互作用として捉えようとする視点、つまり人間を世界内存在としてプラグマティックな構造を有するものとする見方である。後年、前者はデカルト主義の残滓として、また後者は心理学主義ないし生物学主義というレッテルをはられて批判される観点でもある。

さて、ディルタイはこの時期、こうした基礎づけに関する一般的な認識論的・体系的な研究とならんで、個別精神科学に即してもその探求を試みており、このことはディルタイ哲学の形成史上見過ごすことのできない点である。そのことはとりわけ、精神科学の「範型科学(Modellwissenschaft)」とされ、生の過程の解釈に美学的カテゴリーを持ち込んだ「詩学」研究に特徴的に見られるが、同様にそれは「倫理学」や「教育学」においてもそれなりの仕方で展開された。

『序説』における、「道徳的・実践的科学」としての精神科学という特徴づけや、精神科学の究極的課題が「人間の形成、そして社会の形成にある」とする表現からして、教育学はディルタイにとってまさに探求するにふさわしい領野と考えられたに違いない。そしてそれは、一見すると心的生の個的な構造連関の記述分析に重点が置かれたかに見える中期の代表的研究「記述的分析的心理学」の基本的枠組みの適用でもある。しかし同時に、ディルタイの教育学が、社会的歴史的な側面へも十分に目配りしていた事実も見落とせない。したがってこのことを考えれば、その教育学はディルタイ哲学の全体像を補完する位置をもつものともみなされよう。もちろんディルタイにとってはすでに、『序説』において心的現実と社会的・歴史的現実との間の相互作用について言及されていたし、「記述的分析的心理学」では、心的生の「獲得連関」論の背景に、社会理論や歴史理論が存在していたことは明らかである。こうしてディルタイはその教育学を、精神科学の基礎づけをめぐる多様な視座から論じる。一方では心的生の構造論を認識論的・人間学的視座から、他方では社会的・歴史的現実としての教育の様態を歴史的・経験科学的そして解釈学的視座から分析する。そしてその上で両者の連関を論究していくのである。具体的に言えば、それは子どもと教師との教育関係や教授活動などをを分析し、さらには教育制度の歴史展開と民族文化・科学の発展過程との関連を追求し、そして同時に、(単なる教育術や教授経験の蓄積でもなく、また自然科学を範とした科学でもない)自立した科学としての教育学の可能性と限界が学理論的に考究されたのである。

実際に論文として公刊されたものはアカデミー論文「普遍妥当的教育学の可能性について」(一八八八年)と「学校改革と教室」(一八九〇年)の二つだけであったが、講義としては体系的教育学や教育史に関する内容が取り上げられている。また彼が、当時の中等教育改革へも重大な関心を寄せたこと(これに関してヨルクとの『往復書簡集』のなかに思索の交換と貴重な示唆がみられる。vgl. BrY 135ff.)、その関連で一九〇〇年の教育会議に参加していたことも見落とせない事実である。

倫理学

カントが『論理学講義』において四つの問い、すなわち、「私は何を知りうるか」「私は何をなすべきか」「私は何を望んでよいか」「人間とは何か」を挙げ、このうちの四番目を哲学の根本問題としたことはよく知られている。哲学は、問いの立て方いかんによって、結果として種々の哲学もしくは哲学説(Philosophien, Philosopheme)になっていくとしても、多くの場合、その究極のところで、「人間とは何か」というこの問いを手放すことはできないであろう。おのおのが認識論的探究に邁進するにせよ、存在論的関心に突き動かされているにせよ、そうである。前章で考察されたディルタイの「精神科学的認識の基礎づけ」という、〈心理学〉と〈解釈学〉とのふたつを軸にして展開される理論的‐方法論的議論においても、彼の哲学が人間的生の謎に肉迫しようとする根本動機に支えられているかぎり、このカント的問いは明確なかたちで生きているように思われる。

ディルタイはいわゆる「教授資格論文」(一八六四年)で〈道徳意識の現象学的分析〉を試みた。この問題設定は、人間の意識生に還帰し、そこに学――この場合は倫理学――の基礎づけの足場を求める中期ディルタイの関心に通ずるものである。ところが、一八七五年に発表された重要な論文「人間・社会・国家の学の歴史研究について」、さらにはこれと時期を同じくするいくつかの研究草稿にいたると、「道徳‐政治学(moralisch-politische Wissenschaft)」、すなわち「精神科学」の方法論的探究という課題とともに、歴史的‐社会的現実に生きる人間・法・道徳の本性の究明という個別的な、とはいえ困難きわまりない問題に挑むことになる。そこでのディルタイのまなざしは、古典的区分を用いていえば、第一哲学（理論哲学）と第二哲学（実践哲学）とを総合的にとらえることに向けられている。準プラグマティスト＝ディルタイならば断言するだろう。「理論は実践にしたがう」（XVIII 1）と、「実践的な態度は理論的に熟考することからさしあたり区別されていない」（V 64）と。

カントが倫理的・道徳的完成を類としての人間にとっての目標とみなした——あるいは、そう信じることができた——とすれば、「倫理学の体系」（一八九〇年）におけるディルタイにとって、「人間」は、なによりも「衝動と感情のシステム」（BrY 90, X 9）として、新たなかたちで登場する。「大衆」という名の存在である。このとき、その出現のゆえに、形而上学的原理から世界連関を導出する従来のごとき試みは、もはや烏有に帰することになる。もしそれに代わる新たな原理が模索されるべきだとすれば、人間の心的‐歴史的‐社会的生と環境世界との関係の相のもとで構築されたそれでしかありえない。それゆえ、ディルタイにとって、ミクロ的視点とマクロ的視点との統合により、①歴史的‐社会的現実の病根を析出すること、ならびに、②近代大衆社会の状況に即した「社会倫理学」「哲学的倫理学」（X 13）を「下から」（X 112）構築することが、新たな課題として浮上する。それによって、右でも触れた〈準プラグマティスト〉としての彼の側面は、より強くここに打ち出されてくる。では、このようなディルタイ倫理学の今日的問題性とは奈辺にあるのだろうか。本章「三　ディルタイ倫理学の現代性」は、主として「教授資格論文」と「倫理学の体系」とに拠りながら、そのあたりの事情を明らかにしようとしている。

美学

ディルタイが美学によってめざしたことは、「芸術は生の理解の機関である」（V 275）という言葉に示されるように、芸術作品の理解を通して、人間の生のありようをとらえることにある。それゆえにまた「人間自身および人間によってつくられた社会や歴史を認識する人間能力の批判」（I 116）である「歴史的理性批判」のプログラムのなかでも、美学は、特別な位置を占めることになる。ディルタイの思想において、たとえば、「心理学」が、エビングハウスによって批判され、またフッサールからの影響によって変化し修正されてゆくのにたいし、美学は、そうした外部からの批判・影響に無傷でありえた。そのため美学は、ディルタイ自身が、みずからの思想の新たな展開を、そこで模索してみることのできる、いわば〈アトリエ〉のような場であった。つまり、美学とは、ディルタイにおいてはまさに、精神科学の「範型科学」であったと言ってよいだろう[2]。本書第II部第一章で述べられたように、『序説』では、精神科学には、事実（歴史）・定理（理論）・価値判断と規則の定位（実践的方向づけ）という三種類の言表があることが指摘されていたが、ディルタイの美学にもまた、これにそって文学史・芸術史・美学史（歴史）、芸術家の創造過程の分析を中心とした想像力論（理論）、新たな美学・詩学の模索（実践的方向づけ）という論点をあげることができる。

ディルタイは、「詩学」や「美学史」のなかで、芸術をめぐる同時代の状況が「趣味の無政府主義」にあると診断する。そして、それゆえに現代の哲学に課せられたことは「美についての思惟をよりいっそう推し進め、芸術と批評と議論好きな公衆との間に自然な関係を回復すること」（VI 247）にあると言う。そうして、この課題の解決のために「美学史」において、近代の美学史を回顧し、それらを批判的に検討することを通じて、現在の状況に応答するみずからの美学を打ち建てようとする。このような企てには、歴史研究を、実践へとつなげてゆこうとする姿勢、つまり右での「歴史」と「実践的方向づけ」とを合わせ持った美学への志向が窺える。

「美学史」では、近代の美学が三つの時期に分けられる。第一期の美学としてあげられるのは合理主義美学である。ディルタイは、この合理主義美学が、形而上学的原理に支えられている点に問題を見るものの、それが多様の統一、あるいは規範性という特徴を保持する点で評価する。第二期の美学は、ヘンリー・ホーム（『批評の諸原理』一七六二年）を中心としたイギリスの経験主義美学、さらには、G・T・フェヒナー（『美学階梯』一八七六年）によって発展させられた実験美学である。この美学は、先の一七世紀美学における美的規範の形而上学的性格の、その発生の起源にまで遡り、心理学的分析を遂行しようとする点で評価できる。しかし、この美学がもつ経験主義的性格は、「趣味の普遍妥当性」に達しえないとされる。この第二期の美学の欠を補うのが、美学の第三期をなす「歴史的方法」を特徴とする一九世紀のドイツ美学である。この美学は、第一に、人間本性の創造的能力の価値を再び認めた点に、第二に、この創造的能力とその模倣する自然の美しい対象との関係をとらえた点に、第三に、芸術活動の表現手段ならびに条件に対する関係に視点を据えた点に、第四に、それが取る歴史的方法という点に、意義がある。とくに、第四の契機は、第二期の美学にあった趣味の普遍妥当性にまつわる問題点を解決する。もっとも次に見るように、第二の契機には問題もある。

以上のような美学の歴史的批判を通じて、ディルタイがみずからの美学へと受容したものを際立たせてみれば、第一には、ドイツ一九世紀美学から受容した、芸術の創造過程への着目、とくにそれを「心的生の歴史性」（VI 108）から考察するという点があげられる。そして、第二には、イギリス経験主義美学から受容した、芸術創造の分析を芸術創造がわたしたちに与える印象分析から行なう、という点である。もっとも、この二つの点は必ずしもそのままに受容されたわけでもない。それは、次のような理由による。ディルタイ自身が評価した、一九世紀のドイツ美学は、確かに芸術家の創造力を強調し、かつそれが民族の天才の産物であるという歴史的把握にまで到達した。しかし、その創造力の強調は、あくまで、創造力の超越的性格に向けられており、それを個人の内に見いだそうとするとき、芸術家を異常ないしは正気でないとするロマン主義的なとらえ方が生ずるからである。とすれば、ここには芸術的天才と狂人とを区別し、しかも同時に天才とわたしたちとを共通のものとするという、ディルタイ美学の主要課題が形成されてくる。(3) ディルタイは、これに「獲得連関」という概念によって答えを与えた。「獲得連関」とは、自己と外界との相互作用を調整する、人間本性の同型的な心的連関であり、それはわたしたちにも、そして偉大なる健全さをもつ天才にも共通のものなのである。では、そうした芸術家の生の心理学的な構造分析はどのように行なわれるのか。

ディルタイによれば、芸術家においても、あらゆる心的生において現われるのと同じ過程が作用しているにすぎない。しかし、それは彼らの創造的な想像が、人間の日常的生を踏み越える点で異なっている。その出発点となるのは、体験である。「あらゆる真の詩の土台は体験」(VI 128) であり、そして「文学者の創造は、いたるところで体験のエネルギーに基づいている」(VI 130) とされる。そして、この体験は、内と外、あるいは直観と形態との「相互浸透 (Ineinander)」として特徴づけられ、それは「われわれの充実した、根源的で完全な生、感情によって内面化されそして満たされた直観、形象の明るみの中で放射する生の感情」(VI 130f.) である。よく知られた「体験表現 (Erlebnisausdruck)」(VII 206) や、また理解が、外的なものを通して内的なものをとらえる働き (vgl. V 318) であったことを、ここに想起してもよいだろう。そして、このような体験が、さらに心理学的に分析される。ディルタイは、人間を、意志し、感じ、考える全体的な統一体としてとらえたが、芸術家の心的構造を分析するさい、とくに強調されるのは、感情の作用である。この場合、感情とは、たんに受容する働きを意味するのではなく、そこには「価値づけ」の働きが見て取られている。そしてさらに、立ち入って考察されるのは、日常的な生を踏み越えた芸術的なイメージを形成する、芸術家の心的生における想像力の働きである。

ディルタイは、早くから想像力について言及し（vgl. XV 93 ff.）、また「詩学」には「科学的想像力」「実践的想像力」「芸術的・文学的想像力」（VI 145ff.）などといった言い回しも見受けられ、こうした点から、ディルタイ思想の全体における想像力の重要性が窺える。もっともディルタイ自身が直接論ずるのは芸術的なイメージを形成する「文学的想像力」に限られている。想像力は、ディルタイによれば、外界から獲られたイメージをメタモルフォーズする働きであるが、そこには排除・強化・補完の三つの法則がある。ここで重要なのは、先に述べたように、ディルタイの心理学の基幹概念である「獲得連関」が、このイメージのメタモルフォーズの過程の基礎になっているということである。獲得連関は、想像力を、方向づける働きをする。さらには、この連関が心理学上の概念でありながら、歴史的社会的世界をも縮減的に含意することから、ディルタイの想像力概念が、たんなる心的な能力であるだけでなく、歴史的社会的次元に開かれたものであることも、指摘できる。そして芸術家は、その想像力によって「あらゆる経験を越え出てはいるが、わたしたちに、かえって通常の経験をいっそうよく理解させ、いっそう身近なものにさせるような類型を創造する」（VI 92）のである。[4]

以上のような想像力の働き、そしてその基礎にある心的生の連関によって、先に述べた、芸術家と批評家と公衆との間の紐帯が確保される。ディルタイがめざした美学の構想は、このようなものであったと言ってよいだろう。

（1）『全集』一九巻のなかでは、『序説』改訂プログラムについて以下の二種の案が示されている。いずれにおいても当初（一八八三年）の企画からの拡充（五部構成から六部構成への拡充）がなされている。

① 一八八〇年から一八九〇年までの『序説』の構成案

第四部　認識の基礎づけ

第一章　意識の事実（いわゆる「ブレスラウ完成稿」）

第二章　外界の知覚

第三章　内的知覚と心的生の経験

第五部　思惟、その法則と形式。思惟と現実との関係

第一章　思惟と、論理学における思惟の分析

第二章　思惟の理論としての論理学の課題

第三章　思惟の法則

第四章　カテゴリー

第五章　思惟の形式

第六部　精神的現実の認識と精神科学の連関

第一章　認識の目的連関と学の方法

第二章　自然科学の方法

第三章　精神科学の方法

第四章　社会と歴史の分析

第五章　生の統一体の心理学的側面

第六章　文化の体系

第七章　文化の体系（続）

第八章　社会の外的組織

第九章　普遍史と教育

② いわゆる「ベルリン草稿」(一八九三年頃)
第三部 経験科学と認識論の段階。精神科学の今日的問題
(計画では、ルネサンスから現代までの精神科学史を論究し、最後に現実と生に関する哲学を論ずる、ことになっていた)
第四部 生。記述的心理学と比較心理学
第一章 心的生の構造
第二章 衝動的生、感情的生の体系的比較学
第三章 意識、注意、知性の発展そして意識中に保持された認識不可能性
第四章 心情と意志
第五章 個の発達史と個の最高の活動成果
第五部 認識の基礎づけ
第一章 生と認識
第二章 知覚と現実
第三章 思惟と真理
第六部 知識による人間の力とその限界

(2) R. A. Makkreel, *Dilthey—Philosoph der Geisteswissenschaften*, Übersetzt von B. M. Kehm, Frankfurt a. M., 1991, S. 23. (邦訳、マックリール『ディルタイ——精神科学の哲学者』、大野篤一郎他訳、法政大学出版局、一九九三年、九頁以下)
(3) ディルタイの天才論については、本書第III部第四章「ショーペンハウアーとディルタイ」を参照。
(4) ディルタイの想像力についてのより立ち入った考察は、以下の論文を参照。伊藤直樹「ディルタイにおける生の美学の構成——体験の場としての感情と想像力の論理」(日本ディルタイ協会編『ディルタイ研究』10所収、一九

九七／九八年)。

二　教育学とディルタイ

基本的に、ディルタイはすべての哲学が教育学に至るものであるとの信念を持っていた。すなわち、「哲学者の最後の言葉は……教育である。なぜなら、すべての思索は行為のためのもので」あり、「一切の真なる哲学の精華と目的は最も広い意味での教育学、すなわち人間陶冶についての論のなかにある」からである（IX 7）。この態度は、精神科学の基礎の上に生起したディルタイの「生の哲学」の必然の現象に他ならない。

だがこのように考えるディルタイにとって、当時の教育学は「時代遅れ」の学問であった。そこからディルタイは、従来とは異なった方法で教育学をいかに構築できるか、また、どこまでそれが可能なのかという問題に真正面から取り組むことになる。

周知のように、ディルタイの主張によれば、少なくとも自然体系というモデルに従って、教育の目標、授業科目の価値、そして授業の方法を、まったく異なる民族や時代に対して要求するかぎり、「普遍妥当的教育学」は不可能なのである。しかしまさにそのことを同時代の教育学、すなわち、ヘルバルト主義者たちが要求しているのだ、というのが同時代の理論状況に対するディルタイの診断であり、批判なのである。同時代、「教育学以外では、歴史学派はかなり以前に自然的体系を駆逐してしまっており、歴史主義的な理解が流布しているにもかかわらず、教育学だけが時代遅れのままになっている。かくて教育学は当代の科学にとって異端者ということになる。教育学に対する軽蔑は、教育学が現代的意味での科学とはいえないのではないか、という正当な予感にもとづくものである」(VI 61f.)。続いて、「歴史的に形成された深遠な意味や現実の意味深い構造に対して盲目であることが、周知のような、忌まわしい通俗性をもたらしたのである」(IX 174) とも述べている。きわめて明快かつ痛烈な批判である。では、一体ディルタイはどのような回答を提出したのか。以下、この問題を中心に考察する。

なお、ディルタイの教育および教育学に関する諸論文(草稿を含む)がディルタイの全研究の中心に立たなかった点について、われわれは注意する必要がある。彼の教育ないし教育学を論ずるには心理学、倫理学をはじめとする諸著作が関連づけられて究明されねばならない。「ディルタイ教育学の理解の困難性は〔教育学に関する〕現存している形態のテキストから直接、解釈のための導きの糸が生じない」ということだ。このような限界を十分意識しながらも、本稿では、教育および教育学に関する諸論文を対象にその特色、とりわけ、時代状況の中での位置や意義を中心に考察する。

最後に、倫理と教育との関連についていえば、ディルタイの場合、共に実践の哲学として位置づけられている。具体的には、目的論的因果的考察から、精神科学の第三の試みとして倫理学があって(これについてはディルタイは一八九〇年一月にヨルク伯に報告している)、そこから、最後の試みが、全集第八巻に収められている世界観学であった。これは後期ディルタイの類型論、理解論であり、教育学研究に通底するものである。

ディルタイの思想における教育学

ディルタイの著作(集)全体からみれば、ディルタイの教育ならびに教育学に関する論稿は量的にいってけっして多くはない、むしろ少ないといえる。弟子のボルノーおよび弟子で娘婿であるミッシュによって校訂編纂された『教育学――歴史と体系の概説』が全二三八頁で収録されている。そこでは、(1)教育の歴史として、序論「歴史の教育の一般的根本事情」、第一部「古代諸民族の教育と教育学」、第二部「近代ヨーロッパ諸民族の教育制度と教育理論」が、(2)教育学体系の草稿として、第一部「すべての民族と時代の教育の普遍妥当的原理を求める支配的な教育学体系の根拠のなさ」、第二部「精神科学において規則、規範、発展およびそれらの叙述を可能にする心的生の連関の特徴、実証心理学的基礎づけ」、第三部「教育者と生徒との関係における教育者についての記述」、第四部「教育において相互に作用しあう諸過程の分析的記述と普遍妥当的な教育の規範を導き出す試み」、最後に、断章として「精神科学的教育学の根本思想の歩み」が論述されている。

本書はディルタイが一八八四年から一〇年間、ベルリン大学において定期的に行なった「教育学の歴史と体系」と題する講義の草案を基にして、その他彼の講義や論文を参考として校訂編纂され全集第九巻として編入されたものである。

それ以外にはドイツの著名なディルタイ教育学の研究者グロートホフとヘルマンによって編纂された『教育学に関するディルタイの諸著作 *Schriften zur Pädagogik*』(一九七一年)とノール編集による『ヴィルヘルム・ディルタイ *Wilhelm Dilthey*』(一九六一年)全集第六巻および全集第二一巻に収録されている諸論稿がある。すなわち全集第六巻には有名な「普遍妥当的教育科学の可能性について」(一八八八年)および「学校改革と教室」、グロートホフ、ヘルマン編集からは「ベルリン大学教育学講義覚え書きからの抜粋」(一八八四年)、さらにノール編著にも収録されている「学校改革」(一九〇〇年)、「中等教育の問題と教育学」(KpT 75-82, SzP 75-82)および「プロイセン教育制度史の概観的構想」(KpT 75-82, SzP 75-82)がある。その他『全集』第二一巻に収録されている「心理学の教育学への応用に関する講義」(一八九三―一九四年）も教育学論文として数えられよう。

一般に、ディルタイの教育学に関する仕事（研究・講義など）は二つの時期に区分される（もっとも一八六八年バーゼル大学において教育学の講義を行なう旨告示されていたが実現されなかったのでそれを除く）。

第一はブレスラウ時代において行なった諸講義の時期である。すなわち、一八七四年夏学期の「教育学の体系的成立に心理学を応用せる教育学の歴史」、一八七四年から七五年冬学期の「教育学の歴史と教育学体系の概要」および、一八七八年から七九年冬学期の「プロイセン教育制度史」の諸講義である。この時期のディルタイを強く動かしていたものは、校訂・編集者のボルノーによれば、教育が「国民性によって制約されながらも、反対に、また形成的な作用を国民性に及ぼすという教育の大きな政治的意義、民族の全生活における教育の地位」（IX 2）である。

教育学に関する第二期はベルリン時代の仕事である。そこで一八八四年の夏から九四年の夏、すなわち、シュトゥンプが心理学を、そしてパウルゼンが教育学をディルタイから引き継いだ時期に至る間、ディルタイは教育学の講義を行なったのである。この期間、ディルタイは夏学期には一週三時間（後には二時間）「教育学の歴史と体系」を、冬学期には一時間「心理学講義の補充として、教育学への心理学の応用」を講じた。この時期のディルタイの態度として、ボルノーは、第一期の政治的立場に対して、「ここでは教育制度ならびに教育学説の歴史が著しい現象」（ibid.）と述べている。この一〇年にわたる期間、ディルタイの教育学上の仕事は有名なアカデミー論文（正確にはプロイセン科学アカデミー論文）「普遍妥当的教育科学の可能性について」を公表しただけである。

本論文に関してノールは、「本質的には心理学を教育学に応用することに関して、ディルタイが行なった講義内容を要約したもの」で、しかも縮小した要約論文であると述べている（KpT 4）。ディルタイ自身も一八八八年一二月のヨルク伯への書簡で「取り急いでまとめた結論」(ibid.) であることを強調している。内容的には、「個別的な精神科学の論じ方の一例としての教育学体系の綱要」(ibid.) が教育学の普遍妥当性についての問いに短縮されたものであるとしている。

内容──教育学諸論稿の分析

(1) 「普遍妥当的教育科学の可能性について」

すでに言及したように、本論文は、ディルタイの一八七四年夏講義の内容を要約した形で、「取り急いでまとめた結論」として教育学の普遍妥当性についての問いに短縮されたものである。本来の計画によれば、「すべての歴史的形式のなかで繰り返された因果関係の認識」を基底として、その上に「比較考察」によって、教育制度の歴史的形態と「個々の形式相互の内的歴史的連関の体系」が示され、最後に、「今日の形態の規定」がくるはずであった。

またノールの序文によれば、本論文のある構想(遺稿A11)では、「教育を従来とは別のしかたで取り扱うことは可能か」、「教育学を今日の経済学や言語学等々のような現実科学の地位にまで高めるためにはどうすればよいか」が自問され、「社会生活の個々の組織を認識して、それら組織内での目的活動に規則を与えようともくろむ科学(この場合、教育科学)は、その目的達成のために次のような方法によらねばならない」と提言され、「この組織を個々の事象およびそれらの因果関係へ分析することである」と具体的に課題を示している。その際、「因果関係の認識を精確ならしめる分析の重要な補助手段が心理学であり、広義の人間学や統計学であり……実験」なのである。ここで重要なことは、その分析が自然的体系と必ずしも論争的に対決するものではなく、別の方法として、体系内の歴史的諸形態を分析することであり、それらの内的諸関係を探究し、比較することなのである。

さて、ディルタイの考える、教育に関する科学（教育科学）は、第一に、教育の目的連関の分析が展開されるものでなければならない。「存在する因果関係を明白な目的連関と関係づけられるということが教育という目的連関の特色」（KpT 5）なのである。したがって、教育科学の確立のためには何よりもまず全目的連関の因果分析を樹立しなければならないし、同時に、何より目的論的諸原理に対する関係を正確に確立しなければならないのである。こうした点で今までの教育学が、「時代遅れの科学」になってしまったとディルタイは判断しているのである。

これら目的論的な因果分析は、ディルタイの場合、教育制度の個別的形態を分析する際にも基礎となるもので、これら諸形態間の比較等の方法によって諸関係をすべて開示することになる。最後に、われわれの目的的行為が関連する教育制度の形態を根本的に深く認識することによって、社会組織の諸部分に対する確たる基準点が確立される。これによって教育政策を基礎づけることのできる目的論的因果分析を基底に教育制度の形態を認識し、それによって教育政策という実践を基礎づける根拠を示しているところにディルタイの本論文の特色がある。

だが、本論文を理解する上で大きな困難が存する点をノールが指摘している。結論的に言えば、ディルタイの主張は分裂しているというのである。この論文は、行為に対する普遍妥当的規則を獲得するために、一方で、啓蒙主義の意思と精神科学の自然体系の意志とを堅持しようとしながら、他方で、自然科学的、功利主義的理論に反対することから、歴史学派の洞察を堅持しようとしている。これら二つの目標を内面から同時に達成するような解決を、また、教育学の普遍妥当性を現実に解決するような解決策を、当時、ディルタイはまだ見いだしていなかったのである。こうして、教育的体系連関の分析は、心的な基礎的過程とそれらの完全性の分析という誤った形を呈することになる。また、教育学の普遍妥当性は、教育現実の構造を洞察する代わりに、基礎的過程の完全性という空虚な形式に求められるようになる。かくて、この点での理論がまだ不確かであるように、彼の実践的目標も曖昧になるのである。

だが、ノールはこの論文がこれらの限界をもっているにもかかわらず、教育学理論の発展においてひとつの転機をなすものであるとして、以下の点を評価している。すなわち、「教育が基づいている諸関係から出発する新しい教育科学の最初の輪郭をもすでに示している」(KpT 8)。そこから、新しい教育科学がこれら諸関係のなかで教師の創造的精神と生徒の陶冶性を展開し、陶冶の自己目的を確立し、また教育現実の全体構造を内からと同様、その歴史的客観態のなかで明らかにするのである。結論として、ノールは「この論文にはまさしく何か天才的なものが含まれている」(ibid.) とさえ述べている。

(2) 教育改革諸論文

教育改革に関して、①「中等教育の問題」、②「学校改革と教室」(一八九〇年一二月)、および③「学校改革」(一八九〇年頃、一九〇〇年の学校会議のための付論での発言原稿) の三つの草稿が残されている。

①の論文に関して——「教育は時代を担う青年たちへの意図的働きかけ、すなわち、成長しつつある個人に、ある一定の生の形式、ある一定の精神的諸能力の秩序を与えようとすることである。こうした目的を実現しようとする教育理念は、いつも歴史的制約を受けている」(KpT 45)。「すべての国民、すべての時代に対して教育問題を規定することを決定しようとする普遍妥当的教育学など、ひとつも存在しない」(KpT 44)。この両命題から、当時の中等教育問題、ギムナジウム、実科高等学校の問題を論じたものである。

②の論文に関して——自然科学の影響下でドイツの中等教育制度の変革は不可避であるとの立場から、

論づけている。

実科学校問題、そしてギムナジウム教育に言及し、さらに、資格問題や卒業試験問題にまで論を展開している。そして、「真の改革は教室での不断の骨の折れる教育活動を介してのみ成就される」（VI 85）と結論づけている。

③の論文に関して――いわゆる改革の問題は、生徒に僅かの努力と才能で自分の目標を達成させ、同時に、生徒にとって可能な限り多くの職業上の進路を開放しうる施設が優位を占めるであろうとし、ディルタイはかなり実利的な論を展開している。そこから、人文主義的ギムナジウムや官僚制度の課題等が述べられている。最後に、フランス文学の特性を実例に、歴史的意識の問題に言及し、生徒の精神が歴史的過程の特性と恒常的に順応することを求めている（KpT 83）。

今これら教育改革に関する諸論文を要約的に紹介してきたが、基本的には、ディルタイが当時の学校改革とか実践的で具体的な教育問題にいかに対峙していたかが重要と思われる。

現代ドイツの著名な教育史家H・E・テノルトも指摘するように、一九世紀末のドイツの近代社会と関連して、特に、教育制度は、政治的には、社会的地位と年少世代の政治的行為様式を統制する要素であることが明瞭である。社会構造面でも、資格証明書と職業上の経歴という体系へと学校が強固に組み込まれているのである。これらの社会的動向からも明らかなように、当時、ディルタイにとって教育ならびに教育改革論はまさにホットな時局的問題であったのである。これら教育問題に科学理論的立場から問題の提起や考察の方法を示したのがこれら諸論文であった。

まとめ

以上、ディルタイのきわめて明快な当代教育学批判をみたわけであるが、同時に固有の困難さをも背負い込むことになる。というのも、ディルタイも十分承知していたのであるが、歴史学派の方法は、過去の事象の情報のみを探求するものであるから、この派の方法論だけでは教育学が構想されえないからである。「現代は他の時代と同様に、教育的行為の規則を必要としている」のである。したがって、とくに「どの点において現実認識から当為の規則が生じるか」という問題を解明しなければならないことになる。このようにして、ディルタイが考えた解決策はさらに多くの問題を惹起するものになってしまった。彼の解決策は、普遍妥当的なものを分析するだけではなく、同時に、行為を方向づけようとする意図から普遍妥当的なものを発見しなければならない、という過大な要求と結びついてしまったのである。ディルタイは「固有な心的生」の中に、つまり、その「目的論的構造」の中に、教育原則の体系を基礎づけようと試み、結局、彼は、錯綜した心理学的な考察の中に、教育原則の体系の中に入り込まざるをえなくなったのである。この考察からは、ヘルマンも指摘するように、教育理論上あるいは教育実践上の成果はほとんどみられなくなり、ディルタイの後継者をも失望させる結果となる。そこから、ディルタイ自身、普遍妥当的という抽象の領域から教育現実の領域への重点移動を進めることになる。しかしこのことも、「常に、歴史的であり、それゆえに、常に、相対的妥当性を有するにすぎない」。

このようにディルタイの主張は、当時の教育学の状況に対する鋭い批判にとどまったといえる。だが一九一四年以降、ディルタイの後継者たち、特に、ノールやフリッシュアイゼン＝ケーラーそしてシュプランガー、リットらを中心に、ディルタイの教説を近代の教育理論の代表的な理論に練り上げることに成功する。すなわち、後に、「精神科学的教育学」と呼称されるこの教育学の成果は、ワイマール期を中心とする教育学研究に重要な役割を果たし、「二〇世紀にとっておそらく著しい規定的な傾向、潮流を形成することになった」のである。その意味では、ディルタイの問題提起は、今日の教育学的知の潮流をなしているのである。

KpT : Wilhelm Dilthey, Über die Möglichkeit einer allgemeingültigen pädagogischen Wissenschaft (Kleine pädagogische Texte 3), hrsg. von Herman Nohl, Göttingen 1961.
SzP : Wilhelm Dilthey, *Schriften zur Pädagogik*, besorgt von H. -H. Groothoff und U. Herrmann, Göttingen 1971.
U. Herrmann : *Die Pädagogik Wilhelm Diltheys. Ihr wissenschaftstheoretischer Ansatz in Diltheys Theorie der Geisteswissenschaften*. Göttingen 1971.

三　ディルタイ倫理学の現代性

倫理学研究の歴史を紐解いてみると、ディルタイの倫理学を取り上げているものは、必ずしも多くない。[1] 彼の思想研究の中で未開拓の領域こそ倫理学と言ってよいであろう。全集第一〇巻「倫理学体系」(一八九〇年、以下「倫理学」と略記) はけっして大部なものとはいえないけれども、ある程度の体系性をもった叙述が展開されている。そこでは実利主義・功利主義が生活原理を支配している現代社会に対しても、人間的生の最深部からそうした風潮を反省させる内容が随所に見いだされる。その内容の今日的意義について考察することは、彼の倫理学のアクチュアリティを確認することになる。

また、全集第六巻に収録されているディルタイの教授資格論文「道徳的意識の分析の試み」(一八六四年) は、カントの道徳哲学を批判的に乗り越えようとした、いわばディルタイ自身の倫理学研究の端緒になっているものである。そこで彼の倫理学を理解するためには、この論文についても言及しなければならない。

近代倫理学の成立は啓蒙主義の哲学者カントと、自由な意志決定を唱えたイギリスのヒュームにおいてであろう。カントが超越論的方法に基づいて理念の面から、またヒュームが市民社会の現実問題として分析的・経験的に倫理学を追究したことは、好対照をなしている。後者の分析的・経験的な探求の試みは、心理学に依存しながら意識や感情を説明しようとすることを意味するが、一方カントでは道徳的意識の生起と目標とを普遍妥当的に定立しようとするのである。両者の立場は倫理学をいわゆる現実と理念の問題を区別して論究しようとすることになるが、はたして現実と理念とを分離せず、これら両方を統合できるような倫理学の観点は成り立たないのであろうか。そこで倫理学全体の問題を考えて、歴史的発生という視点を取り入れることによってその統合が可能になるという立場をディルタイはとろうとしたのである。

近代倫理学の特徴をロックと共に、経験的・現実的な領域から理論を確立しようとする際に、そこで問われている問題の一つは快・不快の感情との関係で道徳を論じる、いわば道徳を合理的に説明することに結びついている。また宗教と一緒に社会的道徳を問題にしつつ道徳的自由の根拠を考究することによって、道徳を人間の本能と感情による価値判断から規定しようとし、道徳の規準が人間の側に移されることによって、意識の反省的要素が道徳の原理を構成することになるのである。したがって、感性と知性が調和した状態である人間性こそが、倫理学の基本理念として登場してくるが、そうした流れはやがて実証主義的立場からイギリスの近代倫理学を完成に導くヒュームへと受け継がれていく。

ヒュームは自由こそ人間の幸福を約束すると考えるが、彼の倫理学がロックの人間の自律を最優先するという政治学的基礎理論を背景にしていることは言うまでもない。そうした論述の妥当性は、一八世紀のイギリスのモラリストたちが人生を自由に生き、人間本性は本来的に善であることを信じていたことと深く関連している。だから、世俗的精神の貫徹にこそ自由の具体化が読み取られ、経験と観察によって人間を研究することの意義を前面に押し出すことから倫理学の体系を構築しようとする。そうした態度から導き出された倫理学においては、道徳性は情緒によって決定され、人間の情緒的側面を事実と観察によって説明しようとする。その中でヒュームが最も力を注いだことは、自発性という自己決定に関する自由を、理性からではなくて感情から根拠づけたことである。

ヒュームが人間学的観点から倫理学の経験的・実証的方法を押し進めていったのに対して、学問を自然学、倫理学、論理学に分類しながら、これを形式的と実質的、超越論的と経験的とに区別して、実質的な純粋哲学の分野として道徳の形而上学を打ち立てたのがカントである。彼はイギリス流の感情を基礎に据えた個人的行為の道徳論から脱して、道徳の最高の原則が純粋な理性の認識下にあることを論じていく。このことが行為の超個人的規定を可能にする倫理学的法則の樹立をめざす道徳の形而上学への歩みとなる。そこから、カントの倫理学の核心には、意志が道徳的行為を目的そのものとして意志するという、いわゆる理性的意志の理念が置かれることになる。こうして意志の自律が道徳の最高原理として定立され、普遍的法則にみずからが従属する定言命法が唱えられるのである。

ディルタイ倫理学の基点

ディルタイが論究している倫理学的問題の多くは、功利主義の諸理論に関するものである。当時の社会的・学問的状況を考えると、倫理学の潮流は明らかにドイツ啓蒙主義の大家カントの思想、ヒュームの経験論、そしてロックに始まる自然法理論を克服しようとしたベンサムやミルのイギリス功利主義思想であった。カント、ヒュームについては教授資格論文が、ミル、ベンサムについては『倫理学』が取り組んでいる。

「道徳的意識の分析の試み」は表題にもあるように、道徳的意識をその形式面と内容面とから明らかにすることを目的にしている。ディルタイが道徳的意識を分析しようとした理由は、心理学と形而上学に前提を置かない倫理学を打ち立てること、そして従来の倫理学が道徳的動機や人生の理解の仕方に対してもたらしてきた諸困難を解決すること、である。

さて、「道徳的意識の分析の試み」では、道徳を説明する従来の主要な方法が、①心の経過を支配している法則、②心の動き方つまり動機、③外界との関係によって形成される生活経験、の三つの面からアプローチしていることを、問題にしている。ディルタイはこれらはいずれも道徳的判断を心理学的に説明する経験論の立場であるとして、生活経験に基づく立場をとるヒュームでは、道徳的なものを動機と行為の結果として捉えていることに異議を唱える。生活経験の観点からすれば、道徳的判断の基礎にあるのは行為が生みだす「快」と「利益」にあるというヒュームの主張は、道徳的動機を他の行為動機から分離することになる。ディルタイのヒューム批判の第一は、道徳的判断へと駆りたてる意識、つまり道徳的意識が個別的に取り扱われ、これを総合的に成立させる要因が論じられていないという点にある。換言すれば、ヒュームは道徳的意識を形式面から理解しているが、その動機としての内容面から探求することこそ重要であるとディルタイは唱えるのである。ヒュームでは行為の動機を決定する総合的要因は「快」ということになるから、それの原理が経験論に属していることは明白であり、道徳的行為の動機をア・プリオリに規定する要因ではないことも確かである。

さらにディルタイの批判は、快の中に道徳的世界を正しく説明できる根拠があるかどうかに向かうことによって、道徳的意識を引き起こす要因としてヒュームの「快」ではなくて、自我と非我の同一性を認識する心の働きを「同情」と唱えたショーペンハウアーの立場を取り上げる。生の哲学を構想していく上でディルタイが生への意志を唱えたショーペンハウアーにコミットする面があることは自然であろう。ディルタイが教授資格論文で、その倫理学構想がショーペンハウアーの「同情」による自己と他者、個と全体の一致の感情に注目していることは重要である。他者との一致というこの人間精神の根源的感情に着目したディルタイにとって、道徳的世界の基礎を形成している道徳的意識の総合的要因は、まさに「同情」を生みだす原動力としての意志であった。この意味では、ディルタイが倫理学を構想する上で核心に設定した道徳的意識の本質と動機として、カントが唱えた実践理性に相当する意志をさらに根底から規定し、駆りたてるものに取り組んでいることがわかる。そこに心的作用を構成するもの、しかもこれを総合的に規定する生の実践的な活動に見いだしたことは、ディルタイのその後の思想全体をすでに先取りしていたと考えてよいであろう。

こうしたディルタイの研究姿勢の背景には、カント倫理学に対する批判的対決もさることながら、当時の道徳的判断に関する理論として力をもっていたヘルバルトの倫理学に対して疑問を感じていたことがある。その疑問点とは、ヘルバルトの倫理学は形式倫理学であり、道徳的なものの本質と動機を形式的に論じていることにあった。それに対してディルタイの場合は、意志と価値世界とを結合できる総合的要因が求められているので、道徳的意識の基礎を実質的な側面から明らかにできる精神的生の実践内容が重要だったのである。彼は「人類を先導していく文化の本来的な原理は、内面的価値が道徳的に総合されることに存する。全精神生活で獲得したものがこの総合の内で実践的態度に流れ込む」(VI 46) と書いているように、ここではすでに後々の精神的生のダイナミズムが主張されている。つまり、道徳的総合によって個々の人格の完成が語られるというわけである。

ところで、道徳的意識の解明はカントに範を仰ぐまでもなく、意志の内実を問うことと不可分である。ディルタイは意志の性質を規定するとき、それが価値の世界に拘束されているという基本理解に立って、行為の意図とその実際についても意志と価値世界との同一性を要求する。「他者に対して意志は一つの行為を決心したり、一つの関係に踏み込むのだから、意志の本性に従い、時間を超えて変わることのないように他者に拘束されている」(VI 47) と述べて、そこに他者の幸福や価値世界に結びつく意志の性質を考慮する。さらに、意志が依存する領域として、自己の人格価値によるのか、それとも他者の幸福によるのかのいかんを問わず、価値の世界と結びつかざるをえないことに注意を促している。こうして意志と価値世界とが釣り合いをもって関係している状態こそ、道徳的意志の実践的振る舞いを示しているのである。ディルタイは「道徳的判断の対象は行為、行為の根底にある意志である」(VI 48) というが、その意志によって生みだされる道徳的行為が道徳的精神の実践的振る舞いとして規定されるようになる核心に善が関係している。ディルタイは「完全な意味での善は意志にのみ存する」(VI 50) という観点から、この善を道徳的な意識や行為を基礎づけるものと見ており、また孤立した人間に基づいて説明することはできないと考える。それは道徳的なものを根底から規定している統一が個人の内に存在するのではなくて、道徳的意識を根源的な動機に帰属させる倫理的組織体において説明できると考えるからである。結果的に、人間の倫理的組織体とは、個人を人類の次元で受け止めなおすことによって、個が全体の目的に一致し、役立つことを基本に据えるものである。この意味でディルタイの道徳的意識の分析から展開された彼の倫理学は、カントを批判しつつも、国家とは相違する人類という総合的概念を押し出したカントの影響下にあったと言えるであろう。

「倫理学」の構想

ディルタイの「倫理学」は三部構成である。第一部は当時の倫理学の問題を取り扱い、第二部「意志と倫理的素質」は、心的生の本質、つまり人間の意志過程の本性を手がかりにして、倫理学の課題を問題にしている。第三部は「倫理性の展開と社会倫理学の諸原理」と題して、道徳的諸力が社会の中でどのような役割・位置価値をもっているかが問われる。「真の哲学はすべてその理論的認識から個人の生き方と社会統制の原理を導き出さなければならない」(X 13) と書き始めて、真の哲学であるためには、①理論的認識に基づくこと、②個人と社会（個と全体）の関係性を説明すること、という要求を満たす学問として、これをディルタイは「哲学的倫理学」(ibid.) と呼ぶ。それゆえディルタイの唱えるこの哲学的倫理学は、個人と社会を切り結ぶためのきわめて具体的現実的な問題群を対象領域にもち、その内容を理論的に根拠づけられる倫理学、正確には実践哲学であり、「社会倫理学」(ibid.) ということになる。そうした彼の意図は、倫理の諸問題を方法論的に生物学、社会学、経済学、歴史学といった現実諸科学の探究方法とその成果を取り込みながら、人間の生き方に関する内面世界を明らかにすることにある。

ディルタイにとって哲学とは、実践的行為を導くものでなければならない。思考であれ認識であれ、行為にまで展開するのでなければ個々人の生き方に結びつかないというのであり、生を導く動機を含まないような思弁的哲学に対して彼は批判的である。観念論哲学を生のダイナミズムによって乗り越え、生において意義をもち価値のあるものの内実を指示できるような、「生命力をもつ実践哲学だけが真に偉大である」(ibid.) とディルタイは断じている。そのような実践哲学、つまり哲学的かつ社会的な倫理学は、行為の方法と目標、要するに生の意義を確定できるものでなければならない。とりわけディルタイが問うのは、生の行為の目標に関してである。

自然科学的な世界観が基礎に据えた中心概念は生の此岸性であるから、此岸の生をとりまく諸現象は、産業も経済も社会もみなことごとく論述の素材となる。それを踏まえた上で、超越的な世界を基礎づける神学と宗教的信仰との関係で、ディルタイは近代科学の勢力に対する過大評価に警告を促し、両者の緊張性にも注意を払っている。急成長してきた科学を無視することなく、社会を指導できる実践哲学への彼の誠実な研究態度がここに見て取れる。それは理想的領域と現存社会との果てしない闘いを、生の問題として捉え直すことが不可避であると考えたからである。

さてディルタイは倫理学を、①世界連関の概念から生の評価と営みの普遍妥当的原理を導き出す形而上学的方法、②生の意義と行為の目標を自己意識の側面から規定する内的経験の方法、③倫理法則の成立と根拠と価値を規定する社会的歴史的共同生活に見いだされる人間性の発展に関する道徳的大衆現象の研究方法、という三つの学問的方法に区別しながら論じている。これが三部構成の各内容に対応していることは明白である。とりわけ形而上学的原理を批判して、生の感情から出発して人種や文化の相違に応じて倫理的原理も異なるという観点が導き出され、倫理学の問題を生の内的経験に求めたことは十分理由のあることである。この内的経験の原理に力点をおくのは彼の哲学の基本的性格から見て当然のことであろう。ディルタイは次のような美しい言葉で語っている。「星が川面に映るごとく、超越的世界は〔生の〕倫理意識に映っている」(X 20)。

それでもなお、内的経験の原理は、内的経験の自然的なものは結局のところ知りえないという限界に突き当たり、個々人の倫理的なものが前提されざるをえないという、倫理的主体、道徳的主体としての人間理解が登場してくることになる。しかし、たとえ意志の形式や道徳的・倫理的形式を支える原理であっても、それが生の内容と姿勢から制約されているのであるから、この生の内的経験の表現は歴史的制約、つまり相対性を免れない。事実、倫理の原理と内容は変遷しているのであり、歴史的視座をもたなければ理解できない。だからディルタイは「社会的歴史的観点だけが、倫理学の問題を実際に解決できる」(X 22) と書いている。同時に、ディルタイはさらに論を進めて、倫理的法則の次元を人間の社会的歴史的な生活現実と、人間性の発展経緯の研究へと目を向けている。

個々人を共同体の精神のもとに結合して、各人の内面的形成に作用する倫理的原理が存在すると、この原理が人々の共同生活の中で維持され発展するという社会的性格をもつことは明白である。この原理の最初の提唱者は、人間を社会的動物として規定したアリストテレスであるが、ディルタイもこの原理を「世界で最も強力かつ組織的な社会倫理的権力」(X 24) と見て、社会倫理学の考察が出てきた理由を述べている。ディルタイはこの問題をドイツとイギリス、フランスとの進化論に区別を設けて論じている。前者は、ヘーゲルに代表されるように、倫理的理想が個人を超えた価値によって示され、個人はその包括的な倫理的過程と法則によって形成されるという、理性の支配する歴史観に基づいている。一方後者は、イギリス功利主義と不可分な関係にある生物学的進化論として、社会統制のための原理に「最大多数の最大幸福」(ベンサム) を掲げる。だが、ディルタイは倫理的原理として個人の生が外部の諸制約に適応することの意義を取り上げつつ、適応行為もまた快楽実現のための手段でしかないことから、それ自体が価値を持つわけではない点に言及する。

以上のように、ディルタイは倫理学的問題を考察するときの三つの方法はいずれも、「倫理的世界の事実を説明することもできないし、行為の普遍妥当的原理を導き出すこともできない」(X 26) ことを指摘する。彼は生を規定する純理論的な起源をもつ理論が存在しない以上、形而上学的方法は推論によるしかなく、また内的経験に規定されざるをえないと見ている。すなわち、形而上学的意識は内的経験という基盤の上に基礎づけられているというわけである。

こうして、ディルタイの「倫理学」が主題的に取り扱っている倫理的問題の中で、現代にも積極的な意義を提供しているのは、功利主義に関する多角的な論究である。「功利主義は現代のヨーロッパの倫理学を支配している」(X 27) とディルタイは指摘するが、今日では功利主義の原理が倫理学に限られず、あらゆる学問領域にも浸透している。

公益を優先する倫理的義務の承認に力点を移すミルの主張に対して、ディルタイは「生得的な道徳的素質と怪しげな形而上学的諸前提が、希望のない功利主義の逃げ場を作っている」(X 39) と批判的である。公共の福祉を確立するための原理が優先されるとしたら、「最大多数の最大幸福」の原理は社会主義原理に取って代わられざるをえないのである。そこに結果したものが、ミルやベンサム以降の功利主義グループが唱える社会主義道徳の原理である。だが、「歴史の偉大な発展は単なる幸福主義によっては生じなかった」(X 41) というのが、ディルタイによる功利主義批判の結論であった。功利主義を心的事象によって反駁しながら、ディルタイの課題はカント倫理学の形式性を実質的に埋めようとすることであった。こうして彼の「倫理学」がめざしたところは、倫理的なものと心的生の連関性の解明に他ならない。今日の社会を支配している功利主義原理の内包する人間学的問題を問いただす時に、ディルタイの「倫理学」から学ぶものはけっして少なくないのである。

(1) ディルタイの倫理学を扱った文献としては以下のものがある。尾形良助『ディルタイ研究』理想社、一九七〇年。大石学「中期ディルタイにおける「倫理学」の構図」(『ディルタイ研究』6、日本ディルタイ協会、一九九三年)。Herfurth, T., *Diltheys Schriften zur Ethik*, Würzburg, 1992.; Kross, M., Kritik der ethischen Vernunft.

Zu Wilhelm Diltheys Vorlesung *System der Ethik* aus dem Jahre 1890. in ; *Dilthey-Jahrbuch* Bd. 9, 1994.

四　ファクシミリと体験／理解――ディルタイの時代における美術史学の一側面

写真図版というメディア

ラファエロやミケランジェロの研究で知られるヘルマン・グリムは、一八七二年からその没年（一九〇一年）までベルリン大学の美術史学教授を務めた。一八八二年から一九〇五年まで哲学教授を務めたヴィルヘルム・ディルタイとは同僚の間柄にあった学者である。そのグリムの青年時代の友人である出版社主ゲオルゲ・ヴェスターマンは、一八五六年に『ヴェスターマン月報』を創刊し、以後長くベルリンのジャーナリズムに重きをなした。この月報は学術、芸術、文芸などの話題を一般むけに紹介し、挿絵・挿図を活用した「文芸画報」的な雑誌であったが、ディルタイは一八六〇年代末からこの雑誌に無署名もしくは筆名を用いて書評を投稿しはじめる。ディルタイのベルリン大学学生時代の友人アードルフ・グラーザーがこの雑誌の編集にかかわっていたからである（XVII xv）。

若きディルタイがベルリンを離れてバーゼル大学、キール大学、ブレスラウ大学と移ってからの一八七〇年代後半には投稿も活発化し、文学関係の書評のみならず、美術史関係の書評も少なくない。ディルタイ研究や美術史学でもあまり注目されない事実だが、これはきわめて興味深い。

ディルタイの時代、すなわち一八五〇年代から一九一一年までは言うまでもなく、リアリズム、印象主義からキュビスム、フォーヴ、表現主義、抽象絵画へという近代美術の革命の時代であったが、同時に美術史学の成立の時代でもあった。というよりも、この時代はひろく、美術に関する理解や解釈に決定的な変革が生じた時代と考えたほうがよい。その端的な現われのひとつが、雑誌や写真というメディアの出現である。最初の美術史研究専門誌と評され、今日もなお権威ある学会誌的位置を保ちつづけている『ガゼット・デ・ボザール』は一八五九年にパリで創刊されたが、なるほど美術史研究に焦点をおいていたとはいえ、当初から『ヴェスターマン月報』と同様、「画報」的な性格を打ち出していた。当時のこうした「画報」的な雑誌でたえず問題になったのは、挿図としての美術作品ファクシミリ（複写図版）において、いったい「版画図版」と「写真図版」のどちらが優れているか、という品質問題であった。

一般に、一九世紀後半における「写真と絵画」という対比を主題化する傾向がつよいが、美術史学や美術作品の解釈にとっては、むしろ「版画」のほうが重要で、挿図や鑑賞における版画図版と写真図版というファクシミリの優劣が大きな関心を集めた。英国のジョン・ラスキンは周知のよう

図1　〈フリブールの市壁〉ラスキン撮影のダゲレオタイプ写真によるエングレーヴィング

図2　〈フリブールの市壁〉ラスキンの自筆素描の版下によるエングレーヴィング

に、『近代画家論』第四巻（一八五六年）でダゲレオ・タイプ写真が明暗の抑揚を表現しえない点を批判し、みずからの素描を写真と比較して優劣を例示さえした（図1、2）。また『ガゼット・デ・ボザール』の創刊者であり、フランスの美術批評で指導的役割を果たしたシャルル・ブランは、著名な『素描芸術の文法』（一八七四年）で、ルネサンス期の巨匠たちの傑作の精髄を再現するにはマルカントニオ・ライモンディの版画技法をおいてほかにない、と断言している。ドイツでは『造形芸術雑誌』の創刊号（一八六六年）が美術史学者モーリッツ・タウジングの論考「銅版画と写真」を掲載し、銅版画擁護の主張を紹介している。[1]

一八五〇年代と六〇年代には総じて、写真よりも伝統的な版画図版を擁護する気運がつよい。ひとつには一八世紀以来の博物誌（自然史）の書物の挿絵が雄弁に語るように、彫版師や刷り師らの巨大な印刷技術者集団が存在しており、そうした伝統や技術の維持は必然的な要請となっていたからである。他方で、美術史学は巨匠たちの伝記的研究というロマン主義的風潮を呼吸しており、作品の品質を浮かび上がらせるには優れた版下素描やその版画がふさわしいとする見解が優勢だったからである。とはいえ、『ガゼット・デ・ボザール』でさえ、写真家アントワーヌ・クロードの論考を掲載（一八六一年）しているように、写真という新しいメディアへの評価はおさえがたく拡大する方向にあった。[2]

一八七四年の『ヴェスターマン月報』の書評欄でディルタイは述べている。「最近いくぶんかの辛辣さもこめて再三にわたって論じられるのは、歴史に対する厳格な要求をみたしてくれるような美術史、すなわち形式と理念が継続して変化してゆく様子を的確にとりおさえてほしいという厳格な要求をみたす美術史がおよそ見あたらない点である。この事実は、否定しがたい。だが、人間の記憶の限度を吟味してみれば、写真の今後の発展と利用によって研究者が広範かつ目新しい見学旅行の積み重ねのなかから確実な成果をあげうるようになることは、誰しも認めざるをえまい。そうなれば、親縁的〔類似〕作品間の連関や、近世芸術にみられる重要素材の扱い方の一定の進展、またそうした扱い方が変化する理由などが明確にかつ説得力をもって解明されることになろう」（XVII 234）。

ディルタイによる写真の役割の強調は、一八七〇年代の趨勢からすれば、また『ヴェスターマン月報』の書評という性格からすれば、当然の発言にも思われる。しかし、写真というファクシミリが「歴史に対する厳格な要求をみたす」か否かは、解釈学という立場にとってそれほど単純な問題でもないはずである。美術史学にとってファクシミリの問題は様式論のような重大なテーマではなかったとしても、美術史学者たちは一八七〇年代から九〇年代にかけて、複製図版のたんなる技術上の優劣ではなく、作品の解釈や理解という、より深い水準でこの問題をとらえていた。

ヴェルフリンと写真

ハインリヒ・ヴェルフリンはグリムとディルタイのもとで学び、一八九三年にブルクハルトの後任としてバーゼル大学に赴き、さらにグリムの没後その後継者としてベルリン大学教授となった。一八九〇年代のヴェルフリンやアロイス・リーグルの業績によって美術史学は近代的学問の一領域として認知されることになるから、ディルタイの時代はまさに「厳格な要求」にこたえようとする近代美術史学の揺籃期であったと言えよう。

ヴェルフリンは、論考「美術作品を説明すること」（一九二一年）の末尾に注解の項を設け、さりげなく断り書きを付している。「この『叢書』の他の本を手にとってみればわかるように、本書にもここで挿図が入るべきかもしれない。しかし、上述したことを数点の図版で図示することは、余計なことでもあり不可能なことでもある[3]」。

一読して、さして気にとめるべき箇所でないとも思われよう。なぜならこの論考は、編者ハンス・ティーツェによって一九二一年からライプツィヒのゼーマン社で刊行された「美術史叢書」の第一巻にあたる小冊であり、『美術史の基礎概念』（一九一五年）で高い評価をえた学者が第一次世界大戦後の新しい出版気運に即して上梓される叢書シリーズの冒頭に、美術作品の「説明」という解釈学的関心、美術史学的方法論をやさしく述べた体裁をとっているからである。だが、論考「美術作品を説明すること」の内容にてらしてみれば、この断り書きは看過しがたい。この論考によれば、「説明するとは、個別的なもの、一回的なもののなかに、より普遍的なものを感じとるやり方を教えることになるだろう」し、また「説明とは、なぜそれがいま、そうなっているのか、という問いに答える」ことであり、さらには、ブルクハルトがなしえたように、空間的にも時間的にも多種多様な美術作品に通底する「最終的な統一性」として、「価値判断」の基礎をなす「品質を測る尺度」を「見る人間の体験（Erleben）」に導くことに帰着する。見ることとは解き明かす（deuten）ことで、その完全なありようは「歴史的総合連関（geschichtlicher Gesamt-zusammenhang）」からしか生じえない。こうした説明を実現するために「説明する者はまず、正しい総合的姿勢（richtige Gesamteinstellung）を心がける。そうすれば、見る者に個別的なものがおのずと姿を現わしてくる」。正しい姿勢とはたんなる比喩ではない。ある作品を前にしたときに見いだすべき視点、観面（Ansicht）なのである。ヴェルフリンは例として〈ナウムブルク大聖堂寄進者像〉をあげ、この作品の鑑賞には正面観が不可欠なことを輪郭の分析などにもとづいて強調する。議論の推移からすれば当然図版の必要な展開と言わざるをえない。作品の比較分析や「様式分析」の鼻祖とみなされるこの学者はしかし、そうした図解を「余計なことでもあり不可能なことでもある」と述べてはばからない。

ヴェルフリンはここでは図版や図解と表現するにとどめ、その対象を明示しないけれども、その意味するところは、じつは写真図版である。写真図版の否定は、この美術史学者に一貫して認められる態度にほかならない。

ヴェルフリンの著述としてあまり注目されないものに、「彫刻作品の撮影の仕方」がある。一八九六年と翌年に分載された雑誌論文で、ヴェルフリンは〈ベルヴェデーレのアポロ〉や〈カピトリーノのウェヌス〉にふれ、彫像の撮影時における観面の設定の不的確さ、また写真において、地としての背景が図としての像に与えてしまう悪影響を指摘する。(4) 後者の問題はヴェルフリンがとくに分析しているわけではないが、たとえば頭部の輪郭線がめだちすぎる結果、立体性や生動性が損なわれるという記述は、たんに観面の設定の拙劣さという撮影技術の未成熟さではなく、写真図版のもつ本質的な欠陥、つまり写真が「見る人間の体験」に適合しないという学者の認識を反映していよう。

ヴェルフリンの写真批判は、論考中で〈ベル

図4　〈ベルヴェデーレのアポロ〉ライモンディ作エングレーヴィング

図3　〈ベルヴェデーレのアポロ〉アリナーリ社製写真

ヴェデーレのアポロ〉の写真図版とライモンディの版画図版とを比較した箇所の脚注部分の一文によくうかがえる（図3、4）。「あきらかにマルク・アントン〔マルカントーニオ・ライモンディ〕の版画のよさは、〔彫像が立つ〕基盤面が見えないことに起因する。この点で、写真はいかんともしがたい。〔写真が基盤面を写さないように視点を低くし〕下からの観面をとれば、プロポーションをひどくゆがめてしまうからだ。素描のほうがつねに写真よりも望ましく思われるのは、こうした原理的な制約があるからである」。

この論考とまったく同時期にブルクハルトがヴェルフリンに宛てた書簡にも、ヴェルフリンの姿勢が浮き彫りにされている。「挿図に関していえば、素描を重視したいというあなたの意見はまったく正しい。あなたの読者は、絵画についてはいわば何でも蓄えて知っているでしょうから、実際のところ、良い写真を少々用いるといったことなどは、あなたがすることではありません」[5]。ここで話題になっているのは、当時ヴェルフリンが刊行を準備していた『古典美術』（一八九九年）の挿図の扱いである。ブルクハルトは、ポートフォリオを小脇にしてバーゼル大学構内を歩む写真で知られるように、図版・写真を研究や講義に愛用した。しかし彼の後任教授ヴェルフリンは、実際に出版された刊行書の体裁はおくとして、原則的にはおよそ自分自身の著作には図版、とくに写真図版を掲載しようとは意図しなかった。あの該博なルネサンス研究たる『古典美術』ですら、ヴェルフリンは、写真図版なしに、素描・版画図版の掲載で上梓したいと希望していたのだ。ブルクハルトは、いわば時代の風潮に逆行するような愛弟子の意志をあえて尊重したいと書き送っているわけである。

一八九〇年代のヨーロッパでは、すでに美術史研究と写真という新しいメディアは不可分の関係をかたちづくっていた。そもそもヴェルフリンが批判した写真図版は、ブルン・ブルックマン社の『古典古代の美術品』（一八八八年）に掲載されたイタリアのアリナーリ社のものである。アリナーリ社はレオポルドとジュゼッペのアリナーリ兄弟によって一八五四年にフィレンツェに設立された写真図版販売会社で、初期は建築写真や肖像写真を手がけたが、一八七〇年代にはフランスやオーストリアにも進出し、建築のみならずウフィッツィはじめイタリアの美術館所蔵の美術品複製図版を販売してよく知られるようになった。とくに三〇×四〇センチメートルの写真は、当時は平均的な大きさとはいえ、専門家からもその品質が高く評価された。一八九三年には一〇〇頁の販売カタログを発行しているが、一九一二年にはそれが四六〇頁になった事実からも、美術品複製写真の需用の増加が明らかである。ブルクハルトが述べている「絵画についてなんでも知っている」読者は実際に存在しえたのだ。イタリアに旅行して写真をみずから撮影することも可能な状況であり（図5）、そこまでできなくとも少なくともアリナーリ社ほかの美術品写真を記念に購入して帰ることは、ごく普通の旅行者の流儀になっていた。ましてや、旅行に出て現実の作品を見るという「体験」なしに、自宅でいながらにして写真を通じて原作にふ

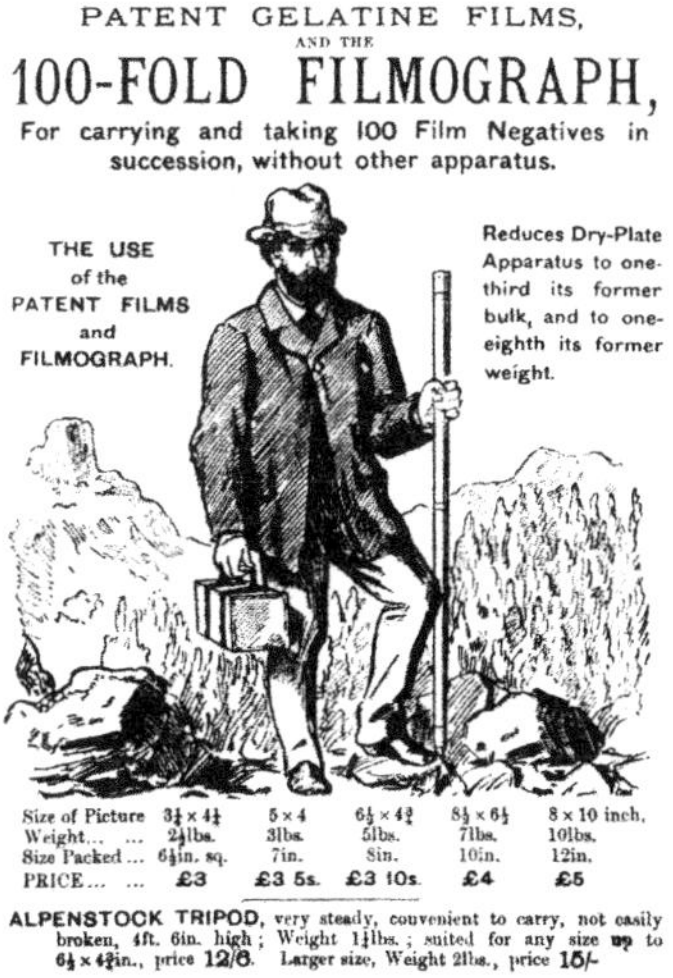

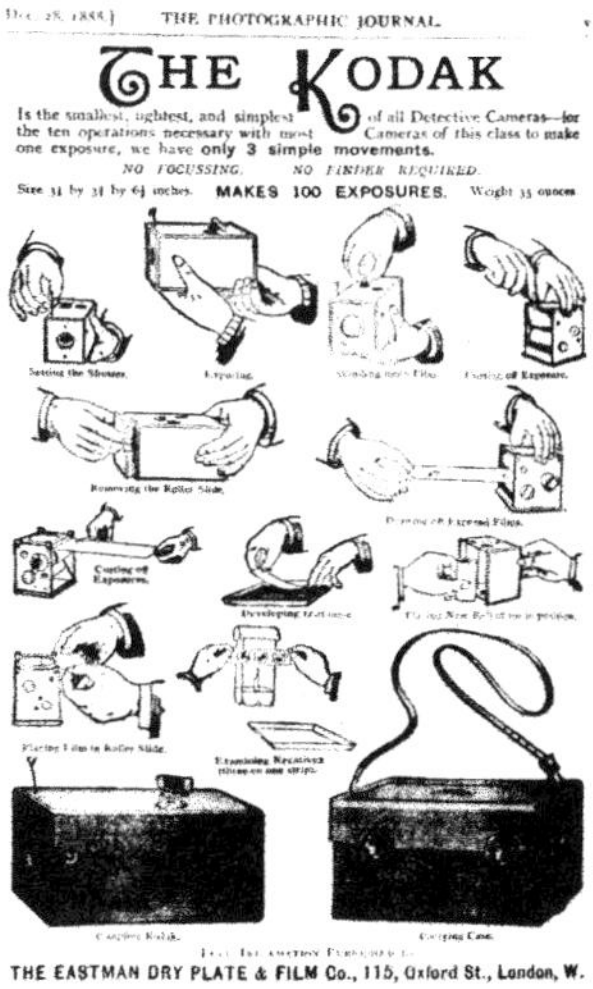

図5　マガジン・カメラの広告（1882年）と最初のコダック社の広告（1888年）

れることさえ可能になりつつあったのである。「画報」、グラフ雑誌の拡大もそれに貢献した。美術史学でも写真の利用は一般化しており、すでにスライドを大学の授業に使用する局面にさしかかっていた。一八九〇年代初めにグリムがベルリン大学での講義にスライドを使用しようと大学に機器購入を希望したにもかかわらず拒否され、やむなく私費で手当てしたエピソードはよく知られている。グリムは、スライド使用というビジュアルな教育方法を採用した最初の教授であった。(6)

ヴェルフリンがライモンディの素描・版画を高く評価し、写真を否定したのは、じつは「ライモンディ・オマージュ」という伝統的トポスでもあり、また、一九世紀後半のファクシミリに関する「比較」の伝承でもあった。

諸芸術領域間もしくは諸学問間のパラゴーネ（比較論）はルネサンス以来、つねに芸術学上の重要な焦点であったが、一九世紀後半における写真という新しいメディアと素描・版画というメディアとの比較は一種の近代的パラゴーネともいいうる性格を帯びていた。ただし、写真と素描・版画との関係がそれほど単純な対立図式を作っていない点は、注意しておかねばならない。素描とはいえ、ここでは版画化された「複製」図版が問題になっているからである。そもそも複製（reproduction）概念は、ミメーシス、イミタティオなど芸術の本質規定や方法概念などの次元、あるいは模写、模刻、模造、模像など「原作」と「模作」に関する制作論的次元など、非常に多岐にわたる。原作と模作の次元でいえば、原作者が原作と同一の作品を制作した場合の諸様相をレプリカやヴァージョンと、原作者と異なる他の作者が原作と同一もしくは近い作品を制作した場合の諸様相をコピー、引用、パラフレーズ、パスティシュ、パロディ、アプロプリエーションなどとわれわれは分類している。しかし、版画・写真図版による原作の再現という問題は、こうした複製概念とは異なるので、芸術学ではとくに「ファクシミリ（複写facsimile）」、「複写複製（Faksimile reproduktion)」と呼ぶ。ファクシミリは、ライモンディの行なったラファエロ絵画の版画（エングレーヴィング）化のようにすでにルネサンスに顕著な現象となっており、それ以後、近世・近代絵画を通じて一貫して重要な問題でありつづけた。一般にヴィジュアル・イメージ論において、「絵画と写真」という単純な図式が注目を集めがちだが、ファクシミリという観点のほうがはるかに重層的で興味深い。なぜなら、写真は、ファクシミリという領域での技法展開にほかならないからである。ファクシミリとは、受用を前提として、ある原作の複製を複数部制作する行為であるから、版画、とりわけ一五世紀末以後、ドイツからヨーロッパ各地に展開したエングレーヴィング、この技法から一八世紀に成立した多色刷りメゾチント、また一七世紀以降エングレーヴィングにとってかわるエッチング、一九世紀初頭からの平版法としてのリトグラフ、あるいは一九世紀にその精緻さで注目された木口木版など、ファクシミリの発展はこうした巨大な伝統の蓄積のうえに成り立っていた。一八世紀から一九世紀における博物誌・自然史、百科全書に掲載された精巧で美しい挿絵はファクシミリの成果を抜きにしては考えられないし、またヨーロッパ市民社会の日常世界においても旅行案内書やスーヴェニール、記念品としてファクシミリの役割は非常に身近なところにあった。

写真はまったく新しい技法というよりも、こ

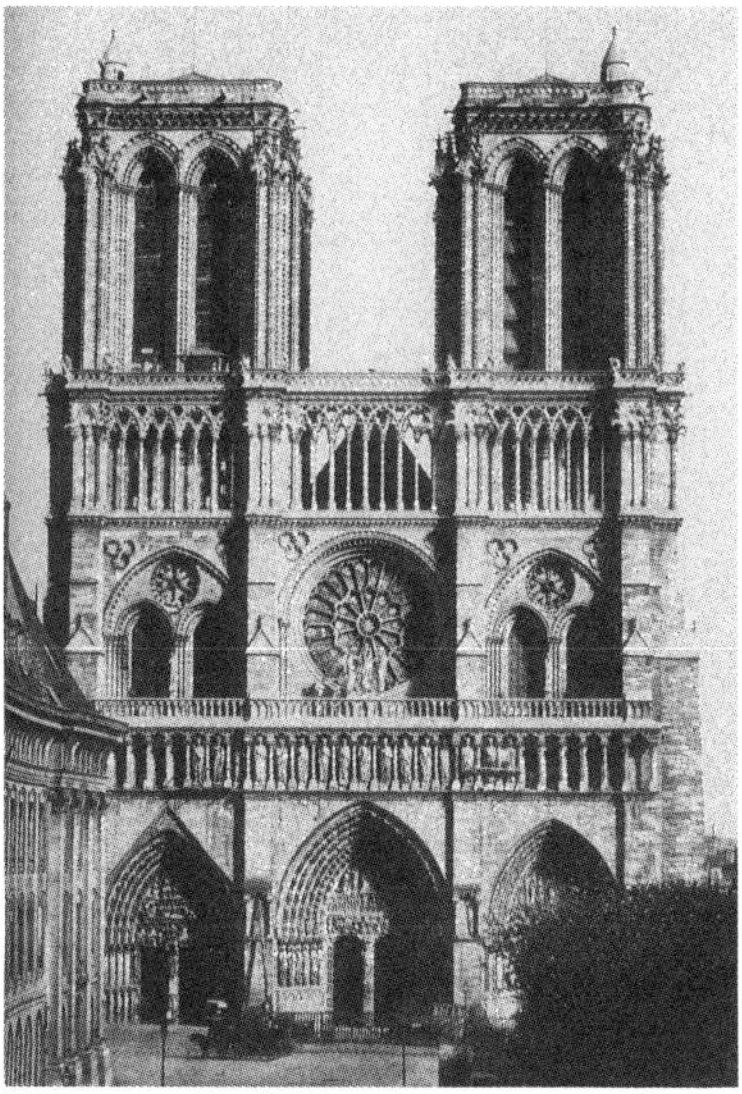

図6　ル・グレ撮影〈パリ・ノートルダム大聖堂〉1855年頃

うしたファクシミリの領域が生みだした技法とみなしてよい。一八六〇年代はファクシミリにおいて、写真と版画が比較され、競合した時代であった。だが、この近代的比較論＝パラゴーネは、たんに再現性の優劣ではなく、比較という行為の根拠を問う比較、パラゴーネのパラゴーネという、解釈行為にかかわる論議の性格を帯びざるをえなかった。ヴェルフリンが見据えているのも、美術史学の厳密な方法論であったはずだ。とすれば、その眼差しの行方は、素材と形式、および比較と類型というふたつの問題に集約されるだろう。

素材と形式

「写真は芸術と比べてみると、たとえば不十分で不足している点が眼につく。というのは、写真は現実の生硬な模写像でしかなく、真実なるものの像を作りえないからだ。写真はその本性上からも諸制約からも、感情の否定であり、理想の否定なのである。それゆえ、発明自体への賞賛はそれとして、写真の成果についてはきちんとした学問的評価にゆだねるべきであろう[7]」。アンリ・ドラボルドによる一八五六年の写真批判は、一見凡庸に見えかねないが、この文章には「芸術」として真実、感情、理想を伝えうる手法として版下素描・版画ファクシミリが含意されていることは見逃せない。同時に、この文脈において語られている模写の対象が絵画ではなく、じつは建築であろうことも重要だ。これは、ファクシミリのなかにおける建築写真と建築版画との比較論とみなしてかまわない。

一八五一年にパリに「写真協会」が設立され、批評家ボードレールがメンバーに加わっていたことはよく知られている。しかしわれわれにとってより重要なのは、同じ年に「文化財保護委員会」が開設され、画家出身の写真家たちがフランス各地に派遣され、ロマネスク、ゴシックなど大聖堂の建築写真を撮影しはじめた事実である（図6）。ドラボルドの指摘もこうした背景を踏まえている。また、さきに引用したディルタイの書評も、その対象が建築史の著述であったことも、あながち偶然のことではない。それでは、建築における真実、感情、理想を伝えうるか否かという「学問的評価」は、どのように可能なのか。われわれはここで、ヴェルフリンの学位論文を想起せざるをえない。

ヴェルフリンは、一八八五年夏学期と一八八五／八六年冬学期をベルリンで学んだ。その目的はディルタイの哲学とトライチュケの歴史学を学ぶことであった（グリムは病気のために休講中だった）[8]。ヴェルフリンはディルタイの著作『精神科学序説』（一八八三年）を念頭において一八八五年のノートに書いている。「私は全力を傾注してこの理念の内実を修得しなければならない」[9]。若き学徒の努力は、精神科学としての美術史の確立に向けられていた。ヴェルフリンは、夏学期のディルタイの講義「哲学史」や心理学のヨハネス・フォルケルトの講義に触発されて、一八八五／八六年冬学期のディルタイのゼミナール口頭発表に「素材と形式」を取り上げた。ヴェルフリンは「芸術とは、世界内容が組み込まれる形式のことでもある。世界内容は、ありとあらゆる新しい形式をとってそれがもつ他の側面を示す。精神の完全性は、精神が世界内容を受け入れる形式の種類と数によって定まる」と、形式の重要性をノートに記している[10]。このレポートの延長として周知のように、ヴェルフリンの博士学位請求論文「建築心理学序説」（一八八六年）が完成した[11]。

ヴェルフリンによれば、建築の根本テーマとは「素材と形式力（Fromkraft）の対立」である。それは、「ふつう意志や生命と呼んでいる」形式力、「形式を求めて戦い抜こうとする意志、没形式的な素材の抵抗を克服しようとする意志」の主題化であった。「抵抗」とそれを「克服しようとする意志」という図式は、むろん当時の心理学的概念風景を反映しているとはいえ、やはりディルタイの基本的テーゼである意志作用にともなう覚知における自己と世界の分節的区別を、言い換えれば内的知覚の現実性と外的知覚の現実性との区別としての作用／抵抗関係を反映しているとみなしてよい。ディルタイは、ヴェルフリンの学位請求論文と同時期に論文「詩人の想像力――詩学の礎石」（一八八七年）を発表した（VI 103ff.）。文学的作品における内容的素材と造形芸術における文字通りの物質的素材とは一概に同定できないとしても、ディルタイの作品論における七つの構成契機、すなわち素材、文学的気分、モチーフ、プロット、人物特性、行為、表現手段が素材対六つの内的形式という対立を形成していることと、ヴェルフリンの建築作品論における構成契機、すなわち〔無限定的〕素材、空間的限定性、反復的規則性、シンメトリー、プロポーション、調和、オーナメントが素材対「内的契機（ヴェルフリン）」という対立を形成していることの類似性は看過しがたい（ヴェルフリンの見いだした内的契機が後年、輪郭・視点・構築・統合・明瞭という五対の「美術史の基礎概念」に整序されることは言うまでもない）。また、両論文が心理学的考察の末尾にともに、「文学的技法の歴史性」と「歴史的判断の原理」という歴史への視点を提示していることも、指摘しておかねばならない。細かい分析に立ち入る余裕はないが、ヴェルフリンにおける「形式感情の同形性」という用語ひとつをみても、当時のディルタイとヴェルフリンの関係は従来指摘されてきた以上に密接であったと考えてよいだろう。

ファクシミリについてヴェルフリンは徹底して素描を重視し、写真を拒否したが、そこには、建築という対象における素材と形式との対立、また形式による素材の克服は写真では補足しえないとの判断があったからだろう。実際、素材という物質性を克服する水平／垂直の分節やリズムが生動している柱頭部分、あるいは克服の対象としての自然な石材という役割を演じるルネサンス建築のルスティカ（化粧粗石積法）などは、建築写真では、作品を導くモチーフ（動因）として浮かび上がらず、たんなる構造体の一部分になりかねない。ヴェルフリンが写真というファクシミリを否定したのは、素材と形式の対立のうちに視覚表象の原型性を体験的かつ規範的な次元で把握し、ルネサンスとバロックというような時代画期（Epoche）の区分原理に適用しようとするラディカルな美術史学者の態度にもとづいている。他方、ディルタイが写真を肯定したのは、心的な生としての体験を歴史的な生の理解へ、生の作用連関へと展開してゆくとき、感性的な対象の役割はより相対化されるからだと、理解しておこう。むろんディルタイの肯定についてわれわれが引用したのは評言という程度の初期の発言でしかないから、論点を拡大することはあまり適切でない。否定、肯定の是非というよりも、ここでは建築ファクシミリが素材と形式、また外的内的形式という作品解釈の根本問題と連動し、そしてヴェルフリンとディルタイに結びつく問題であることを確認しておけば十分である。

比較と原型

素材と形式との対立は、芸術作品という個別化において発現する。とすれば、芸術史、とくに美術史研究においては、作品間の比較は絶対的な要請となる。一八八〇年にイタリアの美術史学者ジョヴァンニ・モレッリは、美術品の細部形式の徹底した視覚的実証的比較からモレッリ式と呼ばれる独自な作者帰属の鑑別法を提起した。比較は、こうした相貌学的類型研究の方法でもありうるが、しかし比較が根拠とすべき共通性と差異性という次元に眼を転じれば、たちまち個別と普遍という形而上学的伝統につらなる問題に直面せざるをえない。少なくとも視覚的体験という水準に限定しても、ゲーテの提唱した「形態学」概念や個人雑誌『形態学論集』（一八一七―一八二四年）の刊行は、一九世紀の比較論や形式概念に、形式と力の重層性としての「形態」をつきつけ、また発生・成長という生命的時間軸の内実を問いかけた。

ヴェルフリンも当然、学問としての美術史学が比較という方法をどのように再構築すべきかという課題に直面せざるをえなかった。ヴェルフリンは比較論については、英国のセイスによる新しい比較文献学に示唆をえたとも指摘されるが、ディルタイにおける本質的な比較論こそ大きな示唆を与えたにちがいない。「同形性が個体化の基礎をなしている内的連関があり、そうした内的関連に近づいてゆく傾向はどこにも見いだせる。比較の方法があればこそ、実定的なもの、歴史的なもの、単一なもの、要するに個別化そのものが学問の対象となるのだ」（V 268）。ディルタイが美術史に関してどのような研究をしたかは明確ではない。ベルリン大学の同僚グリムは美術史学者であったが、熱心なゲーテ研究者でもあり、ディルタイがグリムによるゲーテ論を批評するかたちで「作家の想像力について」（一八七八年）を発表したことはよく知られている。グリムとの交流や『ヴェスターマン月報』への美術書書評の寄稿は、この哲学者の美術作品の歴史や解釈への関心を告げてはいるけれども、文学作品や音楽作品にくらべて言及は少ない。

ディルタイのいう「精神科学」がその根底に「歴史的世界」をおき、従来の哲学を支えてきた形而上学や存在論にかえて、歴史を基礎学とする「歴史的理性批判」を完成しようとする遠大な構想にもとづいていたことは、あらためて述べるまでもない。歴史とはそのまま人間の「生」の営みにほかならず、民族や国家、教会をはじめ、経済や学問などに関係するさまざまな社会集団や個人が生みだす表現活動である以上、生の「客観態」としての形成物、広義での作品が精神科学の対象となる。歴史とは、「自然という客観的必然性の連関のまっただ中にあって、自由がこの全体の無数の箇所できらめいている王国」（I 6）なのだ。そうした自由な人間活動は自然科学によっては説明されえない合目的性をもち、表現活動の所産たる形成物、作品には、それ自身に固有な構造と法則性が刻印されているはずである。われわれは、さまざまな生の表現にみずからの体験した生を移入しつつ、理解を深めてゆくわけだが、ディルタイによれば、

「こうした体験と表現と理解の連関は、どのような場合でも独特な方式をとっており、そうした方式があればこそ精神科学の対象たる人間性がわれわれに提示されることになる」（VII 87）のである。

「連関」の解明は、芸術作品が人間の表現活動を告知する代表的な事例である以上、芸術に則してもなされるべきだろう。しかし連関は、たんなる自己移入的な心理主義的理解によってはとらえられない。なぜなら連関は、普遍的な意味連関をもつからである。こうした心的連関の変容や転換を把握するには、いくつかの方法が存在しうるだろうが、形態学的な意味での「比較」は、もっとも重要な方法のはずである。

ディルタイは一八六七年にバーゼル大学就任講演「一七七〇年から一八〇〇年のドイツにおける文学的運動と哲学的運動」で、ゲーテの自然科学研究に言及し、自然の技術の認識を実行したゲーテのような研究者が最後に到達したのは「比較人間学」（V 24）のような学問であったと述べる。ここではとくにゲーテの特定の論考を引用しているわけではなく、またこの時点でディルタイがゲーテの興味深い「比較論」である論文「普遍的な比較理論の試み」（一七九〇年頃）に眼を通したこともありえないから、比較概念の焦点がどこにあるかはたしかに明確ではない。けれども、文学よりも自然科学、生物学的領域での方法に論点がおかれている以上、たとえば形態学の根幹を述べたきわめて重要なゲーテの論考「骨学にもとづく比較解剖学総序説第一草案」（一七九五年著述、一八二〇年発表）などの主張は知っていたと考えてよいだろう。この草案は「そもそも自然史の基盤をなすものは比較にほかならない」という一文に始まる。ゲーテの主張は、たんに比較という手法の称揚ではない。動物の多種多様な形姿を前にして、そこに混乱ではなく、ひとつのシステムを見ようとするとき、究極原因とか神、動物の霊魂といったものを基準とするような従来の恣意的で特殊な「比較」はわれわれを空疎な思弁に迷い込ませるにすぎない。そうした基準ではなく、多種多様な動物の姿を「直観」することで、さまざまな形姿を「そのなかに包摂できるような解剖学的原型（Typus）、それをもとにして動物一匹一匹を一定の順序にならって記載できるような普遍的なイメージ」という基準、明確な視覚像としての基準に到達することができる。ゲーテによれば、いったんこうした原型、普遍的イメージが獲得できれば、比較とは、そのイメージをもとにして、動物の諸グループを記載したり、動物個体のある部分を多様なグループがもつ当該部分と照合する作業になる。[12]

ディルタイは、「比較心理学」（一八九五／九六年）でこうした問題圏をテーマにしている。「芸術は、生が何であるかを示そうとする。人間的歴史的世界の個別化は総じて、学問が認識しようと試みるよりずっと以前に、まず詩を通じて理解にもたらされる。しかも、同形的なものを描写するための手段、また差異、類別、親縁が繰り返し生じる事態を描写するための手段とは、原型に則して見ること（das typische Sehen）なのだ。こうした個別化を学問的分類という手続きでとらえるのが概念で、概念は、植物とか動物といった実体、あるいは病気や犯罪、情熱といった述語的規定を表記するわけだが、他方で、描写芸術における原型的知覚もまた、生の諸状態や運命に根ざす述語的関係を把握する」（V 280）。個別化とはむろん生の活動の所産たる形成物、作品一般とみなしてよいが、そうした作品における同形性もしくは非同形性の親縁的類似性などの「比較」に関しては、概念による学問的な分類（Klassifikation）に先だって、「原型」という視覚像の体験が重視されていることは明らかである。それゆえ、普遍を特殊という具体化のうちで生き生きと表現するのが芸術家の仕事である以上、人間の作りだす形成物、作品のなかでも、とくに芸術作品が注目される。「最高の描写芸術においては、数人の人物を取り上げるだけで、いわば生の現実すべてを再現する手続きが生まれる。それゆえ、ラファエロの〈アテネの学園〉や〈聖体の論議〉では、一群のしかるべき精神文化の代表者たちが数人の人物を取り上げる仕方で描出されているのだ」（V 280f.）。ここには、印象点（Eindruckspunkt）における内的知覚と外的知覚との接合が典型像（Vorbild）

を導き、そしてそこに生起する原型が時代精神をとらえかえすという構造が提示されている。

原型というイメージの水準から比較をとらえようとするこうしたディルタイの態度には、周知のようにヨルクから強い批判がなされた。「ヨルクに言わせれば、ディルタイがこのような対象を比較などという手続きによって感性的ないし視覚的に処理することは、まさに『存在的なものと歴史的なものの種属の差異』を無視するという、認識批判上の不徹底さにもとづくもの」だからである。[13] 歴史的理性批判という根本に立ち戻るためには、ヨルクの批判をディルタイは認めざるをえなかったろう。実際マックリールも指摘するように、ディルタイは比較の方法について、その後十分に考察を深化させなかったとも思われる。[14] 一八七〇年代から一八九五年へという時期はディルタイの思想にも大きな変化をもたらしているから、たしかに比較の問題はたやすくは見通しがたい。

とはいえ、芸術の体験や理解は本来、たんなる同形性の確認ではなく、自分自身の心的連関の一種の組み替えであり、内的経験における地平の拡大であり、創発的な出来事のはずである。とすれば、ヨルクの批判は正当だとしても、「原型」を感性や視覚の水準でしか把握しない態度は不当であろう。原型を純粋現象と重ねてみれば、ゲーテの言うようにそれは、没時間的な分類の指標ではなく、「あらゆる経験の結果として究極な位置を占めて」いるかぎりで、「未知のものを発見する」行為をよびかけてやまない。「原型」とは、比較という際限もなく無根拠な行為に「未知なものの発見」へという方向づけをもたらすイメージ（像）であり、芸術の体験や理解に妥当性を保証するイメージのはずだ。

原型は、普遍と特殊を媒介する役割をもつゆえ、つねに多義的である。とくにゲーテ以後、原型は、種類としての類型的分類概念、外的形式と内的形式との統合としての代表的典型像、生成的発生的根本形式、規範的価値基準などに多様化した。ディルタイは、比較と原型の問題を歴史という認識批判の次元から追究する困難な道を歩み、極性（Polarität）ではなく、時代精神の概念へという方途をたどった。他方ヴェルフリンは、おそらくそうしたディルタイの哲学に注目しつつ、美術作品におけるルネサンスとバロックという代表的典型像を定立し、それを視覚的根本形式であり、同時に内的形式としての様式規範でもある極性的「基礎概念」に導くというラディカルな方向をとった。

美術作品はディルタイの時代以降、文学作品とも音楽作品とも異なり、ファクシミリを作品体験上の不可欠な同伴者とみなすようになった。ディルタイの解釈学的歴史理解という視野からすれば、ファクシミリは肯定しえた対象であろうし、ヴェルフリンの厳格な視覚的根本形式の追究にとって、写真ファクシミリは容認しがたいメディアであったにちがいないが、しかしファクシミリは時代の趨勢において、比較と原型、芸術の理解と体験という芸術学的歴史学的な根本問題をますます明確に写しだす鏡映装置となってゆくのである。

原作なきファクシミリ

美術史学者ゴンブリッチは、一九六〇年に『美術とイリュージョン』を世に問うた。これはガダマーの『真理と方法』（一九六〇年）やクーンの『科学革命の構造』（一九六二年）と同じく、学問の現代的地平を再考する糸口を与えた書物だが、そのなかに「シミリ（書式・定型）」に関係して二点の作品が掲載されている。[15]ガーランドの版下素描をウィンクルスが彫版したシャルトル大聖堂のエングレーヴィング（一八三七年）と、一九世紀後半に撮影された同じシャルトル大聖堂の写真である（図7、8）。

大聖堂西側ファサードの窓は写真に確認できるように、その長い建造過程からロマネスク様式の円頭アーチを残しているのだが、ガーランドは、ゴシック様式を真の信仰の時代として賛美する当時の思潮のままに、窓を尖頭アーチに描きかえている。ゴンブリッチは、むろん記録行為における優劣を論じているのではない。そもそも画家はその歴史的環境における視覚の図式、シミリを呼吸しており、中立的な純粋な視覚などを保持しているのではない、という指摘のための一例である。イリュージョンとは、こうしたシミリを指してもいる。ゴンブリッチの指摘はわれわれのファクシミリという視点とはやや異なるものの、この二点は、版画と写真のファクシミリの問題構制を的確に映しだしている。写真ファクシミリにくらべて、ガーランドの素描・版画ファクシミリのほうが、尖頭アーチの窓のみならず塔を強調する聖堂全体の短縮法を含めて、ゴシック建築における上昇というイメージ、重力や素材の克服のイメージをはるかに生き生きと呼吸しているからだ。われわれも実際、パリの大聖堂やシャルトル大聖堂のファサードの前に立つと、ロ

図8　ジロドン撮影〈シャルトル大聖堂〉19世紀

図7　ガーランド版下素描／ウィンクルス作エングレーヴィング〈シャルトル大聖堂〉1837年

マネスクの円頭アーチという外的形式が透過され、ゴシックという内的形式のドラマに参入してゆく自分自身の眼差しに気づかざるをえない。

とすれば、われわれが写真というファクシミリに「正確さ」を求めるとき、正確な再現性自体がじつは、ひとつの近代的「シミリ」、トポスでしかない、と考えてけっして不当ではない。写真ファクシミリといえどもガーランドの版画ファクシミリと異ならず、ひとつの「シミリ」であって、芸術作品の体験と理解に本質的基準をもたらすものではないからだ。解釈という行為にてらしてみれば、そう考えて差し支えないだろう。したがってファクシミリという水準で考察を進めれば、写真ファクシミリの優位ではなく、ファクシミリそのものの優位、原作に対するファクシミリの優先という問題相が浮かび上がってくる。もし、この問題相を「原作なきファクシミリ」と拡大し、またそれを「体験なき理解」の問題相とパラフレーズすれば、いささか恣意的な拡大として非難を余儀なくされそうだが、そうした位相でディルタイを再検証することもまた、コピーやハイパー化の文化を生きるわれわれの時代の課題である。

美術史学者パノフスキーは、ヴェルフリンよりもはるかに強くディルタイ的な解釈学を美術史学に適用した美術史学者だが、ファクシミリを論じた小論を残している。これは、長く忘失されてきて近年になってようやく再発見されたテクストで、一九三〇年のハンブルクにおける興味深い「ファクシミリ論争」を映しだしている。(16) そのハンブルクで、パノフスキーやゴンブリッチのいわば教師であったアビ・ヴァールブルクが厖大な写真アトラスから文化史やイメージ史の再構築を意図していたことは周知のことだが、その未完のプロジェクト「ムネモシュネー」とは、われわれの関心からすれば「ファクシミリの解釈学」以外の何ものでもない。(17) 美術史学にとどまらず、アナール派における資料の解釈、あるいはアーサー・ダントーによる「物語としての歴史」の分析哲学からの検討、またさらには現代におけるもっとも尖鋭な写真論というべきヴィレム・フルッサーのメディア論にも視野を拡大してみればよい。ファクシミリの体験／理解は、ディルタイの時代から現代へとますます重みをましつつある問題圏にほかならない。

（1） J. Ruskin, *Modern Painters*, vol. IV., London, 1856 ; Ch. Blanc, *Grammaire des Arts du Dessin*, Paris, 1874 ; M. Thausing, Kupferstich und Fotographie, in : *Zeitschrift f. Bildende Kunst*, Bd. 1, 1866.

（2） 一九世紀の写真論については、W. Kemp, *Theorie der Fotographie*, Bd. 1, 1839-1912, Passau を参照。また美術史との関係についてはW. F. Freitag, Early Uses of Photography in the History of Art, in : *Art Journal*, XXXIX, 1979/80 参照。

（3） H. Wölfflin, Das Erklären von Kunstwerken, in : *Kleine Schriften 1886-1933*, hrsg. v. J. Gantner, Basel 1946, S. 173.（H・ヴェルフリン「美術作品の説明」新田博衛訳、『近代の芸術論』世界の名著81、中央公論社、一九七九年所収）

（4） H. Wölfflin, Wie man Skulpturen aufnehmen soll, in : *Zeitschrift f. Bildende Kunste*, N. F. VII（1896）, S. 224-228, VIII（1897）, S. 294-297, XXVI（1915）, S. 237-244.

（5） Burckhardt und Wölfflin, *Briefwechsel*, hrsg. v. J. Gantner, Basel 1948, S. 111.

（6） U. Kultermann, *Geschichte der Kunstgeschichte*, Wien 1966. S. 228.（U・クルターマン『美術史の歴史』勝・高阪訳、中央公論美術出版、一九九六年）

（7） Kemp（注2）, S. 129.

（8） ヴェルフリンの美術史学の発展については、M. Lurz, *H. Wölfflin, Biographie einer Kunsttheorie*, Worms 1981 ; J. G. Hart, *H. Wölfflin, an Intellectual Biography*, UMI, 1981 ; *H. Wölfflin, 1864-1945, Autobiographie, Tagebücher und Briefe*, hrsg. v. J. Gantner, Basel 1982. を参照。

（9） 「ノート九番」九頁。Hart（注8）, p. 74.

(10)「ノート九番」一〇六頁。一八八五年一〇月二七日。Hart（注8）, p. 84.

(11) H. Wölfflin, Prolegomena zu einer Psychologie der Architektur, in: ders., *Kleine Schriften 1886-1933*, Basel 1946.（H・ヴェルフリン『建築心理学序説』上松佑二訳、中央公論美術出版、一九八八年）

(12) J. W. Goethe, Erster Entwurf einer Allgemeinen Einleitung in die vergleichende Anatomie, ausgehend von der Osteologie, in: *Zur Morphologie*, Bd. 1, Heft 2, 1820.（ゲーテ「骨学にもとづく比較解剖学総序説第一草案」高橋義人訳、『ゲーテ全集一四』潮出版社、一九八〇年、一七六頁以下）

(13) 麻生建『解釈学』世界書院、一九八五年、一五六頁。

(14) R・A・マックリール『ディルタイ』大野・田中・小松・伊東訳、法政大学出版局、一九九三年、二七四頁（R. A. Makkreel, *Dilthey*, Princeton UP, 1975）。また Fr. Rodi, *Morphologie und Hermeneutik*, Stuttgart 1969 を参照。

(15) E. H. Gombrich, *Art and Illusion*, Princeton UP,（1960）1969, p. 72.（E・H・ゴンブリッチ『芸術と幻影』瀬戸慶久訳、美術出版社、一九七九年）

(16) E. Panofsky, Original und Faksimilereproduktion, /M. Diers, Kunst und Reproduktion, der Hamburger Faksimile-Streit, in: *Idea, Jb. d. Hamburger Kunsthalle*, Bd. V, 1986, S. 111ff.

(17)『記憶された身体――アビ・ヴァールブルクのイメージの宝庫』展図録、一九九九年、国立西洋美術館、を参照。ちなみに、ヴェルフリンが引用したライモンディ作エングレーヴィング〈アポロ〉（図4）が出陳された（図録作品番号89）。

第三章　歴史意識・歴史理論と精神史

一　ドイツ的なもの——ディルタイのドイツ精神史研究

ドイツ精神史研究について

ディルタイがドイツ精神史の計画を企図したのは、晩年のことである。それはライプニッツの一七世紀からヘーゲル、ゲーテ、フンボルト、シュライアーマッハー没後の一九世紀前半に至るまでの時代を精神史としてまとめようとするものであった。一九〇二年には原稿の大部分が出来上がっていたとされるが、しかし精査な吟味を経るなかで破棄され、結局完成をみないままに終わった。この研究が未完であるために、ディルタイの所期の計画がどのような内容と構成であったかは、歴史、文学、芸術などの領域を含む大規模なものであったと推定されているものの、必ずしもはっきりしない。しかし現在、その内容の中心は「ドイツ精神史研究」という表題をもつ『ディルタイ全集』第三巻に収録されている「ライプニッツとその時代」「フリードリッヒ大王とドイツ啓蒙主義」「一八世紀と歴史的世界」などの研究にみることができる。さらにこれに、全集第二巻に収録されている「一五、一六世紀における人間の把握と分析」をはじめとする一六世紀および一七世紀の諸歴史研究を加えることもできよう。これらは一八九〇年から一九〇一年までの一一年間に書かれたものである。

さて、ディルタイはライプニッツとフリードリッヒの国家の研究を進めていくなかで、この国家を理解するためにはルターの基盤にまで遡らねばならないと考え、この視点から、宗教改革の宗教性に関する研究をこの精神史の重要なファクターとみなしている。また、ディルタイがこの精神史研究で本質的に詳細に取り組んだのは啓蒙主義の歴史的思惟である。啓蒙運動は、ディルタイが一つの時代を把握し歴史的概念の本性を明らかにしていくときの基準とでもいうべきものとなっている。そこでここでは、宗教改革者ルターの思想とそのドイツ的基盤およびドイツ啓蒙主義の歴史性を中心に考えていくことにしたい。その場合、このドイツ的基盤、ディルタイがルターを称して「最もドイツ的な人間」とし、プロイセンを「最もドイツ的な国家」と呼んだ、その「ドイツ的なもの」とは何かに焦点を当てて、上述の論稿を中心にドイツ精神史研究における特徴を考えてみたい。具体的な検討に入る前に、まずディルタイの方法である「発生的」歴史理解について述べておきたい。

発生的歴史理解と精神史

ディルタイの歴史研究を扱う場合、留意しなければならない点がある。それは、彼の歴史記述はつねに彼の体系的立場と結びついて、その哲学的立場を具体的に基礎づけようとする意図のもとになされたということ、また、その場合にもつねに発生的（genetisch）な歴史理解が要請されていることである。前者の体系的立場とは、ディルタイの終生の課題であった「精神科学の基礎づけ」の研究であるが、ディルタイの歴史研究は、この体系的課題の基礎としてヨーロッパ精神の発展に関する普遍史的理解を形成するためのものであった。このことをディルタイは「精神科学の哲学的基礎についての問いを私の力の及びうる限り確実に解決するために、歴史的方法を体系的方法に結びつける。歴史的叙述と体系的叙述とはこのように相補うべきものである」（I xv）と語っている。精神科学の学としての確立というテーマの下に、歴史研究は包摂されるのである。しかしこの体系的理論はまたつねに発生的に構成されなければならない。すなわち、人間の社会的歴史的現実を、これを生み出した精神的生の現場に立ち返ることによって組織するのでなければならない。だからディルタイは「ヒューム、ロバートソン、ギボンは歴史家に必要な最も偉大なもの、すなわち真性の歴史批判をもっていたが、しかし彼らには発生的理解が欠如していた」（III 246）とか、政治的思惟の領域で大きな進展をもたらしたとみなすモンテスキューについても、「彼は発生的に考えることをしなかった。彼は人間本性の生動性に基づく社会的身体に目を注がなかった」（III 235）と語り、また「歴史記述の中心点は、国家や戦争の記述ではなく、精神的生の記述でなければならない」（XVII 296）と語るのである。この「発生的」理解ということについて全集第二巻の編者であるG・ミッシュはこの巻の序文で、およそ次のように語っている。

ディルタイ自身は発生的方法をこう特徴づけている。「歴史理解の方法はヘーゲルとは逆に、哲学の発展を、抽象的思惟における概念相互の関係から説明するのではなく、人間の完全な生動性と現実性にしたがった人間全体における諸々の変化から説明する。したがってこの理解方法は、哲学体系が文化の全体から生まれ、また逆に、そこに作用を及ぼしてきた因果連関を認識しようとするものである。哲学的思惟において把握された意識の現実に対する新しい立場はいずれも、この現実の科学的認識においても、現実への感情の価値規定においても、意志的行為においても、生の営みにおいても、社会の管理においても同じように影響を及ぼすことになる。哲学史は、意識の現実に対する立場、この立場相互の現実的な関係、そのようにして生起する発展を明らかにする」（II v–vi）と。つまり、さまざまな歴史的時期に形成された人間把握のうちに、形而上学的体系の生き生きとした強力な動機を探し求めること、そして「人間の分析」から発生的に「世界観」を把握することである。このような意図がこの第二巻を貫徹している。一八九一年から一九〇四年までの一四年間にわたる一連の論文において、ディルタイが形而上学への深まりの中で、哲学体系そのものの本質およびその類型的な構造を解明する理念の形成へと向かう様子が示される。

ミッシュのこの説明は、一六、一七世紀に関する歴史研究を収録した全集第二巻についてだけ当てはまるものではなく、発生的理解はディルタイに一貫した方法である。それは要するに解釈学的方法であるといってよいだろう。

精神科学は、人間の生の歴史性と生を歴史的ならしめる歴史的世界の連関において人間自身を分析し、それによって、人間の生の表現こそが歴史的知識の真の基盤であることを提示し、これに基づいて歴史的世界に関する普遍妥当的な知識の可能性を探求することを課題とするが、ディルタイの歴史研究は、この主要テーマと密接に関連しつつ、他方で、つねに具体的な人間の生の営みに遡及してそこから客観的普遍性を獲得する発生的理解、つまり解釈学的把握を課題としている。ディルタイの歴史研究は一般的にこのように位置づけることができる。

ところで次に、ディルタイの歴史研究は、たとえば教義史とか法制史の形をとらず「精神史」であることに目を向けておきたい。

主観的な生の体験が歴史的となるためには、その表現は私的な主観的体験を越えて客観性と共同性を獲得しなければならない。つまり、自己の生きるその時代と意味的関係をもつものにならねばならない。こうした生の表現の共同性を客観的精神と呼ぶとすれば、この精神は共同性を獲得して歴史化した生の表現であるといえる。だから精神は、個人的でありつつ同時に超個人的普遍的である。この客観的精神が時間概念として表出されるとき、それは時代の客観的精神、時代精神といわれるものである。たとえば啓蒙の精神、中世の精神などといわれる。「精神は歴史的本質である。すなわち精神は、その精神の中に凝縮して生きている全人類の記憶によって充たされおり、また充たされることができる。なぜなら精神はまさに自己の中から記憶を産出することができるからである」(VII 277)。この意味で、歴史とは創造的生の表現であり、したがって客観的精神の表現の世界であるということができる。ディルタイは歴史を、客観的精神に浸透された個人的生の体験の表現であると同時に、したがって精神の歴史、すなわち精神史と考えるのである。

ルターとドイツ精神

北部山地の一鉱夫の息子ルター、霧と雪と非形象的な自然のうちに住まい、おのれの魂のうちに芸術の微光さえもとり入れることなく、また学問へのそれほど強い欲求ももたず、おのれの周囲のいっさいの目に見えぬより崇高なものと、形をなさぬより崇高な力および力関係以外の何ものにも目をくれなかった修道僧、このような彼にしてはじめて、宗教過程を教義的思惟の形象性と教会の統治的外面性とから完全に解放したのである。(II 58)

ルターにおいて、キリスト教はまったく新しい局面を迎える。直観的思惟の形象性にとどまるギリシア的キリスト教とローマの統治的な外的機構としてのキリスト教から解放されたのである。芸術や学問には目もくれず、ただひたすら崇高な力への信仰のエネルギーと改革への能動的な意志力のみによって、ルターは改革を完遂した。意志力と人格の精神的自由がルターの性格の中心をなしている。ディルタイはこのルターの性格の根底に潜むものを、「孤高の力」「独裁的なもの、絶対的なもの」だとして次のように語っている。

ルターは一身に反対のあらゆる動機を蓄えていた。時代の諸欲求を感じとり、その生き生きとした思想を統一する特異な天分が彼にはきわだっていた。だが同時に彼は、宗教的天性のうちに、同時代人を彼らにはわからないより高い威力をもって、しばらくの間あるいはずっと自分に惹きつける、孤高の一方的な力を所有していた。彼は行為と支配のために生まれついていた。彼の人格のうちには、どこか独裁的なもの、絶対的なものが潜んでいた。(II 54)

孤高の力の人、独裁的で絶対的な人間ルターを、ディルタイは「最もドイツ的な人間」といい「物思いに耽る北方の子」と語る。改革者ルターという特異な個人の精神とその発展のうちに、同時にその国民や民族精神の特殊性を表現しようとしている。ディルタイはルターを、国家制度や経済的基盤などの制約関係からではなく、ルターの精神に浸透している共同精神の深みにおいて、すなわちドイツ的精神、北方民族の精神として描出しようとするのである。したがって、ルターの宗教改革はルター個人の思想性以上にドイツ精神の表現である。前述したように、ライプニッツ、フリードリッヒを生み出した国家の理解のためには、ルターの基礎を理解することがどうしても必要だと考えたように、ディルタイは、ルターのうちに近代ドイツ精神の原基をみるのである。

それでは、宗教改革を可能にしたルターの精神、したがってドイツ精神であるこの強力な意志力とは何だろうか。ディルタイは、「精神の機能は、とらえがたい、永遠の、目に見えざるものを把握することである」というルターの言葉を念頭において、これを「見えざるもの」への関係だとして、こう語る。キリスト教はギリシア的、ローマ的キリスト教から解放されて、この宗教改革時代の人間において、人間と見えざるものとの関係についてのより高い確信を堅固にし、基礎づける新しい仕方となって現われた。「北方民族においてはじめて、宗教過程は見えざるものにまで入り込むようになる」(II 58)。ルターがこれを完遂した。これによって、「中世の最も深遠な運動、フランシスコ修道会と神秘主義とはまったく彼において完成し、また同時に彼において近代観念論が始まるのである」(ibid)。改革を可能にし、それゆえにルターを近代観念論の始源に位置させるもの、それをディルタイは「見えざるもの(die Unsichtbarkeit, das Unsichtbare)」だとするのである。ディルタイによれば、宗教的過程の核心は「見えざるもの」、「悟性にはまったく近づきがたいもの」であり、信仰の本質は、「直観しえざるもの、内なるもの、独立したものへと変容した、人格と人格を包む見えざるものとの関係である」(II 70)。ルターやツヴィングリの偉大さは、「彼らが信仰を、見えざるものと人格との実在的関係に基づいた人格の統一的で確信的な意志の態度としてとらえた」(ibid)点にある。「見えざるもの」に関する理念への関係と人格の独立性がルターの意志力を形成している。ルターはこの信仰的人格の独立性を信仰の本質と考え、そこにいっさいを凝縮した。ルターの「信仰のみ」の義認論はこのことをさしている。彼の言葉が一人一人のドイツ人の心胸に反響しこれを支配していったのも、この見えざる世界との関連に基づいていた。

ディルタイはかかるルターを「最もドイツ的な人間」と呼ぶのである。「ドイツ的」とは、神秘主義の伝統に立つ「見えざるもの」に根拠をおこうとする精神的態度だと考えてよいだろう。ディルタイはこの態度を「神秘主義の完成」とも表現するが、それは、ドイツ神秘主義の代表者エックハルトの「神」観に通じるものだといえる。エックハルトが神を「神(Gottheit)」あるいは「神みずからの根底(Gottes eigener Grund)」と呼んだように、ドイツ神秘主義は、神を神の根底として、理性としての神ではなく理性ならざる非合理的な神として把握するのであり、その根底には、理性としての神の根源に入ろうとする衝動がある。ドイツ神秘主義から生い育つこの根源的なものに向かう精神的態度が「ドイツ的なもの」を規定しているのである。ルターの孤高の力、意志力、支配力はこの根底と根源へと向かう衝動力であり激情の力を表わしている。神は、この意味で、悟性にはまったく近づきえぬ根源的な存在、非合理な見えざるものである。ディルタイは、ルターのいっさいの知性はこのドイツ的エートスの倫理的＝宗教的経験に根拠をもつものであることを、次のように語っている。「生活こそが彼にとって第一のものである。彼にとっては、われわれの見えざるものとの関係についてのいっさいの知は、生活に、すなわち、生活のうちで彼に与えられた倫理的＝宗教的経験に由来し、またつねにそこに結合されているのである。そして、理性的存在を世界理性に結びつける宇宙の知性的紐帯は、道徳的連関の背後に退くのである」(II 58)。このエートスを、ヘーゲルはプロテスタンティズムの内面性の原理と表現したが、この内面性の原理が思弁の力によって論理化されるとき、近代観念論が始まるのである。

なお、ディルタイはゲルマン的本質の一つとして、行動の中に「不明瞭なもの、狂暴なもの、予定されざるもの、予測しがたきもの」が働いていることを挙げ、また、ドイツ語の中には神秘的なものと論理的なものとの、あの独特の結合がある、と語っているが、このことを考え合わせると、ルターを規定しているドイツ的エートスは神秘主義をさらに遡って、原初的な形ではこのゲルマン的本質に淵源をもつといえるかもしれない。

さて、ドイツの思想が英仏の西ヨーロッパの思想に最も接近した啓蒙の時代にも、このドイツ的エートスがドイツ啓蒙主義を規定していた。

ドイツ啓蒙主義の特質

啓蒙主義の運動あるいは啓蒙の時代は、前述したように、ディルタイにとっては歴史的概念の本性の何たるかを説明する基準といったものであり、したがってディルタイはこの思想性に本質的に詳細に取り組んだ。

ディルタイは啓蒙主義を三つに、すなわちヴォルテール、モンテスキュー、テュルゴーなどに代表されるフランス啓蒙主義と、ヒューム、ロバートソン、ギボンなどのイギリス啓蒙主義、さらにドイツ啓蒙主義とに区分して考えているが、ドイツの同時代のなかでは、フリードリッヒ二世がディルタイにとっては突出している。ディルタイは「類なきフリードリッヒ」と強調して、ルター、ゲーテ、ビスマルクとともに、「われわれ国民の最高の歴史的財産」(III 200)の一人に数えている。ディルタイにおいては、一八世紀はまさしく「フリードリッヒ大王の時代」である。

ディルタイによれば、啓蒙主義の基調は「理性の自立、知的文化の連帯、不断の進歩の確信、精神の高貴さ」である。近代自然認識の発展とその自然支配に由来する理性の主権、独裁的な理性が新しい文化の担い手とされ、それによって各文化国民の連帯が生まれ、理性の普遍的命題の現実生活への応用によって学問と文明の進歩が信じられるようになった。一八世紀は全時代を通じて、思想の力が人間を啓蒙し人間を幸福にするという新しい意識の勝利の確信にみたされていた。この啓蒙の理念を実行に移したのが、国王フリードリッヒの文化政策であり、プロイセンのアカデミーである。

ディルタイは新しい国王フリードリッヒの登場を、「哲学的国王が王位についたとき、それは良心の自由の歴史の時代を示している」(XII 159)と語っている。若き国王フリードリッヒは、啓蒙の理念を実践しこれによって時代を教育しようと先端に立っていたフランスの思想家や文学者に大きな刺激を受け、また彼らを偏愛した。職務上の通達以外は書くのも話すのもフランス語を用い、アカデミーの刊行物もすべてフランス語を用いるよう命じもした。フランス精神によって国民を啓蒙し時代を教育しようとしたのである。この文化政策の中心を担ったのがアカデミーである。これは、一七〇〇年にベルリンに招かれたライプニッツによって創設されたものだが、フリードリッヒによって改革され新たに「王立科学文学アカデミー」として発足した。国王がこのアカデミーに託した理想は、ライプニッツ以来の、現実的課題とは切り離された専門的な研究機関としての課題ではなく、「理性の支配およびその進歩こそ人類自身の最高の利益である」という理念の実現であった。これによって、ヨーロッパ啓蒙の同盟に加入し、北方に啓蒙主義の新しい中心点を作ることをめざしたのである。アカデミーはまさに「啓蒙主義の城塞」「ドイツ啓蒙主義の機関」たろうとした。そのために、フランス啓蒙主義の精神を導入し、文学を抽象的学問研究から包括的な文化活動に解放し、思想・学問の自由と宗教的寛容を拡大しようと努めた。

しかしフリードリッヒの晩年、彼に担われた啓蒙主義はフランス啓蒙主義の精神から距離をとりはじめる。そして「ドイツ的」啓蒙主義へと傾斜していく。彼にとって一生涯念頭を離れなかった疑念が浮かび上がってくる。それは、フランス啓蒙主義における「国家や道徳的根本信念に対する抽象的な自然科学的立場に基づく帰結」がいよいよ明らかになって、包括的な認識能力批判の方向が一貫して拡大し、世界連関の紐帯としての形而上学的要求が徐々に破壊されるにいたったからである。フランス啓蒙主義の代表者は依然として、「人間はその思惟の絶対的力によってあらゆる瞬間に生を支配できる、――これがすべての考えの総計である」(III 99) と考えていた。これに対して、ドイツ的啓蒙主義は、人間の真価は内面的な道徳的意志の自立にあるという思想と、道徳的意志を社会的政治的義務に一致させるという要求を掲げていた。フリードリッヒはこのドイツ啓蒙と同盟を結ぶのである。ディルタイはフリードリッヒの精神を、ということはドイツ啓蒙主義の精神を、このように総括している。「フリードリッヒの精神は、フランス的教養の革命的な軽浮さとは反対に、ドイツ哲学の冷徹堅固な精神であった。」(III 201) と。

では、この「ドイツ哲学の冷徹堅固な精神」という表現に象徴される、啓蒙主義をドイツ的たらしめていたものとは何だろうか。それをディルタイは、宗教との関係だという。この「宗教との関係」は、ディルタイがドイツ啓蒙主義の特質を解明するときのキーテーマとなるものである。ディルタイによれば、ドイツ啓蒙主義は、宗教改革によって地盤を用意された「ゲルマン的・プロテスタント的」啓蒙主義である。これは、ディルタイがくりかえし注目している特徴であり、ドイツ啓蒙主義の根源的衝動が宗教改革の信仰の衝撃に由来するということである。「プロテスタンティズムによって媒介された全身分の内面的共同という点では、宗教改革の故地であるこのドイツよりも緊密なところはなく、したがって啓蒙主義の作用もドイツでは他のいずれの国よりも強力であった。」「それはあたかも新しい宗教のような道徳的厳粛さと教育的熱意とを示した」(III 133)。ドイツ啓蒙主義は、イギリスやフランスの啓蒙主義がとくに反宗教的傾向と帰結を強く示すのに対して、本質的に宗教的であったのである。「北方民族のまじめさは深い思索的欲求と結びついていたが、その欲求は生の内面性への傾向に由来し、確かに政治的状況に関連していた」(VII 179)。イギリス、フランスの西ヨーロッパでは、啓蒙は宗教問題から国家の問題へと進んでいったのに対して、ドイツでは、政治状況にしたがっていよいよ内面へと向かい、宗教と道徳の問題が堅持されたのである。ディルタイは最晩年「啓蒙の時代の構造」という論稿のなかで、ドイツ啓蒙主義の構造を、「ドイツでは並はずれたプロテスタント的精神のエネルギーが作用し、運動の主力がキリスト教的な世界観の図式によって規定され続けていた。宗教的精神から、国民、聖職者、大学および教会の連関を通して一つの絶えざる発展が生まれたが、そのうちにあって、また学問的精神による陶冶のただ中にあっても、キリスト教的世界観が支配し続けた」（VII 337）と語っている。このように宗教的＝哲学的啓蒙がドイツのプロテスタント社会のなかで学校から大学へと広まり拡大を続け、そのようにして、全民族を包括する統一的啓蒙文化が生まれた。

ドイツでは啓蒙主義は道徳的＝宗教的なものの問題のなかへと深化していった。ドイツ啓蒙主義をその核心において規定しているものは、ルターの宗教改革に淵源をもつ宗教的道徳的な内面性の原理である。ディルタイはフリードリッヒの啓蒙の精神の解明のためにルターのドイツ精神にまで遡及しなければならなかったのである。フランス啓蒙とドイツ啓蒙の対比を軸にして国王フリードリッヒを中心にドイツ啓蒙主義の発展の特殊性を描き出したディルタイの結論は、およそ以上の点にあると言えるだろう。しかし、ドイツ啓蒙主義をこのように叙述するディルタイの思想的課題は、西ヨーロッパ啓蒙の理性主義に基づく批判的精神を排除するのではなく、むしろこの合理的な批判的精神とドイツの伝統的な内面性の原理とを結びつけるという課題にあったということは、注意しておかねばならない。

なお、ディルタイは一九世紀への移行とともに言葉の完全な意味での「歴史的意識」がドイツで生じたと語るが、『ドイツ精神史研究』の大規模な計画は、一九世紀への移行期と共に主題的には終了する。

二　ディルタイの歴史意識

一般に、青年期の日記や、若い頃に著した自伝が、冷静に自分を分析したものというよりも、たぶんに、揺れ動く心情や、昂揚した気分にみちたものであることは、否定しえない。とはいっても、衒いを混じえた自己表白のなかに、生涯の思索を貫くモチーフが表われていないとはいえない。ディルタイの日記もまた、この例に洩れない。若い頃、彼は、「学問と私たちが生きているヨーロッパ文化との大いなる危機に、あまりに深く囚われてしまった」（iD v）と書き記す。ヨーロッパの学問と文化の危機！　それが、ディルタイの歴史意識に刻みこまれたばかりか、歴史的理性批判を課すことにもなったのではないか。一体、彼は、時代のどのような動向を危機とみなしたのか。

危機意識

キリスト教の教義は形骸化してしまって、ひとびとの宗教的心情を養いえなくなったし、国家は、教会に介入して、ひとびとの宗教的心情を損なってしまった。それは信仰上の危機である。しかし、それだけが危機ではなかった。ディルタイの学生時代に、少なからぬ大学に、実利だけを求める物質主義や、その場かぎりの刹那主義がはびこっていたのである（iD 65）。

もともと、近代ドイツの大学は、研究と、人生観や世界観を形成するという意味での教養との二つを理念として創設されたが、研究は、必ずしも教養を形成するわけではない。だから、このような教養が、キリスト教の信仰に替わる世俗信仰ではなくなってしまった。教養の無力化が、広い意味での信仰の危機であるし、青年の心の荒廃をもたらしたのである。このような危機が、学問的研究に耐えられる宗教および世界観という問題を投げかけることは、のべるまでもない（iD 140）。

国家統一をめざす政治運動は激しさをましていった。オーストリアを含めた大ドイツの統一か、それともプロイセンを中心とした小ドイツの統一か、いずれの統一をめざすかが問題だった。その解決のためには、国家理念がなければならなかった。なぜなら、理念があるならば、国家の支配は正当化されようからである（I 64）。逆に理念がなければ、統一国家は憂うべき権力国家になってしまう。だからディルタイは、

「混沌」(jD 177) とした国家統一の動向や、「理念なき」国家 (BrY 18) に危機を感じつづけたのである。要するに、それは政治的危機にほかならない。けれども政治的危機は、国家統一のそれにかぎらない。彼が目のあたりにした一九世紀後半は、労働者が街にあふれでた時代であるが、労働者のくらしが改善されないかぎり、彼らの運動は過激なものとなる。だから労働者の大衆運動は、近代ドイツの「新しい問題」(I 84) であった。つまるところ、ディルタイの感じつづけた危機は、二〇世紀になってドイツの悲劇をもたらす国家運動と労働運動に関するものだったのである。

見られたような危機は、狂信と無信仰のあいだを揺れ動くひとびとに、共通の宗教的心情をもたらしえないものであるし、理念なき国家においては、ひとびとのさまざまな社会的活動を規制する共通観念を育てえないものである。それゆえ、このような危機は、ひとびとのあいだの同一性の危機であるし、ひとびとが共に抱いていた世界観の分裂である。とすれば、ディルタイの歴史意識に刻みこまれたのは、同一性の危機ないし世界観の分裂であったわけである。それは同時に、歴史の黄昏の意識でもあった。なぜなら、このような危機は、歴史の黄昏とみなされるエポックにおいてしか自覚されえないからである。だから彼は、若い頃、このような歴史意識を抱いて、自分の召命を「統一的な世界観の一般的な連関を形づくる」(jD 252) ことというふうに書き記したのである。

歴史意識

ディルタイは、歴史学派のなかで自分の思想を形成していった。それゆえ彼の歴史意識は、歴史学派との近さとへだたりを含んでいる。歴史学派は、「愛情のこもった眼差しで、歴史的過程の特殊性」(I xvi) を考察し、個々の習俗や法律のなかに、それぞれの民族や国民の世界観を発見した (VII 96)。なぜなら人生観や世界観は、普遍的理性の築いたものではなく、歴史的に形成されたものであり、したがって民族や国民の個別性と相対性をおびたものだからである。とすれば、ディルタイが歴史学派の出であるかぎり、彼の歴史意識は、超歴史的な普遍性や客観性をもつどころか、歴史的に形成されて、歴史の過程のなかに組み入れられていることの意識であることになる。とはいっても、歴史学派は伝統的な世界観を現在の規範とみなすことができたのに対して、ディルタイの歴史意識が同一性の危機によって刻みつけられているかぎり、歴史学派のように伝統的な世界観を規範とみなしえたか、どうか。さらに、歴史学派が過去の歴史的研究に従事したとき、その「哲学的基礎づけ」(I xvi) を怠ってしまったので、それがディルタイにとって歴史的理性批判という課題となるわけである。つまるところ彼の歴史意識は、歴史学派との近さとへだたりからして、超歴史的な普遍妥当性要求に対立するものであり、過去の世界観のもつ規範的性格が揺らいでいるものであり、歴史的認識を基礎づける課題を課すものであった。これら三つの契機を併せもつ歴史意識を分析してみよう。

まず、知の普遍妥当性要求に対立する歴史意識について。ディルタイのみるところ、プラトンは、人間が経験しうる現実を問うばあいに、人間的な生から隔たったイデアから現実を規定してしまったし、イデアは思考によってのみ洞察されうるものであるから、現実を知的に規定してしまった。すなわちプラトンは、「生命性からの解離および超越の知性化」(VIII 55) をもたらした。このばあい、「生命性」は、人間の生きている現実のありさまであり、イデアは、それを超越した普遍的な原型であるから、思考によってのみ捉えられるものである。だから、「超越の知性化」だといわれる。問題は、普遍的な原型によって現実を規定したばあい、その規定は普遍妥当性——同じ意味で客観性——を要求できるか、ということである。ディルタイからすれば、生命性から離れて、イデアに基づいたばあい、普遍妥当性を要求しうるという幻想を抱いたのがヨーロッパの形而上学であり、体系的な学問なのである。なぜなら、「形而上学は、生命性との関係において構想される世界連関を、あたかも生命性から独立した客観であるかのように学問的にとりあつかう哲学の形式である」(VIII 51)からである。当然、まず、知の「生命性からの解離」が、そして、それと表裏一体をなしている普遍妥当性要求が疑われてくる。これら二つに対する懐疑の意識が、ディルタイの歴史意識にほかならない。くりかえすまでもなく、彼の歴史意識は、歴史的に形成されて、歴史の過程のなかに組みこまれていることの意識である。いまや彼は、自分の歴史意識でもって、哲学の諸体系に眼をむける。すると、体系のそれぞれが普遍妥当性を主張してきたにもかかわらず、体系のあいだの抗争が連綿と続いてきたことが明らかになる。たとえば、ヨーロッパの知的文化の支えであったキリスト教の倫理は体系ではなく、ひとつの人生観にすぎないことを嚙みしめざるをえなくなる。それゆえ、「哲学諸体系の無限の多様性についての歴史意識と、これら体系それぞれがもつ普遍妥当性の要求とのあいだには一つの矛盾が存在し、その矛盾はどのような体系的な論証よりも、はるかに強く懐疑的精神を支持している」(VIII 75)ということになる。別のいい方をすれば、歴史意識と普遍妥当性要求とは「二律背反」(VIII 6)の関係に陥らざるをえなくなる。なぜなら、知の体系が普遍妥当性を主張すれば、歴史意識のおびる多様性や相対性を平板化してしまうし、逆に歴史意識を強調するならば、体系の掲げる普遍妥当性や客観性を無効にしてしまうからである。もっともディルタイは、「この二律背反の解消は歴史的自己省察しかない。哲学と歴史意識との一致。……歴史意識を哲学とその歴史に適用してみる」(VIII 8)というふうに、歴史意識の側に与している。では、二律背反を、どこにおいて解消するのか。それは、「生命性」の場面である。なぜなら、諸体系が相対的で個別的な世界観を表わすにすぎないならば、諸体系の抗争は世界観の争いであったことになるし、さらに世界観が個々のひとびとの生の表われであるならば、二律背反の源は「生命性」にあることになるからである。つまるところディルタイは、歴史意識から発して、世界観の相対性と個別性を指摘したうえで、「世界観の争いの背後にある前提、つまり生命性」（VIII 8）へと還帰してゆく。それが彼の歴史的理性批判の課題に繋がるわけである。

つぎに、規範の動揺していることの歴史意識を分析しよう。歴史意識は、歴史的に形成されて、歴史の過程に依っていることの意識である。それゆえ歴史意識は、人間が歴史の過程のなかで行なう「実践的生」（VIII 12）を強調する面をもっている。なぜなら、歴史意識の立場からすれば、人間は、永遠の型をはめられたものではなく、生成し発展するものだからである。だが歴史意識は、歴史的に生起したものの相対性や個別性に眼をむけるから、形而上学の掲げる普遍的な規範を揺るがせにして、それを相対化してしまうし、ひいては、規範の喪失をまねきかねない。ことに、人間という類型のもつ規範まで疑われるとなると、ひとびとは、世界観の争いに明け暮れてしまって、連帯という倫理的意識をも無くしてしまいかねない。だからディルタイは、「歴史意識の進歩発展から生じた疑惑は、人間の意見の対立からくる懐疑的な帰結よりも、はるかに深刻である。ギリシアやローマの歴史的思考の支配的な前提であったのは、特定の内容をもった人間という類型だった」（VIII 76）という。以上から明らかなように、彼がヨーロッパの知的文化の危機とみなしたものの一つが、規範の喪失にほかならない。それゆえ彼の歴史意識は、歴史的なものの規範喪失を懸念するという倫理的意識と繋がっていたのである。

見られたように、ディルタイの歴史意識は、同一性の危機によって刻まれている。この危機意識に照らしてみれば、歴史意識は規範喪失にとどまらずに、存在の同一性というヨーロッパの伝統的な存在論的先入見を壊すことになることは明らかである。すなわち、存在と思索の同一や、存在と善の同一というドグマに対する懐疑を孕むものとなる。もしもこれらの同一性が根拠づけられているならば、個々それぞれのひとが生きていることは知的に説明されるし、善きものであろう。そうでないならば、私たちの生はただ事実的にあるとしかいえないだろう。現に、彼の歴史意識は、この同一性の否定にまでいたっていたのである。「いかにして世界統一から多様なものが生じ、永遠から変化するものが生じうるか。私たちはこれを考えられぬ。論理的にはこれは不可解である。存在と思考や、拡がりと思想との関係は同一性という魔法の言葉によってもわかるようにはならない。したがってこのような形而上学的諸体系についても、ただ精神的構造と世界観のみが後に残る」(VIII 118)。見られたように、歴史意識は、世界観の前提に潜む「生という事実」(VII 131) への還帰をうながしたし、「生という事実」から知を基づけようとする歴史的理性批判を課した。ところで、その事実への還帰は、二重の意味を含んでいる。まず、ヨーロッパの知的文化が基づいていた「理性信仰」(BrY 67)、すなわち存在と思索の同一に対する否定を意味している。さらに、「生という事実」が形而上学を含めた知の基底であるかぎり、超越的世界や超越の無効化を指している。ディルタイは、伝統的な超越観念を「誤謬」(jD 152) と断じて、ひとびとがもともとから互いに関わりあっているあり方に超越をみる。なぜなら、彼は、「愛……個人への犠牲と目的への献身という超越が一切の超越の根だ」(BrY 77) とみなしたからである。では彼は、生という事実を、どうみなしたのか。

生

ディルタイが、存在と思索の同一という先入見を否定したからといって、「生という事実」を経験しえない、いわば物自体とみなしたわけではない。その先入見の否定は、概念によっては生を把握できないということを指すだけのことである (VIII 70)。ということは、思考能力である知性は、生の一つの働きであるから、思索によって生を基礎づけることができないということであって (VIII 22)、生が経験しえないということではないわけである。そのような経験される生を、ディルタイは、「内的経験、意識の諸事実、全的人間」(I xviif.) というさまざまな角度から考察している。たとえば、ひとが自分の境涯を悲しく感じるばあい、生はそのようなものとして内的に経験されているし、そのような意識の事実として自覚されているというわけである。さらに、「全的人間」とは、考え感じ意欲する私たち人間の生の総体のことであるが、思考と感情と意欲という働きがそれぞれのものに分かれたなかで、ひとは生を悲しいものと感じるのである。

いまや、生の働きが思考と感情と意欲のそれぞれの働きに分かれる事態が、問題となる。この事態を、ディルタイは「生の自己区別と差異化」(VIII 69) と名づけている。すでに述べたように、生の差異化は、たとえば感じられた事態として、それゆえ思考と意欲から区別される事態として経験されるわけである。それと同時に、ひとがなんらかのものに感じるのであるから、生は、なんらかのものに対するひとの関わりとして経験される。そのような関わりが、対象化されて知的に説明される以前の根源的な「連関」(VIII 69) ともいわれている。それゆえ、このような関わりを経験する主体の立場からすれば、個々のひとびとがそれぞれのしかたで関わり、経験しうる全体が、個々のひとびとにとっての「生き生きとした全体としての現実、歴史的社会的現実」(I 87) なのである。ここで、現実つまり関わりのアスペクトが問題となる。

私たち人間のもっとも基本的で、かなり安定した構造をもった関わりは、環境に対するものである。その関わりは、たとえばそれに対する感じとか、行為として意識される。しかも、環境と人間が別々に経験されるのではなく、その関わりにおいて、たとえば感じられる環境と、感じる人間として、つねに同時に現われるのである。それゆえ環境に対する関わりは、同時に「生の差異化」として生じているのである。

そのような意味でディルタイは、主体と環境との構造が環境との関わりにおける生の差異化を制約するという（VIII 16）。もちろん、私たち人間のもつ関わりは、環境に対するものだけではない。「他者との関わり」（VIII 17）がある。いや一般的に、「生とは、外的世界の制約を受けながら、個々のひとびとのあいだにおける相互作用の連関であり」、「生の本質はいろいろな生の単位の相互作用である」（VII 228）ということになる。

個々のひとびととの生の働きは、心理学的にみれば、上にのべたような差異化であるし、行為論的にみれば、さまざまなものとの関わり、すなわち相互作用である。さらに、生の働きや関わりに安定したしくみが経験されるかぎりは、そのしくみは構造と名づけられる。それゆえディルタイは、「機能は、構造のなかで連関によって結びあわされている」（VIII 19）という。要するに、生の働きと関わりと、そのしくみとは結びあわされているわけである。ここに、関わりの総体が問題となる。

個々のひとびとは、さまざまなものに関わっている。それらの関わりの総体が世界である。「体験され直観されたことに含まれるすべての相関関係を完成させるものは世界の概念だろう」（VII 129）。もちろん、世界という総体が鳥瞰されるわけはないから、謎に満ちたままである（VIII 27）。それゆえ、その総体の構想がうまれるのは、ひとびとの現に経験しうる関わりに依っている。けれども、それらの関わりの総体は、それらのさまざまな関わりとともに自覚されよう。しかも世界は、さまざまな関わりを「秩序」（VIII 27）づけ、ひとびとそれぞれのパースペクティブを「統一づける」（VIII 70）ものとして自覚されよう。そのかぎりにおいて、生の省察は、世界という「全体の意識」を伴っているのである（BrY 222）。この点から、生の省察の性格が明らかになる。

ディルタイは、「歴史意識は、生命性からうまれる条件を探すとき、深さへと転じる」（VIII 14）という。

のべるまでもなく、歴史意識は歴史的理性批判を課した。それゆえディルタイは、世界観の前提である生に還帰して、認識の条件としての生を分析的に記述する。だから、彼のいう「深さ」とは、認識の条件でありながら、対象として認識しがたい生を言い表わす隠喩にほかならない。とすれば、生の省察である歴史的理性批判がカントの衣鉢を継いでいることは、明らかであろう。たしかに、彼の歴史的理性批判は、認識の条件としての生を分析的に記述するのであるから、超越論哲学の継承である。ところが、それは近代の意識哲学の踏襲でもないし、必ずしも単なる意識分析でもないのである。

哲学が、人間のすぐれて意志的で意識的な営みであるかぎり、意識を武器にすることは否定しえない。現に哲学は、その武器を用いて、生を分析的に記述することができる。たとえば、ひとが自分の感じられた状態から、生の感ずる働きを経験し、感じられたさまざまなものとの関わりと、そのしくみを理解することができる。なぜなら、私たちの生の働きと、さまざまなものとの関わりと、そのしくみは結びあっているからである。そのような意味で、ディルタイは、「哲学は、生を内的経験として意識化することだ」(BrY 52) という。くりかえすまでもなく、意識は武器なのであって、省察すべきは生の働きと関わりとそのしくみである。ところが、生の総体つまり世界は十全に意識化されえないし、概念化されえない。それゆえ哲学の省察は、生を恣意的に操ることができるどころか、むしろ逆に、生の働きや関わりやそのしくみがもっているはずの「根本法則から導出されねばならない」(VIII 38) ものなのである。そうであるかぎり、生の省察は、発生論的なものであって、生から、生を「自己展開させることの意識」(VIII 38) であるわけである。

ディルタイは「哲学と歴史意識の一致」(VIII 8) を探った。とすれば、さまざまな世界観の比較は、世界観の前提たる生の発生論的省察に結びつく。また、「比較法と発生論とを区別し」(BrY 202)、同時に

「哲学と歴史叙述を分離してはならない」（BrY 251）というヨルクの促しに、彼はある程度まで答えただろう。ところで、哲学と歴史叙述が結びつくばあい、生の省察は歴史意識に新たな二様の展開をもたらすことになりはしないか。

世界観の形成

ディルタイは歴史意識に促されて、「世界観の争いの背後にある前提、つまり生命性」（VIII 8）へ還帰した。その結果、生からの世界観の形成を捉えることになるし、世界観の相対性を、一般的には知の相対性を確認することになる。それは、ディルタイの歴史意識を強固にする新たな一つの展開である。さらに、省察が生をさまざまな関わりとして捉えるから、「さまざまな関わりが次世代への働きかけをも含み、その働きかけが歴史の本質だ」（jD 190）という若い頃の彼の省察を強固にすることができる。それは、規範喪失に対処するという倫理的意識を孕むものである。なぜなら、ひとそれぞれがさまざまな関わりにあるかぎり、それらの関わりから共同体が形成され、共同体から共通の規範が再生されようからである（jD 147）。共同体の形成、それが歴史意識に新たな展開をもたらす第二のものである。もっとも、歴史意識の新たな二様の展開は、互いに絡みあう。生から世界観を形成するばあい、その世界観は、ひとびとに共通のものであるし、ひとびとは共通の世界観を知ることによって、共同体の意識を抱くことができるし、共通の規範をもつことができるからである。「生の謎に完全な解決を与えようとするとき、あらゆる世界観は決まって同一の構造をもつものである。この構造はつねに一つの連関であり、このような連関において世界の意義と意味とはどのようなものであるかという疑問が世界像を基礎として解決され、かつそこから理想や最高善や処世の最高原則が導出されてくる」（VIII 82）。

ひとびとは共同の世界観において、自分たちに共同体を自覚することができる。だからこそ、世界観の形成のメカニズムを示してみせなければならない。そのためには世界観が、なんらかのしかたで具象化され、眼に見えるものにされていなければならない。それが、彼のいう「生の客観態」である。たとえばひとびとがゲーテの描く世界観を受け入れたばあい、彼の描く世界観が、ひとびとの描きうるし、受け入れられる「客観態」であるといえる。それゆえディルタイは、「生の客観態」によって、ひとびとが生きる共同体を形成するような歴史を洞察することができるといったのである（VII 147）。

では、世界観は生からどのように形成されるのか。生のさまざまな関わりは、人間には見えない。まして、それらの関わりの総体である世界は見えない。ところが、たとえばゲーテは、自分のさまざまな関わりを文学的な形象として描く。このように、見えないものを見えるもののように表わすのが「象徴作用」である。それゆえ「生の客観態」は、人間の象徴作用によって造られたもの、つまり「謎にみちた世界連関の象徴」（VIII 27）である。さまざまな世界観は、おしなべて、生のさまざまな関わりの「象徴」である。一方で、環境との関わりにおいて環境に人間が服従しているとみなされるならば、「自然主義的」（VIII 100）な世界観が造られる。他方で、環境との関わりにおいて人間が自発的に行動するとみなされるならば、「自由の観念論」（VIII 109）ふうの世界観が造られる。それゆえ世界観は、人間の知の相対性を表わしているわけである。

規範は、ひとびとが共にくらすばあいの共通のお手本である。では、歴史意識の課した生の省察は、規範の形成に寄与するだろうか。ともかく、ディルタイはJ・ブルクハルトふうのペシミズムに与しなかった。というのは、彼のみるところ、ブルクハルトは世界に対する信仰をもっていないし、西洋の文化の終わりをみていたからである（jD 237-8）。とすれば、彼はブルクハルトとちがって、共同生活の規範の形成に希望を抱いていたのではなかったか。もっとも、彼の希望は汎神論に基づいてはいない。なぜなら、「私たちの世界観と自然との神秘的連関があった」(iD 121) のは過去の話だからである。「共同性は同一の理性、感情生活における共感、当為の意識をともなう義務と権利の相互の結びつきに現われる」(VII 141) と、彼はいう。少なくとも、彼は共通の規範を、ひとびとの共同生活における一体感がうまれる場面に探ろうとしていたといえよう。事実、「生命のかよった共同感情」(I 47) は、ひとびとの相互関係からうまれるだろう。たとえば、男女の真の「性愛関係」や「親子関係」や、宗教的心情を共にする「共同体」(I 43) などにおいて、一体感がうまれるだろう。そのような一体感のうまれうる場面において、ひとびとの共通の規範が形成されるはずである。もっとも、その場面において同一性の危機を克服できるかどうかは疑わしいけれども、しかしディルタイの歴史意識は同一性の危機に発しながらも、希望を抱きつづけたものであることは、確かである。

第四章　宗教思想の射程

一　忘れられた問題？——ディルタイの思索における宗教と神学

これまでのディルタイ研究の歴史を概観してみれば一目瞭然であるが、ディルタイと宗教、あるいはディルタイと神学といったテーマを正面に掲げた論文や著作は、内外を問わず、文字通り数えるほどしか存在しない。こうしたテーマは、いわば忘れられた問題であるかのようである。しかしもし、ノールの言うように、ディルタイの根本思想が宗教経験と神学思想に由来するものであり、それゆえそのことがわかって初めてディルタイのきわめて広範な仕事も十分に理解できるのだとすれば、(1)こうした忘却は、これまでのディルタイ研究の大きな欠点であるということになりはしないだろうか。そして実際、その通りであるように思われる。本書に「宗教思想の射程」という項目が立てられたのは、そうした反省に基づいてのことである。以下ではまず、ディルタイ哲学の基本的な論点の多くが、神学との取り組みから生成したものであることを示しておきたい。

ディルタイの師でありシュライアーマッハーの門弟であった神学者ニッチュによる〈キリスト教の教義と倫理との統一〉という主張は、〈理論哲学と実践哲学の分離の止揚〉という思想へとディルタイを導いた。また、われわれの内には自然の支配力によっては脅かされることのない何かがあるという消し去ることのできない感情の内に〈自然を - 越えたもの（das Meta-Physische）〉すべてのリアリティーを見るという洞察も、ニッチュから得たものであった。ノールは、こうした〈自然を - 越えたもの〉の内にこそ、ディルタイが精神科学と自然科学とを分けるもっとも深い根拠がある、と見ている。(2) さらに、ディルタイの〈主知主義に対する論戦〉も、ニッチュの洞察を世俗化したものであった。

さて、ディルタイにおいては認識論的基礎づけという問題もまた神学的な背景を持っている。彼は認識論的な確実性を〈覚知〉の内に見いだしたが、覚知による認識は、神秘主義的な教説の中で論じられてきた歴史を持つ。シュライアーマッハーにも引き継がれている宗教的覚知という洞察を、ディルタイは認識論一般へと拡大したのである。また、ディルタイの〈解釈学的営為〉がシュライアーマッハー研究を機縁としていることは周知の通りである。

さらに、シュライアーマッハーの宗教分析に欠けていた〈歴史的視点〉を補う存在として、神学者バウルがディルタイにとっては重要な位置を占めていた。ディルタイは言う。「道徳的世界全体における宗教理解に関しては、われわれはシュライアーマッハーに負っている。歴史全体におけるキリスト教理解に関しては、バウルに負っている」（IV 432）。ディルタイはこの二人の神学上の方法と立場とを創造的に融合することの内に神学と教会の未来を見ているが、この融合のありようを精神科学一般へと拡張すれば、それはとりもなおさずディルタイの立場となる。

このように、ディルタイにおいては、宗教ならびに神学をめぐる思索が精神科学一般をめぐる思索の雛形をなしているのである。このことが理解されて初めて、ディルタイの精神科学論の十全な把握は可能となるであろうし、他方、精神科学に関する論述の中にいわば埋もれたように見える宗教に関する言説の射程もまた明らかなものとなるであろう。本章「二　ディルタイと宗教の問題」は、主としてこうした論点に対応している。

ところで、ディルタイの神学思想に関しては、それを彼の精神科学論の中にどう位置づけるかという以上のようなアプローチと同時にもう一つ、それを神学思想そのものとして捉え、近代ならびに現代神学と対決させるというアプローチがなされてしかるべきであろう。

神学研究をもって学究生活を始めたディルタイであったが、やがて彼は、伝統的キリスト教と決定的に決別することになる。伝統的キリスト教はその彼岸信仰とそれに基づいた二世界説ゆえに、ディルタイにとっては戦うべき相手、憎悪すべき相手であるとされる（Vgl. jD 152）。そうした彼岸性と、そこから生じる生の否定とを克服することこそ、ディルタイにとってのあるべき宗教性の改革の姿であった。ブルーノ、スピノザ、シャフツベリがこの改革に先鞭をつけ、シュライアーマッハーがそれを完成させた、とディルタイは見る（Vgl. II 339）。その意味でシュライアーマッハーは、宗教研究者でも神学者でもなく、「新しい宗教性の告知者」（VI 297）であった。そしてディルタイはその新しい宗教性を「世界を肯定する汎神論」（VI 298）と規定している。このようなディルタイの神学思想が、近・現代神学に対していかなる意味を持つのか。本章「三　近・現代神学とディルタイ」は、こうした論点に対応している。

（1） Vgl. Herman Nohl, *Theologie und Philosophie in der Entwicklung Wilhelm Diltheys*, in: *Die Deutsche Bewegung—Vorlesungen und Aufsätze zur Geistesgeschichte von 1770–1830*, Vandenhoeck & Ruprecht, Göttingen, 1970, S. 311.

（2） Vgl. a. a. O., S. 312.

二 ディルタイと宗教の問題

ディルタイの生涯における膨大な思想展開において、「宗教」の問題がそれ自体として正面から考察されたり、それ自身だけで主題的に論究されることはけっして多くないと言ってよいであろう。もちろん彼にとって、宗教は、芸術、科学、哲学などとともに、人間の精神的な営みの重要かつ本質的な部分を表わすものと見られ、したがってそれが単に軽視ないし度外視されているのでないことは改めて言うまでもない。そうではなく、――さしあたって大まかに言えば――彼の思想的中核をなす歴史的生ないし世界や、それを解明する精神科学の問題の拡大と深化のゆえに、その著作と論述のうちで宗教や神学の問題は、それ自体として正面から主題化されることが比較的少なかったということであろう。数多くのディルタイ研究の書においても、その宗教理論ないし宗教思想を正面から取り上げた考察はほとんど見られないと言ってよい。

とはいえ、ディルタイがその研究生活と思想形成の上で、神学や宗教にさまざまな関わりをもったこともまた事実である。今その目立った局面だけを挙げてみても、彼自身がその学問研究を神学の勉学をもって開始したことは周知の通りであり、しかもある意味でそこからの延長として、シュライアーマッハーの思想との出会いも生じたのであった。かくしてこの、一九世紀最大の神学者にして宗教哲学者とも見られる人物の生涯と思想の解明が、ディルタイにとって畢生の課題の一つとなったわけである。さらに、比較的後期の思想と見られるいわゆる「世界観学」においても、宗教、芸術、哲学は、人間の精神的生の構造のうちに共通の基本形態をもつものとされ、そこからいわゆる世界観の三つの類型として、芸術的および哲学的世界観とともに、宗教的世界観の本質と意義が考察されている。このこともまた、彼の歴史的な生と世界の理解のうちで、宗教思想や宗教的現実が不可欠の契機をなしていることの認識を示したものと言えよう。そして最晩年には、未完ではあるが「宗教の問題」と題される論考が残されており、そこにも彼の宗教研究への関心が端的に示されている。

本論では、ディルタイ思想において必ずしも表面的主題としては取り扱われなかったが、それでもその哲学的、歴史的研究のうちでいわば伏流のごとく存在し、たえず基底として作用した、彼の宗教的関心と宗教思想を探り、ディルタイにおける宗教のもつ意義と、宗教思想の射程をいくらか見定めてみたい。

シュライアーマッハー研究に至る道

ディルタイが、祖父、父と受け継がれてきたプロテスタント牧師館に生まれ、幼少より牧師である父親と、音楽を愛好する母親のもとに、いわば宗教的雰囲気のもとに養育されてきたことは、よく知られている。一八五二年、ハイデルベルク大学に入学した彼が神学部の学生として勉学を始めたのも、おそらく父親の指導に従ってのことと見られ、さらに一八五三年冬学期にベルリン大学に移ったのち、ようやく本格的な研究に没頭し始めるが、その当時の目標とされた課題が、「教会史と教義史を西ヨーロッパのキリスト教的世界観の歴史の研究に結びつける」(JD 281) ことにあったのも、その影響によるものであろう。こうして神学の課程を終えたディルタイは、故郷に近いヴィースバーデンで神学の試験に合格するが、これも父親の希望に従ってのことであった。そののちさらに国家教職試験にも合格し、一八五七年春よりヨアヒムスタール・ギムナジウムの教師となっている。

ディルタイが、シュライアーマッハーの思想に出会い、それに専念していくことになるのには、いわば偶然の働きがあった。ディルタイは、ベルリンのニコライ教会の副牧師のヨーナスと個人的な友人関係にあったが、そのヨーナスにシュライアーマッハーがみずからの書簡と遺稿の整理を委託していたこと、そしてこのヨーナスが突然に死去したことが、それである。当時ディルタイは、一方ではみずからのキリスト教的世界観に関する研究の第一歩として、オリゲネスの研究を進めるかたわら、他方では種々の雑誌に論考や書評を寄せる文筆活動にも熱心であり、彼の愛好するレッシングのような自由な文筆家となることを望んでいたと言われる。それゆえ彼が、結果的にシュライアーマッハー研究を通じて、学者としての道に踏み入ることになったのは、彼にとっては思いがけないことであった。けれどもG・ミッシュによれば、こうした偶然が運命的な役割を果たすことになるのも、偶然がその人の内的使命と合致したからに他ならないと見られ、ディルタイ自身も、シュライアーマッハーの遺稿を受け取った一八六〇年の日記に、「歴史における宗教的生の最内奥を把握し、これをわれわれの時代――もっぱら国家と学問によってのみ動かされているこの時代――のうちで生き生きとした叙述にもたらすことこそが、みずからの使命である」と語り、「一つの宗教‐哲学的な世界観の形成と活力について語ろう」と、その決意を表明しているのである(1)。

こうしてディルタイは、ヨーナスの没後、彼がすでに着手していたシュライアーマッハー書簡の整理作業を引き継ぎ、一八六五年までに全四巻の書簡集を順次公刊していった。同時にまた、その遺稿の整理を通じて、みずからシュライアーマッハーの思想を研究し、とくにその倫理学や、歴史的‐文献学的方法としての「解釈学」に習熟した。それらの成果が、一八六〇年に懸賞論文として見事に賞金を射止めた「シュライアーマッハーの解釈学」であり、また一八六四年に発表された哲学の学位論文「シュライアーマッハー倫理学の原理」であった。なお、同じ年発表した教授資格論文「道徳的意識の分析の試み」によって教授資格を得たディルタイは、ベルリン大学の私講師となったが、ここでもシュライアーマッハーに関する講義を開始した。さらに、のちにキール大学在任中の一八七〇年にようやく完成・公刊されることになる大著『シュライアーマッハーの生涯』第一巻に着手したのも、この私講師時代であった。

では、ディルタイのシュライアーマッハー研究は、どのような関心から、またいかなる観点からなされたのか。再びミッシュによれば、ディルタイはこの伝記の仕事を、ゲーテが『詩と真実』において描いて見せたような大きな意味で捉えたが、それ以上にそこで彼が意図したのは、かのドイツ観念論の内的精神をいま一度蘇生せしめるということにあった。というのも、当時、すなわち一八六〇―七〇年頃、経験諸科学の圧倒的な躍進によってドイツ観念論の精神はもはや止めを刺されたかに見え、それゆえ彼は、ドイツ的な(「疾風怒濤」以来の)文学的、哲学的、そして道徳 - 宗教的な全運動の力と生命が取り戻されねばならないと考えたからである。その際、シュライアーマッハーはその「先導者」とみなされ、いわばその「神」となったのである。[2] こうしてディルタイは、シュライアーマッハーのうちに大神学者をのみならず、キリスト教的宗教の継続的な形成者、あるいはキリスト教を人々の内面性へともたらすための近代の歴史的事象の完成者を見たのである。哲学者としてのディルタイにとって、現存するキリスト教の事実性はなんら依るべき論拠たりえなかった。そしてこうした哲学的意志を根拠づけたのは、彼の歴史的直観であった。

要するに、人間の形而上学的な意識における哲学、宗教、文芸(詩作)のあいだの葛藤・相克の背後に働く統一こそが、ディルタイにとっては問題であった。だからこそ彼は、かの歴史的直観が形成されるもろもろの作業を通じて、キリスト教の自己同化と改変という事象の成り行きを追求したのであった。こうして彼は、シュライアーマッハーによって代表されるドイツ観念論の哲学――それはドイツ民族の精神を、一つの世界観における自己意識へともたらしたものであった——のうちに、同時に、強力に伝承されてきた伝統的キリスト教の、さらなる形成・発展を見いだすことができたのである。ミッシュはほぼ以上のように、ディルタイにおけるシュライアーマッハー研究の関心と意図を特徴づけている。シュライアーマッハー研究は、ディルタイの宗教ないし神学思想への関わりという点からしても独特な位置を占め、彼の思想全体の幅広い連関のうちで意義づけられるべきものであろう。

宗教的世界観について

さて先にも述べたように、ディルタイにおいて、人間精神の本質的な営みとしての「宗教、芸術および哲学は、心的生の構造に基づく一つの共通の基本形態をもっている」(V 378) と見られる。そしてそこから彼の後年のいわゆる「世界観学」のうちで、それらのそれぞれに基づく世界観が考察される。ここではとくに宗教的世界観の特徴について、彼の『哲学の本質』における叙述に従って見てみよう。

ディルタイの言う世界観そのものについて、今は詳しく述べることはできないが、「世界観の究極の根は、生である」(VIII 78) と言われ、したがってその意味で、「世界観の構造のうちには、世界像に対する生活経験の内的な関係が、すなわちそこからたえず一つの生の理想が導き出されうるような関係が含まれている」(V 380)。ここから世界観は「現実の解釈」とも言われ、また「生の謎を解決する試み」(VIII 82) ともみなされるのである。

ディルタイはここで、あるロマン主義的な思考を引き合いに出しながら、宗教、芸術および哲学の親縁関係を強調し、文芸、宗教そして哲学のまえには、同一の世界と生の謎が存していると考える。そしてその限り、宗教、文芸および哲学のもつこのような共通性は、それらを相互に結びつけ、またそれらを他の生の諸領域から分かつものである。ところでまたこれら三者のうちでも、文芸はどこまでも直観と感情の領域内に留まるのに対して、宗教と哲学は、われわれの心の構造のうちで現実把捉から目的措定へと向かうその内的な連関をその客観的な深みにおいて把握し、またそこから生を形成せんとするのであって、そこに宗教と哲学の恐るべき誠実さと、またそれらによる生についての責任ある省察が生ずることになると見られる。

そこからさらにディルタイは、宗教、哲学および文芸が、いわば共通の対象として世界と生の謎に対面しつつ、しかもそのそれぞれが世界像と生活経験との内的関係を通じて形成する、それぞれの世界観を類型的に取り出していく。ここではとくに宗教的世界観についてのみ、その哲学的世界観との対比において見ておくことにしよう。

ある世界観が宗教的であるのは、それが宗教的な事象に基づく一定の経験のうちにその起源をもつ限りにおいてであるが、宗教が現われるところでその徴表となるのは、不可視的なもの（das Unsichtbare）との交渉ということである。この交渉は、宗教の原始的段階にも、またその分化・発展の最終段階にも同じく見られ、後者ではそれは、あらゆる経験的なものを超越し、宗教的関わりを可能にするようなある理想への内的関係、あるいは諸事物の神的な連関に対する心の態度のうちに成り立っている（V 381）。このような、あらゆる宗教的直観を生み出す根拠と、いずれの宗教的真理の認識根拠をも含む態度が、宗教的経験であり、要するにそれは、不可視的なものとの交渉の諸事象に伴う省察であるという点にその特殊な性格を有するものなのである。

そしてそこから、宗教的世界観の構造と特質もまた規定されてくると見られる。すなわち宗教的経験は、このような不可視的なものとの交渉において、最高の、無制約的に有効な生の価値を経験し、またこの不可視的な対象のうちに、すべての幸運と至福がそこから発する至高かつ無制約的に有効な作用価値を経験する。そしてそこから、あらゆる行為の目的と規則は、この不可視的なものから規定されねばならなくなる（V 382）。このような宗教的体験が、今や宗教的世界観の中心点となり、その世界観のあらゆる構成要素を規定することは明らかであろう。ディルタイはさらに、このような宗教的世界観のさまざまな歴史的段階と形態を、具体的な例を挙げながら詳しく解明しているが、ここではそれらに言及することは省略せざるをえない。

以上のような解明に基づいて、宗教的世界観の哲学的世界観との類似と差異もまた明らかにされてくる。両者の構造は、互いに近接し、類似する点が多々あるとともに、不可視的なものとの交渉が一切を規定するか否かに、両者の差異ないし相違の決定的な点があることは、すでに述べたところからも窺われるであろう。興味深いのは、ディルタイがここで、このような両者の世界観のあいだにさまざまな歴史的関係が生じると見ている点である。端的に言って、宗教的世界観はこれまでもたえず哲学的世界観を準備し、またそれに変わろうとしてきた。彼はここで、宗教的世界観の諸類型が哲学的世界観のそれとさまざまな関係に立ち、またそれに影響を及ぼしてきた事例を世界の思想史の上に見ている（V 390ff.）。このことは逆に言えば、ディルタイがここで宗教ないし宗教的世界観を問題にする、その視点の拡がりと特質を具体的に示したものと言うことができるであろう。

晩年の思想

ディルタイは、その最晩年になって、「宗教の問題」と題する論考を残している。この未完に終わった論考は、「宗教」を主題として掲げたという点ではむしろ例外的であるが、彼の宗教論の一端を示すものとして最後にその概要を見ておきたい。

人類の歴史にわれわれの眼差しが届く限り、人類の生は宗教的生の流れに貫かれており、われわれはそれが現われ出るのを無数の地点において見いだす。それゆえにまた、宗教の勢威と特性が現われ出るのもそれだけ古く、いつの時代にも感覚的な生命や生把握が宗教との争いのうちにあり、宗教はいわばその天敵である知性によってたえず攻撃されてきた。しかしこの葛藤が宗教にとって運命的なものとなったのは、大いなる啓示宗教による魂の支配の要求と、人間の自立的な生の諸領域の分化にまで至る文化の進展とのあいだの対立によってであった。この恐るべき闘争は、宗教に対してその魂の支配を制限させ、あらゆる人間と社会における自立的な力を宗教に敵対せしめることになる。宗教はあらゆる世俗的な生（それは芸術、文学、学問、哲学を含む）との対立に陥り、多様な闘いを戦わねばならなくなる。そしてこうした事態はどこにおいても規則的かつ普遍的なことであり、またここで進歩する学問による文化の勝利も、同様に規則的であったとみなされる（VI 290)。

宗教をめぐるこのような歴史的に普遍的な事態を、ディルタイは一口に「啓蒙」と呼ぶが、その十全な実現は、古くはギリシア人とローマ人のもとで、そして新たには一七世紀以降の西洋キリスト教世界において、いわゆる「啓蒙の時代」として現われたと考える。これらにおいて非合理的な宗教性の深みは、欺瞞、盲信、暗き時代の遺物として排除された。けれども近代のヨーロッパ人にして初めて、それは宗教性の方法的かつ普遍的な探求へと移り行き、そしてこのような宗教性とキリスト教の研究は、ここで初めて宗教的精神の自由への発展と緊密に結びつけられたと、ディルタイは見るのである（ibid.)。このことが一七、八世紀の啓蒙に焦点を合わせつつ考察される。

近代の啓蒙は、一七、八世紀の諸文化国家のもとで、キリスト教的宗教性に対するさまざまな関係をもった。しかしそれは、いずこにおいても諸国民の連帯と進歩の思想に立脚し、また学者や教養人たちも精神の連帯性の意識のうちにあって、あらゆるものを知性の支配に従わせていた。かくしてここでは宗教性の判定基準も、学問によって到達された真理との一致、そして実生活へのそれの作用効果ということになる。このような立場からは、当然のことながら、宗教的本性のうちに存する非合理的な深みや、創造的人格の深みから生ずる宗教的体験といったものは、軽視される。啓蒙はまさにこのような契機を切り離し、破壊したからである。しかしながら、啓蒙はこのみずからの解体の作業のために批判と解釈の諸方法を創出し、そしてそれらはかえって諸宗教の研究のための基盤となった。これらの方法を通じてのみ、われわれは伝説の霧を通り抜けて歴史的現実へと向かうのであり、啓蒙はまさにその歴史的な因果的解明において、歴史的な諸現象の連関を見いだすための方途を創出したのである。とはいえ、諸宗教の意味とそれらの大いなる展開過程の把握は、啓蒙にはできないことであった（VI 290–1）。

ところでディルタイは、他方ではまたキリスト教的な宗教性の内的発展のうちから、一七、八世紀のあいだに一つの動きが成り立ち、この動きが啓蒙の探求作業を初めてその目標に導き入れることができたのであったと見る（VI 292）。それはごく簡単に言えば、宗教の内面性を個人的に体験せんとする衝動に基づくものであり、したがってその動きは、従来の教会や伝承の諸作用より宗教体験の方にその価値を置き換え、宗教的真理の最後の審級を体験に見いだすのであって、そこに人格の価値への意識が増大することになる。しかもここで興味深いのは、ディルタイがこの動きを、伝統や教義を破壊した啓蒙の作業によって必然的となったと見ていることである（VI 293–7）。

このような運動の内実と展開について、もはや詳しく紹介することはできないが、いずれにせよ、人間の自己自身への内省の増大、心理学的な省察、経験への透入、そしてその生の法則をみずからのうちに求める人格の自立性の増進といったことが現われ、さらにはそのような宗教的体験から、宗教的精神の探求へと向かうという方向も生じることになる。ディルタイはそこでとくにドイツにおける事情に注目を向け、いわゆる敬虔主義《ピエティスムス》における宗教性の独自な理解、さらにはその影響を受けた最も重要な展開としてのドイツにおける超越論的哲学の出現、すなわちカント、フィヒテ、シェリングらによる新たな形成、そしてそれらが最終的にシュライアーマッハーの宗教的天才のうちで、キリスト教的な体験の宗教性と超越論的哲学の結びつきのうちから、新たな独特の宗教性とその理解へと展開されていく筋道を叙述しているのである。

「宗教の問題」におけるディルタイの論述は、このように宗教と、啓蒙あるいは世俗的生との葛藤・相克という問題を手がかりとしながら、それらがドイツ的精神（とりわけシュライアーマッハー）における新たな宗教性の開発・形成のうちに収斂していくさまを考察している。宗教の問題が、どこまでもこのような歴史的世界における展開と歴史的精神の発展・形成を離れることなく考察されるところに、まさにディルタイ的思考の特質と意義が見られるであろう。

おわりに

以上、ディルタイの生涯と思想において、宗教ないし神学が問題とされている局面のいくつかを、断片的にではあれ取り上げて見てきた。彼の宗教的関心ないし宗教思想は、端的に言って、それ自体として主題化され、問題とされてはいない。その意味でディルタイの立場は、神学者あるいは宗教哲学者のそれとは異なるであろう。しかしミッシュが、ディルタイの巨大な思想塊がそこから組織化される三つの中心として挙げた、シュライアーマッハー研究、精神科学の問題、そしてドイツ精神史研究、さらには本論において垣間見た世界観学においても、宗教の問題と、とりわけその歴史的生成と精神史的展開への眼差しはたえず働き続け、その意義づけは忘れられていない。そればかりか、宗教はそこではたえず、歴史的精神の本質に関わるものとして問題にされているように思われる。ディルタイにおける宗教的関心と思想は、人間精神とその歴史的生への彼の考察に欠くことのできない厚みと深みを与えるものであり、彼のこうした宗教思想のもつ射程はこれまで以上に幅広く、かつ内容的に考えられてよいであろう。

ディルタイの伝記的事実についての記述は、ほぼ茅野氏の著作（茅野良男『ディルタイ』有斐閣、昭和三四年）によっている。

（1） Misch, G., *Vom Lebens-und Gedankenkreis Wilhelm Diltheys* (Der Vortrag, 1932 gehalten), Frankfurt a. M. 1947, S. 23f.

（2） Ibid., S. 21.

三　近・現代神学とディルタイ

近代神学とディルタイ

イエス・キリストとは、ナザレ村の建具屋（イエスは大工であったと言われているが、木で家を建てる大工という職業は、当時のユダヤ社会にはない）であった一人の人間イエスが、神の子キリストであるという逆説を信ずる信仰告白である。ところが啓蒙時代以前は、イエスは神の特別な啓示として、人間ではあっても特別な人間、神性・人性あわせもつという古典的キリスト論を体現している人間とされていた。少なくとも近代の史学的検討の対象でありうるような、歴史の中の普通の人間とされてはいなかった。一人の人間という意味でのイエス、いわゆる「史的イエス」または「ナザレのイエス」と表現されるような人間イエスの次元が開発されたのは、啓蒙時代になってのことである。つまり啓蒙時代になって、啓示と理性の相克が始まった。

まず一七世紀から一八世紀にかけての理神論（deism）がある。理神論のテーマは、人間の理性に基づいた真理と、神の啓示の対立をどう考えるかということである。その代表者であるジョン・トーランドは『神秘的ならざるキリスト教 *Christianity not Mysterious*』（一六九六）という本を書いたが、これはキリスト教信仰は理性に反したものであってはならぬという主張である。よく引き合いに出される例に、理神論にとって神は時計職人のようなものだというのがある。時計を作ったのは時計職人だが、ひとたび作られた以上、時計は時計自身の法則によって動く。神と世界との関係も同様だと言う。こういう形で――ある意味では苦しまぎれに――、理神論者たちは理性と神との共存を是認しようとした。その背後には、ニュートンが『プリンキピア（自然哲学の数学的諸原理）*Principia mathematica philosophiae naturalis*』を出版し、万有引力をはじめ、自然には精密な法則があることを説明したのが一六八七年であることも忘れてはならぬだろう。

しかし一八世紀後半から一九世紀になると、理性と啓示の対立ではなくて、その対立をいかに克服するかということが、神学や哲学の基本的な関心になる。カントの宗教哲学が『単なる理性の限界内の宗教 *Die Religion innerhalb der Grenzen der bloßen Vernunft*』（一七九三年）という奇妙な書名であるのも、それはさしあたっては自分の宗教哲学が「理性の限界内」での作業であって、イエス・キリストの啓示に基づく教会的権威に楯つくものではないという弁明がこめられているにしても、「理性の限界内」ということは、それによって、実際は「理性の限界外」を暗示しているのであり、そういう形で、理性と啓示の対立を克服しようとしている。ヘーゲルになると、ヘーゲルが考えた「絶対精神」の弁証法的発展の中に、宗教がその位置を与えられることになる。『精神現象学 *Phänomenologie des Geistes*』（一八〇七年）の中で、ヘーゲルは人間の精神が感覚的意識から最高の絶対知にいたるまでの弁証法的発展の経過を描いている。そのような弁証法的発展の中で実現していくものが絶対精神だが、歴史も絶対知にいたる絶対精神の弁証法的発展であり、宗教はこの発展で絶対知の次位の段階、キリスト教はその宗教の段階の最高の段階であるとされている。キリスト教はヘーゲルの思想の中に取り込まれ、理性と啓示の問題は、人間的次元の制覇ということで統一される。このようなヘーゲルの歴史哲学に基づいて、原始キリスト教の発展や、その発展の中でイエスを理解したのが、いわゆるテューービンゲン学派で、シュトラウスが福音書の奇蹟物語を削除したイエス伝を書いたことは知られていよう（David Friedrich Strauss, *Das Leben Jesu, kritisch bearbeitet*, 1835-36）。歴史の弁証法的発展の中では、奇蹟はありえないというのが、その理由である。そしてレオーポルト・フォン・ランケの近代史学が現われる。これはテューービンゲン学派のように、ヘーゲルの歴史哲学に基づいた合理主義によって歴史を見通すのではなく、資料批判、文献批判に基づき、批判的・実証主義的に、歴史的出来事を再構築しようとする方法である。したがってイエス伝学も、福音書に対する資料批判（福音書の中に定着している伝承を資料的に分類する研究）、文献批判（種々の写本を比較して古い写本を特定する研究）、様式批判（言い伝えが口伝で伝承された過程で受けた変形を研究するもの）などを方法にした批判的学問になる。またエルンスト・トレルチに代表されるような、宗教史学派の比較宗教学も採用されることになる。言い換えれば、近代神学では理性に対する啓示の次元はまったく置きざりにされ、いわゆる自由主義神学（教会的権威から自由な神学）では、神学とは言いながら、神の問題は真面目にとりあげられなかった。

このことはキリスト教信仰にとって重大な事態だが、同時に重要なことは、このような理性万能の啓蒙精神が、人間の知的把握を超えた次元を無視し、人間の全体像を見失い、その意味で、科学的・学問的とは言いながら、実はきわめて主観的な現実把握であるということである。そしてこのような反省を担った神学が、シュライアーマッハー、コウルリッジ、ノヴァーリスなどのロマンティシズムの神学、生の哲学、実存主義などである。アルベルト・シュヴァイツァーは『イエス伝研究史 *Geschichte der Leben-Jesu-Forschung*』（一九一一年）の中で、テュービンゲン学派は言うに及ばず、いわゆる一九世紀のイエス伝が、批判的・史学的検討とは言いながら、実はそれぞれ著者の依って立つ哲学的視点から再建されたイエス伝であり、いわば主観的、その意味で合理主義的作業であることを詳細に論じている。

このランケ史学に関して、ディルタイとその友人ヨルク伯爵の『往復書簡集』には「ランケは巨大な眼鏡のようなもので、それではいちど消えさったものをふたたび現実にすることはできない」とある（BrY 60）[1]。ディルタイによれば、歴史も精神科学の三つの方法、すなわち体験（Erlebnis）、表現（Ausdruck）、理解（Verstehen）に基礎を持っている。歴史とは、歴史資料の批判的分析や観察によって外側から実証されるにとどまるものではない。過去の出来事の理解は、歴史資料の中に「表現」されている精神活動を「理解」し、その出来事を自分の心で「体験」して、過去を追体験（Nacherleben）することによってえられると言う。だからそれは必然的に解釈学に結びつく。ディルタイには「解釈学の成立 *Die Entstehung der Hermeneutik*」（一九〇〇年）という有名な論文があるが、この論文でのディルタイの意図は、このようにして得られた過去の人間の内的生の理解を、普遍妥当性（Allgemeingültigkeit）、客観性にまで高めることにあるとされている（V 317）。

もともと、資料的、文法的な検証ではなくて、理解するということそのことを問題とする解釈学、いわゆる「普遍的解釈学（allgemeine Hermeneutik）」を開発したのはシュライアーマッハーであった。シュライアーマッハーは、資料の著者と解釈者の間の心理的循環が解釈だということ、すなわち「解釈学的循環」を主張した。そしてそのことは、解釈者が「自分自身の中に、すべての他の人々の最小限度のもの（ein Minimum）を持っているという事実にこそ依存している」と言う。[2] ディルタイはこれをシュライアーマッハーにおける「普遍的人間性」であると解している（V 329）。つまりシュライアーマッハーもディルタイも、歴史理解は歴史資料を残した歴史的主体の内面を「理解」し「追体験」することだと主張するのだが、そのような歴史的理解が成立するためには、そのための普遍妥当的な基盤が必要だと言っているのである。このことは当然、イエス理解にも適用されるべきであろう。いずれにしてもディルタイは、このようにして啓蒙主義的理性の発見以来等閑に付されていた精神科学としての解釈学、それにもとづいた歴史意識を復活させ、その結果として、イエスを単に批判的・実証主義的史学の対象としてしまった一九世紀末葉の歴史主義的神学の閉鎖性を打ち破り、現代神学の誕生に大きな影響を与えた。

現代神学とディルタイ

現代神学とは、このような歴史主義的神学によるキリスト教の危機に応じて生まれた神学である。しかしこの危機は、単にキリスト教という宗教の存亡の危機というだけではない。時あたかも第一次世界大戦の惨禍と第二次世界大戦前夜の危機に象徴されるような、西欧ヨーロッパ的価値体系崩壊の危機、「ヨーロッパのニヒリズム」の時代であった。この二つの危機は、同じ事柄の表裏の関係にある。

ディルタイは「汎神論の視点においてのみ、世界の解釈は可能である」と言う（IV 260）。ディルタイは若い頃神学を学んだ。しかしキリスト教の二元論的彼岸信仰、合理主義的近代神学の唯一神信仰には同意しない。このような神学的形而上学に対する反対はニーチェの殺神の思想の場合でも同じである。しかしこのことは、この人々が否定したキリスト教が、神学的形而上学の神であり、汎神論に対向した唯一神論であって、「わたしはある、わたしはあるという者だ」(「出エジプト記」三章一四節)と言う神そのものではない、ということでもある。そして弁証法的神学によって現代神学を切り拓いたカール・バルトが神は「絶対他者(totaliter aliter)」であると言うとき、その意味は、神は神‐人間という二元論的構図の中で人間に対向した神、神学的形而上学の神ではなくて、人間の神についての思念を超えた、「絶対的」他者であるということである。一九世紀の歴史神学は、この絶対他者なる神を棚上げしてしまったのである。だから宗教や哲学、歴史を含めて、人間によるあらゆる営為は信仰にとって意味を持たないとバルトは言う。宗教は不信仰であるとすら言う。信仰は「絶対他者」なる神の言葉に聞くのみ。これがバルトの「神の言葉の神学」である。しかしロマンティシズムや生の哲学、実存主義も人間の思想であり、哲学である。だからバルトはこれらの思想にも信仰上の意味を認めない。この点からすれば、バルト神学はディルタイの解釈学の射程外にある。もっとも、バルトにも問題はある。それは、絶対他者とは、神を「絶対他者」だとバルトが存在規定することはできないということ、バルトが神は絶対他者であると言えば言うほど、その絶対他者はバルトの思念の中にとり込まれるということ、そのことにバルトが明確な自覚を持っていないということである。

新約聖書の非神話化論(Entmythologisierung)で有名なルードルフ・ブルトマンも弁証法的神学者である。非神話化論とは、新約聖書の神話を、シュトラウスのように削除してしまうのではなく、それを解釈し、神話が本来持っている実存的意味をとりだすべきだという主張である。だからこれは解釈学の問題である。ブルトマンの論文「解釈学の問題 *Das Problem der Hermeneutik*」(一九五〇年)によると、ブルトマンはシュライアーマッハーやディルタイの解釈学に深く依存しながら、しかしこの人々が、先に述べたように、歴史的出来事の解釈が可能である基盤として、ある種の普遍妥当性を求めているかぎり、そこにはなお合理主義の残滓があると批判する。解釈は「設問」と、その設問をなさせる「前理解」に導かれてのみありうるが、正当な解釈とは、解釈すべきテクストないし資料の著者と解釈者が、解釈されるべき当のものに対して同じ前理解をもつこと、言い換えれば同じ「生の関係（Lebensbezug）」を持つことによって成立する。その意味で著者と解釈者は同じ「生の連関（Lebenszusammenhang）」の中に立たねばならない、と。(3) これは解釈が普遍妥当性などに依存するものではなく、主体的、流動的なものだ、という主張である。しかしこの「生の関係」とか「生の連関」という発想や概念は、もともとディルタイのものである。そしてこのような解釈論によって聖書を読むときにのみ、聖書の中の「神の語りかけ」を聞くことができるとブルトマンは言う。だからディルタイの解釈論は、ブルトマンの神学の基礎に組み入れられていると言ってよい。ただディルタイの精神科学的動機と、解釈における普遍妥当的な基礎とは矛盾すると、ブルトマンは言うのである。

このようなバルトとブルトマンの問題性、つまり人間は絶対他者としてであっても神を語ることはできないという現実に対するバルトの自覚の希薄さと、ブルトマンの解釈の流動性という二つの問題性を担って、それを煮詰めようとしたのが、解釈学的神学、脱構築の神学を中心にした、ごく最近の神学の関心である。これらの神学の出現によって、現代神学は新しい局面、ポスト・モダーンの神学的局面を迎えたとわたしは考えている。このような神学的局面は、ディルタイの射程内にあるだろうか。

ブルトマンは元来新約聖書学者であり、新約聖書の史的・批判的研究に大きな功績があるが、同時に「神の語りかけ」との出会いこそが信仰であるという、実存主義的組織神学者でもある。たとえばブルトマンが新約聖書の中に特定したケーリュグマ（宣教という意味のギリシア語）は、福音書の資料批判上の一つの文学形式であると同時に、人々に決断を促す実存的言葉でもある。前者は「史的イエス」にかかわり、後者は「信仰のキリスト」にかかわる。しかしこの二つの次元をブルトマンは統合することなく歿した。解釈学的神学とは、ブルトマンが仕残したこの「史的イエス」と「信仰のキリスト」統合の試みである。これは問題の系譜としては、遠く理神論の理性と啓示の統合という問題にまで遡る。エルンスト・フックス、ゲーアハルト・エーベリング、ハインリッヒ・オットというような人々は、後期のハイデガーの、「言葉は存在の呼び声である」という解釈学を応用して、ないしそれと平行して、聖書の中でイエスに由来すると史学的に特定できる言葉、たとえばイエスが語った数々の「譬え」は、同時にそれを読む者に信仰を呼び起こす「神の呼び声」であると言う。そういう形で「史的イエス」と「信仰のキリスト」を統合しようと試みた。しかしこの場合の問題は、ハイデガーは言葉が「存在の呼び声である」と言ったのであって「神の呼び声」であるといったのではないということである。だからハイデガーのような現代の言語論を神学に援用するという場合、存在と神の関係が問われなければならぬであろう。この人々は、この自覚が曖昧なままである。

もちろん、存在も神も、主観‐客観構図を超えたものであり、その両者の比較という手続きが可能であるような「対象」ではない。しかし、こういう事情がある。ハイデガーの存在、つまり無の理解に関して、脱構築論者たちは、そこにはなお、形而上学への残滓があると言って批判している(4)。同様に、東洋的絶対無の立場から、ハイデガーの無の理解は、無が無という対象になっているという批判が、西谷啓治博士、川村永子氏などによってなされている(5)。これらの指摘のように、無ないし存在がなお形而上学的対象である場合、その無ないし存在と神との統合は不可能であろう。ハイデガーの無はさらに無化されなければならぬということだ。無は無に関するロゴスをも脱しきったときにのみ現実になる。だから聖書の解釈も、普遍的人間性だとか、「神の言葉」というようなロゴス的残滓に依存するのではなく、聖書の解釈は常に「差延」され続けなければならないと、それがそもそも絶対他者のありかただと、アメリカのマーク・C・テイラーに代表されるような脱構築的神学者たちは主張している（Mark C. Taylor, *Erring—A Postmodern A/theology*, 1984 ; Altarity, 1987）。一方、キリスト教の側でも、神の「絶対他者性」を妥協なく徹底させれば、たとえ人格神としてであっても、神が人間の信仰の「対象」としてあることはできないという根源的理解がある。そもそも神の子キリストの十字架上での死の意味は、十字架のキリストがその死によって神と人間の間の仲保者であることを止め、十字架が無用になることを意味する。そうしてのみ、あらゆる水準で決して人間の対象にはならぬ絶対他者なる神、「隠れたる神（Deus absconditus）」は啓示されるだろう、と。十字架の無化を通してである。新約聖書「フィリピの信徒への手紙」で、パウロが「キリストは神の身分でありながら……自分を無にして僕の身分になり……」（二章六、七節）と言うのもその意味だとされる。これがケノーシス・キリスト論であるが、これはすべての水準で対象性を脱し、すべてがその中にある汎在神論（panentheism）の神であって、ディルタイのように、汎神論ではない。汎神論はこの世の存在のすべてと神が同一であるとする立場である。汎在神論は西田幾多郎の宗教的立場でもある（西田幾多郎『場所的論理と宗教的世界観』）。

このような事情はディルタイの宗教理解の射程内にあるか。ディルタイが解釈における普遍妥当性・客観性に依存しているかぎり、これはディルタイの射程の外にある。しかしもともと、客観性、普遍妥当性ということは、ディルタイの精神科学の意図に矛盾しているのであり、ディルタイの中におそらくは潜在的にあるこの矛盾の自覚を明らかにすることの内に、ディルタイの現代神学における積極的意味も潜んでいのではあるまいか。

（1）なお、ハイデガーは『存在と時間』でこの箇所を引用している。Martin Heidegger, *Sein und Zeit*, 11te Aufl., S. 400.（細谷貞雄・亀井裕・船橋弘訳、『存在と時間』下、理想社、一九六四年、二七五頁）

（2）Schleiermacher, *Hermeneutik : Nach den Handschriften*, hrsg. von H. Kimmerle, Heidelberg : Carl Winter, 1959, § 6, S. 109.

（3）Bultmann, *Glauben und Verstehen* II, 5te Aufl., Tübingen : J. C. B. Mohr, 1968, S. 217.

（4）Jacques Derrida, *Positions*, tr. by Alan Bass, Chicago Univ. Press, 1981, pp. 9f. Richard Rorty, *Consequences of Pragmatism*, Sussex : Harvester, 1982, p. 52.

（5）西谷啓治『宗教とは何か』創文社、一九六一年、一〇八頁。川村永子『キリスト教と西田哲学』新教出版社、一九八八年、一二五頁以下。

第III部　ディルタイをめぐる哲学者群像

第III部ではディルタイをめぐる哲学者群像を解明する。ここではディルタイが評価し批判し対決した哲学者・思想家との関係、またディルタイに対する諸々の哲学者・思想家による評価・批判・対決の実相を概観することによって、これまで十分明らかにされてこなかったディルタイ思想の多面性とその哲学史・思想史的位置および意義が包括的な観点から浮き彫りにされるであろう。

また、以下の諸章の論述によって、ハイデガー以降ガダマーやハーバマースなどによる哲学的解釈学の立場に依拠したディルタイ批判の再検討の試みの必要性だけでなく、生の哲学、新カント学派との論争点や対決の真相も解明されるであろう。また哲学的人間学との親密な関係、さらに現象学、構造主義、発生的認識論などとの関連からもディルタイ思想の先駆性を再評価する最近の試みとの結節点を照らし出すであろう。それによって、現代思想との交錯した論点をいっそう明確にすることが容易になるはずである。

さらに日本におけるディルタイ受容史の進展と、ディルタイ研究のパイオニアであるともいえる西田哲学、和辻倫理学、三木哲学などの日本のすぐれた独創的な哲学者・思想家との隠された関係もまた、明らかにされるであろう。

第一章　カントとディルタイ——歴史的理性批判から歴史的判断力批判への道

本章では、ディルタイのカント理解および批判の特徴、意義、制限などを次の諸観点に即して考察することによって、両思想家のアクチャリテートを照らし出すための手がかりを提示したい。まず第一に、ディルタイの若年から最晩年に至るまでのカント像とその変遷を追考する。第二に、近年の研究成果を踏まえながら、ディルタイのカント理解および批判の意味を検討する。第三に、それによって従来の哲学史の通説的把握の変更を迫る視座を提示する。それは、ディルタイの「歴史的理性批判」の営みを「歴史的判断力批判」と解する道筋を示すことである、と言ってよい。このような本章の考察によって、ディルタイをめぐる哲学者群像のこれまで隠されていた一側面が明らかにされるはずである。

一　ディルタイのカント解釈の出発点

ディルタイ研究の領域ではよく知られているように、ディルタイは『精神科学序説』第一巻の執筆以降最晩年まで思想的発展と方法的深化にもかかわらず、終始一貫して「歴史的理性批判」というプログラムないし体系の構想を抱いていた。ところでこの問題設定は、カントの『純粋理性批判』のプログラムからヒントを得ていることもよく知られた事実である。しかしこのことは、ディルタイがヴィンデルバントやリッカートなどのいわゆる新カント学派に属することを主張するものではなく、したがってこの事実は、ディルタイをただちにカント主義者と呼ぶべきことを意味するわけではない。なぜならヘーゲルの思弁哲学崩壊以後の時代に歴史の体系化の問題に取り組む者は、ディルタイに限らず反形而上学や実証主義などの諸動向の間で科学としての歴史学がどのようにして可能かという、カント的な認識論的問題設定と不可分の学問的課題に直面していたからである。

しかしこの問題設定は、ディルタイにとってカントの批判哲学との錯綜した二重の関係を含意していた。なぜなら、カントとの関連からみた場合、一方でディルタイの試みは、かつてカントが純粋理性の批判によって理性的認識の基礎づけを試みたように、歴史的認識の基礎づけの試みを意味していた。他方歴史的認識の基礎づけの試みは、カントの純粋理性の批判の営みが超歴史的な認識の普遍性を要求するかぎり、カントの理性批判の営みとは、簡単に結びつくことは困難だからである。それどころかディルタイは、歴史的理性による普遍的な科学的認識の基礎づけという試みそのものが矛盾なく整合的に成立しうるかどうかという難問に、この問題設定によって巻き込まれることになったのである。以下の論述では、この難問との格闘のドラマをカント哲学との対話と対決および継承という観点にしたがって追跡することにしたい。

後述のように、ディルタイとカントとの関係をめぐる解釈は多様であり、錯綜している。この問題を定式化して言えば、総じて「歴史的理性批判」というプログラムないし体系の企図は、カント哲学の補完を意味するものであるか、それともカント哲学全体の解体を帰結するものであったか、という両極端のディルタイ解釈に分かたれる。この問題は、けっして瑣末な問題ではない。ディルタイ哲学の根本性格の理解を決定づける論点を提示するからである。もちろんディルタイの「歴史的理性批判」の概念はカント的な能力心理学的概念でもヘーゲル的な思弁的概念でもなく、精神諸科学の総体に関わる動的で開かれた歴史的生に根差す概念であった。もっともディルタイ自身上述のような意味内容をもつこの概念の理解は、その思想的発展のプロセスの中で徐々に変化していったことは否定できない。しかし本章ではテーマとの関連もあり、暫定的にディルタイの生涯にわたる企てはカントの『純粋理性批判』を補完しようとする努力である、とする解釈に依拠して考察をすすめたい。[1] もっとも、この場合「補完」とはどのような事態として理解するかによって、以下の「事実」の解釈のあり方もまた、大いに異なるものとなるであろう。

まずディルタイによるカント評価として注目すべき事実としては、二五歳頃の日記(一八五九年三月二六日付、JD 79-80)で『純粋理性批判』とカテゴリーの重要性を的確に指摘している点である。そこでは第一に、カテゴリーが『純粋理性批判』の実り豊かな核心部分をなすこと、第二に、カントによるカテゴリー探究の努力を世界の統一性や内的および外的出来事の必然性、目的の同種性などを追求する精神の運動と理解されるかぎりで継承に値すること、第三に、「新しい理性批判」の出発点の必要性などが語られていることである。しかしディルタイのカント批判の本格的な展開は、理論哲学よりもむしろ実践哲学の方であったと言うべきであろう。このことはディルタイの思想を理解する上できわめて重要な事実である。一八六四年に執筆された「道徳的意識の分析の試み」(VI)では、一方でカントが倫理学の正当な出発点を見いだしたことを評価しつつ、他方ではカント倫理学の困難として質料と形式との二元論を批判している。また、道徳的現象をすべて義務の概念へと一面化する傾向や道徳法則および道徳感情の抽象性が批判されている。ここで注意すべきは、カント倫理学の弱点を鋭く突いた批判とともに、他方でカントの批判期前の『自然神学と道徳の原則の判明性』(一七六三年)で展開された道徳的善を直観する感情の働きに言及している点である。この事実は、たんに両哲学者の道徳性理解の相違点を際立たせるだけでなく、ディルタイの感情の役割を重視する人間観を把握する上で見逃すことのできない論点である。

ところで、ディルタイにおける心理学から解釈学への思想的展開のうちでカントの超越論的哲学との関係をどのように位置づけるかという問題に関しては、従来大きな見解の相違がみられる。第一は、P・クラウサー『有限的理性批判』にみられるように、ディルタイのカント解釈の出発点を『純粋理性批判』に定位して、ディルタイの関心がカントの認識の妥当性の問題に向けられていた、とする見方である。そしてディルタイは、カント批判を通じて認識形式の権利問題の原理的困難性を指摘することによって、超越論的認識から経験的認識論へと向かった、とみる。(2) 第二は、H・イナイヘンの論文「ディルタイのカント批判」にみられるように、それとは逆にカントの権利問題が依然として「歴史的理性批判」の判定基準をなしており、ディルタイは早い段階からカントの認識論よりも倫理学、とりわけ『実践理性批判』との批判的対決のなかでみずからの思想構築を推進してきた、という見方である。(3) この二つの見解は、さしあたり上述の前半の理論哲学に関する部分を重視するか、それとも後半の実践哲学に関する部分を重視するかによって生じる見解の相違である、とみることができる。しかし、イナイヘンの見解は、さらに進んでディルタイのカント批判の帰結、すなわち超越論的哲学から心理学への移行は、ディルタイのカント研究の成果ではありえず、むしろカントの提起した妥当性問題を蔑ろにしたことを意味するものであった、と主張する。こうしてみると両者の見解の相違は、ディルタイ思想の根本に触れる決定的な評価の相違を帰結する。この問題は、ディルタイと新カント学派との学問方法論上の対立だけでなく、フッサールとの思想的立場の相違にも関係するはずであるが、ここではこの問題に立ち入らずに、ディルタイが生涯にわたり取り組んだカントの時間・空間論とカテゴリー論の評価と批判に限定して考察を継続することにしよう。

二　理性の法廷と生の法廷

ディルタイが本格的に哲学的思索を展開した時代は、新カント学派の興隆期と符合する。オットー・リープマン『カントとその亜流』（一八六五年）で繰り返された「それゆえカントに帰らなければならぬ」という主張に代表される思潮に対して、ディルタイはその影響下にありつつ彼独自のカント受容と時代の要請に対応しうる、いわば「カント哲学の変換」ともいうべき試みを着実に遂行していった。一八六七年のバーゼル大学就任講演（V）でディルタイもまた、哲学はヘーゲル、シェリング、フィヒテを超えてカントに立ち戻るべきである、と主張した。

『シュライアーマッハーの生涯』第一巻（一八七〇年、XIII/1）では、シュライアーマッハーはプロテスタント神学のカントであるという見解を論証するために、カントの著作を五〇頁以上にわたって考察している。そこでの論述の特徴の一つは、カントの批判的立場をシュライアーマッハーの探究の基礎づけとして位置づけ、他方でカントの体系をシュライアーマッハーの論駁の対象とみなす二重の解釈を試みている点にある、と言ってよい。カントの理論哲学から実践哲学、宗教論に関わる問題、具体的には現象と物自体との区別、自由・不死・神の理念をめぐる問題とその解決、道徳法則および最高善などが立ち入って論じられている。さらにディルタイは『判断力批判』の「自然の技巧」の概念、つまり反省的判断力の主観的原理の意義にも着目して、その第七七節の一文を引用している。ここでは詩人および自然の創造性と、全体と部分との関係および全体を直観する神の知性の概念の重要性をゲーテを媒介として考察している事実に注意を促しておきたい。この事実は、カントとの関連だけでなく、ディルタイ思想のその後の発展にとっても決定的な意味をもつからである。

一八八三年刊『精神科学序説』第一巻 (I) では、ロック、ヒューム、カントが構築した認識主観の血管には理性の希薄な血液しか流れていないという周知の酷評を行ない、それに代わって全体的人間に対する歴史的・心理学的研究の必要性を訴えている。また、第一巻刊行前に執筆されていた第二巻の草稿群も含めたカント批判のポイントを要約すれば、以下の諸点にまとめられよう。第一に、カントによって確立された心的能力の三分法、すなわち認識作用 (表象作用)、価値づけ (感情作用)、行為 (意志) の三要素に分解された人間の経験の諸相をひとつの全体的人間へと立ち返って考察することが必要である。第二に、認識主観と認識作用もまた、それらを含む根源的な生の関係へと立ち戻ることが要求される。第三に、カントにおける認識の根拠づけの条件である超越論的統覚に代わって、認識の必然的な出発点であり、もはやそれ以上遡及できない根本的な事実として心的生の根源性と全体性が主張されるに至った。

カントは「理性の法廷」という場所で、理性による理性という認識能力の自己吟味によって純粋理性の批判的作業を遂行した。カントにとって理性は哲学の出発点であり、理性は哲学する主体であると同時に対象をも意味した。ディルタイにとって生は、理性と理性による認識活動よりも根源的な「汲みつくしがたいもの」、「究めつくしがたいもの」である。「生が生を捉える」とは、生は哲学する主体であると同時に対象でもあることを意味する。ディルタイによる「歴史的理性批判」の探究の営みは、いわば「理性の法廷」から「生の法廷」へのコペルニクス的転回の試みであった、と言うことができよう。

三　現象のカテゴリーと生のカテゴリー

このようなディルタイの思索は、当然のことながらカントのカテゴリー観とその演繹の仕方に対しても、厳しい批判の矢を浴びせることになる。バーゼル大学着任以後の研究の進展のなかでディルタイは、カントから哲学の二つの課題を学びとっていた。第一に、哲学の普遍的課題は批判的基礎づけないし学問論つまり科学論にあること。第二は、精神の諸現象の経験科学を基礎づけることである。[4] これらの課題に答えるべき「歴史的理性批判」は、たんに歴史的認識の可能性の条件を明らかにするだけでなく、理性そのものの歴史化と全体化とを要求するかぎり、その基礎づけのために不可欠の認識の形式である時間・空間およびカテゴリーについても、根本的な変更が求められることになった。

すでにバーゼルでの論理学講義（XX）ではカントの時間論が批判の対象とされ、時間をたんなる現象の形式とみなすカントの見解は、生そのものを現象とみなす独断論として批判されていた。現象と物自体との二元論の克服をめざすディルタイにとって精神の世界の実在性は、断固として弁護されなければならなかったからである。一八八〇年以前に執筆された草稿群（XIX）でも、カントのアプリオリは死んで硬直している、と批判されている。カントの現象に限定された時間・空間およびカテゴリーに代わって、ディルタイでは意識の現実的条件は生き生きした歴史のプロセスのうちに求められる。それは、実在的カテゴリーでなければならず、その基礎はカントのように理論理性ないし悟性のうちに存在するのではなく、生の連関そのもののうちに存在するのである。この見解は、「生と認識」（XIX）と題された一八九二／三年頃に執筆された草稿のうちで明確に示されている。ここでは生のカテゴリーの数と順序を予め規定することが不可能である、と言われている。このことは、カントのようにカテゴリーの演繹が不可能であることを意味する。これらの形式に対するディルタイの見解は、生の歴史的・発生的立場からすれば当然の帰結であろうが、論理学的基礎づけの可能性に関するかぎり、カテゴリーの演繹の仕方とその数との妥当性に関しては、かつてロックが試みた経験的演繹の制限をどこまでディルタイが超えているかは、議論の余地が残るところであろう。しかしディルタイ自身もまた、この見解に満足していたわけではなかった。

感情の分析に関しては、ディルタイではカントと異なり、やはり形式と質料とは不可分であるという見解が維持されている。したがって「詩学」(一八八七年、VI)では、美的快の感情はカントとは対照的に、関心と切り離すことはできないと言われている。また、合目的性に関しても、「記述的分析的心理学」(一八九四年、V)では合目的性概念が、三つの意味で捉えられている。第一は、主観的内在的であり、第二に客観的内在的であって、第三は、客観的外在的合目的性である。第一の合目的性は体験された直接的意味をもち、第二は外的な行為によって把握されたものであって、第三が生物学的な意味の概念である。このことは、ディルタイの「生」がしばしば批判されるような人間的生ないし生活の意味に限定されているとする解釈が適切ではないことを示唆する。同様に生物、有機体とその生を考察した『判断力批判』でのカントの自然の客観的合目的性は、さしあたり第三の概念に対応する、とみてよい。カントでは道徳的合目的性を別にすれば、批判期の目的論における合目的性は、仮説的原理ないし主観的原理であって、ディルタイのように生の体験を表現する内在的原理ではない。しかしディルタイ自身は、上述のようなゲーテのカント解釈の影響下でカントの目的論を内在的目的論として解釈することによって、カントを評価した。これは最晩年でもディルタイの変わることのない見解であった。

こうしてみるとディルタイのカント像は、晩年にはガダマー説にみられるようにカントから離れてへーゲルに接近することによって、大きく変貌を遂げたと単純に結論づけることはできない[5]。たしかに「精神科学における歴史的世界の構成」（一九一〇年、VII）ではヘーゲルの「客観的精神」に依拠した議論が展開されているが、これはただちに「生」の概念がそれに置き換えられ、不要となったことを意味するわけではない。むしろヘーゲル的な閉じられた体系は、ディルタイの厳しく斥けるべきものであった。精神科学の批判的な基礎づけとして要請された「生の体験」の解釈学の試みは、最後まで心理学的方法との関連を失うことがなかったように、ディルタイ自身は最後まで自分の哲学的思索を開かれた体系としての批判哲学の継承・発展、そしてそのいわば「転換」の試みとみていたと解釈することができる。このことは、「構成」の続編草稿のサブタイトルが依然として「歴史的理性批判のためのプラン」（VII）と題されていた事実が物語っている。そしてそこでもなお、ディルタイは、解釈学的立場に立ちつつ、カントの批判的継承の前提となるカントの理性批判の基本理解は、初期の『純粋理性批判』の解釈から大きな変化はなかったのである。

四　超越論的哲学から解釈学へ

以上のような見方を踏まえて、批判哲学の解釈学的含意に着目する現代の哲学者のカント解釈の試みを顧慮するならば、はからずもディルタイが描き出そうとしたカント像ときわめて類似したカント像が新たな相貌のもとに生き生きと浮かび上がってくるように思われる。H・アーレントによる『判断力批判』第一部の美感的判断力を政治的判断力として読み換える試みや[6]、R・マックリールによる歴史的理性の解釈学的批判の手がかりを同様に反省的判断力に求めるディルタイ解釈[7]、そしてM・リーデルによるカント歴史哲学の解釈学的含意への着眼などは、その典型的な例である。これらのカント理解は、いずれも『純粋理性批判』における超越論的哲学ではなく、多元主義的な解釈学的性格をもつ反省的判断力の批判としての『判断力批判』に注目する点で共通する。こうした観点からディルタイが到達した課題、すなわちどのようにして歴史的理解は可能であるかという問いに対する解決は、純粋理性の批判をモデルにすべきではなく、判断力の批判をモデルにして回答すべき課題であった、と言ってよい。したがってディルタイの「歴史的理性批判」のプログラムは、どのようにして歴史的理解は可能であるかという問いが意味をもつかぎり、「歴史的判断力批判」のプロジェクトとして、「大きな物語」を語りえなくなった今日、なお未完のプロジェクトとして歴史のうちに生きる人間に不可避の課題でありつづけるはずである。[9]

(1) カント哲学全体の解体説の代表者としてはO・F・ボルノーの名前を挙げることができる。また、『純粋理性批判』の補完説をとる典型的な解釈者としてはR・マックリールを指摘することができよう。

(2) Vgl. P. Krausser, *Kritik der endlichen Vernunft*, Frankfurt a. M. 1968, S. 97ff.

(3) Vgl. H. Ineichen, Diltheys Kant-Kritik, in: *Dilthey-Jahrbuch*, Bd. 2, 1984, S. 51-64.

(4) Vgl. H. -U. Lessing, *Die Idee einer Kritik der historischen Vernunft*, Freiburg/Müünchen, 1984, S. 67.

(5) Vgl. H. -G. Gadamer, *Wahrheit und Methode*, Tübingen 1960, 3. Aufl. 1972, S. 214.

(6) Vgl. H. Arendt, *Lectures on Kant's Political Philosophy*, Chicago 1982.（浜田義文監訳『カント政治哲学の講義』法政大学出版局、一九八七年）

(7) Vgl. R. Makkreel, *Dilthey—Philosopher of the Human Studies*, Princeton and London 1975. p. 244ff.（大野篤一郎他訳『ディルタイ』法政大学出版局、一九九三年、二八〇頁以下）

(8) Vgl. M. Riedel, *Verstehen oder Erklären?* Stuttgart 1978, S. 211ff.

(9) 紙幅の制約上、最終節では「歴史的判断力批判」の含意とその道筋について立ち入ることができなかった。この補足と、リオタールともまたハーバマースとも異なる筆者のいわば第三の立場については、以下の文献を参照いただきたい。牧野英二著『遠近法主義の哲学』(弘文堂、一九九六年)第七章および結語。「カントとディルタイ」(日本ディルタイ協会編『ディルタイ研究』8、一九九五年所収)一頁以下。

第二章　ドイツ古典・ロマン主義とディルタイ

一　ゲーテとディルタイ——その精神的な親縁関係

かつてホーフマンスタールはディルタイのことを「ファウスト博士のような大学教授の一人だった[1]」と評した。それは彼と親交のあった人々が共通して抱いた感想だった。だがこの言葉の意味は、容易にはわかるまい。初めてディルタイに接したとき、何か茫洋として摑みどころがないという印象を受けた読者はきっと多いことだろう。彼の直弟子ミッシュですら、ディルタイ哲学が「ラディカルで本来的な表現」には達せず、「断片的で未完」の性格を有していたと認めている（V xii）。ディルタイから強い影響を受けた哲学者にフッサールやハイデガーがいるが、彼らのほうがディルタイよりもはるかに先鋭で深い思想を有していたと感じる読者は多いだろう。だが、ディルタイにはこの二人にはないスケールの大きさがあった。大海原のように広がっている彼の思想に親しめば親しむほど、彼がまさにファウスト博士のように何から何まで知っていたこと、そして時代のはるか先まで見通していた人であることがわかってくる。そしてそうわかってくると、ディルタイはフッサールやハイデガーよりもはるかに偉大な思想家だったと感じられてくるだろう。

彼がした仕事は哲学のみならず、文学、歴史学、心理学、法学、政治学、経済学、教育学、自然科学の多岐にわたる。彼の生の哲学は現象学をすでに先取りしている。「構造」に関して彼が論じているくだりには、二〇世紀の構造主義を思わせるところがある。いわゆる未開民族の習俗や神話に関して論じているくだりはかなり高度の文化人類学的研究である。また心的な生をもとに歴史を捉え直そうとする彼の立場には、アナール学派に通じるところさえある。

「生の究めがたさ」はディルタイの有名な用語だが、「究めがたい」のは彼の思想そのものでもあった。彼の思想は時代が経っても少しも古くはならず、むしろ次々と新しい問題を提供してくれる。この点でディルタイに比肩できるのはおそらくゲーテしかいまい。実際、「ファウスト博士のような」巨人と仰がれたディルタイは、『ファウスト』の作者ゲーテと精神的な親縁関係にあった。ゲーテとディルタイ。この二人はどうしてかくも大きな精神的スケールを有していたのであろうか。それは二人が何よりも人間を追求したからである。ゲーテは人間を愛するがゆえに、その小説において人間像を描き、詩において人間の心を綴り、また人間がつくった学問(自然科学)や政治に深く関わった。他方、ディルタイは人間を追求したからこそ、人間の生の意味を問うて「生の哲学」を唱え、人間の心理を探究し、さらには人間がつくった国家や、人間を形成するものとしての教育や、また人間の精神を規定している歴史に大きな関心を寄せた。ディルタイの偉大さは、大事なのは人間、あるいは人間の「生」以外にはないと考え、人間の生を基底に置いてすべての学問を疑ってかかり、そのあり方を再検討したことにある。

ディルタイのなかでゲーテは特別な位置を占めていた。ゲーテは彼の精神的な支柱、いや、彼の精神上の父だったと言ってもよい。ディルタイの研究者が哲学者ばかりだったせいか、この点はこれまで十分に論じられてこなかったが、これはディルタイを理解する上でかなり重要なポイントである。

ディルタイとゲーテの関係について問題になるのは、主として次の三点であろう。第一に生の哲学、第二に行為論、第三に類型論とメタモルフォーゼ論である。

ディルタイにとってゲーテは「生の哲学」のいわば先駆者だった。『ファウスト』の冒頭のモノローグに見られるように、ゲーテは哲学や法学や医学や神学よりも生そのものを重視した。彼の文学や歴史観や自然観はすべて生の上に構築されている。ディルタイもその点に注目した。「生とその解釈がゲーテ文学の基盤をなしている」(EuD 164)。「今日のわれわれにとってゲーテが有する意義は、生を生そのものから理解し、それを喜びをもって肯定する点にある」(EuD 176)。ディルタイは別の箇所では「生」を「現存在」と言い換えている。「生に関するゲーテの考察は……宗教や形而上学に関係なく、現存在を現存在そのものから解釈することである」(EuD 162)。ちなみにハイデガーはディルタイのこの立場を継承し、ディルタイの「生の哲学」に代わって「現存在の解釈学」を展開した。

人間の生は一度かぎりのものである。ならば、みずからに与えられた生をできるだけ深く豊かに生きよう。この考えからゲーテは一八世紀の啓蒙主義に反撥し、青年時代にはシュトルム・ウント・ドラングの運動を起こした。啓蒙主義は悟性（知性）を重視するあまり、「生」を抑圧することが少なくなかったからである。当時、カント哲学は啓蒙主義哲学の聖典になっていた。ゲーテはカント哲学から多くのことを学びながらも、カントにおいて悟性が覇権を握っていることに不満の念を隠さなかった。「昔から私は機会あるたびに、人間の心的な能力には上から下まであるという学説が、若い頃の私の心中に惹き起こした嫌悪感について述べてきた。人間の精神や宇宙には、上もなければ下もない。……感性と理性、構想力と悟性といった人間存在のすべてのあらわれは、たとえそのうちのどれかが自分のなかで支配的であるとしても、明確な統一をなしていなければならない」(LA I-9, 353f.)。ここでゲーテはじつはカントを批判しているのである。

ディルタイはゲーテのこの立場を継承した。カントの影響を強く受けながらも、彼もカントを激しく攻撃する。「ロックやヒュームやカントが構成した認識主観の血管のなかには本物の血が流れていない。そこに流れているのは、単なる思惟活動としての理性の薄められた液にすぎない。そこで私は……多様な力を備えた人間のこの全体、意欲し（wollen）、感情を持ち（fühlen）、表象する（vorstellen）存在を、人間の説明の根底に置くようにした」（I xviii）。M・リーデルはディルタイの言う「意欲」を行為に、「感情」を価値づけに、「表象」を認識と結びつけているが、[2] この場合、特に重要なのは「行為」である。多くの哲学が人間の存在論や認識論に終始しているのに対し、ディルタイは存在論や認識論のみならず、[3] 具体的な現実に関する生の発現としての「行為」を重視した。彼が提唱した「精神科学」は、社会的・歴史的現実を主題とするものだが、その社会的・歴史的現実に人間は「行為」を通して関わるからである。そしてこのような行為論によって、ディルタイは哲学を机上の学問から解放し、それを社会的・歴史的現実のなかに位置づけたのだった。

ディルタイが唱えた行為論は、じつはゲーテの小説の眼目をなしている。「人間において最初にして最後のものは活動（Tätigkeit）であり、活動に対する素質がなかったり、活動しようとする本能がなかったら、何もすることができないだろう」（HA 7, 520）。活動や行為は小説『ヴィルヘルム・マイスターの修業時代』の主題をなしている。ディルタイもこの点に注目している。「ゲーテは壮年になってから、こうして生まれる首尾一貫した不断の行為（Handeln）に生の価値を付与することがますます多くなった」（EuD 180）。つまりディルタイやゲーテのモットーは、デカルト的な「われ考える、ゆえにわれあり」ではなく、メーヌ・ド・ビランの言う「われ行ない、欲する、ゆえにわれあり」なのである。

「価値づけ」と結びつけられるのは感情ばかりではなく、想像力（構想力）でもある。『体験と創作』のなかのゲーテに関する章は「ゲーテと詩的想像力」と題されているが、ここでディルタイは想像力がゲーテという天才を生み出す上でいかに大きな役割を演じているかを論じている。「詩的創作において想像力の占める中心的な位置が、ゲーテほど明瞭に現われている場合はない。……ゲーテとロマン派は、抽象的な悟性や、生の力から遊離したよき趣味による〔啓蒙主義的な〕支配から詩的想像力を解放した」（EuD 124）。一七世紀に誕生した近代科学と一八世紀の啓蒙主義は、想像力を主観的なものとみなし、それに低い地位しか与えなかった。しかしそれは人間の生の価値を貶めるものである。ディルタイは想像力と妄想を区別する。想像力という「心的生のきわめて高度にして至難の能作においては、意識の視野に現われる知覚や表象や状態に心的生の獲得連関が働きかける。しかし夢や妄想にはこの働きは見られない」（VI 94）。想像力は人間が獲得したすぐれた心的能力である。想像力は、意識の視野に現われたものに価値づけを与えつつ増殖してゆく。想像力が豊かであればあるほど、その人間の生はより豊かになる。そのような想像力のすばらしさをルネサンスの人々は知悉していた。そのすばらしさは啓蒙主義時代にかなり忘れさられたが、ゲーテは想像力をふたたび甦らせた、とディルタイは考えた。

ゲーテは自然研究に際しても「感性と理性、構想力（想像力）と悟性といった人間存在のすべてのあらわれ」を駆使した。特に彼のメタモルフォーゼ論は、想像力がなければ生まれえなかった。紫陽花や花水木の花弁と見えるものはじつは葉や萼であるが、ゲーテはその点に気がつくと、さらに想像力を働かせ、植物の基本的な器官である葉が、萼や花弁に、雄蕊や雌蕊に、そして果実にメタモルフォーゼしてゆくと類推した（もっともメタモルフォーゼ論は、想像力に依拠しているため、「正統的な」自然科学によってはなかなか認知されなかった。メタモルフォーゼ論は今日ではＤＮＡによってその正しさが立証されるにいたった。葉の

DNAと花弁や雄蕊のDNAのつながりが確認されたのである)。

自然は生きている。生きている姿は悟性では捉えられない。悟性に捉えられるのは静止しているものだけである。「動」を捉えるにはどうしても想像力が必要である。そして想像力を介して自然の「生」を捉えたのが、ゲーテのメタモルフォーゼ論だった。この理論はさらに、「自然は多であると同時に一である」という理論、すなわち原型論と結びついている。一なるものが多にメタモルフォーゼするのだ。ディルタイはこのメタモルフォーゼ論と原型論をゲーテから学び、それを彼の精神科学に関する理論に援用した。この点をホーフマンスタールは鋭く看破している。彼は「ヴィルヘルム・ディルタイ」と題した短いエッセイのなかで、この哲学者の本質を的確に捉えている。

> ディルタイのような眼にとって、精神的な世界が生きたものと見えないはずがあろうか。いくつもの世界や層が次々と重なりあい、一は他のなかに映し出され、他のなかから生み出され、いたるところに変様があり、いたるところに統一がある。……精神的な形成物は彼には生きたものだった。時代の変遷のなかで移り変わりながらも、これらは彼の眼には不変のものだった。ゲーテが植物のメタモルフォーゼ、動物のメタモルフォーゼを見ていたのと同じ眼で、彼は精神的な形態のメタモルフォーゼを見ていた。[4]

ゲーテが自然を原型(Typus)とメタモルフォーゼのあいだに見ていたように、ディルタイは人間の精神を統一と変容のあいだにおいて捉えた。ホーフマンスタール以降、この点に注目したのはラントグレーベだった。フッサールの弟子であるのみならず、ディルタイの思想にも通暁していた彼は、ディルタイの精神科学の理論を「自然史的・形態学的考察方法」と呼んでいる[5]。その「自然史的・形態学的考察方法」においては「類型（Typus）」と「メタモルフォーゼ」が中心概念をなしている。たとえばディルタイは、人間の世界観にはいくつかの類型があると考えていたが、この類型を彼は綱のレヴェルにおける植物の原型（Typus）になぞらえる。「植物学者が植物をいくつかの綱に分類し、その生長の法則を探究するように、哲学の分析者は世界観の諸々の類型を探し出し、その形成の合法則性を認識しなければならない」（V 380）。

ディルタイはすでに恩師トレンデレンブルクとロッツェの二元論、すなわち「機械論的自然観」と「理念的・有機的・目的論的」な見方の対立を学んでいたが[6]、ゲーテ形態学を知ることによって、後者の見方をさらに深めていった。

世界観のみならず、人間の生にもいくつかの類型がある。「個性の研究」のなかでは、生物界における形態形成と関係づけられながら、人間の生の類型について論じられている。それによれば、人間の個性化を支える原理は、一なる生（Lebenseinheit）、類型、発展の三つである。人間の本性がいかに同種（gleichartig）で同形的（gleichförmig）であるとしても、個々の人間の個性は他とは異なる一であり、特殊である。しかし他とは異なる個々の人間もそれぞれなんらかの類型、すなわちタイプに属している。たとえば古典的な人間の四つの気質（胆汁質、憂鬱質、粘液質、多血質）がそうだ（Vgl. V 242）。またシェイクスピアの作品のなかには人間のいくつかの類型《タイプ》が描かれている。権力志向の強い類型、専制君主の類型、英雄的な類型、知的な類型などである（V 290ff.）。人間の個性は、「一なる生」という特殊と「類型」という一般のあいだに位置している。そしてその両者を結ぶのが「発展」、すなわちメタモルフォーゼの概念である。たとえ同一の類型に属している人々がいても、彼らは各自が生きる環境に応じて別々の個性を形成する。つまり人間はそれぞれ自分の置かれた環境に適応しながら多種多様に「発展」し「メタモルフォーゼ」する。「類型」や「発展」がゲーテから取られたものであることは、『個性の研究』のなかにゲーテの名前が頻々として現われることからも明らかであろう。

「個性の研究」は比較心理学研究の一環として書かれた。一般心理学が人間の心的生の「同種性」や「同形性」を扱うのに対し、比較心理学は個人と個人のあいだの心的生の差異を探究する。前者は人間の生が「一」であるという立場に、後者は人間の生は「多」であるという立場に立っている。「一と多」はゲーテ自身の大きなテーマだったが、ディルタイも両者の関係を論じるにあたって、ゲーテの原型論とメタモルフォーゼ論を活用した。ラントグレーベが指摘しているように、ディルタイの比較心理学においては類型化と個別化が対向的に捉えられている。(7) ディルタイ自身、こう語っている。「一般的なものと個別化との結合という点にこそ、体系的な精神科学の最も固有の性質がある」(V 258)と。

精神科学が自然科学から区別されるのは、「一なる生」や「個別化」という視点があるからである。自然科学は特殊にして多様な諸現象を一般法則に還元しようとする。しかし精神科学において「一なる生」は他のいかなる生によっても代替不可能なもの、かけがえのないものだ。この点をディルタイは次のように表現している。「こうした同形性の上に単一なるものが聳えている」と(V 270)。

ここで別の問題が登場する。それは自然科学と精神科学の関係である。前述したように、ディルタイはとりあえず、トレンデレンブルクやロッツェから学んだ「機械論的自然観」と「理念的・有機的・目的論的」な見方の二元論から出発した。では前者を自然科学的な見方、後者を精神科学的な見方とみなしてよいのだろうか。ゲーテ形態学もやはり自然科学ではあるまいか。

たしかにゲーテ形態学には「理念的・有機的・目的論的」な見方が認められる。だが、それは動植物についてのみならず、人間の精神にも援用される見方である。ならば、動植物と人間の精神はどこで区別されるのだろうか。ここでディルタイはお得意の「歴史的理性」を持ち出す。人間の理性（精神）は歴史によって規定されている。ヨーロッパ人とアメリカ人の精神が異なるのは、彼らの歴史がまったく異なるからだ。カントはこの点を看過し、一般的な人間精神しか追究しなかった。そこにカント哲学の大きな弱点がある、他方、別種の弱点はゲーテにも見られる、とディルタイは考えていた。「ゲーテの『色彩論の歴史』は、歴史の歩みのなかに〈直線的もしくは螺旋的に上昇したり下降したり、前進したり後退したりする動きしか〉見ていない。彼は天才的な眼で、自然界の諸対象に対する人間の関係の変遷、理論形成における人格的なものの力を観察している。しかし、自然認識の進歩の諸段階を規定している必然性を見る眼は彼にはない」(EuD 164)。ディルタイが言っているのは、ゲーテには発展史観が欠けているということだ。だが、これに対して今日ならむしろこう反論できるだろう。ディルタイのほうが近代の発展史観に毒されている、と。『色彩論の歴史』のなかのロジャー・ベーコンやフランシス・ベーコンやロバート・ボイルやニュートンに関するくだりから明らかなように、ゲーテは自然科学の発展は個々の自然科学者の「心性」に多分に左右される、と考えていた。ゲーテは今日のアナール学派の「心性史」をかなりの程度先取りしていた。「心的な生」をもとにした歴史観を構想していたにもかかわらず、ディルタイはゲーテ的歴史観の独創性を十分に評価することができなかった。それはおそらく、牧師の息子として生まれたディルタイが、直線的に進展するキリスト教的な歴史観を信奉していたからであろう。人間の精神や精神科学は有機的かつ歴史的に発展してゆくというのが、ディルタイの信念だった。有機的な発展説は間違いとは言えない。しかし、一元的な発展説を信じることのできなくなっている今日のわれわれは、ディルタイ的な歴史観の代わりに、より多元的で、より心的な生を重視するゲーテ的な歴史観を再評価することによって、ディルタイ精神科学をより新しい、より豊かなものとして甦らせることができるにちがいない。そしてそれは、心的な生を出発点とするディルタイ哲学を、よりディルタイらしいものに仕上げることにもつながるのではないかと思われるのである。

LA : Goethe, *Die Schriften zur Naturwissenschaft*. Weimar, H. Böhlaus Nachfolger, 1947ff. (Leopoldina-Ausgabe).
HA : Goethe, *Werke, Kommentare und Register*. München, C. H. Beck, 1981. (Hamburger Ausgabe).

（1） Hugo von Hofmannsthal, Wilhelm Dilthey. In : *Gesammelte Werke in Einzelausgaben*. Prosa III. Frankfurt am Main 1952, S. 55.
（2） Manfred Riedel, *Verstehen oder Erklären?* Stuttgart 1978, S. 75.
（3） ディルタイは哲学が行なわなければならない基礎づけを自己省察と名づけ、認識論とは呼ばないことにしている（XIX 89）。
（4） Hugo von Hofmannsthal, a. a. O., S. 55.
（5） Ludwig Landgrebe, Wilhelm Diltheys Theorie der Geisteswissenschaften. In : *Jahrbuch für Philosophie und phänomenologische Forschung*. Bd. 9 (1928), S. 278.
（6） フリットヨフ・ローディ「目的論の影に」（舟山俊明訳、『ディルタイ研究』11、二頁）。
（7） Ludwig Landgrebe, a. a. O., S. 278ff.

二　シュライアーマッハーとディルタイ

『シュライアーマッハーの生涯』のもつ意味

ディルタイが学問界にその名を知られるようになったのは、『シュライアーマッハーの生涯』によってである。一八六七年に第一部が、一八七〇年に第二部が出版されることによって、ディルタイは、新進の精神史家として注目されるようになったのである。

シュライアーマッハーの死の前年の一八三三年に生まれたディルタイが、シュライアーマッハーの伝記に携わるようになったきっかけは、彼が一八五三年にシュライアーマッハーの女婿ヨーナスと出会ったことにある。当時ヨーナスはシュライアーマッハーの講義録や書簡集の編纂を行なっており、ディルタイも書簡編集を手伝うことになった。そしてヨーナス没後は、彼がこの事業を引き継ぎ、かくして書簡集『書簡にみるシュライアーマッハーの生涯から』第三巻（一八六一年）、第四巻（一八六三年）が、ディルタイ責任編集のもと出版された。(1) おそらくこのような生々しい史料を手にしたことが、歴史家として豊かな天分をもつディルタイを伝記の構想へと導いたのであろう。この伝記は、第二部（シュライアーマッハーのロマン主義時代の終焉）までしか公刊されず、未完に終わった。しかしディルタイが遺した膨大な草稿群は、彼が自己の哲学的課題に専心するかたわらで、この伝記の完成をめざしていたことを物語っている。シュライアーマッハーの伝記研究がディルタイをかくも捉えたのは、伝記作者としてのディルタイの研究が二つの点で、哲学者としてのディルタイの思索に深く関わっていたからであると思われる。

まず、ディルタイにとって、伝記を書くということ自体が重要な意義をもっていた。というのはディルタイは、伝記を「歴史の原細胞」（VII 246）と考えるからである。そもそも「歴史的〈人物〉の生涯は、個人が歴史的世界から影響を受け、その世界のもとで自己を形成し、それによってまたこの歴史的世界に逆に作用を及ぼす作用連関である」（VII 248）。そこで伝記作者のすべきことは、この作用連関を理解し、分析することによって、対象となる歴史的人物が生きていた歴史的世界の構造を深く掘り下げていくことにある。ディルタイは、シュライアーマッハーの伝記作者としてまさにこれを実践したのであり、この実践が、歴史的世界の構造についてのディルタイの学問的反省の源泉となったと言えるであろう。

さらに、シュライアーマッハーの生涯を構成する作用連関としてディルタイが重視するのは、一八世紀後半から一九世紀にかけてのドイツの精神的運動であり、シュライアーマッハーの思想や世界観の意義をこの運動において明らかにすることが伝記作者ディルタイの課題であったが、それはまた、この精神的運動の内実を明らかにすることによって、ディルタイの世代の学問的課題との関連を確立し、精神的な発展の連続性を見いだすという哲学者ディルタイの課題と結びついていた。ディルタイによれば、レッシング、カントからシュライアーマッハー、ヘーゲルの死にいたるまでのドイツの精神的運動を推進させたのは、「一つの新しい生の理想を形成しようとする衝動」であり、そこでは、「人間の使命への問い、真に価値ある生の内実への問い、真の教養への問いが生じたのである」（V 16）。啓蒙的な理性は、学問的認識を超えた彼岸世界の束縛を粉砕し、生の価値や意味を生そのものから把握しようとする。ディルタイは、シュライアーマッハーをこの運動の第三世代の代表者として評価し、二つの思想的業績を認める。宗教思想と個性の思想がそれである。

ディルタイの初期シュライアーマッハー評価

ロマン主義時代の代表作『宗教論』（一七九九年）においてシュライアーマッハーは、宗教の本質を一にして全なる無限の宇宙の直観と感情に見いだす。シュライアーマッハーにとって宗教は、学問的認識の対象や道徳的行為の源泉ではなく、無限なるものが人間に働きかけていることを敬虔に感受し、この無限との関係において自己の生命を見いだすことである。そして宗教の具体的な諸形態も、教団組織や教義もこの根源的な宗教的体験から生じたものとして捉えられる。すなわち「シュライアーマッハーは、原因、悟性、目的という概念を手がかりにして進む悟性の論理にもとづく主知主義的な宗教の基礎づけが、二次的なものであることを明らかにした。彼は、自己意識がすべての宗教的生の出発点を形作っている諸事実を含んでいることを示したのである」（I 139）。それは、「一種の宗教意識の現象学」（IV 151）であり、ここでは、宗教という生の客観態が宗教的体験という生そのものから発生的に理解されているのであり、ここにディルタイは、シュライアーマッハーの不滅の功績を見いだす。シュライアーマッハーは、啓蒙の洗礼を受けた現代人が宗教について語りうる唯一可能な次元を開示することによって、新しい宗教性の告知者となった。まさしく彼は、「宗教とヨーロッパの知的文化との将来の和解のための礎を築いたのである」（XIII 428）。『序説』（一八八三年）第二部で、学問としての形而上学が成り立たないことを歴史的に証明し、それとともに人間の形而上学的気分の根源的普遍性を主張することになるディルタイは、シュライアーマッハーの宗教思想に自己の立場との共通性を見いだしたのである。

シュライアーマッハーの宗教思想には、「厳密な認識が存在するのは、経験において与えられたものについてのみである」（V 12）というカントの批判哲学が反映している。ディルタイは伝記において、シュライアーマッハーのカント研究を克明に調べ、シュライアーマッハーの思想形成に及ぼしたカントの影響を明らかにしている。ディルタイによれば、「フリースとシュライアーマッハーはカントの唯一の弟子である」（XIII 107）。さらにシュライアーマッハーは、カントの一面的な生の理解、理性と傾向性の分裂を批判し、それを克服する道を模索する。「シュライアーマッハーは、カントの二元論を超えて全体的人間を倫理的考察のもとにおいたのである」（XIII 143）。このような方向性がシュライアーマッハー固有の宗教的心情と結びついて生まれたのが個性の思想である。『宗教論』においてシュライアーマッハーは、次のように語っている。「永遠なる人間性は、自分自身を創造し、過ぎ行く有限なる生命現象において多様に自己を表現しようとして、倦むこともなく働いている」[2]と。シュライアーマッハーにとって「人間性」は、無限の宇宙の一形式であり、個々の有限な人間は、「人間性」という無限の多様な表現として存在する。人間がそれぞれに異なることは、経験的な事実であるが、その多様な存在のあり方が、有限において無限を見る宗教的心情においては、価値あるものとして肯定される。そしてこのような宗教的心情とともに、カントとは異なる倫理的課題が生じる。カントにおいては、人間がそれぞれの差異にもかかわらず、普遍的理性をもち、その理性によって定言命法にしたがった行為をなすこと、すなわちいかなる状況であろうと普遍的人間として行為することが倫理的課題であるが、シュライアーマッハーにとっては、普遍的人間であるよりも個別的人間であることに価値がある。それゆえ自己の個性を自覚し、それをますます独自なものとして形成し完成させることが人間の倫理的課題であり、そのような個性観に立脚して、義務・徳・共同体のあり方を考察することがシュライアーマッハーの倫理学の基本的志向になる。ディルタイにとってこのようなシュライアーマッハーの個性の思想は、カントによって分裂させられた生との和解の思想であった。というのは「この人、あるいはあの人として生きることに抵抗し、人間一般であろうと欲する人間は、生そのものに対して抵抗していることになる」（XIII 328）からである。

かくしてディルタイは、初期シュライアーマッハーの伝記研究を通して、自己と同じ思想的基盤に立つ、それどころか先駆者としてのシュライアーマッハーを見いだしていく。しかしそれにもかかわらず、ディルタイは「シュライアーマッハー学派ではない」(jD 171)。というのは、この時点ですでにディルタイにはシュライアーマッハーの限界も明らかであったからである。

ディルタイの体系完成期シュライアーマッハー批判

ディルタイは、初期シュライアーマッハーの伝記研究だけでなく、それより前に体系完成期のシュライアーマッハーの研究も行なっている。この研究から生まれた二つの論文は、ディルタイの学問的キャリアの出発点に位置する。一つは、学位論文「シュライアーマッハーの倫理学の原理について」(一八六四年)であり、もう一つは、一八六〇年に「シュライアーマッハーの解釈学の真の功績は、この学問に関するそれ以前の、特に、エルネスティおよびカイルの考究と比較することにより、明らかにされうる」というシュライアーマッハー財団の懸賞課題に応募して賞を獲得した論文(以下「受賞論文」と略記)である。この二つの論文に共通するのは、シュライアーマッハーの学問の方法に対する徹底した批判である。シュライアーマッハーの方法の特質は、自然と理性、経験と思弁、同一性と個別性、自発性と受容性などの多様な対概念を重層的に結びつける点にある。たとえば、倫理学の価値財論(Güterlehre)においては、自然に働きかける理性の活動が、組織化と象徴化、同一化と個別化という二組の対概念の交差によって説明される。経験的世界においては、これらの対概念のどれもそれだけで存在するということはなく、すべては両極間の多様な振動あるいは混合として説明される。ディルタイによれば、このような方法は、シュライアーマッハーの汎神論的世界観に根ざしている。シュライアーマッハーの宗教的心情において世界は、美的な統一的・有機的全体として直観される。「宗教的体験は、意識の事実を超えでて、単なる悟性にとっては到達できない直観と概念の世界を開示する」(IV 54)。シュライアーマッハーの倫理学は、この宗教的体験において開示された「社会的歴史的世界における理念的連関の提示」(XIII 159)にほかならず、一連の論理的対概念は、具体的な現実から析出されたものではない。倫理学論文でディルタイは、シュライアーマッハーが提示するこの一連の論理的対概念を深い井戸にとりつけられた桶の鎖に喩えている(XIV 356)。この鎖は水面にまでしか届かず、シュライアーマッハーの論理的思考は、水を汲み上げようとしてこの鎖を上へ下へと動かすことに等しいが、しかしそれによって水を汲み上げることは永遠に不可能である。シュライアーマッハーの方法では具体的な生そのものに迫ることはできないのである。

解釈学においても、対概念を立てて説明するシュライアーマッハーの図式的思考は、ディルタイには不十分であると思われた。シュライアーマッハーの解釈学の中心となる対概念は、文法的解釈と技術的・心理学的解釈である。シュライアーマッハーは、対象となるテキストに固有の難解さを解決するための規則集であった聖書解釈学や古典解釈学という特殊解釈学に対して、理解そのものを考察する一般的解釈学を構想した。ここでは理解そのものが、書物を読むときだけではなく、他者の発言を聞くときにもなされる活動として考察される。それどころかむしろシュライアーマッハーの分析の規範モデルとなるのは親しい友人との会話である。そこでは何が語られているかが理解されるだけではなく、「友人の中でいかにしてある思考から他の思考への移行がなされたか」、「語られた対象についてその友人がまさにそのように表現し、別のようには表現しなかったことがいかなる見解や判断や努力と結びついているのか」が探求される。(3)そしてこのような理解によって、相手の個性的な思考と自分のそれとの差異を認識し、その差異を克服し、共有可能な思考を生み出すこと、これがシュライアーマッハーにとっては理解の本質であり、それは、書物の理解においても同じである。[4] この観点からシュライアーマッハーは、「どの語りも言語の総体への関係と著者の思考全体への関係をもっているように、あらゆる理解も語りを言語から引き出されたものとして理解することと思考者における事実として理解することという二つの契機から成り立っている」[5] として、文法的解釈と技術的・心理学的解釈の対概念を確立する。「受賞論文」でディルタイが問題にするのは、この二つの解釈の相補的関係だけで歴史的なものの理解が可能かどうかである。ディルタイにとって「同一的なもの〔言語〕と個性的なものという対立は、歴史の具体的内容にとってあまりに空虚で一般的すぎる」（XIV 733）ように思われた。この点に関して、シュライアーマッハーの解釈学ではどのように考えられていたのか。シュライアーマッハーにとって、解釈はつまるところ対話による相互了解であるので、解釈者が著者と対等の立場に立つことが前提として要請される。すなわち解釈技術の実践の前に、解釈者は著者がもっていたような言語の知識や著者の内的なそして外的な生活についての知識をもたねばならない。そしてシュライアーマッハーの学問体系においては、歴史についての学問は倫理学であり、この点で解釈学は倫理学に基礎をもつものとされる。しかしその一方で、そのような歴史的知識は解釈そのものを通じて初めて完全に獲得されるのであり、ここに全体と部分の解釈学的循環が指摘されている。しかし体系家シュライアーマッハーの思考はそれ以上進まず、後にディルタイに明確になったような、歴史の方法論としての解釈学という視点は出てこない。この視点こそディルタイの思想のもつ重要性の一つであろう。とはいえ、「受賞論文」の時点で、ディルタイにこの視点が明確になっていたわけではない。「受賞論文」においてディルタイは、シュライアーマッハーには言語や個性を「考察する純粋に歴史的な方法がない」と批判する。「この方法は、全体と個別における原因と結果の過程を追うだろう。しかし〔シュライアーマッハーにおいては〕個性であれ言語であれ、どの領域も一つの芸術的全体として考察され、この全体はその創造的理念によって形成されており、その結果この立場においてはどこにも純粋な因果系列は現われず、ただ組織化された体系だけが現われる」(XIV 701)。ここで「原因と結果」と言われているものは、後のディルタイの用語で言えば、歴史的世界と個人との作用連関であろう。さらに「創造的理念」(人間性)によって形成された生得的な本質としての個性は、後に「記述的分析的心理学」において「内的経験を象徴的に解釈し、それを実体的背景に結びつけた」(V 228) ものとして批判されることになる。しかし「受賞論文」においては、まだディルタイの歴史家としての感受性が、「歴史的な多様性や運動を無時間的で概念的な主要形式に変化させる」(XIV 693) シュライアーマッハーの非歴史的思考を批判しているにすぎない。ディルタイにおいて解釈学が「精神科学の基礎づけ」という彼の課題にとって重要なものとなるのは、精神生活の構造や個性の形成の心理学的分析を経た後のことである。

以上みてきたように、ディルタイは初期シュライアーマッハーに生を生そのものから理解するという彼と共通の志向を見いだしたが、このような志向をもちながらも「主知主義的な形而上学と絶縁し、そして哲学に彼の出発点にふさわしい心理学的基礎を与えるように決めなかった」(I 139) ことがシュライアーマッハーの限界であると考える。[6] それゆえシュライアーマッハーに精神的発展の連続性を見いだしつつも、シュライアーマッハーを越えてカントに帰ること、それがディルタイの世代の課題となるのであり、カントの理性批判を補完し、完成することを意図する「歴史的理性批判」というディルタイ固有の課題が生じるのである。

(1) これについては、ディルタイ「『書簡にみるシュライアーマッハーの生涯から』序言」(大石学訳『ディルタイ研究』11、日本ディルタイ協会、一九九九年) を参照。

（2）シュライエルマッヘル『宗教論』（佐野・石井訳、岩波文庫、一九六一年）八二頁。
（3）F. D. E. Schleiermacher, *Hermeneutik*, Nach den Handschriften neu hrsg. und eingel. von H. Kimmerle, 2. Aufl., Heidelberg 1974, S. 130.
（4）F. D. E. Schleiermacher, *Dialektik*, hrsg. von R. Odebrecht, Darmstadt 1988, S. 52-53.
（5）F. D. E. Schleiermacher, *Hermeneutik*, S. 76.
（6）ディルタイの研究は、シュライアーマッハー研究史上画期的なものであったが、近年シュライアーマッハーの遺稿の原典批判作業が進むにつれて、ディルタイの生の哲学的解釈に対して異論も出てきている。その辺の事情は、G. Scholtz, *Die Philosophie Schleiermachers*, Darmstadt 1984 で詳細に論じられている。またその流れに立脚して、シュライアーマッハーの学問体系を簡潔にまとめ、その思想の現代的意義について論じたものとして、山脇直司「シュライアーマッハーの哲学思想と学問体系」（『講座ドイツ観念論』第四巻、弘文堂、一九九〇年）二一七頁以下、が参考になると思われる。

三　ノヴァーリス、ヘルダーリンとディルタイ——「世代」の交響

ディルタイの『体験と創作』（一九〇五年）には、それぞれレッシング、ゲーテ、ノヴァーリス、ヘルダーリンを論じた四つの論文が収録されている。うち初出の最も早いのはノヴァーリス論で、もと一八六五年の『プロイセン年報』に発表された。逆に新しいのがヘルダーリン論で、この論文集のために執筆された。もっとも、一八六七年五月の『ヴェスターマン月報』に掲載されたヘルダーリン論から、数カ所が採り入れられている。

この二つの論文を主な手がかりにディルタイがノヴァーリスとヘルダーリンとに寄せた関心の所在を読

み取りたいのだが、それに先立って、この二人の詩人を簡単に紹介しておく。

ノヴァーリス

ノヴァーリス。本名はフリードリッヒ・フォン・ハルデンベルクである。一七七二年、マンスフェルト伯領オーバーヴィダーシュテットに生まれた。両親の信奉するヘルンフート派敬虔主義が、この詩人の基礎的気分になっている。イェーナ大学とライプツィヒ大学で法学、哲学、化学、数学を学び、ヴィッテンベルク大学に転じて学業を終えた後、テンシュテット地方事務所に就職した。イェーナ在学中に強い思想的影響を受けた人物に、カント、ゲーテ、シラー、フィヒテがいる。さらにその後結ばれたシュレーゲル兄弟、ティーク、シェリング、リッターらとの親密な交際の中で、魔術的観念論の名で知られる彼の特異な哲学的思想が形成されていった。

だが、ノヴァーリスの思想には、もう一つの重要な契機がある。一七九五年に彼は十三歳の少女ゾフィー・フォン・キューンと婚約したが、彼女は九七年に死んだ。彼女の歿後三一日目から始まる日記の中で、彼のゾフィーへの愛（フィロゾフィー）が神秘主義的に昇華されていく。小説では『ザイスの学徒』（一七九八年）や未完に終わった『ハインリッヒ・フォン・オフターディンゲン〔青い花〕』、詩では『聖曲』（一七九九年）や『夜の讃歌』（一八〇〇年）、論文では『キリスト教界あるいはヨーロッパ』（一七九九年）などに結実したその思想は、また数多くのすぐれた哲学的断章を生んだ。

魔術的観念論の基本的な発想は、こうである。他者との日常的な繫がりの断絶（たとえばゾフィーとの死別）の後、洞窟の内部を思わせる自己の魂の暗黒の内奥に沈潜していくことで、かえって他者との深い根源的な繫がりがあらわになり、新たな明るみの場に立つことができる。そのためには、自我はみずからをいわば焼きつくしながら同時に更新せしめねばならないが、この自己焼却と更新の過程が哲学（ゾフィーへの愛）であって、有限な自我の内奥に宿る神性に到達するまでこの過程を徹底させれば、自己は世界霊と合一することで外なる自然をも真に理解できると同時に、霊的な現在に立つことで過去と未来との融和に達することもできる。この内への道が実は外への道でもあるという魔術的転換が、哲学の目標に他ならない。

ゾフィーを失った傷心のノヴァーリスは、その年の暮れ、製塩技術を習得すべくフライベルク大学に入学して鉱山学を学びはじめたが、翌年十二月にユーリエ・フォン・シャルパンティエと婚約した。ただし、死んだ少女への愛は枯れない。ユーリエを通じて彼が見ていたのはゾフィーであり、この少女の姿が次第に世俗を去って聖化されていったことを、たとえば『夜の讃歌』が伝えている。

フライベルク大学での勉学は一七九九年まで続いたが、その間にも、すでに九七年には徴候のあらわれていた彼の肺結核が進行している。それが一八〇一年三月、まだ二九歳の若い彼の生命を奪うことになった。

ヘルダーリン

フリードリッヒ・ヘルダーリン。一七七〇年、僧院の教師を父にシュヴァーベンのラウフェンに生まれたが、二歳にして父親と死別。さらに、寡婦がニュルティンゲンで再婚した第二の父親とも、九歳にして死別する。二度にわたる父親の死と以後の母子家庭での成長が、弟妹との絆を固めもしたが、また早くからこの詩人の心に暗い影を投げかけている。

デンケンドルフとマウルブロンの神学校を経て、一七八八年にテュービンゲン・シュティフトに入学。

ここでギリシアの古典への関心が高まる。同窓にシェリングやヘーゲルがいた。一七九三年、テュービンゲン・シュティフトの課程を終えたヘルダーリンは、ヴァルタースハウゼンのカルプ家に家庭教師の職を得た。翌年、教え子とともにイェーナに移って、ゲーテ、シラー、フィヒテらを識った。

一七九六年一月、銀行員ゴンタルトに雇われて家庭教師としてフランクフルト・アム・マインに赴いた彼に、ゴンタルト夫人ズゼッテとの出会いがある。運命が二人の心を結びつけた。彼は愛を主題とするプラトンの対話篇の中から名を採って、彼女をディオティーマとよぶ。小説『ヒュペーリオン』(一七九七・九九年)、「ディオティーマ」と題された数篇の抒情詩、彼の死後に公刊された『ディオティーマの手紙』などが、彼女の名を不朽のものにした。だが、この精神的恋愛は現実の日常世界にはそぐわない。九八年九月、銀行員の激しい面罵を背に、彼はその家を去った。

傷心の彼を、ホンブルクの友人ズィンクレールが温かく迎えた。思索にふけることのできる落ち着いた生活を得て、ヘルダーリンは詩人として覚醒し、多くのすぐれた抒情詩を書き、エンペドクレス劇の構想を練り、詩についての論考の筆をとった。だが、このしばしの休息と反省の時期の後、彼が詩人としての活躍と経済的自立のための新しい地平としてめざしたイェーナは、彼に冷ややかであった。とりわけシラーに無視された衝撃は大きく、一八〇〇年、いったんは母親の家に戻る。以後は各地での家庭教師生活と帰郷とを反復しながら、彼は心を病んでいく。一八〇二年には、病いは誰の目にも歴然としていた。一八四三年の病的発作による絶命まで、それから約四〇年間も、彼は荒廃した精神の闇の中でもがくことになる。

「世代」

ノヴァーリスは三〇歳に達せずして夭折し、ヘルダーリンは七〇年余を生きた。新世紀を迎えようとするドイツで文芸の中心地としての役割を演じていたイェーナは、ノヴァーリスにとっては暖かく、ヘルダーリンにとっては寒かった。ノヴァーリスには、『キリスト教界あるいはヨーロッパ』に見られるような旧教的中世への傾斜がある。『ハインリッヒ・フォン・オフターディンゲン』で詩人が旅人として分け入るのも中世的な世界であった。他方、ヘルダーリンには、『ヒュペーリオン』その他多くの作品が示すように、古代ギリシアへの熱烈な思慕がある。このかなり異質にも見える二人へのディルタイの関心の所在が、いまここでの私の問題なのである。

ここでは、ディルタイのノヴァーリス論がこの詩人への正当な評価を世間に促したとか、ヘルダーリン論が「エトナ山上のエンペドクレス」をこの詩人のエンペドクレス断片群の最後のものと見ている点で、彼の文芸学者としての炯眼ぶりを示しているとかを、論じるつもりはない。問題はもっと深いところ、ディルタイの精神史への取り組みの基本的なところにある。そのことを示すひとつが、ノヴァーリス論で彼が提出した「世代（Generation）」の概念であろう。

「歴史的世界の構成」の「作用連関としての精神的世界」には、「世代」にかかわる註記があって、自分は一八六五年にノヴァーリス論でこの概念をはじめて用い、シュライアーマッハー論においてこれを大幅に活用したと、ディルタイ自身が述べているが、そのノヴァーリス論に「世代」が最初に登場する箇所は、こうである。「私をノヴァーリスに導いたのは、ゲーテ、カント、フィヒテの後に続く世代に出現する世界観の重要な動機のいくつかをノヴァーリスに即して明らかにするという、摑み取るところ広範な希望である」。

ノヴァーリスの生年は一七七二年、ヘルダーリンのそれは一七七〇年。出身地も、家庭の雰囲気も、またその外面的な生涯のありようも異なるが、ともにまぎれもなく「ゲーテ、カント、フィヒテの後に続く世代」(EuD 188) に属する。そして、ディルタイがシュレーゲル兄弟やアレクサンダー・フォン・フンボルト、シェリングとヘーゲル、ヴァッケンローダー、ティーク、フリースと並べて、ノヴァーリスとヘルダーリンの名を挙げた「まさにこの世代をこそ研究しなければならないほど明瞭な区切りの中に立ち現われる」(EuD 189) 世代に出現する世界観を、「彼らが共通してその下で成長した諸条件の影響を、世に出て最初の一〇年間に、その知的性格のうちに最も鋭敏に示している」(ibid.) これらの人物が共有し、その重要な動機のいくつかを分かち持つのでなければ、これらの人物の誰かを研究することに、あまり精神史的な意味はない。

体験の意味づけ

ところで、この世代に出現した世界観との関連で無視できないのが、ロマン主義である。ただし、ノヴァーリスがドイツ初期ロマン派の渦中にいたのに対して、ヘルダーリンは一般にはロマン主義者とみなされていない。ディルタイが「世代」の概念を大幅に活用したと言う『シュライアーマッハーの生涯』では、彼は意識的に「ロマン的」という言葉を避けようとしたらしいが、ノヴァーリス論で「世代の世界観」を言ったとき、彼は明らかにロマン主義を意識していた。

もっとも、それを「ロマン的」とよぶかどうかよりも、たとえばドイツ初期ロマン派を代表する一人だったノヴァーリスと、そのロマン派の圏外にいたと見られるヘルダーリンとに、基本的なところで共通し、しかも同じ世代の世界観を動機づけているような要因があるかどうかの方が、基本的な問題であろう。

ノヴァーリスのゾフィー体験とヘルダーリンのディオティーマ体験がそれぞれの思索と詩作において持っていた意味には、ある共通のものがある。体験とはむろんきわめて個人的な事柄だし、この二人の詩人がいずれも月光のように繊細で過敏な神経の持ち主だったのも個人的なことだが、その体験がそれぞれの魂の内奥で意味づけられていく場面では、「世代の世界観の重要な動機」がはたらいていたのではないか。

ヘルダーリン論は一七九〇年代のドイツで汎神論的な世界観が発展しつつあって、ヘルダーリンがその発展に歩みを合わせていたことを指摘するが、ノヴァーリスも例外ではない。ノヴァーリスのゾフィー体験、ヘルダーリンのディオティーマ体験、ともに芸術的な美的体験の性格を持っていたと私は思うが、有限な多様性の世界に個として生きながらも無限への憧憬を抱きつづけてきた自我に、哲学的な悟性や理性だけでは把握しきれなかった無限者の神性が、その美的体験を通じて開示される。有限な個の世界の奥に汎神論的な宗教性を求めて、哲学がそのような美的体験に迫ろうとしていた。そういう精神史的状況に、いま「生」はあった。

「生」からの出発

「ヘーゲルの青年時代」とほぼ同時期に書かれたヘルダーリン論は、青年時代のヘーゲルや『ヒュペーリオン』の詩人ヘルダーリンの出発点を、「生」と捉えている。「世界観学」のうち世界観の諸類型を扱った部分では、文芸の出発点が「生」であることが語られている。「すなわち、文芸の出発点は生であって、人間や事物や自然への生の連関が文芸にとって核になる。かくて、生の連関から出てくるさまざまな経験を統括しようという要求のうちに、普遍的な生の気分が生まれる」が、ゲーテやシラーやロマン主義の詩人たちの偉大な抒情詩やヘルダーリンの『エンペドクレス』などの「作品の基礎になっているのは、このような普遍的な生の気分である。だから文芸は、科学のように現実を認識しようとするものではなくて、生の連関に内在する出来事や人間や事物の意義を明らかにしようとするものである」。とすれば、とりわけノヴァーリスやヘルダーリンのような詩人を主題とするに当たっては、生を要素に還元するのではなく、生の全体的な構造連関を主眼としなければならない。それが、ノヴァーリスやヘルダーリンをディルタイが論じる基本的な立場でもあった。これらの論考で、彼はそれぞれの個の全体へのかかわりを把握しようとしている。

グンドルフは一九〇七年に編集した『ロマン派書簡』の緒言「ロマン派について」で、ヘルダーリンをロマン派とは本質的に異なる詩人として捉えた。そして、ノヴァーリスとヘルダーリンについて、どちらも神秘的融合において全体と一であろうとする傾向は同じだが、ノヴァーリスが自我を拡大する遠心的な道を選んだのに対して、ヘルダーリンは自我を分解し粉砕して神的な全体に没入しようとする求心的な道を選んだと、その相違を強調している。だが、生の全体性の視点から見たとき、これは根本的な相違になるのであろうか。

憧憬の情調

たとえばディルタイがヘルダーリン論で、『ヒューペーリオン』と『エンペドクレス』との「二つの作品は、生きて活動しようとする衝動と死の憧憬とがそこで結び合わされている一つの基本的情調に支配されている」と述べた言葉は、そのままノヴァーリスの『夜の讃歌』や『ハインリッヒ・フォン・オフターディンゲン』について語られても不自然でない。そして、基本的情調を言えば、ジャン・パウルは『美学入門』(一八〇四年)の第一部で、「ロマン的」ということを琴の絃や鐘の余韻にたとえた。「音の波がひときわ遙かな彼方に遠ざかるかのようにかすれていき、ついには私たちの内に入って消える。そして、外ではすでに静かになっていても、それは私たちの内ではまだ響いている」。

ノヴァーリスとヘルダーリンとを中心としたこの時期のドイツ文学の研究者として著名であった小牧健夫は、『ヘルダーリン研究』(一九五三年)の中で、このジャン・パウルの言葉を引き、「彫塑的小説と対立せしめて音楽的小説としてノヴァーリスの『ハインリッヒ・フォン・オフターディンゲン』を挙げるなら、『ヒュペーリオン』もまたその他の一つの代表作としなければならない」と書いている(二〇二頁)。たしかに、この二つの作品に顕れた魂の憧憬は、ともに彫塑的形成力の乏しい反面で、きわめて豊かな音楽的情調を伴っている。

この同一の世代から響いてくる魂の震えの余韻を聴くのに、必ずしもロマン主義の枠組みに拘泥するいわれはない。

第三章　ドイツ観念論とディルタイ

一　ヘーゲルとディルタイ

ディルタイ全集第五巻『精神的世界――生の哲学序説』の冒頭に掲載されたミッシュの緒言に関して、ボルノーは、その著『ディルタイ』の中で、この緒言が初めて包括的で体系的な思想家であり、真の哲学者でもあるディルタイの姿を詳細に描きあげたのである、といって、その意義をきわめて高く評価している。確かにミッシュはそこにおいて、ディルタイの学問的関心の推移を、当時未発表の遺稿まで参照しながら、丁寧に詳しく報告している。それによると、ディルタイは、青年時代、倫理的なものや宗教的なものにたいして非常に強い関心を示していたが、そうした世界に関する厳密な事実研究や精神史的研究から出発し、道徳的意識の分析に従事したり、人間の内面に関する心理学的考察を試みたり、あるいは精神科学に固有の方法論、論理学、認識論の構築をめざしていたために、抽象的な概念の組織化をめざす体系形成としての哲学に懐疑的であったこと、したがって彼がヘーゲル哲学に沈潜するようになったのは、まさに機が熟した時といっていい晩年のことであり、それは一九〇四年頃のことであったという。ガダマーもまた、その著『真理と方法』の中で、ランケの弟子、あるいは、新しい経験哲学の弟子としての若きディルタイは、シュライアーマッハーの美的汎神論にも、ヘーゲルの歴史哲学的に構成された形而上学にも飽き足らず、歴史的世界に固有のカテゴリーの探求をしたり、精神科学の心理学的な基礎づけや解釈学的基礎づけを試みたりしており、彼がヘーゲルに一層接近していったのは、晩年のことであって、特にヘーゲルの、いわゆる神学的初期草稿を知ってからのことであるとしている。こうした理解は、すでに人口に膾炙したものであるが、しかし、ディルタイは、その晩年に至るまで、ヘーゲルからまったく遠ざかって、ひたすら精神的世界に関する実証的研究に明け暮れていたわけではない。たとえば、一八八三年に発表された『序説』の中で、彼は、ヘーゲルが、実証的精神科学の成果を、実証的哲学者よりも、一層深いまなざしを持って利用している点を、積極的に評価しているし（I 24）、また一八七〇年に出版された『シュライアーマッハーの生涯』の中でも、並外れた冷静な同化力と理解力を持っていたヘーゲルとシュライアーマッハーは、途方もない量の素材を自由に支配することができた（XIII 229）といって、ヘーゲルの思想的包容力をきわめて高く評価してもいる。単にそればかりではない。彼は、すでに一八六〇年に、日記の中に、次のような内容の文章を書きしたためているのである。一般に人は、ヘーゲルに関して非常に奇妙な評価をしていること、彼の本性からなされた最も内なる努力は、具体的な概念を希求しての努力であって、実際彼は、シェリングのような抽象的観念論を克服するために格闘したこと、彼の研究はきわめて現実的で、常に事実に基づいてなされたものである、という文章を（V Lxxvi, jD 120f.）。ここにわれわれは、当時の一般的なヘーゲル評価にたいして、若きディルタイが大いに不満であったことを、はっきりと認識することができる。しかし、こうした肯定的なヘーゲル評価も断片的なものであり、また、確かにミッシュやガダマーが指摘しているように、ヘーゲルに対する批判的な叙述も散見されるので、一般にディルタイはヘーゲルに対して、アンビヴァレントな態度をとっていたといっていいであろう。

こうした毀誉褒貶相半ばの状態を完全に払拭し、ヘーゲル的世界の中にのめり込むようになるのは、確かにガダマーのいうように、彼が、ブレスラウからベルリンに移り、ベルリン王立図書館に保管されていたヘーゲルの初期草稿を発見してからのことである。彼が、この草稿をいかにして知るようになったのか、その経緯について詳しくはわからないが、後にこの草稿を編集整理し、『ヘーゲルの神学的初期草稿』というタイトルのもとに公刊することになる、ディルタイの愛弟子ヘルマン・ノールは、ディルタイが、この草稿を中心としたヘーゲル研究に没頭するようになったプロセスについて、おおよそ次のように伝えている。それによると、彼がはじめてこの草稿の重要性について触れたのは、一八八八年、『哲学史論集』という研究誌においてであり、そこで彼は、この草稿を利用することによって、ローゼンクランツやハイムの仕事をより完全なものにするようにという要請をしていること、さらに、それから一二年後の一九〇〇年に、クーノ・フィッシャーのヘーゲル研究が公表されたとき、ディルタイは、その書評の中で、再度この草稿に基づいたヘーゲル研究の完成を要請するばかりか、この年に、ベルリン学士院の懸賞問題として、この草稿を駆使した、ヘーゲル哲学体系の成立史に関する論文を公募したという。その後、応募してきた論文を審査しているうちに、みずからヘーゲル研究に着手し、それこそ老骨に鞭打ってこの資料の読解に集中し、そうした研究の成果は一九〇五年一一月二三日、ベルリン学士院の総会で報告され、さらにそれに大幅な加筆修正を施して、一九〇六年四月二四日に「ヘーゲルの青年時代」が出版されることになったという。その間ひたすら師の側近くにあって、その仕事ぶりをつぶさに見守っていたノールは、その時の思い出を次のように書き記している。自分の使命感以外のことは一切念頭になく、一心不乱に資料に取り組んでいる、神秘的とさえ思われた老人の姿、ならびに、精神の歴史的世界と、そのあらゆる可能性の中に、あのように情熱的に生きることのできた師の姿を、私はけっして忘れることはできないであろう

(IV v)、と。さらに、ノールによれば、ディルタイは常日頃、もっぱら事柄それ自体の中に沈潜していくヘーゲルの研究態度にたいして、心からの敬意を表わしていたが、そうした真摯な研究態度は、まさにディルタイ自身のものでもあったということを付け加えている。

こうした悪戦苦闘のドキュメントといっていい、この「ヘーゲルの青年時代」は、単なる初期草稿の整理整頓や内容紹介といったようなものではない。もちろん、草稿が、その中心となってはいるが、しかし同時に、より幅広い観点からなされた全体的ヘーゲル研究である。方法論の点においても、それまでの彼の研究成果が、すべてそのなかに投入されている。伝記的なものや文献学的なものはもちろんのこと、精神史的考察もあれば、心理学的研究方法も盛り込まれている。実際、このヘーゲル研究は、彼のそれまでの研究の総決算といっていいであろう。残念ながら、小論では、その全貌について詳しく触れることはできないが、叙述はまず、ヘーゲルの生い立ちからはじめられている。簡素で、厳しい官吏の家庭環境、少年ヘーゲルの控えめで几帳面な性格、ギリシア悲劇やシェイクスピア劇との出会い、大学時代におけるヘルダーリンやシェリングとの交友関係、フランス革命、カント哲学、啓蒙主義や反啓蒙主義の運動、ロマン主義の台頭、ゲーテやシラーの文学活動等々といったような、若きヘーゲルをとりまく思想的状況、社会的状況が、それこそ克明に描かれていく。そうした混乱した状況のなかで翻弄されているうちに、西洋文化の源流といっていい、古代ギリシア文化や原始キリスト教の研究へと、ヘーゲルの関心が、次第に傾斜していく経緯も、きわめて丹念にフォローされていく。換言するならば、ヘーゲルの具体的生活経験、生活体験から始まって、伝統としての過去の歴史研究へと向かっていくヘーゲルの思想的発展のプロセスが丁寧に叙述されていく。ところで、ディルタイは、そうした歴史研究の成果としてのこの草稿のなかで、特にヘーゲルのキリスト教成立史に関する研究に注目する。そこでは、ユダヤ民族の悲惨な歴史、ユダヤ教の非人間性、イエスの時代の社会的、宗教的混乱状況、そうしてイエスの登場という歴史的発展の経過が詳しく論究されているのであるが、ディルタイは、特に、イエスの時代の、それこそ身の毛もよだつような恐ろしい現実、またそこから逃れるために人々は、メシアの到来の希望の中にしか慰めを見いだすことができないような状況、そうした状況から、いわば必然的なものとしてイエスの愛の宗教が現われてくる様子を、ヘーゲルがきわめて論理的に究明している点に特に注目する。というのは、そのようにしてヘーゲルは、あらゆる非人間的なもの、対立抗争、憎悪、抑圧等々を廃棄する愛の思想のなかに、キリスト教の本質を見いだすと同時にまた、みずからの思想の核心をも求めているからである。

実際、ディルタイは、この草稿のなかの次のような言葉、「神は愛であり、愛は神である。愛をおいて他にいかなる神性も存在しない。もっぱらただ神的でないもの、愛さないものだけが、神を自分の外に、あるいは抽象的観念のなかに求めるのである」とか、あるいは、「神を愛するということは、すべての生命のなかに、自分自身を感じとることであり、無限なるもののなかに無制限に自己を感じとることである。こうしたハーモニーの感情においては、もはや抽象的普遍性など存在しない。というのは、ハーモニーの状態においては、特殊なものももはやなんら逆らうことなく、全体のうちに融合していくからである」(IV 81) といった言葉を具体的に引用しながら、ヘーゲルは、キリスト教の形而上学的解釈を通して、みずからの宗教哲学の中心思想を把握していると感動的に語っている。ミッシュによれば、ディルタイはかつて青年時代に、次のような使命感を、つまり、現代のようにもっぱら政治や科学的思考がもてはやされている時代において、自分がなさなければならないことは、宗教的生命の最も内なるものを歴史の中に見いだし、それを感動的に語ることである (V xxiii)、というような使命感を吐露していたというが、そうしたことが、あたかも今ここにおいて、実際に行なわれているかのようである。この神的なものとしての愛は、さらに個々ばらばらのもの、互いに反発しあったり、よそよそしい関係にあるものを結びつけ、統一性、全体性を確立していくものである。したがって、単一性、全体性、普遍性等々といったものは、具体的には、ハーモニー、平和、宥和、安らぎ等々を意味し、逆に、多様性、個別性、特殊性等々といった抽象的概念は、闘争、憎悪、苦痛や苦悩等々を意味することになる。こうして、従来ややもすれば、干からびた抽象的概念のように思われていたものが、生き生きしたものとしてディルタイの目の前に現われてくる。いまや概念に生気が与えられ、魂が吹き込まれたかのようになる。実際、彼は、その時の印象を次のように語っている。ヘーゲルにとって概念の秩序とは、なんらかの心の状態を示すものであること、あたかも概念とともに、なんらかの響きが、自分の心のなかで同時に聴きとられたかのように思われること、カテゴリーと一定の心の状態とが緊密に結びついているという親和性の意識が、彼の全思索を貫いているのである（IV 140）、と。さらにまた、彼は、こうした具体的歴史研究から、ヘーゲルが弁証法の論理を摑み取っていることをも発見するのである。というのは、歴史は、あらゆる固定的なものを解体し、一切を発展の流れのなかに解消してしまうからである。矛盾、対立があるところには、必ず統一への意志が現われ、そのようにして実現された統一は、新たな対立、抗争を生みだし、一層高次の統一に向かって駆り立てられていく。こうした歴史の動きそのものに内在する論理を、いわば歴史の規則正しいリズムのようなものとして、ヘーゲルが把握していることを、今やディルタイははっきりと認識することになる。実際、彼は、その時の感動を次のように書き記している。ヘーゲルが、この時期に獲得した最も重要で、最も確実な成果は、歴史的世界の内面性に没頭することによって、精神科学のカテゴリーや弁証法の論理を獲得したこと、そのようにして、彼は、従来のあらゆる歴史記述を凌駕するばかりか、ヨーロッパの学問に対して最大の功績を上げることになったのである（IV 157）、と。これはまさに、ヘーゲルの仕事にたいする、ディルタイの最高の讃辞といっていいであろう。

上述のように、初期草稿の厳密な読解を通して、ヘーゲル哲学体系の本質を、その生成のプロセスにおいて解明し、若きヘーゲルの生き生きとした宗教的感情と、後年の抽象的論理学や体系としての哲学との緊密な関係を明らかにしたことは、まさにヘーゲル研究史上における画期的な業績であるが、しかし、ディルタイは単にそれだけにとどまらない。彼は、さらにこうした研究の基礎の上にたって、自分独自の体系的精神科学の構築をめざすことになり、その具体的成果は、一九一〇年の「精神科学における歴史的世界の構成」というかたちで現われてくる。残念ながら、許された紙数の関係上、その内容についての説明は割愛せざるをえないが、しかし、われわれがここで心に銘記しておかなければならない点は、ディルタイのそうした研究姿勢である。つまり、ヘーゲルの具体的経験や体験の世界の奥深くにまで歩み入り、そこから、今なお意味のあるもの、価値あるもの、生命あるものを把握し、その上にたって、新たな創造の道や実践の道を邁進していくという彼の研究姿勢である。一般にディルタイは、精神的世界に関する理論的研究者といわれているが、そうした理論的研究の背後には、激しい創造的、実践的パトスが潜んでいることを、われわれはけっして忘れてはならない。先に触れたノールは、みずから編纂した『ヘーゲルの神学的初期草稿』のなかで、歴史は単なる抽象的意識より以上のものであり、常にルネサンスであること、ヘーゲルもまた、こうした意味において復活しなければならないが、その場合の復活とは、けっして彼の体系の非時代的な繰り返しではなく、ヘーゲルのもつ生き生きとした力を、まさにわれわれの生活や生き方のなかに取り入れることを意味しているのだ、と語っているが、われわれのディルタイ研究もまた、そうした姿勢でもってなされなければならない。つまり、ディルタイが実際に体験したものや意欲したもののなかに深く沈潜し、そこから今もなお意味のあるもの、生命あるものを摑みとり、それを生き生きと蘇らせなければならない。さもないと、彼の哲学は過去の死せる哲学になってしまうであろう。

二　フィヒテ、シェリングとディルタイ——生の謎と絶対者の思想

人類が生きてきた事実には、人類が歴史と文化を形成してきたという事実が含まれている。われわれの生命の謎の探求は、歴史と文化についての理解を前提とする。そして、歴史と文化の理解は、生命と世界の根源的なありようについての思索を抜きにしては、浅薄な知識の段階を超えることはないであろう。一九世紀後半から二〇世紀初頭にかけて、ドイツで大きな哲学的運動となった「文化科学（Kulturwissenschaft）」のプログラムは、まさにそのようなもっとも広い意味で文化を理解していた。そして、ヴィルヘルム・ディルタイほど、この哲学的運動の中心人物としてふさわしい哲学者もいないであろう。彼が提示した「精神科学」という概念の底流には、生命の謎に迫るという試みが、文化についての幅広い知識を獲得する試みと同じひとつの試みであるという確信がある。

したがって、ディルタイ哲学のもっとも優れた解釈者であったゲオルク・ミッシュもこう語っている。「ディルタイは、哲学者であると同時に教養人でもあった。それも、生について理解ある教養人であった」(Misch, S. 13)。ディルタイの哲学は、文学や歴史についての深い教養と、芸術的素養と人間心理の機微についての洞察とを土台としている。哲学や文学の先人たちとの対話のなかで築かれた哲学なのである。

ディルタイが行なったドイツ観念論の研究については、特にすぐれたものとして、「ドイツ精神史の研

究」(III)と「若きヘーゲルについての研究とドイツ観念論にかんする諸論考」(IV)に収められた仕事が挙げられる。ただし、多くの仕事は断片的な試論であって、ドイツ哲学の通史ではない。その目的が、一貫した歴史研究にではなく、「生」についての思索を一歩一歩進めていくことにあったのがうかがわれる。

先人との対話という解釈学的手続きともに、ディルタイ哲学のありかたを決定したのは「近代性(モダニティ)」の問題であった。ディルタイが、シュライアーマッハーの哲学にドイツ精神史の頂点を見たのもそのためである。シュライアーマッハーは、近代の始まりを繊細なかたちで受けとめた哲学者・神学者であった。彼の哲学は、近代的世界観を基調としている。近代国家という枠組みのなかで生きる近代的個人の世界観であり、盲目の信仰においてではなく、合理的な知識において世界を理解しようとする世界観である。しかし同時に、神学者としてのシュライアーマッハーは、もはや自明でなくなった宗教的世界との連係を、もういちど宗教的内面性というかたちで取り戻そうと努めた。合理的な世界観と絶対者への希求とがひとつであろうとする根本衝動こそ、近代性の哲学的定義である。

ディルタイもまた、近代科学の「方法」を重視している。人間の生の理解を「自然科学」とならぶ「精神科学」として体系づけようとし、「精神科学」の方法論的な基礎づけをみずからの哲学の課題とした。しかし同時に、「生」についてのトータルな思想を探求し、哲学の究極的な動因を「生の謎」に見てもいる。そのディルタイが、ドイツ観念論の哲学に取り組み、その矛盾した近代的な性格に惹かれたのも無理はない。そこには、同一の問いかけがあり、精神の同質性がある。

ディルタイにとっては、ドイツ観念論こそは「近代」の矛盾から生まれた哲学であり、合理的な世界解釈と絶対者の思想という、ふたつの相反する傾向をもつ哲学体系であった。合理的な世界解釈という近代の一面がカント哲学において実現したとすれば、フィヒテとシェリングからヘーゲルにいたるロマン派の哲学は、近代のもうひとつの側面を代表する。絶対者の思想としての近代哲学であり、生の根元へと迫る汎神論的傾向に規定された近代である。ドイツ精神は、この段階にいたって、カントの二分法的な思考を止揚して、「理性学問」としての哲学と決別する。生の衝動のとりことなり、統一への憧憬に貫かれることとなる。「万有の根拠は、思考の規定事項という形で解明される理性ではない。〔それは、〕思考にとってアプローチ不可能な、体験においてのみ把握可能な生への強い意志」(IV 262) なのだ。こうして、ディルタイが「客観的観念論」とも「観念論的一元論」とも呼び、「もっとも広い意味での汎神論」と説明するドイツ観念論の流れが生まれ、その流れのなかでフィヒテとシェリングとが位置づけられる。

それゆえに、ディルタイが注目するのは、認識論としての「知識学」ではない。自由の思想としての知識学のありかたであり、フィヒテの汎神論的傾向である。フィヒテにおいて、「自由の観念論は世界の謎の普遍的な解決を意識の事実のうちに見いだしたのであった」(XIII 114)。フィヒテこそは「古典的な自由の観念論」の哲学者であり、「自由においてこそ人間の本質が把握される」という倫理的確信に貫かれた哲学者であった。「彼は、自我がみずからの世界を生み出す系譜のありように迫るという巨大な試みによって先へ先へと駆り立てられていた」(IV 203)。フィヒテ晩年にいたって、あくなき知的英雄的行為にかわって、「宗教的な人間」こそが人間の理想的なありかたを規定するようになる。「フィヒテのもともとの生の概念に潜んでいた神秘思想が今や勝利を収めたのだ」、とディルタイは述べている。精神の力動性と根元性は、フィヒテの哲学において力強い哲学的表現を獲得した。そして、シェリングを通して展開し、ヘーゲルにおいて完成された「客観的観念論」の流れとなる。ディルタイが「客観的観念論」に見たのは、精神と対象との根源的一致を哲学体系のなかでめざし、体系性と根元性との同一を大胆に追い求める精神の姿である。そのとき決定的な役割を果たしたのが、「知的直観」の概念であった。

フィヒテの「知的直観」の概念を受け継ぎ、彼の潜在的な汎神論的傾斜を明確に思想化したのが、「同一性」の哲学者シェリングである。

シェリングとともに、ドイツ哲学はこの時代特有の新しい展開を示す。ベルリンやイェーナといった都市名と結びついた「哲学文化」となり、この「哲学的文化」は、ロマン派のサークルや恋愛・交友関係を媒体として繰り広げられた。ディルタイがロマン派の哲学にとりわけ強い魅力を感じたのには理由がある。ロマン派のサークルにおいて、芸術と思想との結婚が執り行なわれたのだ。ディルタイは言う。「この時期のドイツの生は、ドイツ文学のなかでもっとも力強く脈打っていたが、それは、この世界の無限で神聖な意味を捉えようとする試みに没頭していた」(IV 259)。ロマン派の哲学のなかでも、とりわけシェリングの哲学はこの傾向をよく体現している。文学がイメージで表現していた「世界と生との意味と意義」を、彼の哲学は「概念的認識」によって捉えようとする。シェリングにおいて、「わがドイツ民族の生み出した詩人と文学者が獲得した成果をひとつに結びつけることで世界観にし、ひとつの体系へとまとめたいという衝動がすべてを凌駕したのだ」(IV 202)。

シェリングの哲学がめざしたのは、二元論的対立のかなたにある「絶対的な理性」を出発点として、一切の対立を包括する「統一点」を措定し、「事物の神聖な連関」を明らかにすることであった。絶対者についての直観は、「美的世界観」として予備的に与えられている。シェリングはこの「美的世界観」をみずからの哲学体系の根底に置く。ディルタイは、シェリングの次のようなことばを引用している。「芸術作品は盲目のうちにこの神聖な連関を目に見えるものとする」(IV 206)。

ディルタイは、シェリングが一八〇一年に出した『我が哲学体系の叙述』こそ「客観的観念論」の偉大な進展であるとみなしている。『体系』において、「絶対的な同一性ないし絶対的な理性は、万有の哲学的構成の原理となる」。この原理を実現すべき求められたのが「知的直観」であり、それは、「世界全体のいかなる点においても普遍と特殊との同一性を示す構成的な方法」として考えられていた。したがって、「知的直観」は、もはやフィヒテの場合におけるような「自我の自己反省の方法」ではなく、真の意味で「哲学のオルガノン」となる。「知的直観」とは、「どんな有限のもののうちにも無限を見て取ること、実在のうちの理念を見て取ることなのだ」(IV 209)。

観念論哲学は、フィヒテとシェリングを通して、知性と対象との一致において働く根本原理を追い求める方向を与えられたのであった。この根本原理を、フィヒテの自我論の段階からもう一歩先へと進め、「万有の哲学的構成」の段階へと押し進めたのが、シェリングだったのである。

「客観的観念論」の流れは、こうして「世界の総体」を捉える哲学体系の完成をめざして展開していくのであるが、しかし、外在的な神的な原理によって世界を説明するのではない。哲学の体系は、世界内在的な自己発展的展開(「発展の思想」)のうちで、この総体を捉えるという近代的な方向において考えられていた。ディルタイは、近代を刻印づける思考類型としての「発展の思想」を指摘する。「発展の思想」は、機械論的なタイプと有機体論的なタイプとに分けることができるが、観念論のなかでは、一方でシェリングが自然を基盤として、他方でヘーゲルが歴史を基盤として、有機体論的な発展の思想を形づくっていったのである。

ディルタイの思想史研究のなかで扱われたフィヒテとシェリングは、主としてドイツ精神史の流れのなかで、その発展段階の一つとして捉えられている。しかし、フィヒテとシェリングの哲学は、ドイツ精神史の流れの一部として、あるいは世界観の類型としてのみ意味を持っているのではない。ディルタイは、方法的にも両者の「知的直観」の思想から多くを学んでいる。

一八九二／三年頃に書かれた論文に、「生と認識――認識論的論理学と範疇論」（XIX）という短いものがある。そのなかでディルタイは、「知的直観」に類したかたちで、「感覚の知的性格」や「内的知覚の知的性格」といったことばを多く用いている。すでにこの時点で、「生みずからが生を把握する」という「生の解釈学」を構想しているが、その際にポイントとなっているのが、根源的な生のありようを直接的に知的に把握する可能性であり、その可能性を支える生の構造性である。明らかに、フィヒテとシェリングの「知的直観」の思想に依拠した試みである。こうした試みが、「歴史的世界の構成」において「解釈学的論理」を展開するための基盤となり、「体験」の構造性と理解可能性という考えが導き出されるための手がかりとなったのは間違いないであろう。

さらに、明示的な言及はほとんどないにせよ、シェリングの自然哲学と神話の哲学とはディルタイの堅実な学者気質を揺さぶるほどの衝撃力をもっていたようだ。ディルタイはある箇所で、「自然を感じかつ享受する」幸福について語っているし、それに関連して「客観的観念論」を論じてもいる。その部分を引用してみよう。

> 万有は人間にとって、ある生きた魂をもったものとして現われてくる。……ところでそのような世界観はどのように説明できるだろうか。それについては現代の美学からの答えとして「感情移入によって」と言えるかもしれない。人間は自然に感情移入する。そうなると、この人間には、外的なもののうちにおいて内的なものが現われ出てくる。彼は、外的なものに内的なものを付与するのだ。こうして、イメージは内的な生となる（XX 249）。

文学の優れた読み手であったディルタイには、「万有が生きた魂をもったもの」として捉えられた世界への共感がある。ことばがまだ呪術的力をもち、自然が超越的な力に支配されていた神話的世界への共感である。そのような世界では、ことばは、客観的な科学的言語として語るのではなく、「世界についてのメタファー」を語る。「そのようなメタファーにおいては、内的なものは外的なものによって、そしてその逆にも表現されるのである」。

そして哲学もまた、この内在的表現の関係に担われている。ディルタイにとって、哲学は世界において人間が生きて思考することに依拠している。「精神科学」としての認識は、生命と自然についての体験を解明するための補助的な手段にすぎないのであって、「思考は生の背後にまわることはできない」のである。まさにそれゆえにこそ、生きることがまずあって、そこからすべてが始まる。フィヒテとシェリングに共通していたのは、「ある体系を絶対的なかたちで通用するものとし、その体系のうちで自分を発揮し尽くす」ことだったと、ディルタイは述べている。

引用文献
Georg Misch, *Vom Lebens- und Gedankenkreis Wilhelm Diltheys*. Frankfurt a. M., 1947.

第四章　生の哲学とディルタイ

一　ショーペンハウアーとディルタイ――天才・狂気・想像力をめぐって

「ショーペンハウアーの哲学説は、あらゆる哲学がそっぽを向かれている時代にあって、多くの読者のきわめて強い関心を獲得してきた。その関心はますます高まっているようにみえる」（XVI 356）という認識をディルタイが示したのは、ショーペンハウアーの死の二年後、ディルタイが二八歳の時である。それ以来ディルタイは、晩年に至るまで、さまざまな場面でショーペンハウアーに言及している。それらを丹念につなぎ合わせれば、ディルタイのショーペンハウアー像を形成することは可能であろう。

だが本稿は、そうした作業からではおそらく明瞭には浮かび上がってこないと思われる視点から、両者の接点を照射することを目論んでいる。そうすることで、〈生の哲学の認識論〉におけるある重要な側面が明らかになると筆者は考えるからである。その入口は〈天才と狂気〉をめぐる思索であり、ポイントとなるのは〈想像力（Einbildungskraft/Phantasie）〉である。

ディルタイにおける天才・狂気・想像力

いわゆる中期と呼ばれる時期に当たる一八八六年に、ディルタイは「詩的想像力と狂気」と題された講演を行なっている。そこでディルタイは、心的生（心の働き）の最高の成果の一つでありながら、「しばしば夢や精神病との類縁性が強調されてきた」「詩人の想像力」（VI 91）を範として、天才と狂気の違いを論じている。

なるほど天才は、通常の人間の規範からは逸脱したように見える特徴を示す。また、「さまざまなイメージを自由に形成できること、そして、そうしたイメージを現実の諸制約に拘束されることなく自由に結合できること」（VI 93）を、狂人と詩人の共通点として挙げることができる。しかしディルタイは言う。「天才はけっして病理学的な現象ではなく、むしろ健康で、完全な人間である」（VI 94）と。では、狂気と天才とを分けるメルクマールは何なのか。〈獲得連関〉がそれである。

ディルタイは、人間的生に内在する基本的な秩序体系を構造連関として捉える。それは、知・情・意による現実認識・価値規定・目的定立の働きを結合させることで成立する統一的・全体的な連関である。そしてこれは、成長の過程である特定の方向に形成されていく。そのようにして実現される個性的形態が獲得連関である。「われわれの個人生活と、それが呼吸したり、働きかけられたり、行動したりする場である環境との絶えざる相互作用、これこそが私たちの生である」（VI 95）。こうした連関は意識にのぼることはないし、その構成要素が明瞭に表象されたり、判然と区別されたり、その要素間の結合がいちいち識別できるほど明らかに現われることもない。だが、それにもかかわらず、「意識の内に存するさまざまな表象や状態は、こうした獲得連関へと方向づけられており、その連関によって制限され、規定され、そして基礎づけられている」（VI 95）。つまり獲得連関は、「さまざまな印象や表象や感情を現実に適合した形で受け取るための、いわば調整装置」（VI 94）の役目を果たしている。

そして、この調整装置が適切に働いているか否かが、狂気と天才とを分ける。「心的生〔心の働き〕の獲得連関を、他ならぬ意識の視点の内に存する知覚や表象や状態へと作用させる」という「心的生の最高にしてもっとも困難な機能」は、「夢や狂気においては働いていない」ので、そこでは「イメージの展開や結合が勝手気ままに現実から遊離した状態でなされる」（VI 94）。これに対し「詩人の想像力においては、獲得連関は通常に作用しており、ただ感情や情動や感官組織の並外れたエネルギーが結果として、現実的なものの限界を超えたイメージの自由な展開を引き起こすにすぎない」（VI 94）。このように、狂人と天才とでは、イメージの自由な展開が生じる原因が異なっているのである。むしろ「天才とは、獲得連関の完全さとエネルギーとから生じてくる本質的なものが何であるかを見抜く眼力に他ならない」（VI 95）。その意味で天才は、「通常の人間以上に正常であるという意味で並外れている[1]」存在なのである。

以上の考察から導き出される重要な論点は、天才による芸術的イメージが、現実に根ざしつつ現実を越えるものだということである。イメージの自由な展開の仕方をディルタイは以下のように特徴づけている。イメージは、その構成要素の脱落や排除、イメージ自身の拡大や縮小収縮、イメージを構成するさまざまな感覚の強度の増大や減少によっても変化してゆくが、特に重要なのは、「イメージの最内奥の核に新たな構成要素や結合が加わり、それによって従来のイメージが補完される」（VI 99）という事実である[2]。言うまでもなくイメージは、こうした補完の過程においても、獲得連関の機能により、現実経験から遊離することはない。この両者の理想的な相互作用から生じるのは、一八九五／九六年の「比較心理学」では「文学による諸経験の濃縮[3]」（V 280）と言われている事態、すなわち、「文学的想像力が経験を類型的なものへと強め仕上げる」という事態である。「真の詩作は類型的なもの、理想的なものを生み出す」（VI

101）というディルタイの言は、このことを端的に語ったものである。あるいはより詳しく、次のようにも言われている。「偉大な詩人のメルクマールは、一切の経験を越え出ているにもかかわらず、われわれがそれによって通常の経験をよりよく把握できるようになる類型を生み出すという点にある」（VI 92）。こうした類型は、現実経験を再構成するための統制的イデー[4]としての役目を担っているといってよいだろう。

ショーペンハウアーにおける天才・狂気・想像力

以上のような天才と狂気という問題は、古代ギリシア以来の長い系譜を持ち、ディルタイが生きた一九世紀後半においても美学や芸術論における主要テーマの一つであったが、その背景の一つとしてショーペンハウアーの天才論と狂気論があったことは疑う余地がない。

上記講演でディルタイは、天才に関するショーペンハウアーの見解を以下のようにまとめている。「ショーペンハウアーによれば、脳が激しく活動することで、天才的な人間には尋常ならぬ神経過敏な状態が訪れる。……天才的な人間は、時間と因果関係とを超越することで、まさに狂気と隣り合わせになる。なぜなら、狂気とは記憶の病であるがゆえに」（VI 91）。そしてディルタイはこう続けている。「フランスではこうした見解は、精神病学の理論的な華やかさで飾り立てられている。それというのもフランスは、……精神病学的な想像力の中心地だったからである」（Ebd.）。かなり慎重な言い回しではあるが、全体のトーンから見て、ディルタイが天才と狂気とを同類とみなす陣営にショーペンハウアーを位置づけようとしているのがうかがえる。だが、こうしたディルタイの理解は正鵠を射たものであるのか。その問いに「否」と答える過程で明らかになるのは、ディルタイとショーペンハウアーの想像力論がもたらす認識論的成果の接点である。

出典表示はないが、内容から、また同様の内容をより詳細に語った一八八七年の「詩学」での記述から（Vgl. VI 138）、天才と狂気をめぐるショーペンハウアーの見解に対するディルタイの見方が『意志と表象としての世界』の続編（一八四四年）に基づいていることは明らかである。この続編は、主著たる『意志と表象としての世界』正編（一八一八／一九年）の補足的議論で構成されており、しかもその表現方法においては実在論的傾向が強い[5]。しかし、ショーペンハウアーの哲学体系を整合的に理解し、その本意を見定めるためには、むしろ彼の初期の論述に着目する必要がある。

ショーペンハウアーは一八一三年に完成した学位論文『充足根拠律の四方向に分岐した根について』（第一版）において、カントの超越論哲学の問題意識を受け継ぎ、意識を超越して自存する実体的対象の独断的措定を廃し、表象（存在）を主観と客観との相互依存性とする立場を打ち出した。「〈主観にとっての客観である〉ということと〈われわれの表象である〉ということとは同一である……意識から独立しており、それ自体で存在しているもの、他のものとの関係なしにそれだけで存在するもの〔実体ないし物自体〕などは、われわれの客観とはなりえない」（Go 18）。

こうした表象理解に基づいた上でショーペンハウアーは、客観界のありようを表象一元論の立場から描き出す。我々が有する経験内容においては、時間と空間との協働により、変化と持続とが並存している。これが一般に「客観的・実在的世界の全体」（Go 23）と呼ばれているものに他ならない。こうしたありようの表象をショーペンハウアーは「全体表象」（Go 22）と呼ぶ。一方、表象が主観の意識の中に直接に現在するという点では、主観は内官の形式である時間だけに従っているので、主観に一度に現在できるのはただ一つの明瞭な表象だけである（Vgl. Go 23）。主観にそのつど現在するこうした表象は、その性質上、個々ばらばらなものであるが、それにもかかわらずそれらの表象が有意義な連関を持った経験の対象として認識されるのは、それらが主観に残っている全体表象の中に組み込まれ、適切に位置づけられることによってである（Vgl. Go 23f.）。当然、このことによって全体表象の方は、その内容を充実・変化させてゆく。こうした二種類の表象の相互依存関係こそが、学位論文における表象論の骨子である。

だが、まだ問題が残されている。なぜ個々の表象は、たとえば木なら木といった一つの明瞭な形を持った表象としてありうるのか。また、全体表象が間主観的なレベルで普遍妥当性を持ちうるのはなぜか。意識を超越した物自体を想定せずにこの問題を解決するためには、物自体の〈機能〉を果たす〈表象〉がなければならない。それが〈プラトン的イデー〉である。

学位論文でショーペンハウアーは次のように言う。「かつてある表象が、直接の客観〔身体〕の仲介で直接主観に現在したとしよう。主観は後にその表象を、直接の客観の仲介によらず、意のままに、ときには表象の順序や連関をも入れ換えて再現できる。私は、そのように再現されたものをファンタスマと呼び、再現する能力を想像力（Phantasie）、あるいは構想力（Einbildungskraft）と呼ぶ」（Go 27）。そして、学位論文の翌年に書かれた草稿にはこうある。「プラトン的イデーとは理性が普遍性の捺印を押したファンタスマである。……したがってプラトン的イデーは、想像力と理性の共同の働きによって生じる」（HNI 130f.）。すなわち、想像力の生み出したファンタスマのうちで、普遍的表象（概念）の能力である理性が原像である（普遍性を有している）と認め、個々の対象のアイデンティティーを保証する機能を担うものがプラトン的イデーなのである。個々の対象がそうしたものとして認識されるとは、それら対象が、「典型」であるイデーの「模像」であると認定されるということを意味する（Vgl. WI 199）[6]。このようにイデーは、認識の可能性の制約として機能する特権的なファンタスマなのである。

以上のようなイデー論に基づくことで、ショーペンハウアーの天才と狂気をめぐる論述も十全に理解可能となる。ショーペンハウアーは天才の異常性の理由を説明の文脈に応じてさまざまに語っているが、端的に言えばそれは、〈高度な認識能力による、実際上の目的のための個別的認識からの逸脱〉とまとめられよう。この逸脱が、天才と狂気の表面上の類似性を引き起こす。にもかかわらず天才と狂気は峻別されなければならない。両者を分けるメルクマールは〈理性〉である。

「天才とは本来、プラトン的イデーに対する能力である」(HNI 185) とショーペンハウアーは言う。そして右に述べたように、プラトン的イデーは、想像力と普遍的表象の能力である理性との協働により生じる。したがって、天才の示す無分別なまでの情熱の理由は、前段落で述べた点にあるのであって、「理性の弱さにあるのではない」(WI 223)。むしろ事情は逆であり、天才は高度に理性的である。その意味で、天才の本質は「徹底的に並外れた客観性」(HNI 142) だと言われる。それに対し「狂気は理性の病である」(HNI 165)。狂人は、ことに眼前にないものや過ぎ去ったものに関する場合、概念を結合して判断を下したり、判断を結合して推論を行なうといった理性の活動に著しい低下が見られる。それゆえ狂気は、記憶の不完全さ、記憶の糸の寸断となって現われる。この寸断を埋めるべく、狂人の想像力は「フィクション」(WI 226) を形成する。そして同一のフィクションがくりかえし形成されると、それは「固定化されたイデー〔固定観念〕」(ebd.) となる。それは、普遍性を持たない、その狂人だけのイデーである。

想像力論の認識論的成果

以上の考察から、本稿が描き出そうとしたディルタイとショーペンハウアーの接点が何であるかも明らかとなった。端的に言えばそれは、われわれが経験を構成するにあたって想像力が果たしている重要な認識論的機能への着目である。ディルタイは、想像力の生み出すイメージと獲得連関との相互作用によって形成される類型が、現実経験を再構成するための統制的イデーとして機能することを主張している。ショーペンハウアーは、想像力が生み出すファンタスマと理性とによって形成されるプラトン的イデーが、経験の可能性の制約として、個々の対象のアイデンティティーを保証していると言う。

付言すれば、想像力をめぐる思索は、両者の哲学体系にとっても重要な位置を占めている。美学は「ディルタイが自分の理論的考察を吟味し、例証するための足場とすることがもっとも多かった領域[7]」であり、したがって、美学での認識論的成果は精神科学の他の分野にとってモデルの役割を果たす。それゆえ「ディルタイの美学の前進的展開を研究することは、彼の思想一般の成長を研究することに他ならない[8]」。そして、彼のそうした美学上の考察の中心にあったのが、詩的想像力の理論であった。また、ショーペンハウアーのイデーをめぐる思索は、彼の芸術論においてのみ重要性を持っているといったものではなく、そもそも彼の超越論的表象論の要であった。このことは従来指摘されることがほとんどなかったが、この点を逸したショーペンハウアー理解は正当なものとはなりえない。そしてそのイデー論における想像力の役割は、すでに述べたとおりである。

むろん両者の問題意識は異なっており（それゆえたとえば、ショーペンハウアーの視野にはディルタイ的な意味での歴史性が、ディルタイの視野には自然が十全には入ってこない）、したがって当然ながら、両者の想像力論の射程もまた異なったものとなっている。しかし、そうした違いにもかかわらず浮かび上がってくる両者の接点――それは従来語られることはなかったし、ディルタイ自身も自覚してはいなかった――を濃く描き出してみようとするのが本稿の意図であった。加えれば、そうした両者の違いはむしろ、想像力論の持つ射程の広さの証左と見るべきであろう。

ショーペンハウアーのテクストは以下のものを用い、引用・参照に際しては略号と頁数を記す。

Go : *Ueber die vierfache Wurzel des Satzes vom zureichenden Grunde*, 1. Ausgabe, in : Arthur Schopenhauer, *Sämtliche Werke VII. Band*, hg. von A. Hübscher, F. A. Brockhaus, Wiesbaden, ^{3}1972.

WI : *Die Welt als Wille und Vorstellung*, 1. Band, in : Arthur Schopenhauer, *Sämtliche Werke II. Band*, hg. von A. Hübscher, F. A. Brockhaus, Wiesbaden, ^{3}1972.

HNI : Arthur Schopenhauer, *Der handschriftliche Nachlaß Band I*, hg. von A. Hübscher, Deutscher Taschenbuch Verlag, München, 1985.

（1） R. A. Makkreel, *Dilthey—Philosoph der Geisteswissenschaften*, Übersetzt von B. M. Kehm, Suhrkamp, Frankfurt a. M., 1991, S. 200.（邦訳、マックリール『ディルタイ——精神科学の哲学者』、大野篤一郎他訳、法政大学出版局、一九九三年、一八八頁。ただし、訳は必ずしもこれに従っていない。以下も同様）

（2） この点に関しては、詳しくは以下の文献を参照。Makkreel, a. a. O., S. 134ff.（邦訳、一一九頁以下）伊藤直樹「ディルタイにおける生の美学の構成——体験の場としての感情と想像力の論理」（日本ディルタイ協会編『ディルタイ研究』10所収、一九九七／九八年）二五頁以下。

（3） Makkreel, a. a. O., S. 286.（邦訳、二七八頁）

（4） 伊藤前掲論文、二三頁参照。

（5） この点に関しては以下の論文を参照。高橋陽一郎「ショーペンハウアー意志論の再構築」（鎌田康男・齋藤智志・高橋陽一郎・臼木悦生訳著『ショーペンハウアー哲学の再構築——『充足根拠律の四方向に分岐した根について』（第一版）訳解』所収、法政大学出版局、二〇〇〇年）

（6） 以上の表象論ならびにイデー論に関しては、以下の拙論でより詳しく論じてある。齋藤智志「ショーペンハウアー表象論の再構築」、前掲書所収。

（7） Makkreel, a. a. O., S. 23.（邦訳、九一一〇頁）

（8） A. a. O., S. 23.（邦訳、九―一〇頁）

二　ニーチェとディルタイ

ミッシュやボルノー以来、ディルタイ哲学を「生の哲学」と呼ぶことが広まっているが、ディルタイ自身が用いた「生の哲学」という用語法によるならば、ディルタイをそのように呼ぶことは不適切である（V 370）。多様に解釈されうるニーチェを「生の哲学」に入れることについては言うまでもない。とはいえ、その曖昧さのために「生の哲学」という表現それ自体を捨て去ることも行き過ぎであろう。重要なことは、「生の哲学」という表現に込められた曖昧模糊とした内実をより厳密なる表現へと仕上げることである。ボルノーによるならば、生の哲学における「生」とは、生きられた生、つまり考察者自身が内面から知っている人間的生であり、それは一個人の生であると同時に人間共同体の生、つまり人間の歴史的生を意味する。本論は、この観点を発展させて、ニーチェとディルタイを「心理学」という独自の方法による「歴史的生の哲学者」とみる試みである。

心理学から形而上学批判へ

人間の歴史的世界は、ディルタイにならって言うならば「生の現われ（Lebensäußerungen）」における「表現（Ausdruck）」として、具体的に存在している（VII 86）。ニーチェもまたこの「生の現われ」という語を使用して次のように述べている。「文化とは何よりもまず、ある民族の生の全ての現われにおける芸術的様式の統一である」（『反時代的考察』「ダーフィト・シュトラウス」一）。

人間の歴史的世界、文化的世界としての「生」は「現われ」としてあり、それは様式的統一のもとにおかれていることもあれば、ニーチェがみた当時のドイツのように、混乱したあり方を示すこともある。いずれにせよ「生」は、その詳細がいかに記述不可能であるほどに多面的であっても、統一を志向するまとまりとして、解釈されるべき表現として存在する。この意味で「生の哲学」は何よりもまずもって「生の解釈学」なのである。しかし、ディルタイにせよニーチェにせよ「解釈学」という表現はあまり使わない。むしろ多用されるのは「心理学」である。彼らは「心理学」という名のもとに「生の解釈学」を遂行するのである。

「記述的分析的心理学」（一八九四）においてディルタイは、カントによる直観と思惟、素材と形式との分離を批判し（V 149f.）、認識論の基礎に分離されざる心的連関を置き、「認識過程はこの心的連関のなかにおいてのみ研究され」（V 151）るとした。このように認識論のさらにその根底の心的連関を極めようとするのがディルタイの心理学なのであり、それは「あらゆる発展する人間の心的生のなかに、斉一的に現われる要素と連関の叙述」である（V 152）。この認識の根底にある心的生は身体的なものを基礎にする。ディルタイによれば、人間の心的生は、「感官（Sinne）」に基礎をおく外的知覚の多様性から、「体験(Erlebnis)」において与えられる内的知覚の統一的な連関として形成される（V 172）。感官の多様な知覚をもとに統一した世界を生み出している内的経験の連関の分析を主題とするディルタイの心理学は、多様性と統一性・個別と全体の関係を主題とする解釈学的な心理学である。「すべての心理学的思惟は、全体を解釈することが特殊なものの解釈を可能にし、規定するのだという根本的特質をもっている」（V 152）。最初に与えられるのは生の全体であり、認識はこの生を基盤にして生じてくる。「認識は生の背後に戻ることはできない」（VIII 180）のであり、認識論的前提からなされる生の究明は何であれ形而上学として批判されるのである。

これに対してニーチェは、心理学を主題的に論じているわけではないが、ディルタイを連想させる次のような言葉を残している。「認識は生を前提とする。つまり、認識は生を維持するために、あらゆる生きものが自分の生存の継続のために抱くのと同じ関心を抱くのだ」(『反時代的考察』「生に対する歴史の功罪」十)。このように、認識に先んずる生の関心に注目した初期のニーチェが中期以降に心理学という言葉で究明しようとしたものは、認識における真理・道徳における善悪に先んずる生の根源的関心であると言うことは基本的にできるであろう。『道徳の系譜学』の三論文はそれぞれ「キリスト教の心理学」「良心の心理学」「僧侶心理学」とも言われ、キリスト教的善悪に先んずるキリスト教的生、良心的生、僧侶的禁欲主義的生の根源的動機・関心の暴露がその主題となっている(『この人を見よ』「道徳の系譜学」)。ディルタイの心理学が、認識に先行し、内的体験においてのみ捉えられる心的連関と呼んでいるものを、ニーチェの心理学は認識や道徳的理想に先んずる生の根源的関心として分析しているのであり、この点において双方の心理学に共通するものを指摘することができるのである。

また、この心理学は、生の根源性に立ち返ることによって、形而上学批判を遂行する。ディルタイの場合、形而上学批判の遂行は『序説』第一巻第二部の主題であった。ここでディルタイは、精神科学の基礎としての形而上学の支配と崩壊を描き、形而上学の理想とする論理的な世界連関が現実の生に矛盾するとして、精神科学は生から出発しなければならないことを確認した。これに対して、ニーチェの形而上学批判の戦略は系譜学であり、その代表的な成果は『道徳の系譜学』である。系譜学とは、先に述べた心理学と関連する方法であり、イギリス流心理学の「歴史的精神の欠如」(『道徳の系譜』「善と悪・よいとわるい」二)とは異なり、道徳や理想を生み出す生の根本動機の歴史的考察である。もっとも、この歴史的考察は

「近代の歴史記述全体の態度」（同前「禁欲主義的理想は何を意味するか」二六）のニヒリズムを拒否し、前期の論考である「生に対する歴史の功罪」に戻って言うならば、認識ではなくむしろ認識を生み出す生の根本動機を明らかにしようとするものである。

このようなニーチェの試みが力への意志という実体を仮構する形而上学の最終段階であるというハイデガーの見解の当否はここでの問題ではない。われわれの関心は、ディルタイとニーチェの形而上学批判の同時性であり、また形而上学批判を「歴史的精神」から試みる共通性なのである。この点に関連してわれわれの興味を引くのは、『道徳の系譜学』（一八八七）を準備していた時期のニーチェが、ディルタイの『序説』（一八八三）にふれた可能性があると指摘されている事実である。

ディルタイとニーチェの間をつなぐのは、ワーグナー・クライスに属し、ディルタイの助けを得て大学教授資格を得たハインリヒ・フォン・シュタイン（Heinrich von Stein）という人物である。教授資格を得た一八八四年の夏にニーチェを訪問したシュタインは、ニーチェを深く感銘させ、後にニーチェの賛辞を受けたほどであった（『この人をみよ』「なぜ私はかくも賢明なのか」四）。可能性というのは、このシュタインがニーチェに『序説』を持参したのではないかということである。というのも、ディルタイの形而上学批判の議論がニーチェの興味を引くであろうことはシュタインにも容易に想像できたと思われるからである。もちろん、これは推測にすぎない。しかし、同じ時期に形而上学批判を遂行した二人の間を行き交った人物がおり、誰よりも激しい批評家であったニーチェが批判の対象としてディルタイを取り上げなかったということが、推測の確からしさを高めているようにも思われる。

もっとも、一方は学問的な世界での厳密なる試論の積み重ね、他方は学問的世界を追放されながらの書物を通しての激烈なる抵抗と、二人の間には伝統批判の遂行の上で大きな違いがあった。それは、形而上学の崩壊を前提とするディルタイと、それが道徳において強固に生き残っているとみるニーチェの情勢把握の相違に由来しているようにも見えるが、より重要な問題は、どのようにして歴史的世界を捉え、生き生きとした生を取り戻すのかについての二人の考え方の相違にあったように思われる。

形而上学批判から歴史へ

生の根源性を取り戻そうとすることからディルタイとニーチェを「生の哲学」という範疇でくくるのは、ボルノー以来のよく知られた見方である。しかしその場合、ディルタイがあくまで歴史的立場に立ったのに対して、ニーチェは歴史を拒否するに至ったとして、両者の相違が付け加えられる。

このような見方はディルタイのニーチェへのコメントによるところが大きい（III 210, IV 528f., VII 250, VIII 194, 226, 229 etc.）。ディルタイによるならば「人間精神が何であるかということは、それが生きて生み出したものについての歴史的意識のみが認識できるのであり、人間についての科学的体系的思考を徐々に練り上げるのは、この精神の歴史的自己意識なのである。ニーチェは、本質を自己自身のなかで把握しようとする個別精神の雛が自分自身を越え出てきた驚くべき例である。彼は歴史を拒否した」（IV 528）。「歴史の価値に対する究極の問いは全て、人間は歴史のなかで自分自身を認識するということにおいて、結局解決される。われわれが人間の本性を捉えるのは、内省（Introspektion）によってではない。このことこそ、ニーチェの驚くべき思い違いであった。だから彼は歴史の意義を捉えることができなかった」（VII 250）。

ディルタイは、ニーチェのどのような言葉からこのような解釈を引きだしたのであろうか。ディルタイがニーチェを実際に引用している例は『道徳の系譜学』（「禁欲的理想は何を意味するか」十）と『善悪の彼岸』（二一一）であるが（VIII 200）、ここでニーチェは、従来の哲学を生敵対的で厭世的と決めつけ、真の哲学者は「命令者」「立法者」であるとしている。このように述べるニーチェに対してディルタイは、新しい価値創造は歴史との連関において可能となるのであり、「立法者」である哲学者の決断によって可能となるのではないとする。このように、歴史を越えでた哲学的立法者の命令によって生を取り戻そうとするニーチェに対抗してディルタイは、「ただ歴史が生み出した大いなる客観的な力に献身することによってのみ」（VIII 226）生き生きとした生を取り戻しうるとするのである。

このようなディルタイのニーチェ批評は、ニーチェの意図を十分に理解するものであったとは思われない。ニーチェにとっての問題は、歴史的生との生き生きとした接続が、歴史主義の趨勢によってますます困難となることにあった。この趨勢に対抗してニーチェは、生に奉仕する歴史のあり方を模索し続けるのである。このニーチェから見るならば、ディルタイの言う「歴史の大いなる客観的な力への献身」は、「骨董的歴史」すなわち「自分を成立させた諸条件を自分の後より来るもののために保存しようとし、こうして生に奉仕」（「生に対する歴史の功罪」三）させようとするものになりかねない。それは「自分の存在はまったく恣意や偶然のせいではなく、ある過去からそれを受け継ぐものとして花となり実となって成長してくるものとして心得、したがって自分の存在の弁明どころか正当化すら出来るという幸福感」（同前）にひたるもの、「生を保存する術を知っているだけであって、それを生産しない」（同前）ものに陥る危険性をもっている。実際、ディルタイの「歴史の生み出す大いなる客観的力への献身」なるものによって実現することが「瞬間の苦悩やつかの間の喜びからの解放」（VIII 226）でしかないとすれば、ディルタイの歴史研究がある種の心術に陥っているのではないかという疑いをもつことは正当なことと言えよう。

もちろん、ディルタイの歴史的生の哲学は単なる心術にとどまるものではないのだが、確認しておきたかったのは、ニーチェを批判する地点でディルタイが、歴史的立場の意義を心術に還元しかねないという後退を示していることである。したがって、ディルタイの現代的意義を見いだそうとする場合、ディルタイのニーチェ批判をそのままに受け入れるよりも、ディルタイ自身の自覚とは別に、前節で確認したディルタイとニーチェの共通性の次元を究明していくほうがより実りあろうと思われるのである。

本論は、ニーチェが歴史を拒否したというディルタイの見方に逆らって、むしろニーチェもまたディルタイと同様に、形而上学を批判することを通して歴史に至る道を切り開いた「歴史的生の哲学者」なのではないかという見解を提出した。もっとも、その論拠として挙げられたものはわずかであり、したがってこの主張はなお単なる見通しの域を出ないものであるが、ニーチェ研究の一部には、こうした見通しを支持するように思われるものもある。たとえばピヒトは、その浩瀚なニーチェ研究において(『ニーチェ』青木隆嘉訳、法政大学出版局、一九九一年)、ニーチェによる形而上学からの離反によって歴史——哲学の唯一の内容としての真理がつねに新しく創造され呼び覚まされる過程としての歴史——が、哲学の唯一の内容になったというテーゼを提出している。もちろんこのニーチェ解釈が直ちにディルタイ思想と共鳴し、新たな創見につながるかどうかは今後の検討次第である。本論は、ディルタイ・ニーチェ関係を考えるにあたって、ディルタイ自身によって設定された枠を超える可能性を「歴史的生の哲学者」という点に見いだし、これによって「生の哲学」という規定にいっそうの厳密性を与える道筋を示したにすぎないのである。

＊　ディルタイとニーチェの関係については次の書物を参照のこと。
Werner Stegmaier, *Philosophie der Fluktuanz. Dilthey und Nietzsche*, Göttingen, 1992.

三　ヨルクとディルタイ——新たなる〈認識論〉としての「歴史的理性批判」

問題の所在——歴史的‐社会的生の〈認識論〉

時代の転換期に思索する者たちは、真摯であればあるほど、旧来の学のあり方に対する異議申し立てを回避するわけにはいかない。しかも、その営みはまた、時代から隔絶した無菌室のごとき場でなされるそれでもありえない。片やアカデミカーとして、片やシュレージエンのクライン＝エルス（現ポーランド）の世襲貴族[1]として、ヘーゲル亡きあとの「形而上学の終焉」、そして、それと歩調を合わせる実証科学の隆盛という状況のただなかで、知の細分化・断片化に抗して、時代の情勢[2]——具体的には、ビスマルク退陣後の、ディルタイが「喜劇」（BrY 134）と呼ぶ政治的・宗教的混乱状況——にまなざしを向けつつ、真摯な対話を交わしていた二人の思索者。それがディルタイとヨルクとである。

この対話のドキュメントこそ、かのハイデガーが『存在と時間』の第七七節において、少々強引ともいえる仕方で引用して以来つとに有名な『往復書簡集』にほかならないが、ハイデガーがこの両者の思索を自身の存在論的関心に引きつけて解釈しようとした一方で、当の二人の関心はむしろ歴史的生の認識の基礎づけにあったことをわれわれは忘れてはなるまい。端的にいえば、それこそが、ディルタイが『序説』のヨルクへの献辞において述べた「歴史的理性批判」という学的課題であり、それはまた、同じように時代の転換期を迎えるわれわれにとっても、その射程と限界とのみきわめということをも含めて、引き受けねばならない課題であるように思われる。そこで、いわばそのための準備作業として、以下では彼らのいう「新たなる認識論」（BrY 180）の内実を検討することをつうじて「歴史的理性批判」なる構想の一端を照射してみたい。

時代の終わりとはじまり――「視ること」の功罪

学問的因襲を剥ぎとって完全に自己を省察すること〔が求められています〕! 私の変わらぬ確信によれば、一五世紀がそうであったのと同様に、私たちは歴史の転換点に立っています。〔しかし、〕抽象化と分離とを強めることでなされた学問的‐技術的な進歩のありようとは反対に、〔今世紀には〕全体的人間がふたたび位置を占めて生の問題へと近づくことで、新たなものが形成されています。新時代を導き規定するのは、新たな生の立場、生の把握であるのがつねです。個々のなんらかの新発見や新発明などではありません。それらがきわめて大きな射程をもっていたとしてもです。(一八九一年七月二二日付、ヨルクからディルタイ宛。BrY 128)

私たちの時代にはひとつの時代《エポツヘ》の終わりのようなものがあります。歴史的に与えられたものを素直に喜ぶことがなくなりつつあるのがその徴です。(一八九二年三月一〇日付、ヨルクからディルタイ宛。BrY 140)

ここでヨルクが述べている見解は、そのままディルタイにも共有されるはずである。右の引用箇所の前後をはじめとして、この時期の彼らの時代診断からは、悲観的な響きしか聞こえてこないといってもよい。こうした時代にあって、「哲学することが生きることである」(BuG 40) 彼らには、生と学との一致という至難の問題がのしかかってくる。

一般に〈生の哲学〉と総称されるディルタイとヨルクの哲学は、人間の歴史的‐社会的‐文化的生を中心原理とする。ここで仮に「通俗的な人生哲学」を、生の意味についての（手軽で皮相な）答えを与えるものと解するならば、一般に〈生の哲学〉と呼ばれるものはそれに直接には答えない[3]。とはいえ、とりわけディルタイが『序説』において自身に課した、「法学者や政治学者、神学者、歴史研究者が自身の個別諸科学における実りある研究のための基礎として必要とする、歴史的で体系的な洞見のいっさいを統合するという課題」（I xx）の背景として、生の問題に不充分にしか寄与しえていない精神諸科学の現状に対する不満があったことはけっして看過されるべきでない。こうした事情を鑑みれば、「生の哲学は学校哲学に反対するものとは考えられていない[4]」というシュネーデルバッハの表現は、ディルタイの場合、両義的であることがわかる。哲学は「通俗的な人生哲学」に陥ることなく、生に〈哲学〉なりの仕方で奉仕しなければならないのである。

とすれば、残された途は、心身的（psycho-physisch；psycho-somatisch）統一体として生きられた生が歴史に拘束されているという原事実から目をそらさず、それを学的認識へともたらすことを措いてほかにない。このことが、前述の「新たなる〈認識論〉」の必要性を彼らに認識させるわけである。

では、この〈認識論〉の内実はいったいどのようなものだろうか。それを検討するには、右の引用文中にみられる、「自己を省察する」ということの意味を考える必要がある。この「自己省察」が、自己のありようを冷静にみつめる、という日常的な知のあり方にとどまるなら、とくに注目に価しない（もちろんこの日常知のレベルは顧みられなくてよいわけではないが）。しかし、たとえば、ヨルクが次のように語るとき、明らかにそれ以上のことが含意されていよう。

自己省察が哲学の時代を開く。ソクラテスしかり、デカルトしかり。自己省察とは、〔生を〕認識したいという要求を満たさない思惟様式に抗して、生動性（Lebendigkeit）に応答することの謂である。充溢した生動性に還帰するとき、哲学は進歩する。（BuG 3）

ヨルクの理解によれば、汝自身を知ることも、コギトに思惟の絶対確実な橋頭堡を求めることも、本来は生動性そのものを把握するために要請されたことであった。生動性は、ヨルクのいい方では、原初的に与えられるもの、すなわち自己意識として、対立や分裂をはらみつつ統一されたものとして自己を表明する《マニフェスティーレン》（vgl. BuG 61, 75）。とすれば、生の営みとしての哲学は、こうした生動性の根本性格をあますところなく考察するすべをもたねばならない。ところが、従来、哲学は「視ること（Sehen）」に、すなわち「視覚性（Okuralität）」に囚われてしまっていた。このとき、容易に推測されるように、視覚化しえない身体的＝感覚的側面がとらえ損なわれるし、ひいてはそれを回復すべく、それを視覚化しようとする強引な試みさえ行なわれることになる。

視ることにおいては感覚があらかじめ捨象されているように、二つの哲学的言語、ギリシア語およびドイツ語が、視ることとの内的な性格にもとづいて深い意味をこめて表象と呼ぶような思惟作用の本質は、感覚を超えでるということのうちにある。視るために必要なのは、感覚状態の安定か、もしくは、感受性に抗してそれを中立化しようとするエネルギーかである。このように感受性を顧みないことが、投影の根幹にして本質である。（BuG 117f.）

自己省察にとって、表象は外面化＝浅薄化（Veräußerlichung）の作用として、投影として、それゆえ、感覚に原初的に対抗するものから生ずる。それが投影の契機である。そして、内的に距離をとることが、それ自体空間化であるあらゆる表象作用のもっとも特徴的な契機である。……抽象化の進展によって、つまり、狭義の思惟作用によって、客観化の領域が拡大するが、内的なものと外的なものとの区別を破棄することはできない。というのも、感覚作用は表象作用に還元しえないからである。（BuG 70f.）

ヨルクも、ディルタイとともに、ドイツ啓蒙主義時代の哲学者テーテンスに起源をもつとされる三分法に立脚するかたちで、「表象作用（Vorstellen）」「感覚作用（Empfinden）」――ディルタイでは「感情作用（Fühlen）」の語が用いられる――「意志作用（Wollen）」の各心的機能を挙げる。この各機能はしばしば他の機能に優位することがあっても、このとき残りの機能が完全に沈黙しているわけではない。たとえば、われわれがものを考えていて、周囲の音が耳に入ってこないときでさえ、感覚や意志がまったく作用しないということはありえない。とすれば、「視ること」のいわば特権化は、思惟作用＝表象作用の特権化につながる。さらには、これが抽象化の手続きを生むことにもなる。たとえば、自然現象の背後に潜む（と思われている）法則を把握するには、観察対象である現象に共通する要素を抽出する必要がある。この抽出作用がすなわち抽象ということにほかならないのだが、当然のことながら、その抽象化の裏面で同時進行する捨象の働きによって、実に多くの部分が遺棄される。なるほどこの学的操作が自然諸科学の発展に大きく寄与したことは疑いえないとしても、それが精神諸科学に適応された場合、生をその実相においてとらえるという所期の目標はただちに破綻してしまう。抽象化によっては、生のダイナミズムは形骸化・

固定化を免れないからである。つまり、表象的態度は、抽象的態度として、「生動性の完全なる充溢を表わすには不充分な形式」(BuG 54) でしかないのである。

「歴史的理性批判」への助走＝序奏

ところで、生が文字どおり生動的なものとしてあるなら、生の所産である歴史も社会も、生動性の「表現 (Ausdruck)」「表出 (Äußerung)」であることになる。したがって、ヨルクとディルタイとがともにめざす「新たなる〈認識論〉」は、歴史性‐社会性を刻印された生の、上述の三機能からなる生ける心的構造連関に立脚するそれでなければならない。そこで、さしあたって「私」に確実に与えられている「自己」の心的連関のありようを記述することが、つまり、自己観察による生の記述が、その出発点となる。ヨルクはこういっている。「認識論が前提としてもつべきは、心的な自己診断であって、それ以外のもの、ことに個別諸科学に由来する「諸命題」ではないように思われます」(一八九四年一二月一五日付、ヨルクからディルタイ宛。BrY 178)。「形而上学というものはすべて、意識の契機に麻酔をかけることである」(BuG 14)。いわば、生を超えた形而上学的な原理はおろか、それ自体は多大な価値と功績とを有する自然諸科学のさまざまの諸成果をもちこむことなく、ヨルクが人間的生の「歴史性の核心」と呼ぶ、「ある (sein) のではなく生きている (leben) ということ」(一八八八年一月四日付、ヨルクからディルタイ宛。強調は原文。BrY 71) のうちに、つまり、〈生きている〉という原事実に、あくまでもとどまること(5)、そして、それを記述する学であること――これが彼らのめざす「新たなる〈認識論〉」に求められる条件である。

こうして、歴史的‐社会的生の〈認識論〉が心的構造連関に定位しつつ生の全体性の把握をめざすものであることが明らかになった。実をいえば、この〈認識論〉は、ヨルクとディルタイのいずれにおいても、いわばプログラム的性格のままにとどまっていることは否めないが、以下では、彼らが残した思索の痕跡のなかから、重要と思われる一点を、それもごく簡潔に確認しておくことにしよう。

歴史的問題の場は諸動機の統一のうちにあります。これらが行為と思想とを等しい仕方で規定することで、思想が行為から、あるいは逆に、行為が思想から明らかになるわけです。（一八九一年一〇月二六日付、ヨルクからディルタイ宛。BrY 131）

ヨルクにいわせれば、人間の行為の「動機」に着目することによってこそ、生の歴史性の問題への通路が開かれる。それはこういうことである。すでに述べたように、歴史が生の生動性の表現である以上、表現者（＝生）とその表現（＝生の所産）とのあいだには相関関係が成立する。謎を秘めた生の所産である歴史がわれわれにとって謎としてたち現われてくるなら、そして、そうした歴史の謎がわれわれに解明を迫ってくるなら、それは、その生の謎を解明することなしには、解明されえないことになる。一方、ディルタイも折にふれて強調するように、生はその背後にさかのぼりえないものである。この生の遡及不可能性とは、生の背後に形而上学的な根拠を想定することの不可能性を、それゆえ、生の無根拠性を意味しよう。こうした生の無根拠性、ならびにその所産の無根拠性という事態を眼前にして、しかも、その徹底化の帰結としてのニヒリズムを回避しつつ、生の謎を、ひいては歴史の謎を解明するには、行為者当人ですら自身の行為の動機を完全には明らかにしえなくとも、さしあたってこの動機を足がかりにする以外にない。そして、この動機の解明ということが、右の引用文中にも示されるとおり、追体験による（自己／他者）理解を支えているのである。しかも、この理解は、前節ですでに確認したような視覚化を拒絶する。

「……動機は視覚に与えられるものではない。むしろ、追体験によって可能になる転移という実験をつうじてのみ把握されるのである」(BuG 27)。

とすれば、ここから次のことが導けよう。それは、生の把握が以上のような仕方でなされるなら、その把握の正しさは自然科学的真理基準とは別のそれによってはかられる、ということである。いいかえれば、精神科学における〈真理〉——このいい方が許されるなら——は、自然科学におけるそれとは性格を異にするのではないか。ヨルクは右の引用文につづけてこう述べている。

しかし、その〔=追体験の〕正しさを保証するのは、明証ではなく、明証の根底にもなお存在する心的な確実性(Gewißheit)である。〔その場合、〕共属関係や依存関係にある、自己体験された心的連関が試金石となり、検査してくれる。そして、生動性がもつ複雑な本性によってさまざまな派生態が生じうる場合にのみ、蓋然性(Wahrscheinlichkeit)の領域が歴史的に歩みをともにする。(ibid.)

ここで、かつて三木清が述べていた次のような言葉を思い起こしたい。「……論理的思考が對象的に限定された思考であるに反して、修辭學的思考は主體的に限定された思考である。前者が眞理性(Wahrheit)に關はるに反して、後者は眞實性(Wahrhaftigkeit)に關はる」[6]。Wahrscheinlichkeit と Wahrhaftigkeit という用語上の相違を承知したうえで、そして、三木のこの言葉が、解釈学が「觀想の立場」にとどまることを批判し、「行爲の、乃至は實踐の立場に立つ」[7]修辞学の現代哲学における重要性を解明する文脈で述べられていること——つまり、三木は解釈学を実践の学とはとらえていない[8]——を理解したうえで、あえてなお彼らの思考の親近性を読みとろうとするなら、はたして牽強付会の誹りを免れえないであろうか。

〈もの（存在）とことば（思考）との一致〉という古典的な真理観に抗して、すなわち、方法に則って進めば、良識《ボン・サンス》の所有者のすべてがそこに到達しうるという、Xとしての真理の存在への信仰に抗して、そうした真理の存在を前提せず、人間の存在および行為の有限性、無限の開放性のゆえに、〈真理〉と呼びうるものがかりに存在するとすれば、そこへの途上においてしかないという事実を厳粛に受けとめること[9]、そして、それと同時に、そうした探究態度そのものが歴史性を帯びているという事実をつねに反省的まなざしにもたらすこと——これこそが、「新たなる〈認識論〉」が引き受けざるをえない宿命であり、要請である。ディルタイが構想し、ヨルクが賛同した「歴史的理性批判」とは、こうした〈認識論〉の別名であろう。

BuG : Paul Yorck von Wartenburg, *Bewußtseinsstellung und Geschichte. Ein Fragment*, eingl. u. hrsg. von Iring Fetscher, Hamburg 1991 (1. Aufl., Tübingen 1956).

（1） ヨルクの生涯については、Vgl. I. Fetscher, Einleitung, in : BuG xix-xxv ; K. Gründer, *Zur Philosophie des Grafen Paul Yorck von Wartenburg. Aspekte und neue Quellen*, Göttingen 1970, S. 44-55.

（2） これは両者の生と思想とにとってきわめて重要なことがらであるが、この証言として『往復書簡集』の次の箇所を参照。BrY 133-149. なお、以下の文献がこの問題に関する要を得た概観を与えてくれる。Vgl. Nachwort des Herausgebers, in : BuG 189-209 ; Gründer, K., a. a. O, S. 56-78.

（3） Vgl. H. Schnädelbach, *Philosophie in Deutschland 1831-1933*, Frankfurt a. M., [4]1991, S. 174.

（4） Schnädelbach, op. cit.

(5) 「形而上学」の原義が、自然学（Physica）的対象を超えた（meta）超感覚的な存在と原理との探究ということにあることからして、『意識態度と歴史』の編者フェッチャーも的確に述べるように、「ヨルクにとって、形而上学的（metaphysisch）とは「超心的（metapsychisch）」ということ、生ける心的動機連関を無視しているということである」（BuG xxxi）。

(6) 三木清「解釋學と修辭學」『三木清全集』第五巻、岩波書店、一九八四年）一四八頁。なお、三木とディルタイとにおける〈觀想と実践〉という問題系に関しては、本書第Ⅲ部第一一章「二　三木清とディルタイ」の、とりわけ「表現的世界」の項を参照。

(7) 三木前掲書、一四一頁。

(8) この点で、われわれは、解釈学を実践哲学とみなすガダマーの見解を共有したい。Vgl. H.-G. Gadamer, Hermeneutik als praktische Philosophie, in: ders., *Vernunft im Zeitalter der Wissenschaft*, Frankfurt a. M., ³1991, S. 78-109.（邦訳「実践哲学としての解釈学」、本間謙二・座小田豊訳『科学の時代における理性』法政大学出版局、一九八八年、七三―一〇三頁所収）

(9) こうした点に、ディルタイ哲学がもつ〈プラグマティックな性格〉をみることもできよう。この問題系に関しては、vgl. M. Jung, *Dilthey zur Einführung*, Hamburg 1996, S. 110ff., bes. S. 207, Anm. 41.

第五章　新カント学派とディルタイ

新カント学派には、二つの学派がある。一つは、コーヘンに始まり、ナトルプ、カッシーラーなど連なるマールブルク学派であり、主として数学や自然科学の認識論へと方向づけられており、もう一つはヴィンデルバントに始まり、リッカート、ラスクなどに連なる西南学派であり、主として人文・社会科学の認識論へと方向づけられている。両学派の共通する特質は、認識論の重視、論理主義、反形而上学である。生涯を賭けて精神科学の認識論的基礎づけに努力したディルタイは、西南学派の人々、とりわけヴィンデルバントと関わり、認識論的基礎づけをめぐって論争し、その思想を一層展開することになる。したがって、ここではとくにディルタイとヴィンデルバントの思想的関係を取り扱うことにする。

一　ディルタイの『精神科学序説』

ヘーゲルによって哲学史が哲学の重要な分野として確立されて以来、一九世紀後半には哲学史研究は全盛期を迎えた。ディルタイとヴィンデルバントの学問的生涯はともに哲学史家として出発した。彼らが学界において名前を知られるにいたったのは、ディルタイの場合は『シュライアーマッハーの生涯』（一八七〇年）、ヴィンデルバントの場合は『近世哲学史』（一八七八年）などの哲学史的な著書を通じてであった。ディルタイは後者を評して、「彼の労作には深遠な学識と流麗な文体とが結合されている」（XVII 389）と絶賛している。ヴィンデルバントはディルタイと同じように博識で豊かな歴史的感覚をもった人であった。しかし、彼らが哲学史研究を通じて引き出した方法論的帰結はまったく正反対であった。ディルタイが生涯と作品を有機的な組み合わせながら、哲学的思想が生成する過程を美的に叙述する「精神史的」方法をとったのに対して、ヴィンデルバントは哲学史の事実的必然性を洞察するために「問題史的」方法をとった。ディルタイは問題史的方法によって書かれた『哲学史教科書』（一八九一年）を読んで、「ヴィンデルバントは問題史的方法をとったがために深く窮地に陥り、動きがとれなくなっている。もっとも才気があふれているが」（BrY 130）と評している。ディルタイはヴィンデルバントとは方法的にまったく異なるとはいえ、「才気があふれている」というとき、彼のうちに哲学史研究の好敵手を見いだしていたのである。そしてやがては、両者ともに体系家として精神科学、もしくは歴史科学の認識論的基礎づけをめざすようになるのである。

一八八三年、ディルタイは『精神科学序説』第一巻を出版した。彼は一九世紀ベルリン大学を中心とした精神科学の巨大な発展をみずから体験し、これを認識論的に基礎づける『歴史的理性批判』を書こうとした。彼は一九世紀のカントたらんと欲したのである。したがって、彼も広義では新カント学派に数えられるであろう。自然科学的方法を精神科学にまで拡張することによって、精神科学を真の科学にまで高めようとするコントやミルの自然主義に反対して、ディルタイは精神科学には独自の対象と方法があることを主張する。『序説』第一編では、ディルタイは経験的現実を自然と精神とに分け、経験科学を自然を対象とする自然科学と、精神を対象とする精神科学とに分類する。彼は対象による科学の「実在的」分類を主張する。そして精神科学は独自の対象として「精神」、この対象に相応する独自方法として理性と意志と感情をもった「全体的人間」が関与する「理解」を説いた。これに対して、「ロックやヒュームやカントが構成した主観の血管には、現実の血が流れているのでなく、単なる思惟活動としての理性の薄められた液が流れているにすぎない」(I xviii) のである。そして彼は精神を理解するための「個別科学のうちで第一の、そして最も基本的な科学」(I 33) を心理学のうちに見いだす。すなわち、精神科学を心理学によって基礎づけるという意味での心理主義の立場をとるのである。『序説』第二編では古代から近世までの形而上学の発生、隆盛、没落を歴史的に辿り、形而上学が学問としては成立しないことを「歴史的に批判」し、形而上学の相対性を確認している。遺稿として残されている『序説』第二巻においては、精神科学の認識論の体系的考察が意図された。その構成は第五編「認識の基礎づけ」と第六編「思惟、その法則とその形式」、第七編「精神的現実の認識と精神科学の連関」からなる。第五編はかなり仕上がっているが、第六編と第七編とはほとんど覚書に近いものである。しかしよく見ると、それぞれの編がカントの純粋理性批判の「超越論的感性論」、「超越論的論理学」、「超越論的方法論」という構成を踏襲していることは明らかである。ヴィンデルバントは一八八四年に刊行された『プレルーディエン』において、ディルタイの試みを「歴史的理性批判はきわめて称賛されるべき企てであるが、それはまさしく批判でなければならない。そして批判である限り、それは規範を必要とする」(Präludien, Bd. 2, S. 120) といって、ディルタイの努力には敬意を表するが、「規範的」な批判主義でなく「発生的」な心理主義をとることに反対している。ヴィンデルバントは心理主義によって認識や価値の「相対主義」が招来されることを憂慮していたのである。これに対して、ディルタイはこの著書を批評して、「批判的方法のこのような課題の把握がカントを引き合いに出すことができるかどうかは、きわめて疑わしく思われる。カントは、このような規範の妥当性の展開をその起源の問題からけっして切り離さなかった」（XVII 470）という。ヴィンデルバントが規範的＝批判的方法を発生的＝心理的方法から切り離し、規範的方法の優位を主張するのに対して、ディルタイは規範的方法が発生的方法に由来するものとして、発生的方法の優位を説き、精神科学の基礎学として「記述的分析的心理学」を展開しようとするのである。

二　心理学をめぐるディルタイとヴィンデルバントとの論争

ディルタイは一八九四年に論文「記述的分析的心理学」を発表した。ここで彼は、ヴントなどの自然科学的心理学とは異なった、精神科学の基礎学として役立つ独自の心理学を説いた。「リア王、ハムレット、マクベスのうちには、すべての心理学の教科書を合わせたよりも、はるかに多くの心理学が潜んでいる」（V 153）といってシェイクスピアやゲーテやシラーなどの人間観察に基づいて、人間をよりよく理解するための新しい心理学の確立をめざす。そしてこの心理学は数学が自然科学の基礎になるように、精神科学の基礎になるのである。ディルタイは外的知覚と内的知覚との区別から出発する。自然科学の基礎になる外的知覚においては、対象は諸感官を通じて、個々ばらばらに与えられるに対して、精神科学の基礎になる内的知覚においては、対象は一つのまとまった全体性をもった生ける連関として与えられ、明証性と確実性をもって体験される。そして彼はこの内的知覚において、精神科学の真に確固たる地盤を見いだす。さらにこの内的知覚を出発点にして、精神生活の横断面としての「構造連関」、縦断面としての「発展」、両者の統一としての「個性」を問題にする。

同じ年に、ヴィンデルバントはシュトラスブルク大学の学長就任にあたって「歴史と自然科学」という講演を行ない、論理主義的な立場から自然科学に対する歴史科学の独立性を主張したときは、人文・社会科学界に異常な反応を呼び起こした。まず、彼は名指しはしていないけれども、ディルタイを二点において反駁することをもって、この講演を始めている。第一に、ディルタイの精神科学の確実な出発点ともいうべき内的知覚に向けられる。「最近の認識批判は……特殊な認識様式としての内的知覚という仮定を立てることに少なくとも強い疑いを抱いている。そればかりでなく、いわゆる精神科学が取り扱う事実が単に内的知覚によってのみ基礎づけられるということはけっして認容されないであろう」(Präludien, Bd. 2, S. 142f.) と批判する。しかし、彼はこの疑義を詳細に述べていはいない。第二に、精神科学の基礎学である心理学に向けられる。「心理学はその対象から見れば、精神科学としてのみ存在し、そしてある意味ではその他のすべての精神科学の基礎として存在している。しかし、そのすべての手続き、その方法的態度は徹底的に自然科学のそれである」(ibid., S. 143)。すなわち、心理学と自然科学とは、対象的には異なるが、方法的には普遍的法則性という認識目標をめざしている。このように方法的観点から見ると、心理学は自然科学に属するのである。自然主義に反対しながらも、自然科学的な心理学を基礎学とすることは、かえって自然主義に屈伏しているのではないか、という疑問をヴィンデルバントはディルタイに突きつける。そして、論理主義的な立場から歴史学と自然科学の相違を明らかにしていく。両者ともに精神科学または歴史科学の認識論的基礎づけをめざしたのであるが、彼らの論争は認識論的基礎づけにおける心理主義と論理主義の対決であったといえるのである。

ヴィンデルバントは、ディルタイの経験科学の「対象的」「存在論的」分類に反対して「方法的」「論理的」分類を提唱する。経験的事実を認識目標にしたがって整序する場合、自然科学と歴史科学の区別が現われる。一方は普遍的法則を探究し、他方は個性を描き出すのである。すなわちヴィンデルバントの用語を用いれば、自然科学は「法則定立的」科学であり、歴史科学は「個性記述的」科学である。そして心理的法則を探究する心理学は当然自然科学に属するべきなのである。そして歴史をよりよく理解するためにディルタイのような精神科学的心理学を必要とするかという問いに対して、否と答える。これまでの偉大な歴史家はそのような心理学をまったく知らなかったにもかかわらず、歴史的現象に対して素晴らしい理解を示し、偉大な業績を残したからである。したがって、ディルタイのいうような新しい心理学は必要ではない。これまでの歴史家がそうであったように、その天分に加えて、常識的な人間知だけで十分であると、ヴィンデルバントは主張する。

ヴィンデルバントは歴史科学の認識論をスケッチしたにすぎなかった。彼の弟子リッカートは、大著『自然科学的概念構成の限界――歴史科学への論理的序説』（一九〇二年）において、「法則定立的方法と個性記述的方法の区別」と価値的観点の有無ということとを結合することによって、「価値自由的一般化的方法と価値関係的個性化的方法の区別」を結晶させ、もって歴史科学の認識論を完成することになる。

このようなヴィンデルバントの批判に応えて、ディルタイは一八九五年に「比較心理学」という論文を書く。そして彼は「その論文はほとんどまったく新しいものです。ヴントやヴィンデルバントなどによって内的経験の概念は解決されない矛盾を含み、この概念を精神的なものと結びつけることは不可能であるといつもくりかえし説明されていますが、このような主張に反対して、精神科学の概念を内的経験によって基礎づけ、この基礎づけを正当化する欲求が生じてきました」（BrY 188）という。この批判によってディルタイの精神科学の認識論はさらに新しい展開を示すのである。第一に、これまでディルタイは、自然科学の認識の基盤をなす外的経験と精神科学の基盤をなす内的経験を分けていたが、いまやこの二つの経験の結合を問題にする。かくして「超越論的経験」という新しい概念が登場する。超越論的経験は、外的経験を通じて他人の内的経験を認識させ、もっぱら自己の内部に限られた内的経験を超えて、われわれ視野を大きく拡大させるものである。しかし外的経験はその内部に潜む精神的事実を認識するための媒介項すなわち手段にすぎず、精神科学のめざしているのは精神的事実の認識である。このようにして「精神科学を限界づけ、区分するのは、まさしく内容なのである」(V 250) といって、学問の分類における内容＝対象の優位を固持するのである。第二に、ディルタイは、ヴィンデルバントの法則定立的と個性記述的という方法的分類に対して、「私はヴィンデルバントの見事な叙述に完全に同意するところの命題から、彼が引き出したのと同じ結論を引き出すことができなかった」(V 256) といって、具体的な事実をあげて反論していく。たとえば精神科学のうちに経済学という学問がある。それは経済生活の法則を探究している。ではこの「法則定立的」な経済学は自然科学のうちに入れられるべきなのかと疑問を呈する。さらに、精神科学のうちに音韻の法則的変化を調べる言語学、想像力の法則的作用を探究する美学なども自然科学といわれうるのかと詰め寄る。「これら体系的精神科学が展開するところのものは、同形性であり、法則的関係である」(V 257)。ヴィンデルバントに反論する過程において、ディルタイは「体系的精神科学」という新しい概念に到達する。彼はヴィンデルバントの方法論的論理的区別を精神科学のうちに導入し、精神科学を、法則的関係の把握をめざす「体系的精神科学」と個性を叙述する「比較精神科学」とに分類するのである。

それればかりでなく、方法に対する内容の優位を保ちながらも、ディルタイはヴィンデルバントに触発されて、精神科学の方法そのものにも注意を払うようになる。では、精神科学にのみ固有な方法はなにか。それは「解釈学的方法とこれに結びついた批判的方法」(V 262) である。ここで解釈という「方法」がはじめて真正面から論理的に分析され、それが類比推理であることが明らかにされる。このようにしてディルタイとヴィンデルバントとのあいだの互いに敬意を払いきわめて抑制された論争は、ディルタイの思想の一層の展開を促し、実り多きものであった。しかし、このあとエビングハウスによって「記述的分析的心理学」は破壊的な批判を受け、ディルタイは急速に精神科学の認識論的基礎づけを解釈学のうちに求めるようになる。ヴィンデルバントとの論争は間接的であるが、心理学から解釈学への転向への一つの機縁を与えたといえるのである。

そして、ディルタイはこの転向を一九〇〇年の「解釈学の成立」において宣言する。一九世紀が終わるにあたって、これらの論争を通じて浮かび上がってきた彼の解釈学は、二〇世紀において豊かな思想的可能性を切り拓いた。一方では、マックス・ヴェーバーの科学論の展開に決定的な影響を与え、経済と社会との間の規則性を追求する「理解社会学」の成立に寄与し、他方では、現存在の存在の意味を解釈するハイデガーの「解釈学的現象学」、さらには理解においてさまざまな地平の融合を説くガダマーの「解釈学的哲学」を展開させる機縁を与えるのである。

おわりに

晩年の一九〇六年、ディルタイはマールブルク学派の人に関わりをもった。それはこの学派の創始者であるコーヘンの愛弟子であったカッシーラーであった。彼らはともにユダヤ人であった。カッシーラーはベルリン大学で大学教授資格を得るために『近世の哲学と科学における認識問題』を提出し、受理され、さらに「物自体」について公開の試験講義を行なった。ディルタイは当時引退していたが、この講義には出席した。心理学者シュトゥンプと哲学者リールが質問者であった。とりわけ後者はマールブルク学派に強い反感をもっていた。彼らはカッシーラーに意地の悪い質問をして、彼を窮地に追い込み、教授資格が拒否される寸前となった。そのときディルタイは立ち上がった。彼は決然としてカッシーラーの見解を支持し、「私は後世の人からカッシーラーを拒絶した人といわれたくない」[1]という言葉で締めくくった。ディルタイのこの言葉は流れを変えた。カッシーラーは教授資格を与えられたのである。ベルリン大学でのディルタイとユダヤ人哲学者ジンメルとの確執は学界では有名なことであった。しかし、晩年のディルタイは人種や学派を超えて偏見なく傑出した若い学者の力量を評価ができる人になっていた。彼の眼光にはいささかの狂いもなかった。カッシーラーはディルタイ以後の最大の精神史家になったばかりでなく、ディルタイと同じように精神科学の方法論的基礎づけを模索し、ついには世界を理解するシンボル形式という統一的観点から壮大な文化哲学を確立するのである。

Präludien: W. Windelband, *Präludien. Aufsätze und Reden zur Einführung in die Philosophie*, Bd. 2, Tübingen 1924.

（1） P. A. Schilpp, (ed.), *The Philosophy of Ernst Cassirer*, 1973, p. 17. Vgl. Toni Cassirer, *Mein Leben mit Ernst Cassirer*, S. 100.

第六章　ドイツ社会学の伝統とディルタイ――ヴェーバー、ジンメル、マンハイム

一　社会学に対するディルタイの見解

ディルタイは、精神科学の基礎づけならびに構築と精神史の研究に専心した時に、当時一般に流布していた社会学の価値を認めることがなかったのにもかかわらず、ドイツの社会学の形成に影響したので、社会学に対して屈折した関係をもっているということができる。マンハイムが的確に指摘したように、「彼の原理的‐歴史的研究において『西欧的』形態の社会学を原則的に退けたにもかかわらず、彼はドイツの文化社会学の最も重要な設立者と見られうる。これらの緊張関係の中からドイツの歴史・社会学的研究に見いだされるほとんどすべてのものが生まれた。なかんずくマックス・ヴェーバー、アルフレート・ヴェーバー、トレルチ、ゾンバルト、シェーラー、ルカーチなどの研究がそうである」[1]。ここで述べられているように、ディルタイは「西欧的」形態の社会学をどのような理由で退けたのか、それにもかかわらずないしはそれゆえに、どうしてドイツの文化社会学の設立者に数えられるのかを考察しなければならない。またドイツ社会学[2]が主として歴史的・文化社会学として発展した理由を考察する必要がある。

コントやスペンサーに代表される、「西欧的」（フランス、イギリスの）社会学をディルタイは、自然科

学をモデルとして社会と歴史の全体を把握する理論を展開しようとする総合科学――といっても実は形而上学――であるとみなしている（I 35, 420）。彼は、（コントやJ・S・ミルにおいて）社会学が精神的事実の研究の方法を自然科学の方法に従わせようとすることを批判する。というのは、精神的事実は内面的に理解されうるのであって、説明をこととする自然科学の方法はそれらを外的にしか把握しえないからである。また総合科学としての社会学は、歴史的・社会的現実の全体を把握して、その認識に基づいて新たな社会組織を構想し、指導する科学であるすると称するが、そこでは事実と法則の関係が曖昧なままにとどまり、さらに現実の認識と、価値と規定の意識とが不確定的な一般観念の内に融合してしまっていることを彼は指摘する。そもそも、精神諸科学が最終的に求める歴史的・社会的現実の全体的認識は、（ドイツの）歴史哲学や（西欧的）社会学のような総合的科学によって一挙に実現されるのではなく、個々の精神諸科学によって認識される、事実と法則についての諸真理の連関によって徐々に可能になると彼は考えている（I 95）。ディルタイは、コントの社会学を自然科学主義であるがゆえに斥けるだけでなく、「彼は歴史研究が人間と社会の諸科学に対してもつ真の有益な関係を認識しなかったし、利用もしなかった」として批判した（I 108）[(3)]。この批判は当然ミルにもあてはまる。

これに対して個別科学としての社会学は、個人の社会的諸関係の内で心的生が作用する諸形式についての理論であると規定される（I 420）。ディルタイは、ジンメルの社会学を念頭に置いて、それらの社会的諸形式として、上位と下位、模倣、分業、競争、集団の自己保存、代表などの人々の結合様式をあげている。そしてこれらの諸形式は、帰納的に確認され、心理学的に解明される必要がある。ディルタイはこのような専門領域を持つ個別科学が成立することを認めるだけでなしに、すでに彼の『序説』（一八八三年）において、社会の外的組織についての科学について論じ、さらに心理学的見地から共同体と支配－服従関係について論じている（I 64ff.）。そしてディルタイはジンメルのように社会的結合力を心理的モメントのみに帰するのではなく、血縁や場所的共生といった自然的連関に注目しようとしている。要するに個別科学としての社会学を心理学に還元するのではなく、幅広く自然的、環境的条件をも顧慮しなければならないと、彼は考えている。しかし彼は、精神諸科学の一環として、特殊科学としての社会学の構想を持っていたけれども、それを具体的に展開するまでに至っていない。心理学と関連する社会学は、ディルタイの論じる精神諸科学の中で、中心的位置を占めているということはできない。それは一般的に歴史的諸科学に対する補助学であるにすぎないとみなされた。

二　ディルタイ以降のドイツ社会学
――ジンメル、マックス・ヴェーバー、マンハイムにおける社会と文化

ディルタイは、このようにジンメルの思想が心理学に帰着することを批判するが、個人の相互作用によって社会がまた文化組織が成立することを認めている点では共通することに注意しなければならない。「個人は、社会の諸相互作用の中の一要素であり、これらの作用のさまざまの組織の交差点である」（I 37）と彼は指摘している。これに対してジンメルは、人間の行動の同じ動機が正反対の結果を生むことがあるから、動機ではなく、相互作用の形式に注目しなければならないとした。そして個人だけでなく、さまざまの集団の間の相互作用によって社会が成り立つこと、それを通じて社会の構造や秩序を把握しなければならないとした。こうして彼のいわゆる「形式社会学」が成立した。この思想は、ディルタイの現実的、実質的、歴史的思考方法と対立するようにみえるが、他方において社会を実体としてではなく、個人（集団）の視点から機能的に捉えようとする点では両者は共通している。そしてジンメルの思想がディル

タイの影響の下で構成されたことをテンブルックは強調している[4]。ディルタイが文化組織の交差点として個人を把握したのに対して、ジンメルは社会集団の交差点として個人を把握した。したがって彼は個人間と集団間の相互作用の形式に注目することによって、周知のように独立した個別科学としての社会学を形成しようとして、具体的には支配、闘争、交換、愛などについての社会学を展開した。さらに彼は、近代性の理論としての社会学を展開した。近代社会において社会集団の分化に伴い、個人の自由が増大したが、同時にまた人間の平均化とともに分裂が生じたことを彼は、貨幣や大都市を例にしながら論じた。その後彼は、社会学から哲学へ研究の重点を移動させたが、近代文化の問題性ないし悲劇性を構造的に論じるという問題意識は連続していた。この点で彼は、ショーペンハウアーとニーチェに深く影響されたがために、ディルタイ以上に近代社会が人間にもたらした問題性を意識し、それについて悲観的であった。

マックス・ヴェーバーは、ジンメルが社会学から哲学へ戻った時期に（一九〇八年頃）、彼の社会学を展開し始めるが、個人の行動、相互作用によって社会が成り立つことを主張し、方法的個人主義の立場を取った。彼は、ディルタイやジンメル以上に体系的、徹底的思想家であり、相互作用、つまり「社会的行為」を合理的視点を軸にしながら（目的合理的、価値合理的、感情的、伝統的という）四つの類型に区分した。この類型は彼の支配の、あるいは宗教の社会学の基盤をなすので、彼の社会学の構成要素である。それにもかかわらず、彼が社会集団を維持存続させるための要素として重視したのは、社会関係である。それは単なる相互作用ではなく、「その意味内容に従って相互に適応し、それによって対応しようとする人々の態度[5]」がみられるチャンスにおいて成立する。ヴェーバーは、社会関係に注目することによって、社会が意味的関係において基礎づけられるが、他方では人間の態度や行為が実際に行なわれるチャンスによって維持されることを主張した。この立場に立つことによって、彼は集団を維持するために必要な支配

－服従関係と正統的秩序に注目したのであり、それを通じて現実的、歴史的（動態的）社会学を展開することとなった。彼の社会学を貫く思想は、合理化であり、彼はこの概念を通じて西洋近代の特性と問題性を把握しようとした。つまり合理化は人間に世界と社会を制御する力と自由をもたらしたけれども、他方ではそれは、（最も合理的・効率的で、大規模な組織を可能ならしめる）官僚制の下で人間を隷属化し、無力化することになった。このように別の道を通って彼は、ジンメルと同様に近代文化と近代人に対して批判的見方をとることになった。これはともにニーチェの影響によるものであると考えられる。(6)

ジンメルとヴェーバーの一世代後のマンハイムもまた、個人の相互作用によって社会集団が成立し、維持されることを主張した。すなわち「人々は多種多様な組織化された集団の中で相互に協同し、あるいは敵対しながら行動している」、そしてこれらの行動は思想の上に反映していると彼は考えた。(7) 彼の本領は、知識社会学にあったので、彼は社会的行動や集団の構造の分析に向かわないで、思想の分析に重点を置くことになる。ただし思想そのものの内在的分析ではなく、彼は思想がそこで成立し、機能する社会的条件の下でそれを分析しようとした。中世のように、伝統的で安定した社会にあっては、多様な思考方法はみられないし、これに基づく思想的対立もない、しかし近代にあってはまったく逆である。彼はマルクス主義の影響の下で、思想を支配集団と抑圧された集団の対立葛藤の中で成立し、機能するものとして捉えた。思想は社会の安定をめざすのか、それとも変革をめざすのか、また支配集団の立場かそれとも抑圧されたもののそれかによって、イデオロギーとユートピアが区別され、それぞれの特性が論じられた。(8) マンハイムの知識社会学（ないし文化社会学）にあっても、歴史的・社会的状況の下での思想の動態、ないしは思想を通じての社会の変革が問題であった。

社会を個人ないし集団の相互作用によって成立したと見ることから、さまざまの可能な帰結を引き出すことができるけれども、ディルタイ以降のドイツ社会学はこれまで見てきたように、文化（ないし思想）を通じて社会を動的に歴史的に把握しようとした。ディルタイは精神諸科学の論究において「歴史的意識の本質と条件を探求するという、歴史的理性の批判」（V 9 ; vgl. I ix, VII 191）をなそうとした。また彼はそこで文化を人間精神の体験と表現として把握しようとした。このように文化と歴史に焦点を当てることを通じて、ディルタイは彼以降のドイツ社会学（文化社会学）の問題意識の枠組みを提供した。そして彼が精神諸科学のプログラムとして提示したことを彼以降の社会学者は、専門的科学としての社会学を通じて解決しようとしたということができる。ただそれに伴って、テンブルックが自然科学のみならず社会科学の発展の過程において見られると指摘した「脱意義化（Trivialisierung）」が生じてきていることに注意しなければならない。ディルタイは、個別的精神諸科学の発展を通じて歴史的・社会的現実の全体の認識に到達し、行動の指針を得ることを求めた（I 113, 116）。しかしその目標は未来に設定されたにしても、はたして実現できるかどうか疑問である。そこで彼以後の社会学者には、専門科学としての社会学においてその目標を変更したり、新たに根本的に解釈し直したりする必要が生じた。この（実質的）脱意義化には二つの道があるとテンブルックは指摘した[9]。一つは、体系化や形式化の方法を通じて真理に到達しようとする道であり、他はその目標を限定し、削減することによって客観性を保証し、専門科学化を計る道である[10]。これら二つの道はまさしく、一方ではジンメルの形式社会学において、他方ではマックス・ヴェーバーの価値自由論と、マンハイムにおけるイデオロギー批判において例証されている。

三　社会学の方法——類型学と理解の理論

「西欧的」形態の社会学をディルタイが退けたのは、一方ではその社会学とそれに対応するドイツの歴史哲学がともに形而上学であって、科学とは認められないからである。他方ではその社会学に見られる自然科学的方法を社会的・歴史的現実に適用することを彼は反対したからである。彼は、自然科学と区別された精神諸科学特有の方法と概念装置を提示して、これらの科学の特性を明らかにし、発展を計った。後者の概念装置についていうと、彼は晩年の世界観学に見られるように、類型を通じて歴史的現実を把握しようとした。そこにアントーニがかつて指摘したように、歴史主義から社会学への転換の端緒が見いだされる。[11] 精神諸科学においては、一般的法則よりも類型が問題であることは、歴史家は別として、ディルタイ以降のドイツの思想家において共通に見られる特徴である。これまで論議してきた社会学者だけではなく、テンニエス、トレルチ、アルフレート・ヴェーバー、ゾンバルト、ヤスパース、マックス・シェーラーなども類型概念を駆使して、それぞれの理論を構成した。

一般的法則と類型の区別、類型を構成する手続き、仮説構成のための類型の意義について、もっとも明確に、組織的に議論をしたのは、マックス・ヴェーバーであった。彼は、類型を「理想型」として規定したが、[12] それは一般に理解されるように、規範的意味を有せず、もっぱら個性解明と分類、因果的説明に役立つことを説明した。彼は社会科学は、「現実的科学」であることを主張したが、彼の社会学は、諸類型の構成を通じて形式的に整備されているだけでなしに、諸類型を縦横に駆使することによって現実を整備し、説明することを通じて、歴史的、現実的であるという特徴をもっている。このことは、特に彼の宗教社会学や支配の社会学において顕著であり、これらが彼の社会学の最もすぐれた成果であるとされるゆえんである。

ディルタイは、自然科学が説明をなすのに対して、精神科学は理解をするとして、両者を区別し、理解の方法をもって精神科学の独自性を主張しようとした。そして彼の影響の下で、ドイツ社会学に特有の理解社会学が発展することとなる(13)。彼は周知のように、もともとテキストの解釈の技法である理解の方法を拡張し、整備して精神諸科学一般の方法とした。理解の方法においては所与としての生の表出を通じて人間の内面を把握することが問題である。生の表出の形態として、①概念や判断などの思考形象、②人間の諸行為、③体験の表現があげられる。①においては、論理的規範に従う思考内容だけが問題であるのに対して、②においては状況、目的、手段、生の連関の結びつきが見られるが、人間の本質の一部が現われているにすぎない。これに対して③では、表現と表現された精神的ことがらの間にはさまざまの関係が見られ、嘘やごまかしがある一方で、心の底から生じた真実の表現もみられる（VII 205f.）。これら三種類の生の表出は、それぞれ人間の知性、意志、感情の作用に関係しているように見えるが、③においては感情だけでなく、全体的人間のあり方が問題になっている。したがってディルタイにとって③の理解が最も重要であるということができる。

続いてディルタイは、基礎的理解とより高次の理解を区別している。基礎的理解においては、人は個別的な生の表出を把握して、お互いに了解しあうのであり、そこでは生の全体的連関を度外視して、表現とそこに表現された事柄の関係が問題になっている（VII 207）。この基礎的理解の上に高次の理解が成立する。理解が困難になったり、誤解が生じたりした場合に改めて理解の検討を行なわなければならない。このときに個々の表現と表現されたことの関係が不確かになったので、多様な生の表現とそれが作品と作者の中において根ざしている内的連関の間の関係を帰納的に解明することになる（VII 210ff.）。ここにおいて作者と作品の関係、（作品）全体と部分の関係を把握しようとすることになるが、不確実な面が残る限り、完全な理解は到達不可能であるということになる。ただし彼は、自分自身のすぐれた追体験能力に基づいて理解の範囲を拡大・深化させ、思想史（精神史）において多くのすぐれた業績をあげた。

ジンメルは、歴史哲学においてディルタイの理解の理論を受け継いでいるように見える。彼は、直接的理解と歴史的理解を区別して、前者は一般的で客観的な（思想）内容を把握することであるが、後者はそれらの成立過程の現実的連関を把握しようとするとした。[14] 彼は、別の著作ではその区別を語られたことと語るものの理解と簡略化して規定している。[15] 語るものの理解が必要なのは、同じことであっても語られたことはどのような動機、感情に基づいて語られたかによって意味が変わってしまうことがあるので、その動機つまり語るものに言及しなければならないからである。理解が可能になる条件としてジンメルは、意識行為をわれわれの内で模写すること、つまりその人の気持ちになる（感情移入）ことをあげている。あるいはまた「生はただ生を通してのみ理解されうる」[16] と彼は主張した。ジンメルにおいても直接的理解が歴史的理解の基礎となるが、それは超歴史的・心理学的理解であるとしている。また彼は後になると歴史的理解が主体の有するカテゴリーと形式によって構成されることを強調した。

ジンメルが客観的内容の理解を基本においたのに対して、ヴェーバーは理解社会学において行為の主観的意味の理解が問題であることを主張した。彼は周知のように、社会学とは社会的行為を解明し理解することによってその経過と結果を説明しようとする科学であると規定した。[17] そして行為とは、行為者がそれに主観的意味を結びつける限りにおいての振る舞いであるとされた。[18] ディルタイとジンメルが重点をおいた追体験ないし感情移入を通しての理解（とくに語るものの理解）よりも、知的に限なく理解されうるという合理的理解を軸として、ヴェーバーは社会学を構築しようとした。そして彼は行為の意図された意味の現実的理解と行為の動機を解明しようとする説明的理解を区別した(19)。この二種類の理解に、先の合理的と感情移入的（非合理的）理解との区別が組み合わされることになる。ただ彼のあげた「思想の合理的現実的理解」はまさにディルタイとジンメルのあげた思想内容の基礎的（直接的）理解に他ならないと考えられるが、彼は現象学的立場から、そこにおいて思念された意味の把握と合理的な明証性が見られることを指摘した。さて現実の行為連関には、さまざまの動機が作用しているが、それを彼は理想型的に構成された合理的動機とそれからの偏差によって解明しようと考えた。かくして行為の合理的解明、つまり説明的理解がヴェーバーの理解の方法の中心をなしている。他方、合理的に把握されえない動機は、感情移入的手続きによって事実的に受け入れざるをえない。このように解明は合理的ないし追体験的に明証的であることによって理解可能的であるが、それが正しい解明であるとして客観的に妥当するためには、経験的に確証されなければならないと彼は主張した(20)。つまり意味は理解されるにしても、因果的連関は事実的に確認されなければならない。それゆえに彼は、社会関係について先に述べたように、理解と因果的説明の両方を駆使して社会学を構成しようとした。このことは彼が解釈学的‐現象学的見地をとるにとどまらず、実証主義の立場をも受け入れたことを意味する。合理的行為の解明を軸とする理解の方法は、ヴェーバーにおいて、合理化へと向かう歴史的・社会的現実を全体的に解明するための手段として、彼の社会学の全面において展開された。

マンハイムもまた理解の方法を社会学の基礎においたが、彼は「解釈としての理解の理論は、より包括的な文化の社会学の理論にまで拡張されなければならない(21)」と主張した。彼はこの思想に従って、知識社会学を構成することになった。そこで彼は解釈としての理解をどのように把握しようとしたのか検討しなければならない。理解とは彼にあっても意味の理解なのであるが、彼は完成したどの文化形象においても見いだされる次のような三種類の意味層を区別しようとしている。①客観的意味、②意図された表現意味、③証拠意味。[22] まず（社会的）行為の「客観的意味」が社会的連関の中で確定しているように、学問におけるそれは理論的連関の中で確定している。これに対して「表現意味」は、表現する主体において意図されたそのままの仕方で把握される。ある行為の「証拠意味」においては、その行為は行為者によって意図されないが、彼についての証拠、さらにその時代、文化、精神の証拠になることとして把握される。そこでは常に新たな解釈が見られ、証拠としての諸部分の解釈を通じて新たな全体（ディルタイにおける世界観、ヴェーバーにおける精神）が構築される。[23] 他方その全体を通じて部分の解明がなされるので、いわゆる解釈学的循環がみられる。従来の理解の理論では①と②の意味がもっぱら問題であると考えられてきたが、マンハイムは潜在的に作用していたと見られる③の意味を取り出して意味の範囲を拡大した。

「証拠意味」を通じて、マンハイムは文化形象（思想）の内在的理解を越えて、外在的把握の道を示したということができる。つまり思想の内容よりそれの置かれたコンテクストを通じて思想を理解するという知識社会学の道がその証拠意味によって開かれたのである。「知識社会学は、そこから徐々に個人によって区別される思想が生まれてくる歴史的・社会的状況という具体的連関の中で思想を把握しようとする」[24] とマンハイムは述べ、思想が歴史的・社会的状況の中で生まれ、機能していることをそれの「存在拘束性」と名づけている。この存在拘束性は、因果的連関であると解されることがあるが、彼は意味的連関であると解する。彼は現実の社会が因果的連関によって成り立っているを認めるが、同時にそれを意味的に把握する必要を説いている。この点で彼は、ヴェーバーの主張と一致する。ただ彼にあっては意味理解の範囲が拡張され、組織的に論じられることとなった。彼は、内在的考察に基づく解釈と外在的考察に基づく解釈を区別し、さらに前者は体系的と発生的に区別される。意味に関係しない存在に意味を帰着せしめようとする解釈としての本来の因果的説明は、心理学的解明と並んで、外在的考察と目される。これに対して、主観的に意図された意味と客観的意味は、内在的考察において体系的解釈に数えられる一方、証拠による解釈は、意味発生的解釈と精神史的解釈と並んで、発生的解釈に数えられる。(25) このように証拠による解釈は、多くの種類の解釈の中の一つにすぎないけれども、その拡がりと発生的意味において彼の知識社会学ないしイデオロギー批判の形成にあたって決定的な重要性がある。ともかく理解の理論によって、意味にしたがって行動し、思考する人間の立場から社会を把握する道が開かれた。そしてマンハイムの理解の理論は、ディルタイのそれを発展させた最も包括的な理論であるということができる。ただ彼はそれを知識社会学に限定して用いたのである。

(1) Karl Mannheim, „Das konservative Denken — Soziologische Beiträge zum Werden des politisch-historischen Denkens in Deutschland" (1927), in: ders., *Wissenssoziologie*, hrsg. von K. H. Wolff, 1964, Luchterhand, S. 410 Anm.（この書物は以下、WSとして引用）（マンハイム『保守主義的思考』森博訳、ちくま学芸文庫、一四頁注）。また最近でも、ディルタイのドイツ社会学の伝統における位置は、デュルケームのフランス社会学におけるそれに相当するとみられている。D. N. Levine, *Visions of the Sociological Tradition*, 1995, Chicago U. P., p. 194.

(2) 知的伝統によって、ドイツでは社会学は、英米でのそれよりも、包括的意味を持っているので、社会哲学ないし社会思想と訳した方がよいとの指摘がある。A. P. Simonds, *Karl Mannheim's Sociology of Knowledge*, 1978, Oxford U. P., p. 24. この論考では、そのようなドイツにおいて、科学としての社会学がどのように展開したのかを明らかにすることになる。

（3）コントは、科学の三段階の進歩過程を構成したのに対して、ディルタイは歴史的研究において経験に従い歴史的事象そのものに沈潜し、その変化や法則を取り出そうとしている。

（4）F. H. Tenbruck, „Georg Simmel“, in: *Kölner Zeitschrift für Soziologie und Sozialpsychologie*, 1958, SS. 595, 601.（以下、KZfSSとして引用）。Cf. D. Frisby, *Sociological Impressionism—A Reassessment of Georg Simmel's Sociology*, 1981, Heinemann, p. 37.

（5）Max Weber, *Wirtschaft und Gesellschaft*, 1921, Mohr, S. 13.

（6）マックス・ヴェーバーがその問題意識、発想においてニーチェから深い影響をうけていることについては、モムゼン、ヘンニス、山之内靖氏によって強調されている。拙論「ニーチェとヴェーバー――哲学と科学」（『人間存在論』第三号、一九九七年、京都大学人間・環境学研究科）参照。

（7）Karl Mannheim, *Ideologie und Utopie*, 6. Aufl. Schulte-Bulmke, S. 5. (orig. 1929. engl. ed. 1936.)（カール・マンハイム『イデオロギーとユートピア』、高橋・徳永訳、世界の名著、一九七九年、中央公論社、一〇〇頁）

（8）Ibid., S. 36f.（マンハイム、前掲書、一四一頁以下）

（9）Tenbruck, „Der Fortschritt der Wissenschaft als Trivialisierungsprozeß“, in: KZfSS., Sonderheft, 1975, S. 41.

（10）Ibid., S. 41ff.

（11）C. Antoni, *From History to Sociology—The Transition in German Historical Thinking*, tr. by H. V. White, 1959, Merlin Press, p. 36ff.（カルロ・アントーニ『歴史主義から社会学へ』、讃井訳、未来社、一九五九年、五三頁以下）(orig. 1939)

（12）M. Weber, „Die ‚Objektivität' sozialwissenschaftlicher und sozialpolitischer Erkenntnis“(1904), in: *Gesammelte Aufsätze zur Wissenschaftslehre*, 2. Aufl., 1951, Mohr, S. 190ff.（マックス・ヴェーバー『社会科学と社会政策にかかわる認識の「客観性」』、折原訳、一九九八年、岩波文庫、一一一頁以下）

（13）W. Outhwaite, *Understanding Social Life—The Method called Verstehen*, 1975, G. Allen & Unwin, p. 11f.

(14) G. Simmel, „Vom Wesen des historischen Verstehens“(1918), in: *Brücke und Tür*, Kohler, 1957, S. 70.（ジンメル『橋と扉』、酒田訳、『ジンメル著作集』第一二巻、一九七六年、白水社、七五頁）

(15) Simmel, *Die Probleme der Geschichtsphilosophie*, 2. Aufl. (orig. 1905), in: *Gesamtausgabe* IX, 1997, Suhrkamp, S. 263.（ジンメル『歴史哲学の諸問題』、生松・亀尾訳、『ジンメル著作集』、第一巻、一九七七年、五二頁）

(16) Ibid., S. 262.（同訳書、五二頁）

(17) M. Weber, *Wirtschaft und Gesellschaft*, S. 1.

(18) Ibid., S. 1.

(19) Loc. cit.

(20) Ibid., SS. 3f

(21) Mannheim, „A Sociological Theory of Culture and its Knowability (Conjunctive and Communicative Thinking)“, in: *Structure of Thinking*, 1982, Routlege and K. Paul, p. 149.

(22) Mannheim, „Beiträge zur Theorie der Weltanschauungs-Interpretation“ (1921-22), in: WS, S. 104. 具体的例を通しての、これら三種類の意味の説明については、同書一〇六頁以下参照。

(23) Ibid., S. 123.「証拠意味」はまたディルタイに基づいて「世界観意味」と呼ばれる（Ibid., S. 132, 140)。これによって証拠意味は、人間の知性の作用に拠るだけでなしに、情意を兼ね備えた全体的人間に関わっていることが明らかになる。

(24) Mannheim, *Ideologie und Utopie*, S. 4.（同訳書、九九頁）

(25) Mannheim, „Ideologische und Soziologische Interpretation der geistigen Gebilde“(1926), in: WS. S. 406.

第七章　現象学とディルタイ

一　フッサールとディルタイ

ディルタイと現象学の創始者フッサールとの間には、わずかだが直接的交流が存在した。のみならず、自然科学的な仕方ではけっして捉え尽くすことのできない「意識」ないし「生」を共に見つめ続けたこの二人の哲学者の間にはまた、きわめて興味深い思想的影響関係も認めることができる。本節では、両者の直接的交流にも言及しながら、彼らの思想的影響関係の一端に光を当ててみることにしたい。

ディルタイへのフッサールの影響

晩年のディルタイが、みずからより一世代ほども若い、当時まだ中堅の哲学者だったフッサールの『論理学研究』（初版一九〇〇／〇一年。以下『論研』と略記）を高く評価したことはよく知られている。ディルタイ中期の主著『精神科学序説』第一巻（一八八三年）は、自然科学的なやり方ではけっして解明することのできない「歴史的社会的現実」を対象とする諸科学の全体を、「自然科学」に対して「精神科学」として総括し（I 4）、そうした精神科学の「認識論的基礎づけ」（I 116）をみずからの課題と定めた書物であったが、その後ディルタイは、「記述的分析的心理学の構想」（一八九四年）において、自然科学的な仕方で諸要素をもとに仮説を立てて因果的に心的現象を説明しようとする「説明的心理学」（V 139）に対して、内側から体験されてくる「心的生の連関」（V 143f.）をありのままに記述分析していく「記述的分析的心理学」（V 175）の構想を呈示し、後者に精神科学の認識論的基礎づけというみずからの課題の遂行の担い手を見いだしていたのであった。記述的分析的心理学の構想はその後、「構想」のままにとどまっていたが、一九〇〇／〇一年にフッサールの『論研』が刊行されると、とりわけその第二巻で展開された、「記述的心理学」たる現象学による認識体験の記述のうちに、ディルタイは、精神科学を認識論的に基礎づけるというみずからの年来の課題が具体的に実現される可能性を見て取った。こうして彼は、一九〇四年にはベルリン大学で『論研』第二巻の演習を行ない、さらに「精神科学の基礎づけのための諸研究」（以下「基礎づけ」と略記）の第一研究「心理的構造連関」（一九〇五年）では、「卓越したフッサールの研究」によって「認識作用の現象学」という形で「知の理論の〈厳密に記述的な基づけ〉がなされたと述べたり（VII 10）、また「認識論のために記述を利用するという点で画期的なフッサールの『論研』」に自分が「いかに多くを負っているか」（VII 14）を公言したりするまでになるのである。

実際、この第一研究では、知の哲学的基礎づけを行なう際の「記述的予備概念」（VII 13）として、心理的変化の「発生的関係」ではなく、むしろすでに出来上がった「発展した心的生」の内に見いだされる「心理的構造」（VII 15）こそが記述されているし、また第二研究の「一　対象的把握」（一九〇五年）ではさらに、「直観的把握」に基づいてなされる「有意義な把握」が論じられる際に、まさに『論研』第二巻からの数々の引用によって、「表現」の概念が規定され、記述が進められている（VII 39ff.）。しかもこれら諸体験の間の関係はここでも、「発生的関係」としてではなく、あくまでも、すでに出来上がった「基づける作用と基づけられる作用との間の関係」として、いわば静態的に記述されるのである(VII 44)。精神科学の基礎づけのためのこうしたディルタイのアプローチには、さまざまな認識諸体験やそれら相互の関係を発生的に説明するのではなく、すでに出来上がった志向的構造において静態的に純粋に記述しようとしたフッサールの『論研』の影響が、明らかに見て取れるであろう。

しかし、そうだとすると、晩年のディルタイにおいては、彼の生の哲学の本質に根差していたはずの、生の諸範疇に対するあの力動的な発生的観点、発生的論究が前景から退いてしまい、それら諸範疇を(それが実際に妥当しているがままに)純粋に静態的に記述することが強調されるようになった、ということなのだろうか。そうではあるまい。たしかにディルタイは、たとえば「表現」概念を、右に述べたような経緯でフッサールから受容した。しかし彼は、その後の「詩学」継続の計画においては、〈体験を内観によって捉え、それに基づいて言葉で表現する〉といった考え方に疑問を呈し(VI 317f.)、むしろ「表現を通じて」こそ「体験」を確定するという「間接的なやり方」を強調するようになる(VI 318)。さらに最晩年の「精神諸科学における歴史的世界の構成」(一九一〇年)になると、力動的な生は「内観的方法」によってはは捉え尽くすことができず、むしろ「生の表出」であるさまざまな「表現」――そこには「言葉」だけでなく「身振り」や「顔の表情」も含まれる――を介して、それの「理解」という解釈学的な過程を通してこそ知られる(VII 86f.)、と考えられるようになっていく。「表現」こそが「内観によって直接知られる以上のもの」を「意識の照らすことのない深みから浮かび上がらせる」のだ(Vgl. VII 206)。このように、晩年のディルタイは、フッサールの『論研』のいわゆる静態的記述から大きな影響を受けながらも、その後次第に距離をとり、「表現」概念に関しても、これを生の力動的、創造的過程に位置づけて捉え直すようになった、と言わなければならないのである。

歴史主義と世界観哲学を批判したフッサールの「厳密な学としての哲学」（一九一一年）（以下「厳密な学」と略記）が公刊されたとき、意識の流れのうちに理念として含まれている本質を現象学的意識分析は本質直観によって本質存在として把握する、と叙述されている頁[1]の欄外に、ディルタイは「いかにもプラトンふうだ！　彼は最初に、生成し流れつつあるものを概念のうちに固定しておいて、その後でそれに、流れの概念を補足として付け加えるのだ」と書きつけたとされる（Vgl. V cxii, 438）。こうしたフッサールへの批判はしかし、右に述べたことを踏まえるならば、この論文の刊行以前からすでに少しずつ準備されていたものだったと言えるだろう。ディルタイは、フッサールの静態的記述とその諸概念をそのまま受け入れたのではなかった。彼はそれらをみずからの見つめる生のダイナミズムのなかに置き入れ、発生的観点から捉え直していったのであり、あくまで生の諸構造の発生を見つめようとしていたのである。

フッサールへのディルタイの影響

それでは、フッサールの方ではその思索の歩みにとって、ディルタイはどのような位置を占めていたのだろうか。このことを述べるために、まず若干の事実確認から始めたい。

フッサールの『論研』初版は、純粋論理学を認識論的に基礎づけるための〈認識体験の純粋記述〉として、「現象学」の立場を初めて切り開いた書物であったが、この著作をディルタイが大学の演習で用いたことを耳にして、フッサールは一九〇五年三月、ベルリンに彼を訪ね、そこで若干の会話を交す。フッサールの後年の回顧によると、この会話で彼は、自分の現象学をディルタイが記述的分析的心理学と同一のものと受け取り、現象学を精神科学の哲学的基礎づけという彼の生涯の目標と関連づけて考えていることを知って、強烈な印象を受けている。フッサールはこの年の夏学期に直ちに歴史哲学に関する演習でディルタイを取り上げ、「精神科学的現象学の諸問題」すなわち精神諸科学の現象学的基礎づけの問題に取り組みだす。そしてこの取り組みが、『イデーンII』の原草稿（一九一二／一三年）に繋がり、さらに現行の『イデーンII』（一九二五年ごろまでに執筆。一九五二年公刊）へと結実していったとされるのである（HuDo III/III 459f.; HuDo III/VI 275）。

しかし、ここで注意しなければならないのは、フッサールがその際同時に、ディルタイに対して終始、批判的態度を採り続けてもいたということである。『論研』初版では現象学は、なるほど「記述的心理学」とも規定されていたが、その後フッサールは両者を厳密に区別する必要を感じて、一九〇五年から七年の間に相次いで「現象学的還元」と「本質直観」という、現象学の根本方法を確立した。したがってそれ以降のフッサールにとっては、ディルタイが現象学を記述的分析的心理学と同一視したことは、まったく受け入れ難かったに違いない。だからこそフッサールは、ディルタイから大きな刺激を受けながらも彼とは異なり、精神科学の心理学的基礎づけではなく、最初から現象学による基礎づけをめざしたのである。「厳密な学」でのディルタイへの批判も、その主眼は、ディルタイが歴史主義的懐疑主義を拒否しながらも、彼が現象学的な本質態度に立たずに経験的立場に立っているために、当の懐疑主義に対して反対する論拠を示しえていない点にあった。[2] なるほどディルタイも普遍的に妥当する学を求めて、心的生の同型的構造連関やさまざまな精神的形成態――ひいては世界観――の諸構造とその類型性について教示に富む分析を繰り広げ、それらの発展を支配している内的動機づけを歴史的に理解しようとするが、フッサールの考えでは、相対主義や懐疑主義を根本的に克服し学的哲学を樹立するためには、なによりも歴史に制約されずに超時間的に妥当するアプリオリな本質法則、ならびにそれに支配された存在とそれを構成する意識との間の本質的相関関係を、現象学的に分析、解明しなければならなかった。だからこそ「厳密な学」の公刊を機に交わされたディルタイとの往復書簡において、ディルタイが自分も「普遍的に妥当する学」を求め、あなたと同様「普遍的に妥当する知の理論が存在する」と考えているのだから、自分の立場は認識の可能性を否定する「懐疑主義」にはならないはずだと抗議してきたとき（HuDo III/VI 43-47）、フッサールは一方で「私たちの間には重大な差異などまったく存在しないように思われる」とまで言いながらも、他方では何といっても右のような現象学的本質分析の諸特徴を強調せざるをえなかったのである（HuDo III/VI 47-51）。後年の「現象学的心理学」講義（一九二五年）においてもフッサールは、一方でディルタイの「記述的分析的心理学の構想」が自然主義的心理学に対してなされた最初の一撃として「天才的な仕事」（Hua IX 6）であると高く評価すると同時に、他方では「本質直観」に基づく現象学的な「本質記述」がディルタイには欠けていることを厳しく批判してもいる（Hua IX 13）。このようにフッサールは、ディルタイに対して常に批判的態度をとりつつ、その実り豊かな諸分析をみずからの現象学のうちに取り入れていった。ディルタイがフッサールの静態的記述をそのまま受け入れず、自家薬籠中のものとしたように、フッサールもまたディルタイの仕事をみずからの「現象学の天才的な予見であり前段階」（Hua IX 35）とみなして、現象学のうちに摂取していこうとしたのである。

それでは、フッサールはディルタイから具体的に何を摂取していったのだろうか。フッサールのディルタイへの取り組みは、一九〇五年のベルリン訪問からディルタイの死（一九一一年）の後も、断続的に晩年にまで及ぶが、一九一二／一三年の『イデーンII』原草稿執筆までの期間に限ってみても、フッサールは、「記述的分析的心理学の構想」、「比較心理学」（一八九六年）、「基礎づけ」第一研究、『序説』、「形而上学的諸体系における世界観の諸類型とその形成」（一九一一年。以下「世界観学」と略記）、「歴史的世界の構成」といったディルタイのテキストの全部ないし一部を、下線やメモを施しながら読み、研究している。フッサールの思索の歩みからみると、『イデーンII』原草稿というのは、中期のいわゆる静態的現象学の立場が呈示された『イデーンI』の執筆直後に起草されながら、そのうちにはすでに後期の発生的現象学の思想の萌芽が認められる興味深いテキストであるが、フッサールを静態的現象学から発生的現象学へと導いたそのきっかけのいくつかも、他ならぬフッサールによる右の諸テキストの批判的研究にあるのではないかと思われる。以下、筆者が調査したディルタイのテキストへのフッサールの書き込みも踏まえて、いくつかの点をごく簡略に指摘しよう。

第一。フッサールは、『論研』でさまざまな「クラス」の志向的体験の構造を初めて現象学的に記述したが、「厳密な学」では、意識の「流れ」が「記述可能な類型性（Typik）」を有し、この類型性が意識の本質研究を可能にすると述べ(3)、さらに『イデーンI』においては、理念的本質を対象とする精密学に対して、現象学を、現象学的還元によって得られる「純粋諸体験」の「形態学的本質」ないし「類型的本質」を厳密に記述する「記述的本質論」として規定している(4)。フッサールは元来、さまざまなクラスの心理的諸現象の記述という記述的心理学の考え方をブレンターノから学んだが、心的生や人間、またそこから産み出されるさまざまな精神形成態が（他の類型からは互いに明確に区別されるような）類型性を有し、それゆえ形態学的記述が可能だという点については、主としてディルタイの「記述的分析的心理学の構想」(insbes. V 152)、「比較心理学」(V 241, 270f.)、「世界観学」、「歴史的世界の構成」(insbes. VII 99) から示唆を得ている。フッサールは一方でディルタイの「類型」概念がもつ経験的性格には終始批判的だったが(Hua IX 11-20)、他方ではこれを本質の領域へと高めて「類型的本質」として捉え直し(5)、みずからの現象学へと取り込んでいった。こうして『イデーンI』では、さまざまなクラスの志向的体験のノエシス－ノエマ的な類型的本質構造が静態的に分析、記述されたのである。

第二。しかしこれに対して、『イデーンII』原草稿では「心」や「人格」が発展しつつみずからの歴史を形成していくものとして記述され、個々のクラスの諸体験を超えて全体的連関を見つめる発生的視点が開かれつつある。フッサールは個々の諸体験が「動機づけ」(V 267) を核とする全体的連関のうちにあり、しかもこの連関が歴史性を備えた「獲得連関」(V 177) であるとの示唆をも、主としてディルタイの「記述的分析的心理学の構想」および「比較心理学」から得ている。フッサールを静態的現象学から後期発生的現象学へと導いたきっかけの少なくとも一つは、ディルタイの「心的生の獲得連関」の現象学的捉え返しにあるのであって、ここから、現行の『イデーンII』に見られる「人格の理解における普遍類型的なものと個体類型的なもの」をめぐる興味深い記述 (Hua IV 270ff.) も可能となった。そこでは類型の発生が「類型化 (Typisierung)」(Hua IV 271, Anm.) の問題として見つめられてもいるのである。

第三。『イデーンII』原草稿においては、自然科学と精神科学との根本区別が「自然主義的 (自然科学的) 態度」と「人格主義的 (精神科学的) 態度」という態度の根本的相違から現象学的に解明されているが、対象の与えられ方の根本的相違から自然科学と精神科学とを根本的に区別する視点、ならびにそこに態度の根本的相違が関わっていることに関して、フッサールは、主としてディルタイの「記述的分析的心理学の構想」(insbes. V 139f., 143–153, 168ff.) と「歴史的世界の構成」(insbes. VII 80–88) とから本質的な点を学んでいる。ディルタイが自然科学から精神科学の固有性を態度の違いによって際立たせ、後者を記述的分析的心理学によって認識論的に基礎づけようとしたのに対して、フッサールは記述的心理学を現象学へと捉え返し、両科学の態度の違いを現象学的に解明することによって、自然科学と精神科学の両方を現象学によって基礎づけようとしたのである。

第四。フッサールの「表現」概念にもディルタイからの影響が見られる。『論研』第二巻では、単になにものかを指し示す「指標」に対して、「表現」は意味を告知する「有意味な記号」つまり言語表現として規定され、「表情」や「身振り」は表現から除外されていたが、(6)『イデーンII』原草稿では、「場合場合によって変化する多くの特殊な表情、身振り、語られた〈語〉やその口調等々において、人格の精神的生や人格の思考が表現される」(vgl. Hua IV 235) と言われ、表現概念が拡張されることになる。これは、筆者の知る限り、フッサールがディルタイの「基礎づけ」における表現概念 (VII 80, 83, 86, 87) から影響を受けた結果である。ディルタイが『論研』の表現概念から影響を受け、これを捉え直したことはすでに述べたが、フッサールは逆に、ディルタイによって捉え直された表現概念に影響を受け、みずからの表現概念を拡張した。そしてこのことが、後期発生的現象学における生活世界的他者理解の分析への道をフッサールに開くことになったのである。

第五。右と関わって、フッサールはディルタイの「共同精神 (Gemeingeist)」の概念からも影響を受けている。フッサールは「歴史的世界の構成」に登場する「共同精神」の語 (VII 96, 97, 98) に逐一下線を施しているが、「厳密な学」における叙述を見ると、(7)彼がこの概念を、個人的精神に対する「普遍的精神」として理解し、当時取り組み始めたばかりの相互主観性の問題群と結びつけて考えていることがわかる。彼はこれと同時期の「認識の理論としての論理学」講義 (一九一〇/一一年冬学期) においても「共同精神」の問題を具体的に取り上げているが、そこでは明らかにディルタイを意識しながら、「共同精神の存在論」が「あらゆる経験的精神科学に先行するアプリオリな本質論」として可能であることを強調している (Vgl. Hua XXX 282-285, 376-381)。フッサールはディルタイの「共同精神」の概念から影響を受けつつ、これを現象学的本質分析のなかに取り込み、精神科学の現象学的基礎づけを試みようとしたのであり、このことが後期発生的現象学におけるフッサールの日常的相互主観性の現象学の内実を豊かなものにする大きなきっかけとなったのである（vgl. z. B. Hua XIV 165 ff.）。

結語

以上、ディルタイとフッサールとの間の思想的影響関係の一端を見てきたわけだが、そこから明らかになったのは、ディルタイがフッサールの思想をそのまま受け入れたのではなく、生のダイナミズムのなかに取り込み自家薬籠中のものとしたのと同じように、フッサールもまたディルタイの思想を批判的に受容し、それが静態的現象学から後期発生的現象学へと歩みを進めていく大きな動因となった、ということである。なるほど晩年のディルタイが、フッサールの影響を受けつつも、生の諸構造の発生を見つめようとしたのに対して、後期フッサールはあくまで意識における発生の諸構造を本質分析しようとした。しかしそうした違いはあれ、フッサール自身はディルタイ亡き後、自らが「ディルタイとの非常に緊密な共同体」（HuDo III/VI 275）へと導かれたこと、現象学が「意識生の解釈学」（Hua XXVII 177）であることを次第に自覚していく。意識の生を見つめ続けた二人の哲学者の間には、このようにきわめて興味深い思想的影響関係が存在しているのである。

『フッサール全集』（*Husserliana*）ならびに『フッサール全集資料編』（*Husserliana Dokumente*）からの引用にあたっては、各々 Hua、HuDo の略号の後に巻数をローマ数字で、またページ数をアラビア数字で本文中に示す。邦訳のあるものはそのつど注で指摘する。

（1） Vgl. Hua XXV 33f.（小池稔訳「厳密な学としての哲学」、『ブレンターノ／フッサール』世界の名著62、中央公論社、一三九―一四一頁）

（2） Hua XXV 41-47.（前掲訳書、一四八―一五五頁）
（3） Hua XXV 33.（前掲訳書、一三九―四〇頁）
（4） Hua III/1 154-6.（渡辺二郎訳『イデーンI-2』みすず書房、三五―三七頁）
（5） Hua III/1 155f.（前掲訳書、三六頁）
（6） Hua XIX/1 30f., 37.（立松弘孝他訳『論理学研究2』みすず書房、三三―四、四一頁）
（7） Hua XXV 47.（邦訳「厳密な学としての哲学」一五五頁）

二　ハイデガーとディルタイ――二人が交差する地点

ディルタイからハイデガーへ――問題の見取り図

『ディルタイ全集』が第一巻をもって刊行され始めたのは、ディルタイが逝去して三年後であった。第一次世界大戦が勃発した一九一四年のことである。この年、ハイデガーは二五歳になる。後になって彼は、大戦前の一九一〇年から一九一四年の間に興味を喚起された書の一冊に『ディルタイ全集』を挙げている（GA 1 56）[1]。もちろん全集が公刊される以前にも、いくつかの論著が、単行本あるいはプロイセン学士院の会議報告として公刊されていた。ハイデガーがそれらに親しんでいたことは、彼が一九一九年にフライブルク大学にフッサールの助手として着任してから、講義の中でフッサールやリッカートの論著と並んでディルタイのものを、再三、参照指示していることから窺い知ることができる。単行本として『精神科学序説』（一八八三年刊）、また、プロイセン学士院からのものとして「実在性論文」（一八九〇年刊）、「記述的分析的心理学」（一八九四年刊）、「比較心理学」（一八九六年刊）、「解釈学の成立」（一九〇〇年刊）、「歴史的世界の構成」(一九一〇年刊)、等がある。プロイセン学士院からの前四論文は、一九二四年にミッシュが編者となって公刊した『ディルタイ全集』第五巻に収められ、改めてハイデガーの目に触れることになる。彼がフライブルク大学からマールブルク大学に助教授として赴任した翌年のことである。そして一九二五年にカッセルでディルタイに関する一〇回連続講演を行なったハイデガーは、一九二七年に『存在と時間』を公刊し、ディルタイについてこれまで講義・講演で述べてきたことを二つの問題領域に集約して言及する。すなわち、その四三節では外界の実在性の問題に関して、七七節では歴史性の問題に関して、である。

このように、ディルタイの論著がハイデガーによって集中的に引用、参照されたのは、一九一九年ごろの最初期の講義から『存在と時間』までである。ディルタイはそれらの論著を通して、精神科学の基礎づけを求めて生の記述的分析から解釈学へ、そして歴史的世界の構成へ進む。ハイデガーの思索もちょうどこれに呼応している。彼は当初から「歴史的我」の分析に関心を寄せ、ディルタイが歴史を哲学的問題として哲学的意識へもたらした点を評価する(GA 56/57 122-123)。こうして彼は歴史的我から生の事実性の分析へ、しかも理解と解釈を方法にした現存在の解釈学へ、そして現存在の歴史性の分析へ進む。解釈学と歴史への関心という点で、ハイデガーがディルタイから影響を受け、それを進展させたことは明らかであろう。ガダマーが著した『真理と方法』、ペゲラーが編纂した『解釈学の根本問題』は、このような道筋を描くのに多大な貢献をしたことは言うまでもない。

これに対してもう一つの問題領域である外界の実在性の問題は、ディルタイ哲学の内部においても、またハイデガーへの伝承においても、あまり注目されることがない。それはおそらく、この問題はハイデガーにあっては批判的に乗り越えられるべき問題であったからであろう。すなわち彼は、人間と事物を主観と客観、内と外という図式で捉えることに反対して、人間の存在は世界内存在であることを強調する。人間は「我」としてあたかもカプセルの「内」に存在しているのではなく、すでに「外」へ、つまり「世界」へ出て存在している。そうであれば、「外界」は実在するのか、そして「我」はいかにして「外」へ出て行くのか、という外界の実在性の問題は、擬似問題になる。

しかし問題の所在はもっと別のところにあるのではないか。しかもそれは、「我」を哲学の出発点にした近代ヨーロッパ哲学の、とりわけドイツ観念論からディルタイを経てハイデガーへ流れ込んで来た近代ドイツ哲学の、一つの隠された淵源になっているのではないか。その所在を明らかにしたとき、ディルタイとハイデガーの関係は、これまでとは別の相貌を呈するのではないか。

ハイデガーからディルタイへ——問題の所在

ディルタイのいわゆる「実在性論文」の正式な論題「外界の実在性についてのわれわれの信念の起源とその信念の正当性とに関する問いを解決することへの寄与」は、興味深いことに『序説』「緒言」の中の言い回しをほぼそのまま受け継いでいる。すなわち「外界の実在性をわれわれが確信する起源と正当性の問題を解決することは、精神科学の基礎づけのあらゆる謎の中で最も強固な謎であるように思える」(I xviii–xix)。この問題は精神科学の認識論的基礎づけの中に位置づけられていた。とすれば解決もまた、その中でなされる。それが、「現象性の原理」、「意識の事実」からの出発である。いずれも、『序説』公刊の数年前頃に定式化されたものである。

「現象性の原理」とは次の通りである。「われわれにとって存在するものは、われわれにとって存在しているがゆえに、またそのかぎり、意識に与えられているという制約のもとにある」(XIX 60, V 90)。たとえば天空に輝く星も、それを仰ぎ見た私の意識にとってのみ存在する。「星が天空にある」と「星が意識に与えられている」は同じである。しかも、「私が私の内で体験しているものが意識の事実として私にとって存在するのは、私がそれを覚知しているからである。意識の事実とは、私が覚知しているものに他ならない」（I 394）。一心不乱に星を仰ぎ見ているときでも、私は「星を見ている」を「事実」として覚知する（気づく）ことができる。「意識に与えられている」を「事実」として確証するのが覚知である。「実在性は覚知の中で与えられ、覚知は確実性の最終審である」（XIX 177）。これがディルタイの出発点になる。

しかし意識の事実から出発するかぎり、「我思う」から出発したデカルトと同様に、外界の実在性が問題となる。これはディルタイ自身すでにバーゼル時代（一八六七―六八年）から自覚していた。彼もまた、デカルトに始まる意識の哲学に身を置いた。もちろん彼は、意識を、表象のみならず意志と感情を含むものとして、すなわち生として捉え直す。それとともに、問題の出発点となる意識の状態を心的生に求める。これは、意欲・衝動・快不快の感情によって形成されている生であり、充足と満足を求めている生である。たとえば乳児が空腹のために泣き叫んでいるような状態である。ここでは、自己と他者の区別はまだ意識されていない。それが意識されるのは、空腹を満たそうとして手を伸ばして母親の体に突き当たったり、拒まれたときである。乳児の意志インパルス(2)が感覚を介して阻止されることによって、乳児にとって阻止が意識される。意志インパルスの意識と阻止の意識、これら二つの意識状態から発現する抵抗経験の中で、「われわれから分離した外的な力が現前している」ことが意識される。これが、外界の実在性の意識の出現である（V 131）。

このように見れば、ディルタイとデカルトの違いは明らかであろう。デカルトは、まず我の存在を確保し、つぎにその外への架橋を試みる。しかしこれはハイデガーに批判される。人間はすでに「外」へ出ているのである、と。これに対してディルタイは、自己と他者との区別がまだ意識されていない状態に遡り、それがどのように発現するかを分析する。自己が成立するには、同時に、自己ならざる「外的な力」が意識されなければならない。自己と外界、自己と他者は、その区別において意志的な抵抗体験の中で同時に意識される。双方は「相関的事実」である (XIX 178)。ここから、ディルタイに先だって「意識の事実」を語ったフィヒテ、さらにカントを想起するのは唐突であろうか。カントもまた、意識の内的経験の成立条件として外的経験をあげ、内と外との、いわば相関関係によってこの問題の解決を試みる。そしてカントから受け継いだ実践的自我において非我を障碍として経験したのは、フィヒテであった。ディルタイにはカントそしてフィヒテからの伝統が流れ込んでいる (V 111f.)。

これに対してハイデガーは『存在と時間』で、ディルタイの「抵抗経験」を「抵抗するものの発見」として、「実在性の意識」を「世界内存在」の一つの在り方として解釈し、個々の存在者が抵抗するものとして発見されるためには、ある世界が開示されていなければならない、と言う (SZ 210f.)[3]。しかしディルタイが問題にしたのは、すでに開示された世界の内での個々の事物の抵抗経験だけではない。世界という、事物相互の意味連関・目的連関の全体が形成される以前の、原初的次元にまで分析を掘り下げる。「インパルスと抵抗は自己と客観との分離の胚を含んでいた。そしてこの胚が芽を出すのは、自己が固有の目的全体として自己を完結させることによる。すなわち、この自己をとりまいて表出する力のカオス的遊動から、今や、他者が解き放たれる」(V 125)。彼はここで、「力のカオス的遊動」という表現を使いながら、そこから自己と他者とが各々の目的連関を形成することによって双方の区別が生じることを述べている。それは、「力のカオス的遊動」の中で自己ならざる「外的な力」が初めて意識されると同時に、自己の世界が目的全体として芽を吹き出し、同時に特定の他者との区別が意識されてくる次元である。それは、われわれの生がおかれている世界が、「カオス的遊動」から整えられ、まさしく創設されてくる次元にほかならない。

ディルタイとハイデガー——問題の展開

問題の所在をこのように捉えるとき、興味深いことに、ハイデガーもまた、世界創設の原初へ遡り、そこで抵抗経験を語るのである。『存在と時間』公刊の翌年の講義で彼は次のように言う。「超越する現存在は、それに対しては無力なものとして、存在者を抵抗において初めて経験する」（GA26 279）。つまり、人間も一つの存在者として存在者全体の直中に投げ入れられており、その一方で人間は「……のために」という意志的な意図・目的に基づいて、存在者を全体において超越しながら存在者全体の在り方を、すなわち世界を、目的連関・意味連関の全体として創設する。このような超越における世界創設の時、人間は存在者に対しては無力で、それを抵抗において経験する、とハイデガーは言うのである。ディルタイは「自己と客観との分離の胚」において、ハイデガーは「現存在の超越」において、世界創設という原初的次元へ遡及する。しかも、この次元では存在者は抵抗において経験される。ではこの次元から、両者はどのような一歩を踏み出したのだろうか。

ハイデガーは、外界の実在性の問題で言われている実在性を存在の一様態とみなし、それを包摂する存在一般の意味を問い求めながら、存在者全体を統べる存在そのものを希求する。これに対してディルタイは、自己と外界・他者との区別へ向かうと共に、その相互関係を作用として捉える。阻止という仕方で意志インパルスに作用（wirken）するものこそ現実的（wirklich）であり実在的である。歴史上の偉大な人物について述べた一文は印象的である。「彼らの偉大な人格が力強い意志でわれわれに作用するがゆえに、彼らはわれわれにとって実在性のある人々なのだ」（V 114）。作用に基づいて実在性を現実性（Wirklich-keit）として理解することは、「現象性の原理」の定式化と同じ頃から語られており、かくして『序説』において精神科学の対象は「歴史的社会的現実性」として定式化されることになる。外界の実在性の問題は、「歴史的社会的現実性」の問題であり、とりわけ歴史上の偉大な人格とどのように出会うかという問題をも含んでいる。自己と他者との区別は、同時に、双方の出会いでもある。

このようにディルタイは、「外的な力」を作用の中で捉え、作用性としての現実性を意志的な抵抗体験の中で捉える。そしてこれを、精神科学にあっては歴史的社会的現実性、とりわけ歴史上の人物を含めた他の人格の実在性に適用しようとする。彼にとって「歴史は意志の事実に基づいている」（V 135）。これは、ハイデガーが存在の意味をめざして自己を本来的自己と非本来的自己に区分することに向かったのと対照的である。この違いを際だたせてみよう。

ハイデガーでは、自己が本来的か非本来的かは、他人には代理不可能な最も自己固有な死を直視しているか、それとも回避しているかによって区分される。自己の本来性（Eigentlichkeit）は、自己固有なもの（Eigenes）による。ここには外界・他者が介在する余地はない。本来的自己の成立に必要なのは、他者ではなく、自己固有なものである。これに対してディルタイでは、自己と外界・他者は相関的事実であり、自己は「外的な力」に曝されてこそ自己生であり、また他者が存在する。自己の成立には〈他なるもの〉が必要である。ディルタイとハイデガーの分岐点はここにある。

この分岐点に立てば、ハイデガーが挙げた自己の死は、自己固有なものというよりは、〈外〉から〈自己〉へ襲ってくる不可解な〈他なるもの〉としてまず出現しうる。だからこそ死は不安そのものである。そしてこの地点からハイデガーは、死を自己の可能性として解釈することによって理解可能性の内に取り込み、いわば自己固有化する道を踏み出す。では、ディルタイはどうであろうか。ディルタイからハイデガーへの道筋を見るとき、ディルタイこそ、解釈学から体験・表現・理解という道具立てによって生の理解をめざし、ハイデガーの道を準備したことになろう。しかしディルタイは、もう一つ別の道が隠されていることを自覚していた。死など、理解不可能な〈他なるもの〉は、理解可能な生から見れば「生の謎」として残される。「生の関わり、そしてそこに基づく経験は、心を一つの全体にまとめようとするが、そうはできない。あらゆる理解不可能なものの中心にあるのは、生殖・誕生・成長、そして死である」(VIII 80)。謎を謎として残そうとするディルタイに対して、将来の死を可能性として生の内に組み入れることによって、誕生から死までの生を可能的全体として捉えようとしたのが、ハイデガーであった(SZ 235ff.)。

ディルタイとハイデガー、この二人を前にして、われわれは今、問題の所在に立ち返り、両者の分岐点に立つ必要があるのではないか。それは、「生の謎」に立ち向かうためではない。ましてや二者択一のためではない。両者の分岐点こそ、両者が交差する地点だからである。生においては、〈他なるもの〉に曝されてこそ自己が成立し、しかしこれによって自己は〈他なるもの〉を自己固有化さえしてしまう。この交差地点から、ディルタイとハイデガーは今日のわれわれに一つの問いを投げかけている。それは、〈われわれ〉は、はたして〈他なるもの〉と、したがってそれは同時に〈固有なもの〉と、どのように出会いうるのか、という〈われわれ〉の「歴史的社会的現実性」を尋ねる問いである。これは、「我」から出発した近代哲学のなかで生じてきた自己固有化の中にあっては、常に問われるべき問いではないだろうか。

(1) Martin Heidegger, *Gesamtausgabe*, Bd. 1, Frankfurt/M., S. 56. 同全集からの引用は( )内に、GA の略号に

続けて巻数、頁数を略記する。

（2）インパルス（Impuls）。通例は、刺激・衝動、さらには運動神経繊維における活動電位を意味する。ディルタイの「実在性論文」においてこの語は、当時の生理学・精神物理学における随意運動などの議論を顧慮して語られ、たとえば「運動へのインパルス」という具合に、運動表象に結びついた「純粋な心的作用」（V 100）として理解されている。そして抵抗経験においては心的生の意志的作用として意志インパルスは志向（Intention）と同義的に使われている（V 102）。したがってこの語は、個々の具体的な感情や衝動（Trieb）の根底を貫いている生理学的な心的作用を表わす語として、それらと区別して片仮名で「インパルス」と表記する。

（3）Martin Heidegger, *Sein und Zeit*, Tübingen, 12. Aufl. S. 210. 同書からの引用は（ ）内に、SZ の略号とともに頁数を略記する。

第八章　哲学的人間学とディルタイ――〈学問と生の二元論〉を克服するために

はじめに――一九二〇年代に台頭した哲学的人間学

一九二〇年代の後半、まるで堰を切ったかのようにして哲学的人間学が台頭してきた。その代表者マックス・シェーラーは「人間と歴史」（一九二六年）という論文の中で次のように述べている。「わたしたちの時代がかつてない切実さで解決を求めている哲学的課題があるとすれば、それは哲学的人間学という課題である。わたしの言うのは、人間の本質と本質構造に関する基礎学のことである」(MS IX 120)。これに応えるかのようにヘルムート・プレスナーも、「どんな時代にもその時代なりに解明すべき言葉がある。一八世紀は理性、一九世紀は進歩、そして現在は生という概念に集約される」(HP IV 37) と『有機的存在の諸段階と人間――哲学的人間学入門』（一九二八年）の中で述べ、「解釈学を哲学的人間学として構成すること、つまり、生きいきとした現存在……に基づいて人間学を展開すること――わたしたちの見るところ、これこそ哲学者が現在直面している決定的な課題である」(HP IV 69) と提唱する。この二人の提案にはさまれた一九二七年にハイデガーの『存在と時間』が出版されているが、この著作の中でも、「存在の問いは……〔人間の〕存在傾向の徹底化以外のなにものでもない」(*Sein und Zeit*,

15）として人間学的な方向が確認され、翌年に公刊された『カントと形而上学の問題』はシェーラーに捧げられている。

こうした人間学は、周知のように、フーコーや後期ハイデガーによって手厳しく非難されることになるが、しかし――いや、だからこそと言うべきか――現代哲学を豊かに生み出してきた源泉のひとつとなってきた。その哲学的人間学の形成にディルタイが決定的な影響を与えている――。わたしたちはここで、二〇世紀初頭に台頭した哲学的人間学に大きな影響を与えたディルタイ哲学のすがたを探しもとめ、同時にその現代的なアクチュアリティを問い質してみたい。

一　シェーラーとプレスナーにおけるディルタイ

まず、マックス・シェーラーからはじめよう。

彼は、学生時代の二学期間（一八九五／九六年）をベルリン大学で過ごし、「ディルタイ……から決定的な刺激を受けている」[1]。

この決定的な刺激は、フッサールやニーチェの影響に隠れて、彼の哲学からは直接的には読みとりにくいが、しかしシェーラーがディルタイをしばしばニーチェと書き並べていることからもその刺激は十分に察知されるはずである。

たとえば、先ほど述べた論文「人間と歴史」の中で、「わたしは実際、この事実を完全に認識した著述家としてヴィルヘルム・ディルタイとフリードリッヒ・ニーチェの二人の名前しか知らない。……ヴィルヘルム・ディルタイは〔ニーチェとまったく〕同じのものを見つけ出していた」（MS IX 127f.）とディルタイを高く評価し、さらに『認識と労働』でも、「その証拠としてわたしはW・ディルタイの論文を引きたい。この論文はもちろん、ニーチェの影響下で書かれたわけではない」（MS Ⅷ 224）と述べている。周知のように、シェーラーはニーチェから決定的な影響を受け、後年は「カトリックのニーチェ[2]」とまで呼ばれていたのである。ディルタイの影響の大きさが想像できるはずだ。

このふたつの文章でシェーラーが評価するのは、両哲学者がともに人間の「理性など……〈ギリシア人の発明〉にすぎないこと」を鋭敏に洞察した点である。シェーラーにとってディルタイとはまず、ニーチェと並ぶ「完全に偉大な直感力の持ち主」（MS Ⅲ 318）であった。別の言い方をすれば、理性という「この偉大な〔西欧の〕形而上学的背景がもはや自明ではないこと」を洞察し、西欧の理性の伝統に曇らされることなく素直に人間の「生の能動的な理解」（MS Ⅷ 225）に立ち向かった先駆的な哲学者、したがって、人間の「体験に向かって、つまりは体験の統一と連関そのものに従っていく記述的で分析的な心理学への彼の要求に向かって、自分独自の道を切り開いた」（MS Ⅲ 323）パイオニア的な哲学者であった。

そのように評価するからこそディルタイはニーチェやベルクソンと一括りにして「生の哲学」と総称されることにもなる。ディルタイ哲学とはすなわち「生の哲学、もっとはっきり言えば、生の体験の充実から生まれた哲学」（MS Ⅲ 313）に他ならない、と。当然ながら、「愛の存在（ens amans）」というシェーラー独自の人間観もこの生の哲学から切り開かれていく（MS Ⅹ 356）。

「ヴィルヘルム・ディルタイが本当にやろうとしていた意図は同時代の仲間たちにはほとんど認識されることはなかったが、彼が〈繊細な精神〉〔の持ち主〕だということは彼らにも正当に評価されていた。じつはこのドイツの教授の胸の内はとんでもない、燃えるような野心で一杯だった。なんと、歴史をただ冷たく記述したり説明したりするのではなくて、ともに追想しながら歴史を〈理解〉して、それを本当に自分のものにしてしまいたいと考えていたのだ。つまり、その昔ひとびとが信じ、熱望し、意欲し、愛してきたものの隅々にまで自分の心を――ゲーテ同様、自分の心は世界の真髄と一体と感じながら――もぐり込ませ、自分の心は見失うことなくしてこれを一杯に満たそうと考えていたのだ。彼は熱心な教師だったが、しかしどんな時代に対しても、現代では例を見ないような〔鋭敏な〕――つまり真の――理解の光と炎とをそそぎ込むことのできる偉大な直感力の持ち主でもあった。彼は〔思索の〕やり方からしてニーチェ同様不思議な存在だったが、山のような仕事に取り組みながら、その多くを完成しなかった点でも、彼がみずから好んだロマン主義の仲間であった」(MS III 318)。

ニーチェは、「その詩的で創造的な言語力によって〈生〉という語の中に……深い黄昏の響きをもたらした」(MS III 314)。これに対してディルタイは、「生の全体性から精神科学を基礎づけ、〈歴史的世界〉の理解を基礎づけたのだ」(MS III 319)。彼の『序説』「の名が広く世に知られるのも当然なのだ」(MS IX 109)。以上のようにシェーラーはディルタイを高く評価する。

しかし同時に、「こうした〔生の〕構造形成の本質を認識することはディルタイにもうまくいかなかった」(MS III 319)と付け加えている。本質現象学、すなわち、「世界の本質内実の体験から出発する哲学」(MS III 339)を標榜するシェーラーにとってディルタイはあまりにも歴史主義的に見えたのである。そのためディルタイは結局、「世界観をすべて、変遷する歴史的社会的生活状態の移ろいやすい表現形式にすぎないと考えた」として、マルクスやシュペングラーらと一緒に「歴史主義」(MS IV 76)と総括されることになる。シェーラーからすれば、純粋に理論的な本質現象学以外に「正確で厳密な――つまり明晰な取り扱いの方法」(MS III 339)は考えられなかったのである。そのために彼は結局ディルタイの意図を真に理解できないままに終わらざるをえなかった。

もうひとりの哲学的人間学の提唱者ヘルムート・プレスナーは、シェーラーとは違い、ディルタイとの直接的な関係はない。のちに書簡で、ミッシュの弟子ケーニッヒのことを「高貴なディルタイとミッシュの伝統を携えて、ゲッティンゲンの世界からやって来た使者」[3]と表現しているが、そこから推すかぎり、プレスナーと「ディルタイ学派との密接な関係[4]」は一九二三年に始まっていたものと想像される。しかし、プレスナーを「無条件にディルタイ学派に組み込むことはできない[5]」。というのも、彼にとって「人間の生は〔動物のそれとは異なり〕……脱中心的」（HP IV 364）なものであり、人間は結局「隠れたる人間（homo absconditus）」（HP VIII 353）にほかならないからである。彼は実際、学派という点でも「一匹狼[6]」を貫いた。

とはいえ、プレスナーもディルタイから決定的な影響を受けている。しかもそれは、シェーラーの場合とは比較にならないほど重要な意味をもっていた。

その影響をプレスナーは『自伝』の中で次のように述べている。「わたしの〔哲学の〕発展にとって『感覚の統一』は哲学的人間学への突破を意味するが、しかしそれは、ユクスキュルではなくディルタイから出発するまったく独自な道の上で到達したものだった」（HP X 322）。そしてさらに、『力と人間の本質――歴史的世界観の人間学の試み』では、「わたしには一九二三年の『感覚の統一』以来、……ディルタイとミッシュの指し示す道が正しい道だと思える」（HP V 143）と述べている。

ここに言及される『感覚の統一』は今日ではまったく忘却されてしまった観もあるが、しかしきわめて意欲的な作品である。それは、「精神と身体と感性との関係[7]」を問い質すことによって、カントの批判哲学以来の近代哲学を「変換し、徹底的に吟味し直そう」としたのである。この試みを彼は「精神の感覚論（Ästhesiologie des Geistes）」（HP III 21）と名づけるが、彼によれば、この感覚論を持ち出すことで認識論や心理学に対して新たな「基礎が与え」(HP III 21) られるばかりか、「哲学的人間学」(HP X 318) への道も拓かれる、と言うのだ。ここでディルタイが「正しい道」を指し示す。

すこし詳しく説明しよう。周知のように一九世紀後半、近代科学の進歩に歩みを揃えるかのようにして、「ロマン主義的な伝統を押し進める歴史意識」(HP V 167) が登場してきた。これを受けてヴィンデルバントやリッカートらの新カント学派は、カントの批判哲学を拡張して、「歴史の超越論的論理学」(HP V 170) を導入しようとした。しかしながら、プレスナーはこうした、「〔数学や自然科学の〕精確な科学だけを手本とする」(HP IV 50) カントの「批判哲学などをどんなに増築していってもなにも獲得できない」(HP V 170f.) ことを鋭敏に洞察したのだ。その洞察が彼の意欲作『感覚の統一』として結実するわけであるが、しかし同時に、「ディルタイはすでに早くに、こうした〔カント主義的な〕道では……歴史の要求や往来に対処できないことを認識していた」ことも知る。そればかりかディルタイは、「歴史そのものの視点に立って歴史的理性批判を展開し、……その歴史の要求に従うことの方がむしろ大切だ。この視点に立てば、永遠な事態、価値、真理という〔自然科学の〕没時間的領域と〔精神科学の〕時間的な現実との間の溝が消失する」(HP V 171) ことを、明快に認識していたのだ。すなわち、ディルタイの歴史的理性批判を持ち出せば、「精神と身体と感性との関係」などをあらためて問い直すまでもなく、「認識論や価値論や心理学へと分裂した哲学の立場もすべてひとつとして展開する」(HP V 172) ことができるのである。とすると問題は、ディルタイに従って、「感覚的知覚だけでなく、……人間の〔生の〕働きのさまざまなタイプ」、いや結局は「人間の人格の理論」を十全に展開する、ということになる。「こうして感覚の批判という思想は哲学的人間学に到達することになる」(HP X 318)。プレスナーは以上のように説明する。

「最近の偉大な思想家の中でヴィルヘルム・ディルタイほど深くそのこと〔＝新しい方法の必要性〕を意

識した思想家はいなかった。彼の哲学と歴史記述は方法と材料の両面で哲学的人間学の新しい問題提起の本質的な源泉を意味する」(HP IV 11)。あるいは、「哲学はディルタイによって生きいきとした人間の理論への道を切り開いた」(HP V 165)。

ここで驚くべきは、プレスナーがディルタイの歴史的理性批判の意義を正確に捉えていた点である。彼は次のように説明する。「ディルタイはつねに精神史的分析を、当初は記述的‐心理学的研究と、後には……〈生〉のカテゴリー論の問題を中心とする体系的な研究と、相互に関係づけている(in Wechselwirkung halten)」(HP V 173f.)。このように、歴史に身を置きながら生を基礎づけていけば、おのずと自然と歴史、自然科学と精神科学、カントの認識論とニーチェの生解釈といった「不毛な対立」は消失していき、「精神史的現実と自然とをひとつの同じ経験方向の中で把握することが可能、いや必然となるのだ」(HP IV 58)。

「この時代の学者の中でただひとり、歴史的理性批判を持ち出せば、論理学の領域の単なる拡張以上のことが宣言されることを認識したのはディルタイであった。他の学者は事細かな構成物に自分の洞察をひたすらに注ぎこんだ……が、この人物はしかし、精神科学的対象、その知覚や経験の構造に基づいて、単なる学問論としての哲学〔新カント学派〕と、自由な人生論としての哲学〔ニーチェ〕との実りのない二元論を克服しようと努力した」(HP IV 55)。

プレスナーにとってディルタイは、彼自身の感覚論を乗り越えて哲学的人間学への道を切り開いていった「本質的な源泉」を意味していた。それはディルタイ「独特の発見」であり、プレスナーにとっては「きわめて意味深いやり方」(HP V 174)、「革命的意義をもつ発見」(HP V 176)でさえあった。この発見によって学問と生の不毛な二元論も克服される――。しかしながらプレスナーは、「ディルタイはあまりにも時代を先取りしていた」(ebd.) という一文を添えることも忘れていなかった。
では、ディルタイは人間学をどのように考えていたのであろうか。

二　ディルタイの人間学の理念

ディルタイはある草稿の中で、「人間とは何かは、歴史だけが人間に教える」(VIII 226) と述べ、「普遍妥当的教育学の可能性」(一八八八年) の中では、「人間とは何か、また何を欲するか、人間はそれを数千年にわたる自分の〔歴史の〕発展の中ではじめて経験する」(VI 57) と述べている。先ほど、プレスナーがディルタイの歴史的理性批判を高く評価したことに触れたが、まさしくディルタイは歴史を通して「人間とは何か」という問いに答えるのである。

とするとここに、歴史が教える人間学、つまり〈歴史的な人間学〉といったものが構想されてくる。しかしながら、ディルタイはそうした可能性に対して疑問を抱いている。というのも、たった今引用した言葉に続けて、「最終的な言葉で経験するのではけっしてないし、普遍妥当的な諸概念で経験するのでもなく、つねに、人間の全的本質の深みから生じてくる生きいきとした諸経験の中で経験するしかない」(ebd.) と述べているからだ。別の言い方をすれば、人間とは何かは歴史が教えるが、しかしそれをそのまま哲学的人間学という「最終的な言葉」や「普遍妥当的な諸概念」で仕上げてしまうことはできない、と言うのだ。「生は、概念による認識からは自由であり、精神は、独断的思索の張り巡らせる一切の蜘蛛の糸などに縛られない」(VII 291)。

周知のようにカントは、有名な「論理学講義」の緒論の中で、「人間とは何か」という問いに答えるのが人間学であると定義し、すべての哲学的問いは「根本において……人間学の中に数え入れることができる」[8]と述べている。そこから哲学的人間学という基礎学が構想されてくるわけであるが、ディルタイは、こうした構想そのものが成立しない、と言うのだ。先ほどシェーラーは、「人間の本質と本質構造に関する基礎学」を提唱したが、ディルタイを信ずるかぎり、これは成立しなくなる。同様に、プレスナーの、「(心身的に中立的な)人間の本質法則の学問」も疑わしくなる(IV 66)。いや、超越論的な意識(フッサール)や現存在の基礎的存在論(ハイデガー)さえ怪しくなってくる(VII 237)。ディルタイから出発する限り、そうした絶対的な出発点は拒否せざるをえなくなるのだ。「生の哲学は哲学の絶対的な始《アンファンク》まりを拒否する」(LP 25, さらに 73, 88)。

ディルタイの高弟ゲオルク・ミッシュは次のように述べる。ディルタイの試みは、「当時の、自然科学的精神とその唯物論的な結果の優勢に対する強力な、積極的な攻撃だった。しかしその背後には最初からディルタイの本来的な哲学的企図が隠されていた。この企図をディルタイは〈歴史的理性批判〉と名づけた。……純粋理性に対する歴史的理性!……〈全的人間〉に関係づけると、すべての民族、すべての地域において〔理性は〕同一だと主張する純粋理性の絶対的な地盤など消失する。理性も、人間自身が歴史的な存在であるように、生に制約された性格、つまりは歴史的な性格をもつのである」(LGD 24f.)。

「人間は歴史的(存在)である」(VII 291)。とすれば、「〈生の意義に関して〉相対主義の方が、絶対者に基づく〈諸々の立場〉よりは優れており、〔したがって〕生の哲学はこの確信から出発する」(LP 88)ことにもなろう。その意味から言えば、ディルタイは喜んでシェーラーの批判する「相対主義」の方に与したにちがいない。

しかしはたしてそれが「〈歴史的意識〉を表わす最終的な言葉」(LP 26, 88)となるのであろうか。言うまでもなく、歴史は変転する。歴史においてはすべては相対的なものとなるのだ。しかしその歴史も、もとはと言えば、生がみずから生み出したものではないだろうか。生はみずからを表現してやまない。しかも生においては「創造は同時に表現」(LP 100) でもある。その意味から言えば、歴史はまさしく、「生のもっとも重要な、もっとも教示的な創造物」(VIII 78) であるとも言えよう。とすると——、「相対性〔という評価〕に対して歴史の核的事実として、〔生の〕創造する力という連続性が見えてくる」(VII 291) ということにもなるのではないだろうか。

ここからもう一つの洞察が見えてくる。生は、あらためて断るまでもなく、それ自体「究めがたいもの (Unergründlich)」(LP 50) である。しかし、生の創造＝表現＝歴史を辿っていけば、生についてある一定の解釈が立ち上がってくる。「体験、理解、詩、歴史から生についてのある一定の見方が立ち上がってくる。生はこれらのものの中に、これらとともにある。それはただ熟慮することによって分析的明証性や明瞭性に高まるだけなのだ」(VII 291)。生はたしかに「究めがたい」。しかし同時に、「思索によって把握可能なもの (Gedankenmäßigkeit)」(LP 50) でもある。とすれば、生の謎を解こうとする「わたしたちにとってこうした歴史的な意識の形成物こそ有益であるにちがいない」(VIII 78)。歴史に対するディルタイの強い関心はここから生まれてくる。

周知のように、ディルタイは世界観の類型に強い関心をもつが、しかしこれは単なる相対主義的な世界観の「分類」ではない。「こうした類型の区別はただ、より深く歴史を、それも生に基づいて、洞察することに役立つにすぎない」(VIII 100) と述べ、「世界観の究極の根は生である」(VIII 78) とまで断言する。ディルタイによれば、これまでの形而上学でさえ、「特定の立場から生の謎の糸玉を解きほぐす」(VIII 99) 試みにすぎないのだ。「人間によって生きられる生——これを理解することが今日の人間の意志である」(VIII 78)。まさしく「ディルタイにおいては、生という概念こそ本質的に体系的な重要性をもつものなのだ」(LG 37)。

とするとここに、ディルタイの、はるかに深い意味を秘めた〈人間学〉が見えてくる。それは、一方でカントやフッサールのような絶対的な立場は拒否するが、しかし他方で、シェーラーの批判するような歴史相対主義にも陥ることなく、もっと広い意味で人間の生そのものの謎に肉薄するものとなるはずなのだ。

三　ゲッティンゲン論理学における人間学

ところで、こうしたディルタイのうちに、ニーチェ、キルケゴール、ベルクソンらと共通するひとつの時代精神を見て取ることは可能であろう。しかしながら、ディルタイの場合、同じひとつの時代精神から出発しながらも、「学問への熱狂」(LG 40) が熱く燃えている。いやむしろ逆に「ディルタイは、学問精神を獲得せんがためにこうした不合理な生の哲学の領域を手に入れようとしたのだ」(ebd.)。先ほどプレスナーは、歴史的理性批判を評して、「単なる学問論としての哲学と、自由な人生論としての哲学との実りのない二元論を克服しようと努力した」(HP IV 55) と表現したが、まさしくディルタイは、学問を真に獲得せんがために生の謎に取り組んだのである。そこに、その他の生の哲学者との決定的な違いがあった。

ミッシュは次のように述べている。「一九世紀後半の状況はまさに、認識論へと逃げ込んだ学問的哲学と、ニーチェ、キルケゴール、トルストイ、メーテルリンク等といった自由な天才的な生解釈とが相対峙するものだった。これに対して、ディルタイ・クラスの学問になると、生の哲学の本来的関心事はこうした二元論を生産的に克服することであった」（LG 44）。

学問と生との二元論を克服する――。ここに、ディルタイ哲学からひとつの重要な哲学的課題が浮かび上がってくる。ミッシュはこの課題を「生の哲学の理念」（LG 37）と名づけているが、彼にはじまる、ハンス・リップス、ヨーゼフ・ケーニッヒと続く、いわゆる「ゲッティンゲン論理学」の哲学的努力はこの理念の実現に向かって注がれていく。ここではとくにミッシュに着目し、彼と人間学との関係について究明してみたい。

さてミッシュは、哲学的人間学に「ディルタイ学派との共通の意識」（LP III）を認め、「共通の事柄」（LP 3, 175）がある、としながらも、他方ではしかし「本質的な相違」（LP 82）があるとも述べている。その「本質的な相違」は彼の次の言葉にもうかがうことができる。

「最近よく見かける、生の哲学の理念を哲学的人間学の水準にまで引き下ろそうとする傾向に対しては、よく似た状況（ここではフォイエルバッハが念頭にあるが）で生まれた若きディルタイの拒否的《アブヴェーレント》な言葉」（LP 23）を引きたいと『生の哲学と現象学』の中で述べ、これによって人間学に対する彼の拒否的な姿勢を暗示させるが同時に、「精神科学の理論における生の哲学の理念」（一九二四年）――小論ではあるが、プレスナーやハイデガーに決定的な影響を与えている――の中では、あえてシェーラーに言及し、ディルタイの「道は人間学と歴史との哲学的な結合である」（LG 40）とも述べている。ディルタイ学派も、哲学的人間学と同じく、人間の生から出発するが、しかし歴史をくぐり抜けることによってそれをダイナミックに捉え、そしてより深く生の謎に迫ることによって〈学問と生との二元論を克服する〉というのである。

「大切なことは、〔学問と生の〕対立を生産的に、つまり直感的に克服することである。学問論にはこうした、生きいきとした科学の生産的な進歩の仕方にもスペースがさかれるべきである。したがって、生の哲学は論理学の基礎を拡張することをもとめる。しかも現在、これを単なる要請にとどめるだけでなく立派に仕上げるだけの思惟手段も存在している」(LG 51)。

彼はこうしてゲッティンゲン大学で、当時の哲学・科学を総動員して生と学問との架橋を試みる。彼は言う、「わたしたちは理性的人間として、行為する生の中で論理的な思索を行なっている」(AL 60)。したがって、「わたしたちは……論理的なものを把握するために、論理学の基礎を〔生の中に〕拡張するという要求に向かうことにしよう」(AL 72) と述べ、生に根ざした言語《ロゴス》、すなわち「喚起的言語」(LP 94) を明らかにし、「生の哲学の意図に適った論理学」(LP 51) を構想していく。これがいわゆる、彼の「解釈学的論理学」(LP 56, 85, 259) であるが、それはまた「生の論理学」(LP 86, 167; AL 110)、「超越論的論理学」(LP 33, 39) とも呼ばれている。簡単に言えばそれは、「純粋に論述的 - 論理的な層の背後に遡る」(LP 3) ことによって、「知識論の包括的な意味での論理学」(LP 37) を仕上げようと言うのだ。彼によれば、アリストテレス以来の「純粋に論証的な陳述」(LP 14) では、生は根こそぎにされ、そこで「思索されたものは陳述によって完全に捨て去られ、ただ純粋に陳述から導出されるだけにすぎない」(LP 45)。それゆえ、「わたしたちは出発点を……生に帰属する知識からとる」(AL 54) ことによって、こうした「純粋に理論的な陳述」と生との「実りのない溝」――すなわち学問と生の対立――を克服しよう、というのだ。

ところで、こうした新しい知識論を前にして、哲学的人間学をあらためて主張することなど可能なのであろうか。むしろ逆に、破綻してしまうのではないだろうか。すくなくとも、これまでの「純粋に論証的な陳述」を人間の生にあてがうことの無意味さが露呈してくることはまちがいない。「生の根本カテゴリーへと向かう道は……相対的に偶然的で、個人的に制約されている」(LP 77) とミッシュは言い、彼から解釈学的論理学を継承したリップスも、その人間学的著作『人間の本性』の中で、本論の「展開はただ〈偶然的なもの〉であるにすぎない[9]」と冷たく言い放ち、陳述言語を意図的に避け、人間学の体系性を徹底的に破壊していく。その意味で言えば、〈人間学の脱構築化〉はミッシュ、リップスによって大胆に着手されていたと言うこともできよう。

四　人間学のアクチュアリティをもとめて

「哲学的人間学はヘルダー以来一歩も前進していない[10]」。これはゲーレンの有名な言葉である。ともあれ、シェーラーやプレスナーらの思い描く、基礎学としての哲学的人間学は永遠の夢に終わるにちがいない。しかし、そうした哲学的努力はまったく不要なのであろうか。考えてみれば、今ほど学問と生、科学と日常、理論と実践、純粋に論証的な陳述と喚起的言語等の対立が激しい時代もない。とすると、今こそ〈ディルタイの理念〉を真に継承すべき時かもしれない。そうした二元論の克服をめざして――。

MS : Max Scheler, *Max Scheler Werke*, Francke Verlag, Bern und München.
HP : Helmuth Plessner : *Helmuth Plessner Gesammelte Schriften*, Suhrkamp, Frankfurt a. M.
LP : Georg Misch, *Lebensphilosophie und Phänomenologie. Eine Auseinandersetzung der Diltheyschen Richtung mit Heidegger und Husserl*, Wissenschaftliche Buchgesellschaft, Darmstadt 1975.
LG : Georg Misch, *Vom Lebens-und Gedankenkreis Wilhelm Diltheys*, G. Schulte-Bulmke, Frankfurt a. M. 1947.
AL : Georg Misch, *Der Aufbau der Logik auf dem Boden der Philosophie des Lebens*. Göttinger Vorlesungen über Logik und Einleitung in die Theorie des Wissens, Hrsg. v. Gudrun Kühne-Bertram und Frithjof Rodi, Karl

Alber, Freiburg/München, 1994.

(1) Wilhelm Mader, *Scheler*. Rohwolt, Hamburg 1980, S. 43.

(2) 小倉貞秀『マックス・シェーラー――人とその思想』塙新書、東京、一九六九年、九頁。

(3) Josef König/Helmuth Plessner, *Briefwechsel 1923-1933*. Karl Alber, Freiburg/München 1994, S. 30.

(4) O. F. Bollnow, *Studien zur Hermeneutik* Bd. II. Karl Alber, Freiburg/München 1983, S. 24. ボルノーは、「アテネでともに冬を過ごしたヨーゼフ・ケーニッヒとの親交が彼〔プレスナー〕をディルタイ学派と結びつけることになったのかもしれない」と推測し、プレスナーはミッシュとは「個人的な付き合い」(ebd.) はなかったと述べる。

(5) Hans-Ulrich Lessing, *Hermeneutik der Sinne*. Karl Alber, Freiburg/München 1999, S. 22.

(6) Ebd., S. 19.

(7) Ebd., S. 14.

(8) Immanuel Kant, Logik. in : *Kants Werke*, Bd. IX, S. 25.

(9) Hans Lipps, *Die menschliche Natur*. Vittorio Klostermann, Frankfurt am Main, 1941, 1977, S. 9.

(10) Arnold Gehlen, *Der Mensch. Seine Natur und seine Stellung in der Welt*. Quelle & Meyer, Wiesbaden, 1940, [13]1997, S. 84.

第九章　解釈学とディルタイ——ガダマー、リクールとディルタイ

ディルタイの解釈学は、現代に新しい解釈学を展開したと目されているガダマーやリクールと、どのような関係にあるのだろうか。

結論を先取りすれば、リクールはそのディルタイ批判にもかかわらず、本質的な部分をディルタイと共有し、フランスにおけるディルタイの継承者の側面を多分に持つ。一方、ガダマーはハイデガーの哲学に基づいて、ディルタイ解釈学とは異なる新しい解釈学を打ち立てたが、ディルタイとの共通部分は考えられている以上に大きい。

一　ディルタイとガダマー

ガダマーのディルタイ批判

一九三三年のディルタイ生誕百年のおりに、ガダマーはディルタイを歴史的意識が支配した時代の運命を（超えるのではなく）満たした哲学者として紹介した（GW4 425ff.）。これは言い換えればディルタイは過去の哲学者であるということである。その五〇年後（八三年）に書かれた論文では、彼はディルタイを

未完者（完成しなかった者）と特徴づけている（GW4 429–435）。ディルタイに対するガダマーの否定的な見方は、このように晩年まで一貫している。

ガダマーは当初から、ディルタイはハイデガーに克服されたという認識をすでに持っていたが、これは「歴史的理性の限界」（GW10 175–178. Vgl. GW2 27–36）や『真理と方法』など、彼ののちの著作でさらに発展させられた。ただし、ガダマーは晩年にローディなどからそのディルタイ解釈について批判を受け、「伝統的解釈学」という概念でハイデガー以前の解釈学をひっくるめて呼ぶことを放棄し、また、限定的ながらみずからの思想とディルタイとの連続性を認めるようになった（GW10 185–205）。

『真理と方法』でのガダマーのディルタイ批判はよく知られている。ディルタイには、科学を生それ自身が持つ反省性に基づかせようとする生の哲学の傾向が認められる。ところが、同時に、疑えるものはすべて疑って生に異質な確実性に達しようとするデカルト主義に彼はとらわれていたというのである（GW1 241ff., 263）。

興味深いのは、このデカルト主義は、生を全体と部分の解釈学的循環によってその意味が解読される理解可能なテクストと見るロマン主義解釈学と共犯関係にあるとされていることである（GW1 244）。ディルタイはこの拡張された釈義学をシュライアーマッハーや歴史学派から継承した（GW1 227f., 345）。歴史や社会を解読すべきテクストに比するのはすぐれて解釈学的な見方のように感じられるが、ガダマーではこれは否定的な意味を持つことに注意すべきである。真の経験（Erfahrung）は歴史的な経験であるが、解読（Entzifferung）にはこの歴史性が欠けているという（GW1 245）。というのも、解読は過去の生が解き明かせることを前提とするが、そうだとすると、了解する者はその時代的制約を免れることができるはずだからである。デカルト主義もまた、伝統や歴史を否定して歴史性をなおざりにする。

もちろん、ディルタイは晩期になると、生概念を個人から、個人を超えた共同体的な現実（慣習、法、国家など）へと拡張した。後者をディルタイはヘーゲルに従って客観的精神と呼んだが、客観的精神の中でも文学や哲学には純粋な生表現としての特権的な地位を許した（GW1 233）。だから、ディルタイにとって精神科学の基礎は心理学であり続け、解釈学への移行に彼は失敗した、とガダマーは判断した。

ディルタイとガダマーの相違

このような批判から予測できるように、ディルタイの解釈学はガダマーの解釈学と対立的である。ディルタイにとって、確実で普遍的な認識に達することが重要であったが、ガダマーは逆に、確実だと思ったことがくつがえされる否定性と有限性の経験を重視した。ガダマーによると、過去から伝承されたテクストの内容は、その卓越性と権利において現代のわれわれに訴えかけてきて、われわれの先入見や考え方の妥当性を中止する（GW1 1, 3, 367, 494）。

ディルタイも過去の同化による生の強化について語ってはいるが（V 330）、この生の強化を開放としてよりも解放として理解している。[1] それどころか、近代以降の歴史が歴史的意識の発展と、形而上学からの解放の過程である。ディルタイは他の現代の歴史家とともにこの発展の頂点に位置している。しかも、歴史的意識は世界観の一つではなく、生の一面を反映する世界観の真理は、諸世界観を比較し分析する歴史的意識を揺るがすようなものではない。他方、ガダマーは哲学史家がみずからが解釈し探究する哲学の真理にとらわれることを、了解の基本的な要件とみなしている（GW1 2）。

両者の連続性・共通性

このような違いにもかかわらず、ガダマーのディルタイ批判によって隠されがちな両者の連続性と共通性を確認しておくべきであろう。

ガダマーはちょうど『ディルタイ全集』やヨルクとの『往復書簡集』が刊行されてディルタイに取り組んでいた時期のハイデガーの弟子である。(2) ハイデガーは当時、非歴史的な現象学と歴史主義との対立を、みずからが構想する根源学によって克服しようとしていた。その際、ディルタイの、環境にとりまかれた時間的な生の概念に導かれ、実存の歴史性を自己の思想の基礎に据えたのである。(3) ディルタイの著作から直接、そして、ハイデガーを通して間接的に、当時のガダマーや他の若い哲学者たちは歴史的意識の問題を考えるように促された（GW10 247）。

ガダマーは二〇年代だけでなく戦後にも、今度は「転回」後のハイデガーの強い影響を受けるが、大きな流れとしては、ディルタイから歴史性への洞察を受け取ったハイデガーの思想の一つの発展として、ガダマーの解釈学はあると言える（Vgl. GW10 188）。作用史的意識は自己の歴史性を自覚した歴史的意識、つまり、歴史的意識の徹底であるから、作用史的意識をガダマー、歴史的意識をディルタイによって代表させることができるとすれば、この意味でも、ガダマーはディルタイの発展である。(4)

ガダマーはディルタイだけでなく、ディルタイ学派の影響圏の外でもみずからの哲学を形成することができなかった。ミッシュはディルタイ哲学における生の哲学の傾向を浮き彫りにしたが、ガダマーはこのミッシュの理解に影響されていたからこそ、既述のとおり、生の哲学の傾向とは異質のものを指摘できたのである。それどころか、実は、ミッシュはディルタイの学の概念に曖昧さがあることを指摘しており、ガダマーはディルタイを乗り越えようという立場から同じ事実を取り上げたにすぎない。(5)

解釈学概念の内容からすれば、ハイデガーは特殊である。彼は解釈学を存在論化するとともに、根源化してそこから還ってくることがなかった[6]。自然科学の説明と精神科学の了解は彼の了解概念にとってまったく派生的なものである。これに対して、ガダマーはふたたびディルタイと同じく、精神科学のおける了解を取り上げた。ディルタイにとってもガダマーにとっても、解釈学は精神科学論である。同時に、精神（Geist）という概念を用いて精神科学の独自性を自然科学に対して擁護することにより、ガダマーは彼自身認めるとおり、ディルタイからロマン主義の遺産の一部を引き継いだのである（GW10 190）。

ガダマーは了解を無限の対話的過程とみなした。人間は有限であるからこそ、了解されるものを一度で汲み尽くすことはできない（GW2 230）。ディルタイもまた解釈を、その循環的性格のゆえに完結しない過程と考えた（VII 225）。また、生きた時代や哲学的状況の違いもあり、ディルタイ哲学において言語は重要な役割を負っているとは言えないが、しかし、彼は生の表現の中でも言語においてこそ人間の内面は完全に表現されると述べる（V 319）。ガダマーも非言語的な遺物（Überrest）に対して、過去の全体を現前させる言語的な伝承（Überlieferung）を特権視した（GW1 169, 201, 342, 394f.）。

二　ディルタイとリクール

一方、リクールはどうであろうか。彼は意志の現象学というみずからの構想を実現する過程で象徴解釈という問題に突き当たったのであるが、六〇年代後半から解釈学の諸理論を同化して、彼の哲学はいっそう解釈学的になった。

具体的反省

ボルノーはそのリクール論で、ディルタイとリクールには直接的な自己了解に対する批判が共通することを指摘している。[7] ディルタイは、人間は自分が何であるかを内省によってではなく、歴史を通じて、つまり、生の表現を通してこそ了解すると主張する（V 180 ; VII 87, 250）。リクールもまた、自己を直観によって認識できるというコギトの伝統に対して、J・ナベールの具体的反省やディルタイの客観化の概念を用い、人間は文化の記号ないし生の客観態の解釈という迂路を経てはじめて自己を了解できるとくりかえし述べる。[8]

リクールはもともと、自己措定を第一の真理とみなす反省哲学を哲学的出身地とするが、解釈概念は彼の哲学の中で次第に、重要な位置を占めるようになった。[9] しかし、それでもなお、基本的には、自己了解は彼の出発点であり目標であり続け、記号やテクストの解釈はよりよき自己了解のための手段にすぎないのではないかという疑いを、彼の解釈学は残している。たしかに、テクストが開く世界は解釈者の存在様式を変容し解釈者に新しい自己を与えるとされるが、しかし、解釈を開始するかどうかの決定権は解釈者に与えられている。ディルタイにおいては、すでに見たとおり、歴史が歴史的意識に直接的に働きかける可能性は締め出されている。この二人の哲学者と違い、ガダマーは了解内容を先取りしてしまう反省概念に対して十分に注意深かった（GW1 346ff.）。

リクールによるディルタイの批判と継承

リクールはディルタイを「ハイデガーにおける、解釈学の認識論（方法論）から存在論への転回」という解釈学史的理解の中で捉えている。[10] この解釈学史はガダマーの解釈学史的叙述なしには書かれなかったであろうが、しかし、了解と説明の対立を媒介しようとするリクール自身の関心によって転調させられている。

リクールによると、ディルタイはロマン主義解釈学に従い精神科学の方法を了解と規定し、精神科学的認識を心理学化・主観主義化してしまった。たしかに、ディルタイは生が構造連関の中に外化され固定されると考えていたが、しかし、了解の目標をテクストの意味ではなくその著者においたために、彼の解釈学は最終的には心理学的である。

リクールはこのようにディルタイを批判すると同時に、ディルタイ解釈学の内部でその心理学主義を克服する方法を求めて、みずからの解釈学の課題をたてた。[11] ガダマーが否定的にしか捉えなかったディルタイ内部の釈義学的要素に、リクールは逆に着目した。彼はテクストの構造やエクリチュール（écriture）の外在性に構造主義的説明を基礎づけ、了解をこれに媒介し脱主観主義化しようとした。

リクールにとってもテクストはやはり生の客観化である。しかし、彼は生概念を言説（discours）概念から捉え直すことにより、一貫して生の客観化を精神科学固有の方法の条件とすることに成功した。こうして、リクールは歴史的生の科学を正当化するというディルタイの生涯の課題をある仕方で果たしたのである。

GW : H. -G. Gadamer, *Gesammelte Werke*, Mohr, Tüübingen 1985ff.

（1）ディルタイはこれを「歴史の作用（Wirkung）」と呼んでいるが（VII 216）、ガダマーの作用史（Wirkungsgeschichte）とだいぶ中身が異なる。

（2） Frithjof Rodi, *Erkenntnis des Erkannten*, Suhrkamp, Frankfurt/M. 1990, S. 108ff.

（3） Charles R. Bambach, *Heidegger, Dilthey, and the Crisis of Historicism*, Cornell U. P., 1995, p. 241.

（4） 拙論「ガダマーにおける歴史的意識概念」（日本ディルタイ協会編『ディルタイ研究』3、一九八九年）、四九―六四頁。

（5） 「『客観性への理論的方向性は生の客観化の概念からだけでは引き出せない（S. 298）』。本研究はミッシュによるこの批判に、別種の性格づけを与えようとするものである」（GW1 242, Anm. 130）。『　』内はミッシュの『生の哲学と現象学』からの引用。Vgl. G. Misch, *Lebensphilosophie und Phänomenologie*, Teubner, Stuttgart 1967, S. 312ff.

（6） リクールの解釈学史理解に従う。本章第二節を参照のこと。

（7） O. F. Bollnow, "Paul Ricoeur und die Probleme der Hermeneutik", in: *Zeitschrift für philosophische Forschung*, Bd. 30（1976）, S. 167–189, 389–412 ; S. 171.

（8） P. Ricoeur, *Le conflit des interprétations*, Seuil, Paris 1969, p. 21, 221, 322f. ; *Du texte à l'action*, Seuil, Paris 1986, p. 29, 116.

（9） 拙著『リクールのテクスト解釈学』、晃洋書房、一九九七年、一六八頁以下。

（10） P. Ricoeur, "Cours sur l'herméneutique", Louvain 1971-72, pp. 81–98 ; "La tâche de l'herméneutique", in : *Du texte à l'action*, pp. 75–100.（邦訳『解釈の革新』、久米博他編訳、白水社）"Interprétation", in : *Lectures 2*, Seuil, Paris 1992 ; p. 451ff.

（11） P. Ricoeur, "Cours sur l'herméneutique", p. 97f.

第一〇章　フランクフルト学派とディルタイ
——ホルクハイマーとベンヤミンを中心に

フランクフルト学派の理論家たちには、ディルタイの「非合理主義」に対する、たとえば後期のルカーチが示すような拒否反応は見られない。ルカーチは、後期を代表する大著『理性の破壊』において、マルクス以後のブルジョア哲学の非合理主義的傾向を逐一暴き、そうすることでブルジョア哲学の反動的性格を明るみに出そうとした。なかでもディルタイをはじめとする「生の哲学」は、ルカーチにとって、ナチズムによる「理性の破壊」を間接的に準備した胡乱な哲学流派でしかなかった。(1) ところが、たとえばホルクハイマーにとって、精神科学を方法論的に基礎づけることで自然科学的方法の適用範囲を限定しようとするディルタイの試みは、最初から嫌疑がかかるような胡乱なものではない。ホルクハイマー自身、デカルト以後の近代合理主義の科学理論を「伝統的理論」として批判しようとしていたのである。ディルタイの試みは、少なくとも「伝統的理論」に対する批判という一点では、フランクフルト学派の「批判的理論」と重なり合う。同様の積極的評価はフランクフルト学派第二世代のハーバマースにも認めることができる。ハーバマースは、その著『認識と関心』の中で、ディルタイによる精神科学の基礎づけの試みに「実践的認識関心」の表明を読み取っている。(2)

もちろん、「ディルタイ」という名前は、フランクフルト学派の理論家たちの間で積極的な意味だけを担わされてきたのではない。方法論レベルでの上に述べたような積極的評価も、後述するように実は留保つきのものであった。しかしディルタイに対するより重大な批判は、フランクフルト学派の理論的焦点の一つをなした市民文化批判の文脈で現われる。たとえばアドルノの「半教養の理論」（一九五九年）の次のような一節。「文化財の固有の意味は、人事百般の在り方と区別され得るものではないのである。この点を見過ごし、自らを絶対視する教養は、すでにそれだけで半教養になり下っているのだ。このことを明らかにするのに恰好なのは、ヴィルヘルム・ディルタイの著作であろう。彼は他のなんぴとにもまして、自己目的としての精神文化という概念をドイツの中流上層階級の人びとにとって口当りのよいものとし、教師たちの手に委ねたのであった(3)」。ここではディルタイは、「教養」を合言葉とした一九世紀ドイツの市民文化を体現する思想家として批判の的になっている。

以下では、フランクフルト学派にとってディルタイの思想が持っていたかなり錯綜した意味を、方法論と市民文化批判という上に触れた二つのレベルに分けて探ってみたい。

一　「精神科学」とフランクフルト学派

一九二三年、ユダヤ人富豪の基金をもとにドイツ中部の商業都市フランクフルトに創設され、一九三〇年以降ホルクハイマーが所長をつとめた「社会研究所」――「フランクフルト学派」とは、三〇年代以降この社会研究所に関係した理論家たちの総称である。彼らは哲学的に解釈されたマルクス主義に立脚し、かつほとんどがユダヤ人であったから、一九三三年のナチスの政権獲得とともに亡命を余儀なくされることになる。しかし、いち早く基金をドイツ国外に脱出させておいたおかげで、機関誌『社会研究雑誌』を発行し（一九四一年まで）、「権威と家族」や「権威主義的性格」に関する共同研究を組織するなど、フランクフルト学派は拠点をパリへ、さらにニューヨークへと移しつつ活動を続けることができた。彼らは、亡命先のアメリカにとどまったフロムやマルクーゼ、戦後しばらくして西ドイツに帰ったアドルノやホルクハイマーに代表されるように、大西洋の両岸で戦後の知的世界に大きな影響を与えることになる。戦後の知的世界への影響という点では、大西洋を渡ることなく亡命途上で一九四〇年に自殺したベンヤミンの名前も逸することができない。かくも多彩な理論家を擁し、けっして一枚岩ではないフランクフルト学派ではあるが、その方法論的基盤を明示し同学派の綱領的宣言となったのが、一九三七年の『社会研究雑誌』に掲載されたホルクハイマーの論文「伝統的理論と批判的理論」である。「批判的理論」はフランクフルト学派の代名詞となった。

先にも触れたが、ホルクハイマーはこの綱領的論文で、デカルト以来の合理主義の科学理論を「伝統的理論」として批判した。伝統的理論は、一方に「思想の形で定式化される知」、他方に「その知の下に包括されるべき事態」を想定し、この両者の関係の定立をもって「事態の理論的説明」[4]とみなす。これは、「理論」についての、常識のレベルでは今なお通用力を持った観念であろう。知と事態、主観と客観との透明な対応関係を前提とするこの伝統的理論に対して、批判的理論は、「感覚がわれわれに引き渡す事実」が、「知覚される対象の歴史的性格と、知覚器官の歴史的性格」という「二重の仕方で前もって社会的に形成されている」と主張する。[5]ここで構想されているのは、主観と客観との、社会的実践を媒介にした相互嵌入的関係である。感覚に対して与えられる世界をわれわれは「事実」と同定するが、その感覚自体が、労働を中心とした社会的実践の所産とみなされているわけである。

この相互嵌入的関係を、今かりに主観の側から眺めてみると、客観的世界は、感覚し体験する主観によって意味づけられた世界として現われるはずである。ここに、ホルクハイマーがディルタイの精神科学の方法論に関心を寄せた理由があるように思われる。一九三九年の論文「ヴィルヘルム・ディルタイの著作における心理学と社会学」で、ホルクハイマーは、ディルタイが歴史的世界の認識に心理学を組み込もうとした点を積極的に評価している。ホルクハイマーによれば、ディルタイの言う「理解」とは、「外化された心理的現実の観察と、われわれの個人的生の経験との間の相互作用の過程」であり[6]、この「理解」を方法論的に基礎づけるために、ディルタイは当時の要素心理学を批判して「生の具体性」から出発するような心理学を構想した[7]。ディルタイの中にホルクハイマーが認めようとしていたのは、上述の相互嵌入的関係へとつながる一つの方法論的アプローチであったと、そう言ってよいであろう。たしかにディルタイは、「個人的生であれ社会的生であれ、心理学という手段のみによってそれを再構成することはできない」という事実を見逃していた[8]。しかし、ともかくも彼の「記述的心理学」は、主観の中へと食い込み、主観によって「体験」される歴史的世界を、心理学という形で捉えようとしていたのである。この点に、ホルクハイマーはディルタイとフロイトの共通点を見ている。ディルタイにとってと同様「フロイトにとっても、歴史は、基礎的な心理的諸傾向への遡及によってのみ理解可能となる」[9]。ただし、フロイトからディルタイを分かつものは「ヘーゲルが客観的精神と呼んだものへの彼〔ディルタイ〕の感受性」である[10]。とすれば、ディルタイの方法論の中には、批判的理論が構想するあの主観・客観の相互嵌入的関係を対象化する可能性が、たしかに存在していたということになろう。しかしこの可能性は上に触れたような心理学主義ゆえに十分には具体化されなかった。ディルタイの「方法論的な著作の読者が……歴史的エッセイに目を転じたとすればむしろ失望するであろう」[11]。

ホルクハイマー自身は、先にも触れた共同研究『権威と家族に関する研究』[12]において、歴史的・社会的現実の説明に精神分析を組み込むことをすでに試みていた。資本主義経済の危機に直面したドイツ国民が、労働者を含めて、体制変革に立ち上がるどころかかえってナチズムに身を任せる——土台・上部構造論では説明のつかないこの現実を説明するために、社会研究所は権威主義的な心理を生みだす家族の構造を解明しようとした。その前提には、歴史的・社会的現実は「意味連関」として現われる——没落しつつある中産階級にとって、経済危機は革命の好機ではなく健全な秩序の崩壊を意味する——のであり、説明されるべきはこの「意味連関」だという認識がある。批判的理論のプログラムを具体化しようとしたとき、ディルタイの方法論は批判的理論に十分接続可能なものとして現われてきたと考えられる。

二　市民社会批判とディルタイ

以上のような方法論的連続を背景に置くことで、両者が直面した現実の根本的変化がかえって浮き彫りになる。普仏戦争から第一次大戦勃発までの、ヨーロッパ社会が盤石の繁栄を享受した時代——シュテファン・ツヴァイクの言う「安定の黄金時代」(13)——に、パリやロンドンと並ぶその繁栄の一大中心地であったベルリンで教授職を全うしたディルタイ。盤石と思えた市民的秩序やそれを支えていた市民文化が音を立てて崩れていく危機の時代に、一切の人間的尊厳と生存そのものまでが奪われる危険にさらされ国を逃れたフランクフルト学派の人々。一九〇〇年前後に生まれ、豊かな市民的家庭で育った彼らは、「安定の黄金時代」の空気を子供時代に満喫したのでもあった。それだけに、喪失の印象はなおさら痛切だったに違いない。「まだ鉄道馬車で学校へかよったことのあるひとつの世代が、いま、青空に浮かぶ雲のほかは何もかも変貌してしまった風景のなかに立っていた。破壊的な力と力がぶつかりあい、爆発を続けているただなかに、ちっぽけなよわよわしい肉体の人間が立っていた」[14]——ベンヤミンのエッセイ「経験と貧困」(一九三三年)のこの一節は、ディルタイとフランクフルト学派の間に横たわる断層の大きさを実感させてくれる。

そのベンヤミンも、かつては、ディルタイが代表していた——そして冒頭で引用したようにアドルノが後にそれを手厳しく批判する——知的世界からそれほどかけ離れた場所にいたわけではない。夏休みの読書成果を友人宛てに報告した一九一二年八月一二日付の書簡で、学生時代のベンヤミンは次のようにディルタイの『体験と創作』(一九〇五年)を高く評価している。「ヴェルフリンの本は、ぼくが具体的な芸術について読んだ本のなかで最も利用価値の高いもののひとつだ。同じくらい高く評価できるのはディルタイのヘルダーリン論とシェイクスピアについての注釈。それ以外に、美術(具体的な)についてこれまで読んだなかでいいものはない[15]」。これに対して、生前に公刊された最後の論文となる「ボードレールのいくつかのモチーフについて」(一九三九年、先に触れたホルクハイマーのディルタイ論と同じ号の『社会研究雑誌』に掲載)では、ベンヤミンは次のように『体験と創作』から距離をとっている。「前世紀の末以来哲学においては、〈真の〉経験を獲得しようとする一連の試みがなされた。この〈真の〉経験は、文明化した大衆の画一的で不自然な生活に沈殿する経験と対立するものとされる。これらの勢いこんだ試みは普通一括して「生の哲学」という概念で呼ばれている。当然ながら、それらは社会における人間の生活から出発することをしなかった。それらが引き合いに出したのは文芸であり、あるいはむしろ自然であり、そして最後にとりわけ神話時代であった。ディルタイの著作『体験と創作』は、この系列における最も早いもののひとつである。この系列の最後にくるのはクラーゲス、そしてファシズムに身を捧げたユングである[16]」。

生の哲学やディルタイに対するここでのベンヤミンの批判は、『理性の破壊』のルカーチと違ってその「非合理主義」に向けられているのではない。ベンヤミンの批判は、生の哲学が、「文明化した大衆」の経験に対抗する形で「〈真の〉経験」を探求した点に向けられている。「文明化した大衆」の経験を、ベンヤミンは本来の経験から区別して「体験」と呼ぶ。経験は、出来事が伝統の中で咀嚼されるゆっくりとしたプロセスから生まれる。ところが「文明化した大衆の画一的で不自然な生活」において、出来事は、伝統という解釈の網目に捕捉されることなくむき出しの刺激として生活に侵入してくる。トラウマになりかねないこの刺激を捕捉するために意識が動員されることになる（満員電車の乗客が一様に示す意識的無関心は、このような刺激防御の極致であろう）。そして「ショックがそのように捕捉され、そのようにして意識によって受け止められると、そのショックが引き起こした出来事は、正確な意味での体験の性格を与えられる」[17]。体験において、出来事は意識によって、言い換えれば既成のコードによって捕捉され、その結果出来事は、新聞記事のように、誰もが同じように理解可能な「情報」として処理されることになろう。

「体験（Erlebnis）」というドイツ語は、実は一九世紀後半になって現われた新造語である。そして、この語を術語的に使用してその後の「体験」流行の基盤を作ったのが、他ならぬディルタイであり、とりわけ彼の『体験と創作』であった[18]。世界と自己との意味にみちた交流を言い表わそうとする――したがってまた精神科学の方法論的基盤ともなる――ディルタイの体験概念を考えるなら、ベンヤミンの体験概念は同じ言葉を使いつつディルタイのそれとはほとんど逆の事態を言い表わそうとしているように見える。しかし、ベンヤミンの体験概念は、単に同時代の「体験」賛美に向けられていただけでなく、その大本にあるディルタイの体験概念をも、手の込んだ形で批判していたように思われるのである。ディルタイもまた、「文明化した大衆」の経験から目をそむけて文芸の世界に「〈真の〉経験」を求めた。ところがその帰結は、

「情報」の集積たる文化財を既成のコードに従って処理するという、まさにベンヤミンが言う意味での「体験」の支配だったのではなかろうか。三島憲一によれば、ディルタイはその後学校教育を通じて長く伝承されることになる文学的カノンを創出したが、皮肉なことにそうした「カノンの登場とともに……文学との実際の接触の場が奪われていった」。そのことを示すのが文学史の隆盛である。ディルタイ自身も認めるように、カノンを構成する偉大な作品群を読破することなど文芸の専門家でもない限り不可能に近い。「文学史という形で、いわばダイジェスト版で手軽に過去に眼を向けた芸術享受を行なわなければならなくなったのである。それを助ける役が精神科学に割り当てられるわけである」[19]。「〈真の〉経験」の探求が、「文明化した大衆」の経験から目をそむけたままになされるために、それはかえって刺激防御のメカニズムとなり、「文明化した大衆」が身を任せているのと同じ流れに巻き込まれていく――ベンヤミンの体験概念は、市民文化のこのようなメカニズムを一語で言い表わしていたように思われる。

以上、方法論と市民文化批判という二つのレベルで、フランクフルト学派にとってディルタイが持っていた意味を探ってきた。いずれのレベルにおいても、ディルタイの思想はフランクフルト学派にとって重要な準拠枠の一つになっている――越えていかねばならない一九世紀的限界をそれが画定しているという限りにおいて。

(1) ルカーチ(暉峻凌三・飯島宗享・生松敬三訳)『理性の破壊(上)』(『ルカーチ著作集』第一二巻、白水社、一九六八年)五一九頁参照。
(2) ハーバマース(奥山次良・八木橋貢・渡辺祐邦訳)『認識と関心』未来社、一九八一年、一五一頁以下参照。

(3) アドルノ(三光長治・市村仁訳)『ゾチオロギカ――社会学の弁証法』イザラ書房、一九七〇年、五三頁以下。
(4) ホルクハイマー(森田数実訳)『批判的理論の論理学』恒星社厚生閣、一九九八年、一七五頁。
(5) 前掲書、一八二頁以下。
(6) M. Horkheimer, The Relation between Psychology and Sociology in the Work of Wilhelm Dilthey, in: *Studies in Philosophy and Social Science* (*Zeitschrift für Sozialforschung*), Vol. 8, 1939, p. 434.
(7) Ibid., p. 436.
(8) Ibid., p. 437.
(9) Ibid., p. 440.
(10) Ibid., p. 442.
(11) Ibid., p. 443.
(12) M. Horkheimer (Hrsg.), *Studien über Autorität und Familie*, Paris, 1963.
(13) ツヴァイク(原田義人訳)『昨日の世界』I、みすず書房、一九六一年、一五頁。
(14) 『ヴァルター・ベンヤミン著作集』1、晶文社、一九六九年、九九頁以下。
(15) W. Benjamin, *Briefe*, Bd. 1, Frankfurt a. M. 1978, S. 43.
(16) 『ベンヤミン・コレクション』1、ちくま学芸文庫、一九九五年、四二〇頁以下。
(17) 前掲書、四二九頁。
(18) 三島憲一「生活世界の隠蔽と開示(下)――一九世紀における精神科学の成立」(『思想』一九八四年一二月)一三九頁以下。ガダマー(轡田収他訳)『真理と方法』I、法政大学出版局、一九八六年、八六頁以下。
(19) 三島、前掲論文、一四一頁。

第一一章　日本の哲学者のディルタイ像

一　西田幾多郎とディルタイ

西田によるディルタイの受容と評価

西田幾多郎の高弟のひとり下村寅太郎は、師についての評伝的な著作のなかで、西田を評して以下のように述べている。

フッサールもディルタイも亦彼の地に於て盛名を博する以前に先生によって評価された。何れも海外に於ける既成の評価によったものではない。常に自己自身の眼識によるものである。(1)

西田が西欧の、とりわけ同時代の新しい思想に極めて敏感であったことは、つとに知られた事柄である。ベルクソン、リッカート、フッサールはもとより、年下のヤスパースやハイデガーの著作などもいち早く入手し、好意的な評価を与えている。もっとも、彼ら二人については、西田も晩年になると、最初とは異なって随分手厳しい批判を加えるようになった。しかし理由は今はおく。

これらの哲学者と較べると、ディルタイが西田によって言及される頻度はかなり少ない。西田の日記や書簡のなかでは、公刊本にはみられない直截な批評にしばしば出会うものだが、ディルタイについては、残念ながら著作の入手の謝辞や送付の依頼等内容のない二三の例をみるにすぎない。それは、ディルタイの問題意識と西田のそれとのあいだにズレがあったためというよりは、むしろ、入手可能なディルタイの著作が限られており、のみならずディルタイの思想傾向からいっても、簡潔にまとまった思想形態として捉えることが困難だったことによるというべきであろう。――もっとも、多くの遺稿が公刊されるようになった現在でも、ディルタイ思想の統一像を作ることは極めて難しいことではある――。実際、ディルタイの生前には、著書は三点出版されたにすぎず、多数の論文は公刊されたものの入手は難しく、まして後期の解釈学の思想をまとまった形で知ることなど不可能に近かったというべきだろう。一九〇七年から三年間ドイツに留学した桑木厳翼も、当時ディルタイについては、日本でも外国でもあまり知られずドイツの学士院で断片的な研究を発表している人といった程度の認識しかなかった。こうした状況にもかかわらず、西田がディルタイに与えた評価は、下村寅太郎が言うように、西田の見識の高さを物語って余りある。

西田が最も早くにディルタイに言及している論文は、「自然科学と歴史学」(一九一三年)と思われるが、そのなかで、彼は、ディルタイの『序説』に触れて次のように記している。

勿論、ディルタイは歴史の基礎として、自然科學的心理學の法則を排斥しながらも、尚不變なる類型的法則を説くのは、ウィンデルバント、リッケルトなどの方からは不徹底とも見られるであらうが、兎に角氏は深き獨創的な考を有つた學者であつた、氏は未だ受くべきだけの注意を受けて居らぬと思ふ。(2)

同様の記述は、未刊に終わった小牧建夫訳『体験と詩』（いわゆる『体験と創作』の最も早い邦訳の試みであった）のための序文（一九一八年執筆）草稿にも見いだすことができる。[3] なお、同序文では、西南ドイツ学派の歴史哲学とディルタイとの相違を強調しており、ディルタイの方法論の問題は「今後の深い研究に慣する」とまで評価を高くしている。さらに同所で西田は、ディルタイの「世界観学」の構想にも触れて、ディルタイが「相對論者とか歴史主義者」とみなされる傾向に異論を投げかけており、この点は西田の理解力の高さをよく示している。そして次のようにも付言している。「彼の思想はまだ掘られない礦脈の如き観がある」と。[4] ただし一九三七年（昭和一二年）になると、状況変化のためか、以下のような注を上掲論文に付記せざるをえなくなった。

私は此處にディルタイには未だ受くべきだけの注意を受けてゐないと云つて居るが、今日はディルタイはもはや大なる注意を受け、精神科学に偉大な影響を與へた。當時はディルタイの書は絶版にて得難いものであつた。（昭和一二年一二月）[5]

上掲論文の書かれた一九一三年当時といえば、ディルタイの没後間もない時期であり、フッサールの『イデーンI』が公刊された年でもある。一九一四年にはディルタイ全集の刊行が始まるが、その歩みは遅々たるものであり、ミッシュやボルノーらのディルタイ学派の活動ももう少し後のことである。ディルタイの影響を顕著に受けた初期ハイデガーの活動が表面化するのは、一九一九年以降のことであり、日本でもディルタイの作品が本格的に翻訳され、紹介され始めるのは一九二〇年代末になってからのことである。
こうした状況を考えると、まして日本でのディルタイ全集の本格的な訳の公刊が始まるのは二一世紀になってからのことだという点をも考慮すれば、西田幾多郎の西洋哲学の導入と摂取の早さおよび理解の適切さには驚嘆の念を禁じえない。西田は、東洋的精神を西洋的論理を介して普遍化するという独創的な試みを敢行する一方で、その猛烈な読書力によって、西洋哲学の日本への導入に極めて大きな貢献をなしたといわねばならないのである。下村寅太郎はこの点について、同じく上掲書で次のように指摘している。

しかし先生は単に多方面な読書家であっただけでなく、卓抜なものを嗅ぎわける鋭敏な感受性と独自なものを識別する深い直観力を備えた読書家であった。日本の哲学界にとって先生が重要でみのり豊かな西欧の哲学思想の識別者、発見者、紹介者の役割を演じたことは記憶さるべきである。(6)

みずからの根底に独創性を湛える思想家は、また他の独創的な思想家に対する最良の理解者でもあったというべきか。最良の一次文献こそ、最良の二次文献であることを、このことは証明している。

ちなみに、西田が取り上げているディルタイの作品名を、参考までに挙げておくなら、『序説』、『体験と創作』、「詩的想像力と狂気」、「詩学」等であるが、「記述的分析的心理学」については、「記述的分析的心理学」の概念を比較的早く取り上げてはいるものの、当該論文名は挙げられてはいない。なお、「『ディルタイ著作集』推薦の辭」(7)という短文のうちで西田は、歴史科学の基礎としての研究はディルタイとヘーゲルから出発すべきであることを指摘し、すでに早くからディルタイに興味を持っていたにもかかわらず、京大赴任時にはディルタイの書物が『序説』しかなかったことを報告している。なお、「詩的想像力と狂気」という短論文が非常に西田を動かした旨の記述がある。

では、ディルタイの思想のどのような点が、西田の感受性を刺激し、評価とともに、また他方で批判をも引き起こすことになったのだろうか。西田哲学とディルタイ哲学とのあいだには、どのような共通点と差異があったのだろうか。そして両者の出会いと比較は、単なる哲学史上のトピック以上のものをわれわれに与えてくれるのだろうか。

西田とディルタイの近さと遠さ

ディルタイに対して西田がどれほど大きなシンパシーを持っていたにせよ、少なくとも文献のうえでは、ディルタイの思想が西田哲学そのものの形成に直接影響を及ぼした痕跡を認めることは難しい。たしかに、西田の論文集『意識の問題』（一九二〇年）や『芸術と道徳』（一九二三年）[8]に見られる感情論には、ディルタイの著しい影響を認めることはできよう。しかし他方、西田後期の作品『無の自覚的限定』所収論文「生の哲學について」（一九三二年）[9]や、「哲學の根本問題」（一九三三年）[10]になると、西田独自の思想である絶対無の場所と行為的直観の立場からディルタイの思想を意味付けなおしており、また、ハイデガー批判とも絡めて「了解（Verstehen）」概念の不十分さを指摘するに到っている。こうした点を考慮するなら、両者は、ある種の思想上の同時代性を共有しながらも、哲学的なインテンションに関しては道を異にしているといわざるをえない。言い換えれば、両者の間には、思想的なある近さと、懸隔、つまり遠さとが共存しているのである。それを象徴する概念として、われわれは「生命」と「歴史」というふたつの概念を挙げることができよう。

西田は、上掲論文「生の哲學について」の冒頭で次のような哲学に対する思いを述べている。

古来、哲學と稱せられるものは、何等かの意味に於て深い生命の要求に基かざるものはない。人生問題といふものなくして何處に哲學といふべきものがあるであらう。かういふ意味に於て、私は生の哲學と云はれるものに對して多大の同情を有つものである。[11]

いうまでもなく、ディルタイは西欧における生の哲学を代表する哲学者である。ディルタイにとって「生（Leben）」とは、いわばそれ以上遡及不可能な、体験と理解を通して現われる絶対の現実なのであり、それゆえ哲学はこの生という偉大な事実を出発点としなければならないと考えられた。そしてこうした生の表出の理解を目標とする精神諸科学の基礎づけを遂行することによって、言い換えれば精神諸科学に正当な方法論を提供することによって、「生」の自己理解を深め、拡大する可能性が与えられると考えられたのである。そしてその方法論は、後に解釈学として定式化された。その限り、ディルタイにとっての哲学とは、みずからがそれでもある「生」自体をメタフィジカルに論究することではなく、生の様々な表出形態（生の客観態）の理解を通して追体験し、それによって自己の生をより深め充実させることであり、またそうした理解の諸相を開明し、方法を確立することであった。

こうしたディルタイの精神科学の基礎づけ的な発想を当初西田は、当時流行のヴィンデルバントやリッカートら西南ドイツ学派による歴史科学のスタティックな文化哲学的基礎づけに対し、生のダイナミックな衝動的形態によりふさわしいものとみなし、高く評価したのである。しかし後年西田は、こうした生の哲学を「その根本概念たる生命と論理との深い内面的関係について考えられて居ない」[12]と論難し、そこに生の哲学の根本的弱点があると批判することになる。西田は、ディルタイ的な歴史的世界は認識対象に留まるものであり、「われわれの行爲を限定する歴史的世界ではない」という。[13]言い換えれば、ディルタイの歴史的世界は、そして今やハイデガーの解釈学的現象学のそれも含めて、表現の世界であり了解の対象とみなされるが、西田によれば、本来の歴史的世界とは、「われわれの自己を動かすもの」であり、そこでは行為とは、「個物が個物を限定すること」、あるいは「自己の内に絶對の他を見、逆に絶對の他に於て自己を見ること」なのであり、そのため歴史的世界は、術語的には「弁証法的一般者の自己限定の世界」と呼ばれ、また行為的直観の世界と考えられたのである。

われわれは、こうした西田の批判をどう受け止めるべきなのだろうか。あるいは、両者の違いはどこにあるのだろうか。

おそらく大きな違いのひとつとして、歴史感覚あるいは歴史の具体性を廻る差異を挙げることができよう。ディルタイの場合、歴史とは個人から社会、時代へと広がり、また逆に個人へと戻り来る生の連関のうちに形成され、また理解される。この理解あるいはより高度な技術としての解釈作業についての理論は、精神諸科学の学としての基礎づけの役割を果たすものであるが、他方あくまで具体的な歴史解釈の作業と結びついて初めて意味をなすものでもある。言い換えればこのフォーマルな理論自体が生そのものを直接表現したり、生の理解を意味しているわけではない。そのため、視点を変えていえば、ディルタイにおいては、歴史とは特定の具体的な歴史としてのみ現われるものなのである。したがって、ディルタイ的な生は、常に特定の時代性に規制されたものであり、その規制のうちにあることこそが、人間の生の歴史性を意味しているといわねばならない。他方、西田の場合、歴史的な行為的直観は、ある意味では永遠の今の行為として、歴史を超越する。行為的直観は、時代にその内容を拘束されないのである。その意味では、西田には具体的な歴史観あるいは、ディルタイがなしたような具体的な作品解釈の局面が欠けざるをえない。その意味で西田の歴史意識は、意識としては深いかもしれないが、抽象的なのである。ある種の仏教がそうであるように、結局は歴史を越えるといわざるをえない。西田の極度の論理主義がこうした帰結を生みだしたとはいえないだろうか。そしてこうした論理主義が現代の歴史主義を、西田が企図したように果たして克服できるものかいなか、まだ解答はだされていないように思われる。しかし少なくとも、ディルタイの思想への、あるいは他の思想に対しても同様ではあるが、西田が示したような開かれた鋭敏な感受性は、哲学の世界化が進むなかでますます求められていることも否定できないであろう。

（1）下村寅太郎『西田幾多郎―人と思想』東海大学出版会、一九六五年。一四七頁。
（2）『西田幾多郎「思索と体験」』『西田幾多郎全集』第一巻所収。岩波書店、昭和四〇年。二八五頁。以下『西田幾多郎全集』については巻数と頁数のみを記す。
（3）『西田幾多郎全集』第十三巻所収。
（4）『西田幾多郎全集』第十三巻、一九三頁。
（5）『西田幾多郎全集』第一巻、二八五頁。
（6）下村寅太郎、上掲書、一四六頁。
（7）『西田幾多郎全集』第十三巻所収。
（8）共に『西田幾多郎全集』第三巻所収。
（9）『西田幾多郎全集』第六巻所収。
（10）『西田幾多郎全集』第七巻所収。
（11）『西田幾多郎全集』第六巻、四二八頁。
（12）『西田幾多郎全集』第六巻、四二九頁。
（13）『西田幾多郎全集』第七巻、一七九頁。

二　三木清とディルタイ

ある思想家に「出会う」ということは、どういうことであろうか。おそらくそれは、その思想の衝撃によって覚醒し、それをバネとして新たな境地に飛躍しつつ、しかもその思想と真摯に対決することによって、みずからの思想を形成していくということであろう。そのような出会いは、アンビヴァレンスを孕んだ関係であり、緊張に満ちた対決である。三木清は、そのようなかたちで、西田やハイデガーと出会い、そしてマルクスやディルタイと出会っている。

三木は、ハイデガーとの出会いによって、はじめて自己の歩むべき道を見いだすことができた。それは、人間の「存在の仕方」を解明する「人間の研究」、つまり「生の存在論」としての「アントロポロギー（人間学）」である。もとより、この人間学の道も、けっして平坦ではなかった。それどころか、手探りでしか進むことのできない道なき道であった。『パスカルにおける人間の研究』に始まり『構想力の論理』に至る三木の思索の歩みは、マルクス、ディルタイ、西田などと出会いながら新しい人間学を模索していこうとする、まさしく紆余曲折に満ちた苦闘の道程であった(1)。ともあれ、こうした苦闘の道程において、三木は、彼独自の人間学を探り当てることができた。それは、「歴史的人間」の存在論、つまり人間存在の歴史性を解明する「歴史的人間学」である。ところが、人間が歴史的存在であるというテーゼこそ、ディルタイによって打ち出されたものである。この問題をめぐって、三木はディルタイと出会い、そしてディルタイを越えて進んでいかねばならなかった。

生の歴史性と歴史の生命性

三木は、昭和の初頭にマルクス主義の研究に向かっていたが、その頃に書かれた二つの論文において、ディルタイが詳しく論じられている。この二つの論文を比較してみると、三木のディルタイ像、アンビヴァレンスに満ちたディルタイ像が、はっきりと浮かび上がってくる。

まず、「ディルタイの解釈学」（一九二八年）という論文において、三木は、ディルタイの「体験・表現・理解」の連関に言及し、次のように語っている。体験は、生の内化の方向であり、表現は、生の外化の方向である。そして理解は、この二つの方向の統一である。体験は自己を表現において外化し、外化された生は理解においてふたたび内化される。それゆえ理解は、生の自己自身に帰り行く過程とみなすことができる。ところで、あらゆる歴史的現実は生の外化であるから、ここにおいて「生の歴史性」が成立する。また理解において、歴史的現実がふたたび体験に連れ戻されるがゆえに、ここにおいて「歴史の生命性」が成立する。「生の歴史性と歴史の生命性、これがまさに理解における外と内との関係の具体的な意味である」[2]。このように三木は、ディルタイの解釈学について、いわば好意的に解説している。

ところが、この論文と同じ年に発表された「現代思潮」では、ディルタイ批判がはっきり打ち出されている。「ディルタイは、生の歴史性をまことに誰にもまして明らかにしたが、歴史の生命性については、それをその固有なる意味において把握しえなかった」。三木によれば、「歴史性」は、二つの契機を含んでいなければならない。一つは、現代が過去の結果であるということであり、もう一つは、現代が未来に向かう出発点であるということである。前者を「生の歴史性」と呼ぶならば、後者は「歴史の生命性」と名づけられるべきである。というのは、生とは、つねに過程的なものであり、運動的なものだからである。この二つの契機をともに自覚することによって、はじめて「十分なる歴史的意識」が成立する[3]。さて三木は、こうしたディルタイ批判から出発し、ディルタイを踏み越えることによって、自己自身の「歴史的人間学」を構築していこうとした。その意味でも、このディルタイ批判は、三木にとってきわめて重要である。

ディルタイとヘーゲル

三木のディルタイ批判の矢は、主としてディルタイのヘーゲル主義に向けられている。三木によれば、ディルタイとヘーゲルとの間には、さまざまな相違があるにもかかわらず、ある基本的な類似性が認められる。ディルタイにおける生の三つの契機、つまり「体験・表現・理解」は、ヘーゲルにおける精神の発展の三つの契機、つまり「主観的精神・客観的精神・絶対的精神」に対応している。ヘーゲルでは、絶対的精神において主観的精神と客観的精神とが統一され、精神の自己認識が達成されるが、それと同じくディルタイでは、理解において体験と表現とが統一され、生の自己解釈が達成される。

ヘーゲル哲学の魂は、「精神の自己享受」であり、「精神は自己のいっさいの歴史を現在的に観照する」。その根底にあるのは、アリストテレスの「テロス」の思想、つまり結果が端緒と同一であるという思想である。精神は、結果が端緒であるような円環運動を描く。それは、自己完結的な全体として、あらゆる有限なものを自己のうちに含む絶対的なものである。「絶対的なものは、限りなく出て行くことにおいて、かぎりなく自己においてとどまっている。なぜなら絶対的なものは、自己自身において完結せるものとして、それの出て行くいかなる外もそれにとって存在しないからである」。こうして、精神は永遠に「現在的」である。精神は、いっさいの有限なものを自己の内に包み込みつつ、つねに自己のもとにとどまっている。したがって、精神の自覚としてのヘーゲル哲学は、本質的に「観想的」である。観想の本質は、事

物を現在的に所有することだからである。(4)

ところで、たしかにディルタイの解釈学もまた、こうしたヘーゲル的性格をもっているといえる。ディルタイの根本思想は、「生を生それ自身から理解する」ということであった。理解において、生は、歴史において自己自身が産出したものを、ふたたび自己の内に取り戻すことができる。「人間本性の全体は、ただ歴史の内にしか存在しない。その全体が個人に意識され享受されるのは、ただ彼が過去の精神を自己の内に取り集めるかぎりにおいてである」(VIII 203-204)。歴史的意識において、われわれは人間本性を、その生き生きとした現実性と可能性において所有することができる。それゆえ解釈学は、三木によれば、過去の歴史を理解するための方法であり、「すでに作られたもの、出来上がった作品」に対して働く。それは、いわば「ミネルヴァの梟」であり、本質的に「観想の立場」に立っている。(5) ヘーゲル哲学の魂が「精神の自己享受」であるとするなら、ディルタイの解釈学の魂は「生の自己享受」ということになる。

現実性と創造性

三木のこうした批判は、ディルタイの解釈学の一面を鋭く突いているといえる。しかし、一面にすぎないということも、またたしかである。ディルタイ自身も、ヘーゲルを批判することによって、自己自身の道を切り開いていったからである。

ディルタイは、「生の現実性」から出発しようとした。「ヘーゲルは形而上学的に構成したが、われわれは所与を分析する。人間存在の今日の分析は、生の脆さ、暗い衝動の力、暗黒や幻影に対する苦悩、生あるすべてのものの有限性を、われわれすべてに痛感せしめる」。それゆえ歴史的現実は、理性の光によって透徹することのできない暗さをもっている。また、「歴史のあらゆる形態は、生存の萎縮や隷従、満たされない渇望などを負っており、このことこそ歴史のあらゆる形態の有限性の本性である」。あらゆる歴史的形態が有限であるということは、歴史がつねに過程的であるということにほかならない。すべての歴史的形態において、喜ばしい力と抑圧、生存の拡大と狭隘、満足と欲求、前進するエネルギーと抵抗といったように、たがいに相反する力がせめぎ合いながら、やがて現状に飽き足らない渇望が、未来をめざして突き進んで行く。歴史とは、そのような運動、古い形態を破壊しつつ、つねに新たな形態を生み出していく運動である。「歴史的生は創造する。それはたえず活動して、財と価値を産出する」（VII 150, 153, 165, 187）。

そうだとすると、解釈学もまた、たんに観想的ではありえないだろう。歴史的意識によって、過去の精神は現在に蘇る。しかし、過去に沈潜する精神は、あらゆる歴史的現実の有限性と相対性に直面することによって、えてして虚無的な相対主義に陥ることになる。ディルタイは、こうした相対主義を克服しようとした。「過去を共感的に理解することは、未来を形成する力にならねばならない」。過去の偉大な精神を理解することによって、人間本性を、その豊かな現実性と可能性において所有し、そのことにもとづいて「未来の理想」を作り上げねばならない。これこそ、「真の歴史的意識」である（VIII 203–204）。おそらく、これがディルタイの到達した最後の境地であるにちがいない。歴史的意識によって、あらゆる歴史的現象の有限性と相対性が自覚される。だが、こうした歴史的意識こそ、「人間の解放に向かう最後の歩み」である。あらゆる有限性や相対性に対して、「創造力の連続性が、力強い歴史的事実として現われる」（VII 291）。

表現的世界

ディルタイにおけるこうした方向こそ、三木がめざしていたものにほかならない。したがって三木は、「観想の立場」から、「行為の立場」ないし「実践の立場」に転回しようとする。それは、「理解」から「表現」へと視点を移し、表現活動そのものとしての「制作（ポイエーシス）」に注目することである。ここで必要なのは、「理解」の理論としての「解釈学」ではなく、「表現」の理論、「制作」の理論としての「詩学」である。ところがディルタイもまた、詩人の構想力に注目し、詩作の分析としての「詩学」を構築しようとしていた。三木は、このような詩学を、「人間学」に拡張しなければならない。

「表現における真理」（一九三五年）という論文において、三木は、そのことをはっきり宣言している。この論文で、「人間そのものがまさに表現である」「人間自身が表現的なものである」というテーゼが打ち出されている。[6] 人間の行為は、「ポイエーシス」の性格をもっており、それゆえ創造的である。人間は可塑的であり、行為によってたえず自己を発展的に形成していく。ただし、その発展は、連続的なものではなく、断絶や否定の契機に媒介された自己超越の運動である。こうした運動を、「構想力の論理」として具体的に描き出すことが、『構想力の論理』の主題であった。

ところで、「解釈学と修辞学」（一九三八年）という論文においても、「表現性が人間存在の根本規定である」というテーゼが打ち出されている。[7] しかしここでは、自己と他者との関係という新しい要素が、はじめて登場する。修辞学は、「私と汝との関係」を基礎にしている。「言葉は、人と人との〈間に〉落ちる、それは私と汝との間における出来事である」。その出来事において、新しい何ものかが生起する。ただし、そのためには、私と汝が、ともに「独立のもの」でなければならない。つまり、「語りうる者」として「〔他の〕語る者に対して否定の可能性を有する者」であるとともに、「聴きうる者」として「自己否定の可能性を有する者」でなければならない。こうした「独立のもの」が出会い、そこで何ものかが創造される場、それが「表現的世界」である。

三木は、ディルタイにおける「観想の立場」を批判的に踏み越え、「実践の立場」において、表現的世界を新たに構築し直そうとした。ただし、「表現」を強調することは、「理解」をないがしろにすることであってはならない。「理解」もまた、すぐれて実践的でありうる。むしろ、「観想」と「実践」の二つの契機を新たに考え直すことこそ、三木の課題であり、そしてわれわれの課題でもある。

（1）三木清における「アントロポロジー」の展開に関しては、拙論「構想力の論理——三木清」（常俊宗三郎編『日本の哲学を学ぶ人のために』世界思想社、一九九八年、一六二頁以下）を参照されたい。
（2）三木清「ディルタイの解釈学」（『三木清全集』第三巻、岩波書店、一九六六年）一九一、一九四頁。
（3）三木清「現代思潮」（『全集』第四巻、岩波書店、一九六七年）二五八、三〇四—三〇五頁。
（4）同書、二三四—三五頁、また一七五—七六頁も参照。
（5）三木清「解釈学と修辞学」（『全集』第五巻、岩波書店、一九六七年）一三九—一四〇頁。
（6）三木清「表現における真理」（『全集』第五巻）一二四頁。
（7）三木清「解釈学と修辞学」（『全集』第五巻）一四三頁。

三　和辻哲郎とディルタイ——「解釈学的方法」を中心にして

和辻倫理学の意義

和辻哲郎は、保守的ながらも大正リベラリズムを代表する教養人であった。彼は洋の東西にわたって、古代から現代に至る多彩な主要思想や事実を流麗な文章をもって描き切っている。その学識の広大さはもちろん、分析の確かさ、理論的着想の独自性は他の追随を許さないものがある。和辻の学問は、多彩で多岐にわたるが、日本人の精神的主体性の確立と、世界的大思想のうちに「人間学」的な始源を探る態度が貫いている。和辻の専門は「哲学」であり、「倫理学」である。

和辻の主著『倫理学』(上巻一九三七年、中巻一九四二年、下巻一九四九年)はA5判で計一七〇二頁に及ぶ体系的大著である。全体は四章から成り、基礎理論を扱っている第一章と第二章が特に学的魅力にみちている。和辻は、およそ人間の在り方、行為の仕方を「間柄」において見て、これの規制原理である「人間存在の根本理法」を「倫理」とし、この「理法」の究明を「倫理学」の課題とするのである(『全集』第一〇巻、一二五頁)。すでに『人間の学としての倫理学』(一九三四年)の中で「倫理」「人間」「存在」「世間」「世の中」「間柄」といった身近な日常語の意味を鋭い語感による解釈で鮮明にしている。和辻は、『人間の学としての倫理学』の最終章でディルタイの「解釈学的方法」を扱い、「人間」と「生」とを出発点に、「歴史」の中で変化する「人間」の「存在」に迫り、「体験」-「表現」-「理解」という段階を経る思考に同調する。和辻は、「著者が己れ自身を理解していたよりも一層よく理解するのが解釈学的方法の最後の目標である」(『全集』第九巻、一七一頁)とか、「生を生自身から理解しようとする努力はたちまち倫理学としての面目を示して来る」(上掲書、一七五頁)と、ディルタイの解釈学的発言をみずからの倫理学に引き寄せている。『倫理学』でも、「倫理学の方法としての解釈学的方法は、最も日常的なる人間存在の表現を通じて人間存在の動的構造を把握するにある」(上掲書、四七頁)と、かなり詳しくディルタイについて記している。ただ、和辻は「彼〔ディルタイ〕はそれ〔生〕を人的社会的現実として把握しながら、しかも人間存在としての意義に徹し得ないで、ともすれば個人的なる体験というごとき意義に用いている」(『全集』第九巻、一七四頁) と批判している。そして、ディルタイが歴史的事象を「相対主義」で捉え、歴史的現象についての「法則」化は認められない。だから反ヘーゲル的であり、ディルタイの「理解」は、「歴史的個性」の「理解」が課題であった。

『倫理学』の第一章「人間存在の根本構造」では、「理性」からではなくて、具体的＝現象学的に人間の「肉体」の考察から出発して、倫理的な人間関係をまず「肉体的連関」として捉えている。たとえば、母と子の関係において、「子にとっては母親の肉体はあらゆる他の肉体と異なった独特のものであり、母親にとっても子の肉体は唯一な特殊な肉体である」(『全集』第一〇巻、六五頁)。それは母親と子とが愛によって本質的に結合された「存在」であるからである。和辻は「人間における個人的契機」を肉体から出発させているが、それは若い頃の古い仏像の調和美による感銘と潜在的につながっているように感じられる。感情的にも、意識的にも、自と他は相即的に一体化していると考えている。そして、和辻は、「我々の間柄的存在は、個人と個人との間に存する」としながらも、ヘーゲルのいう人倫の根底としての「家族」に即して、「人倫においては我は孤立的、独立的でないことにおいてのみ我たり得る」(上掲書、八八頁) という。人間存在は「個人的契機」においてのみ成り立つものではない。「間柄を作る個々の成員をそれとして規定する全体的なるもの」がなければならない (上掲書、九二頁)。つまり「人間存在における全体的契機」であり、常識的にいっても、個人性を否定しながら包み込んで活かしている家族・友人仲間・職業団体・村・町・会社・学校・政党・国等々である。これらのさまざまな社会団体はそれぞれに「全体性」である。ただそれらは「有限なる全体性」である。和辻はこれらの社会体を「相対的全体性」とし、有限相対の全体性を超えた「全体性」を「絶対的全体性」と呼び、「絶対的全体性は絶対的否定性であり、絶対空である」(上掲書、一〇五頁) といい、「従ってあらゆる人間の共同体、人間における全体的なるものは、個々の人々の間に空を実現している限りにおいて形成せられる」（同前）と、「人間存在」の否定的二重構造の統一を仏教的な「空」に求めている。さらに、次節において、「人間存在」の「個人的契機」と「全体的契機」との相互関係を基礎づけるために、ヘーゲルの否定的弁証法を換骨奪胎して、「人間存在の否定的構造」を理論的に詳論している。

第二章では、「人間存在の空間的、時間的構造」として、人間の「私的存在と公共的存在」を明らかにした上で、「人間存在の空間性」「人間存在の時間性」「空間性時間性の相即」と考察の歩みを進めている。「人間存在」の「空間的および時間的構造」の論拠づけには、彼には他の膨大なすぐれた労作が多く、それらが背景になっている。「価値論」は倫理学の独立項目としては立てられていないが、より具体的に、倫理学的に、人間存在相互の「信頼」を基本としながら、「真実」・「善悪」・「罪責と良心」を問題化しているが、これらは彼の「倫理学的価値論」であるといえるであろう。

和辻の『倫理学』は、以上のように見てくれば、時に古いと感じる個所もあるが、やはり哲学的にも傑出した「存在論」であり、出色の「人間存在論」と評価することができるであろう。

和辻の「精神史」

和辻は、『日本精神史研究』（執筆の多くは一九二〇年代前半）の中で、古代日本の飛鳥・推古時代から白鳳・天平時代の仏像の美の歴史的変化を繊細微妙で洞察力にみちた眼光をもって鮮やかに浮き彫りにしている。彼は飛鳥・推古時代の百済観音像と白鳳・天平時代の薬師寺三尊像とを多面的に比較して、たとえば、「推古式彫像の体軀が一見したところ人体の釣り合いを無視しているように感ぜられるに反して、白鳳天平の彫像はかなり確かな写実を基礎としているように見える。がそれにも拘らず我々は、例えば薬師寺の薬師三尊のあの柔らかく緩んだ胸や腹の肉付けなどを見れば、そこに大人の体としては許し難いうそを見出だすであろう。ただそこに嬰児の肉体のあの柔らかい円さが生かされている故に、その大人の体としてのうそが仏菩薩の体としてのまこととなるのである」（『全集』第四巻、四六頁）と驚くべき審美眼の独自性を示している。総合芸術としての「建築美」についても同様である。このように芸術の「時代様式」を考察して、「天平美術の様式の最奥の根底はこれを天平時代の精神にもとめなくてはならぬと思う。こうして思想史、文芸史、政治史等の研究と相俟ち、究極の総合的研究によって明らかにされるべきものと思う」（上掲書、六〇頁）とまとめている。また、精神史上の人物解釈という点で、和辻の「沙門道元」に示された見事な「解釈学」の冴えは、ディルタイの「ゲーテ論」に比肩する。

　ゲーテの神髄は文学にあり、道元の本領は宗教にある。「人間的真理」の追究は共通している。和辻の「沙門道元」（大正九―一二年）は、美学的な人間学的研究の傑作であり、それ自体が一個の文学作品である。道元の「真理の前には自己は無である」とし、熾烈な真理のための「学道要心」（『正法眼蔵随聞記』第六）を説くことを重視する。しかも、道元のいう「道得」（『正法眼蔵』三九、正法眼蔵道得）について、「道とはまず〈言う〉である。従ってまた言葉である、さらに真理を現す言葉であり、真理そのものである。……道得とは道《い》い得ることである。進んでは菩提の道を道い得ることである」（『日本精神史研究』三八八―三八九頁）と道元の「宗教」の核心を衝いている。

　一方、ディルタイの『体験と創作』の一篇「ゲーテの詩的想像力」では、『ヴィルヘルム・マイスター』や『ファウスト』だけでなく、成熟期のゲーテについて、「その創作は依然として体験の総和に、また体験から生じた世界に対する気分にもとづいている。生のこの賢明さ、すなわち、生成せる心情が生に対してとる態度は、ゲーテの後半生の偉大な叙事的作品に魂を吹き込み、それを精神的なものにしている」

（柴田治三郎訳『体験と創作』上、岩波文庫、二八〇頁）と、「体験」と「表現」とのつながりを明確にしつつ、創作を人間の気分と心情に帰着させている。ディルタイが客観的＝社会的事象をも人間の「心理」に還元する心理主義と批判される所以である。和辻もこの批判に同調するであろう。もちろん、和辻とディルタイの「解釈学」には共通点も少なくない。

ここでは広義における文化史が精神史の中核的地位を占めている。ヘーゲルは「精神史」という用語こそ使用していないが、和辻のいう「精神」はヘーゲル的であり、それも「客観的精神」の内容を受容しており、特にさまざまな個別的文化史を統合するものとしての「時代精神」が活かされている。ヘーゲルの「客観的精神」と「時代精神」とがディルタイに継承されていることは周知のとおりである。

和辻の「比較文化史論」

和辻は「日本文化」の基層を求めて、儒学、原始仏教、原始キリスト教、古代ギリシア哲学など、日本文化が吸収同化してきた世界史的文化の源泉を理論的に模索している。大きく見れば、和辻は世界的な大思想の比較史的研究を試みているように思われる。日本文化は、歴史的に異質の文化を同化しながら展開してきているわけであるが、異質文化をそのまま受容するのではなく、受容の際に、日本的屈折を起こしている。この屈折を生じるプリズムに当たるものは精神分析学の「無意識層」に求められるであろう。和辻の場合は、「日本古代文化」の源泉を解明しようと意図しながらも、自覚的には、そこまでの反省的思考は及んでいなかったように思われる。

和辻のどの著作も学問的業績の高さは群を抜いているのであるが、和辻は「理性」の人でありつつ、より「情感」の人であり、「直観」の人であった。和辻の主著『風土』の解説で和辻の「イデーを見る眼」

を彼の本質としたのは谷川徹三であった。谷川は「和辻さんの才能の質には、これを天才とするよりほかに理解のしようのないものがあった。その最も著しいものは、随所にイデーを見ることのできたその眼である」（『全集』第八巻、四〇九頁）と述べている。

『風土』に関していえば、発想は渡欧前に芽生えていたが、滞独中にハイデガーの『存在と時間』に接して、それに対抗するような形で、人間存在の「時間性」に対して、人間存在の「空間性」を理論化したものである。和辻の「風土学」は、ヘーゲルの「風土哲学」から着想の多くの契機を受け取っている。ディルタイが「精神科学」の樹立のために、ヘーゲルの「歴史哲学」の克服に急であったのに対して、和辻はヘーゲルが『歴史哲学』の序論の部において、「世界史の地理的根底」として、「モンスーン」「砂漠」「ステップ」の三つの自然類型をあげているのを発展させて、「民族の性格がその地方の自然類型と連関しつつ同時にその民族の世界史における働き方を決定するとすれば、自然類型の意義はまさに本質必然的である」（『全集』第八巻、二三〇—二三一頁）としている。和辻は、ヨーロッパへの船旅の途次に数日間ずつ滞在した土地の観察に基づいて、まさに「イデーを見る眼」をもって、三つの風土の特色を直観的に見抜いているのである。

ところで、和辻は『風土』を数回改稿している。ただ、「中国」の部に関しては、はじめてこの書を入手して、一読、きわめて鮮烈な印象を与えられたのが、昭和一〇年の版であった。戦争末期に出た昭和一九年の版では、自由主義的な大正教養主義の魅力を失っており、直截な「イデーを見る眼」が曇ってしまっているといわざるをえなかった。昭和一〇年版では、「かっての租借地の上海のように、外国権力の支配下にあっても、政治的権力や武力がどうであろうと、外国人の町は実質上中国人のものとなっているのである。ここに中国人の底の知れぬ強さがあり、そうしてそれがまさに中国的である」（昭和一〇年版、二〇一頁）と、中国人の精神構造の支柱をいい当てている。それに、中国人には、「おのれを保護する力としては、国家ではなくて金銭がある。だから可能なることに対しては、感情的にきわめて無感動であるとともに、実際的に極めて怜悧である」（上掲書、二〇三―二〇四頁）ことを見通している。

戦後昭和二六年に出た『鎖国』も、政治的「比較文化史」の系列に加えたい。和辻の結論だけを記せば、「秀吉は気宇が雄大であったといわれるが、その視圏は極めて狭く、知力の優越を理解していない。彼ほどの権力を以てして、良き頭脳を周囲に集め得なかったことが、その証拠である」（『全集』第一五巻、五三五頁）と断じており、秀吉の対外政策と日本の戦争指導者層の無謀さが重なる。

和辻は、多くの著作において、ディルタイの「生の哲学」の「解釈学」だけでなく、ハイデガーの「基礎的存在論」の現象学的「解釈学」を取り込んでいる。しかも、ディルタイ、ハイデガーを吸収するより前に、フッサールの「現象学」に取り組んでいた。フッサールは、「日常生活の自然的態度における世界経験から、その素朴な超越有の定立を排除し、純粋意識にまで還らなければならない」（『全集』第九巻、一七六頁）のであり、これが「現象学的還元」であるが、そのためには、自然的態度を放棄しなければ、哲学的理論の構築は不可能である、ということになる。ここで、「人間学」的立場の和辻はフッサールと訣別する。ディルタイ、フッサール、ハイデガーに強い関心を示しながらも、和辻の「解釈学」は独自である。

あとがき

ドイツにおける精神科学、なかんずくヴィルヘルム・ディルタイの精神科学（生の哲学）の中心的な課題は、具体的全体的かつ客観的に生を生そのものから捉えるために、まったく新しいかつ極めて厳密な方法論を打ち出すという、理論的思惟や理論的形式に関する画期的な試みであった。文化という形でいっそう客観的・具体的に現実化されている生を「理解する」という、この新しい形式は、生と現実との関係に対する大転回を意味する。そしてそれは主としてディルタイによって遂行され、彼の後継者たちによって発展させられていったのである。

ここに「生の理解」といっても、生そのものはあたかもわれわれの「こころ」のようなもので抽象的無形的なものであるから、われわれはそれを捉えんとするには、それの外化されたもの、つまり生の諸表現を手がかりにするほかない。そして、どのようにしてわれわれはこれを学的に捉えることができるかといえば、“Achsendrehung vom Intellekt ins Leben”「思惟の力を生の内奥にあたかもネジのように深く押し進めること」によってである。換言すれば、「本質」から「存在」へと進むのではなく、むしろ逆に「存在」から「本質」へと進む大転回の全貌を知ることによってはじめて可能となるのである。

ディルタイ自身はこの大転回を、いろいろの面において、とくに自然科学的思惟と精神科学的思惟との差異を厳密に、方法論的に根拠づけるという努力において、そしてまた同時に、この展開をヘーゲル的思惟との限界をはっきりさせながら歴史的世界の構成の問題に関連させて次のように述べている。ヘーゲルの形而上学とは反対に、歴史的生の表出として与えられたものを、歴史的知識の真の基礎として認め、かつ、この与えられたものを基礎として、歴史的世界の普遍妥当的知識がいかにして可能であるという問いに対する答えを見出すことが肝要である。また、今日では、われわれは生の現実から出発しなければならない。生のうちには、心的連関の全体が働いているのである。人間存在の分析は、われわれすべてに、人間の弱さ、わけのわからぬ衝動の力、暗黒と幻影とに向い合う苦悩、一切のものは、結局は、有限的存在にすぎないという限界性、そうしたものを痛切に感じさせるものである。それゆえに、われわれは客観的精神を分析的抽象的悟性の作用によって理解することはできない。客観的精神を理解するには、われわれは、むしろ諸々の共同態のなかに存在する生統一体の構造連関にまでさかのぼらなければならない。

このようにして、いかなる個々の精神作用も決して単独に存在してはいない。それらはいつもその精神作用をつつむ全体のなかに働いている。そしてそれらの作用はその全体を基礎として互いに関連しあいながら、それぞれ特殊の働きとして働いているのである。このような個々の作用の全体的なまとまり、しかも決して固定的ではなく、つねに活動してやまない全体的なまとまりが構造連関と称するものなのである。そして、かかる生の組織全体が、相互に他から導き出されえない、異種の成素間の連関として存在しているために、ディルタイは構造連関を作用連関として理解したのである。

われわれはまた、客観的精神を観念的に構成することもできないのである。むしろわれわれは歴史における生の現実を基礎とするのでなければならない。われわれはこの現実を理解し、そしてこれを適切なる概念で表現しようとするのである。

このようにして、この客観的精神・世界精神の本質を抽象的理性によって一面的に基礎づけることをやめて、したがってまた単なる抽象的観念的構成を放棄するとき、そこに客観的精神の新たなる概念ができる。そこには、家族、市民社会、国家、法、言語、風習など、さまざまの種類の生の形式や生活様式までも含まれている。

ディルタイの生の哲学の根幹的思想についてわたくしは以上のように理解している。

最後に、本書の出版にあたってご尽力いただいた法政大学教授牧野英二氏、慶應義塾大学教授舟山俊明氏をはじめ、執筆にご協力を頂いた多くの方々に心から御礼申し上げたい。とりわけ、刊行準備の段階からさまざまな場面において多大な尽力をされた若手のディルタイ研究者たち、伊藤直樹氏、大石学氏、齋藤智志氏にはここにあらためて感謝の気持ちを表したい。特に諸索引の作成にあたっては上記三氏のご尽力によるところが大きい。こうした若き人たちによってディルタイ研究が継承され、ますます発展させられていくことは望外の喜びである。法政大学出版局の平川俊彦編集長、伊藤祐二氏、さらには元編集長の稲義人氏には、学術出版が極めて困難な状況を迎えている今日、私たちの企画にご理解を頂き、また貴重なご支援とご協力を賜りましたことを心より感謝申し上げたい。

二〇〇一年二月

編者を代表して　西村　皓　謹識

別巻

Ⅰ．入門篇――ディルタイの生涯と思想
　1．ディルタイの生きた時代とその思想的背景
　2．ディルタイの家庭と学問的交際
　3．ディルタイの思想――全体像の概観
Ⅱ．研究篇
　1．諸外国のディルタイ研究史
　　(1)　ドイツ語圏の研究
　　(2)　英語圏の研究
　　(3)　その他
　2．日本におけるディルタイ研究史
　　(1)　戦前の研究
　　(2)　戦後の研究
　3．現代のディルタイ研究の意義と課題
　　(1)　諸外国の研究論文
　　(2)　日本の研究論文
Ⅲ．資料篇
　1．詳細年譜
　2．文献目録
　　(1)　諸外国の文献
　　(2)　日本の文献
　3．その他の関連資料
　　(1)　ディルタイ全集関連の重要な資料（ミッシュ序文等）
　　(2)　他の哲学者との関係を照らし出す資料（『カント研究』序文等）
　　(3)　その他のディルタイ理解にとって不可欠な資料
　　(4)　全集収録論文の詳細リスト

4．ヘーゲルの青年時代
5．ヘーゲル研究断章

第9巻『シュライアーマッハーの生涯（上）』

初版へのディルタイの前書き
ディルタイの緒言
1．青少年時代の形成期　1768-1796
2．充実した生活
3．シュトルプにおける孤独——プラトン翻訳と新しい道徳論の批判的な準備
4．大学—体系—キリスト教徒の対決
補遺　ハレへの招聘の記録文書

第10巻『シュライアーマッハーの生涯（下）』

1．シュライアーマッハーの哲学体系
体系の発展史的，精神史的な前提
哲学体系の展開
2．シュライアーマッハーの神学体系
3．シュライアーマッハーの解釈学の体系

第11巻　『日記・書簡集』

1．若きディルタイ
2．ヨルク宛往復書簡集
3．ショルツ夫妻宛往復書簡集
4．ルドルフ・ハイム宛書簡集
5．フッサール宛往復書簡
6．エーリッヒ・アディケス宛書簡
7．自伝的諸文献
8．その他

第7巻『精神科学成立史研究』

Ⅰ．近世における精神科学成立史
1．15・16世紀における人間の把握と分析
2．17世紀における精神科学の自然的体系
3．17世紀における思惟の自律，構成的合理主義，および汎神論的一元論との連関について
4．16・17世紀の文化における人間学の機能
5．ゲーテのスピノザ研究時代から
6．形而上学的意識のモティーフ
7．古代世界におけるキリスト教
8．宗教改革礼賛について
9．ジョルダーノ・ブルーノ
Ⅱ．シュライアーマッハー関連論考
1．シュライアーマッハー (1)
2．シュライアーマッハーの政治的情操と活動
3．シュライアーマッハー (2)
4．シュライアーマッハーの「心理学」
5．シュライアーマッハーの書簡についての注記
Ⅲ．ショーペンハウアー関連論考
1．アルトゥール・ショーペンハウアー
2．ショーペンハウアーの哲学について
Ⅳ．歴史家についての諸論考
1．イタリア・ルネサンスの文化　ブルクハルトの試み
2．歴史と学問
3．イギリス史　バックル
Ⅴ．その他
グノーシス　マルキオンとその学派

第8巻『近代ドイツ精神史研究』

1．ライプニッツとその時代
2．フリードリッヒ大王とドイツ啓蒙主義
3．18世紀と歴史的世界

2．体験と創作

(1) 体験と創作

3．ファンタジー

(1) 偉大なファンタジー文学

II．美　学

1．近代美学史

(1) 近代美学史

2．音楽史と美術史

(1) ドイツの音楽

18世紀のドイツの偉大な音楽

ワーグナー

(2) 美術史学の諸相

ヴィンケルマン

リュプケ著『イタリア絵画史』

さまざまな美術史書

第6巻『倫理学・教育学論集』

I．倫理学の体系

II．教育学（1）

1．教育の歴史

2．教育学体系の草稿

III．教育学（2）

1．道徳的意識の分析の試み

2．普遍妥当的教育学の可能性について

3．ベルリン大学教育学講義覚え書きからの抜粋

4．心理学の教育学への応用に関する講義

5．学校改革と教室

6．学校改革

7．中等教育の問題と教育学

8．プロイセン教育制度史の概論的構想

IV．法と教育

1．一般ラント法

1．外界の実在性についてのわれわれの信念の起源とその信念の正当性とに関する問いを解決することへの寄与
2．経験と思惟
3．生と認識
III．心理学と解釈学
1．記述的分析的心理学の構想
2．比較心理学
3．解釈学の成立

第4巻『精神科学における歴史的世界の構成（後期論考）』

I．精神科学における歴史的世界の構成
1．精神科学の基礎づけのための諸研究
2．精神科学における歴史的世界の構成
3．精神科学における歴史的世界の構成の続編草案　歴史的理性批判のための諸計画
II．世界観学
1．歴史意識と世界観
2．形而上学的体系における世界観の諸類型とその形成
手稿からの補遺および世界観の類型についての論文
3．世界観学について
4．哲学の本質
5．宗教の問題

第5巻『詩学・美学論集』

I．詩　学
1．詩的想像力の世界
(1)　ゲーテ，ティーク，オットー・ルートヴィヒの詩的相貌
(2)　ロマン派の詩人たち——ティークとノヴァーリス
(3)　ハイネ
(4)　詩的想像力と狂気
(5)　詩人の想像力
(6)　詩学断章

日本語版『ディルタイ全集』（全11巻・別巻1）編成一覧

（法政大学出版局，2002年刊行開始予定）

第1巻『精神科学序説Ⅰ』

Ⅰ．精神科学序説・第1巻

Ⅱ．精神科学序説・第1巻草稿群

1．初期計画と草稿

2．1875年論文のための準備稿「人間・社会・国家の学の歴史研究について」

3．人間・社会・国家の学の歴史研究について

4．自然法の歴史についての研究序説

5．1875年論文の続編

第2巻『精神科学序説Ⅱ』

―精神科学序説・第2巻草稿・講義―

1．精神科学の認識論と論理学のための初期草稿

2．精神科学序説講義（ベルリン1883）

3．精神科学序説・第2巻のためのブレスラウ完成稿　第4部から第6部まで

4．精神科学序説・第2巻のための全体計画　第3部から第6部へ（ベルリン草稿）

5．『序説』のための解説　いわゆる「アルトホーフ書簡」の下書きから

第3巻『論理学・心理学論集』

Ⅰ．論理学

1．哲学的科学の体系と論理学のための初期講義

2．80年代のベルリン論理学講義

3．哲学体系のための後期講義

Ⅱ．認識論

39 『ルネサンスと宗教改革――15・6 世紀における人間の把握と分析』西村貞二訳，創文社，1978年.
40 『精神科学序説――社会と歴史の研究にたいする一つの基礎づけの試み 上巻』山本英一・上田武訳，以文社，1979年．同『下巻』，1981年.
41 『精神科学における歴史的世界の構成』尾形良助訳，以文社，1981年.
42 『生の哲学』久野昭監訳，以文社，1987年.
43 『ディルタイ論文集　道徳・教育・認識・論理の基礎づけ』鬼頭英一訳，公論社，1987年.〔上掲（A） 9「（附）ディルタイ論文集」の再編〕
44 『教育学論集』日本ディルタイ協会訳，以文社，1987年.
45 『世界観学』久野昭監訳，以文社，1989年.

（B） 研究書

1 勝部謙造『ディルタイの哲学』改造社，1924年.
2 海後宗臣『ディルタイの哲学と文化教育学』目黒書店，1926年.『海後宗臣著作集　第三巻　教育思想研究』に再録，東京書籍，1981年.
3 細谷恒夫『ディルタイ・ナートルプ』岩波書店，1936年.
4 宮島肇『歴史と解釈学――ディルタイ歴史哲学序説』成美堂書店，1936年.
5 岸本昌雄『歴史主義哲学の根本問題――ディルタイの哲学と文化体系の客観性』六盟館，1942年.
6 茅野良男『ディルタイ』有斐閣，1959年.
7 西村晧『ディルタイ』牧書店，1966年.
8 尾形良助『ディルタイ研究――ディルタイと社会倫理思想』理想社，1970年.
9 O. F. ボルノー『ディルタイ――その哲学への案内』麻生建訳，未来社，1977年.
10 J. オルテガ・イ・ガセット『ヴィルヘルム・ディルタイと生の理念』佐々木孝訳，未来社，1984年.
11 O. F. ボルノー『ディルタイとフッサール――20世紀哲学の源流』高橋義人訳・解説，岩波書店，1986年.
12 R. A. マックリール『ディルタイ――精神科学の哲学者』大野篤一郎・田中誠・小松洋一・伊東道生訳，法政大学出版局，1993年.
13 塚本正明『現代の解釈学的哲学――ディルタイおよびそれ以後の新展開』世界思想社，1995年.
14 水野建雄『ディルタイの歴史認識とヘーゲル』南窓社，1998年.

14 『体験と文学』服部正己訳，第一書房，1935年.
15 『世界観学――哲学の哲学』船山信一訳，叢文閣，1935年. 三笠書房，1940年.
16 『世界観の研究』山本英一訳，岩波文庫，1935年.
17 『教育史・教育学概論』白根孝之訳，理想社，1937年.（復刻版）有明書房，1982年.
18 『想像力の分析』徳永郁介訳，野田書房，1937年.
19 『生と世界観』佐藤慶二訳，大学書林，1938年.
20 『青年時代のヘーゲル』甘粕石介訳，三笠書房，1938年.（復刻版）名著刊行会，1976年.
21 『歴史の構造』樺俊雄訳，冨山房百科文庫，1940年.
22 『ルネサンス期以後の人間と世界観』松山厚三訳，白揚社，1943年.
23 『フリードリッヒ大王と独逸啓蒙思潮――独逸精神史の研究』大野敏英訳，刀江書院，1943年.
24 『フリードリヒ大王とドイツ啓蒙主義』村岡哲訳，三省堂，1943年.（改訳）創文社，1975年.
25 『プロイセン国家維新遂行者』和田治平訳，国書出版，1944年.
26 『ドイツの文学と音楽　上巻』山西英一訳，河出書房，1944年.
27 『ゲーテ』佐久間政一訳，夏目書店，1946年.
28 『歴史的理性批判』（『ディルタイ著作集』第 4 巻）水野彌彦・細谷恒夫・坂本都留吉訳，創元社，1946年.
29 『十八世紀の大音楽』山西英一訳，河出書房，1947年.
30 『シルレル論』山西英一訳，河出書房，1947年.
31 「ゲーテと詩的想像力」「『日本小説集』への書評」氷上英廣訳，『世界芸術論大系第 9 巻　ドイツ現代』（高橋義孝編）所収，河出書房，1957年.
32 『近代美学史――近代美学の三期と現代美学の課題』澤柳大五郎訳，岩波文庫，1960年.
33 『体験と創作　上』柴田治三郎訳，岩波文庫，1961年. 同『下』，小牧健夫・柴田治三郎訳，1961年.
34 『想像力と解釈学』由良哲次訳，理想社，1962年.（増補版）1975年.
35 『近代的人間像の解釈と分析』小林靖昌訳，理想社，1966年.（改訂版）『近代成立期の人間像』，1979年.
36 『解釈学の成立』久野昭訳，以文社，1973年.（改訂版）1981年.
37 『ヘーゲルの青年時代』久野昭・水野建雄訳，以文社，1976年.
38 「解釈学の成立」塚本正明訳，『解釈学の根本問題』（O. ペゲラー編）所収，晃洋書房，1977年.

ディルタイ邦語文献

＊ここには，（A）ディルタイ原典の主要な邦訳と，（B）ディルタイに関する主要な邦語（邦訳）研究書を刊行年順に排列した．

＊紙幅の制約上，紀要・雑誌類に発表された原典邦訳・研究論文等はすべて省略した．それらを含む総合的な文献目録は，『ディルタイ全集』（法政大学出版局）の『別巻』中に予定されている．

＊作成に際して，次の文献を参考にした．
茅野良男著『ディルタイ』〔下記（B）6〕．同著「日本のディルタイ研究(1)・(2)」（『創文』150・151号）1976年．F．ローディ編『ディルタイ年報』第2巻，（欧文）1984年．日外アソシエーツ編『翻訳図書目録45/76』1991年．

（A） 原典邦訳

1 『哲学の本質』勝部謙造訳，大村書店，1925年．（改訳）1926年．
2 『精神科学序説』三枝博音訳，大村書店，1928年．人文書房，1930年．
3 『ディルタイ論文集』栗林茂訳，丸善，1929年．
4 「哲学の本質」戸田三郎訳，『哲学とは何か』所収，鉄塔書院，1930年．（改訳）岩波文庫，1935年．
5 『文芸復興と宗教改革』江澤讓爾訳，春陽堂，1931年．
6 「ノヴーリス」「経験と思惟」桝田啓三郎訳，『人間学とは何か』所収，鉄塔書院，1931年．
7 『解釈学の成立』池島重信訳，岩波書店，1932年．
8 『ディルタイ記述的分析的心理学』三枝博音・江塚幸夫訳，モナス，1932年．
9 『精神諸科学序説（上・下）』（世界大思想全集76・83）「（附）ディルタイ論文集」鬼頭英一訳，春秋社，1933年．『全訳　精神諸科学序説（上・下）』（哲学名著叢書１・２），1935年．
10 『詩と体験』佐久間政一訳，モナス，1933年．
11 『独逸精神史研究』細谷徳三郎・富岡益五郎訳，政経書院，1933年．
12 『近世美学史——近世美学の三画期と今日の課題』徳永郁介訳，第一書房，1934年．（改訳）創元文庫，1953年．
13 『歴史と生の哲学』藤平武雄訳，モナス，1934年．

58 大西克礼『ロマン主義の美学』1961年.
59 大森淳史「生の理解と芸術作品の解釈―― W.ディルタイの美学について」，太田喬夫他編『美・芸術・真理――ドイツの美学者たち』所収，昭和堂，1987年.
60 小倉貞秀『マックス・シェーラー――人とその思想』塙新書，1969年.
61 齋藤智志他訳著『ショーペンハウアー哲学の再構築――『充足根拠律の四方向に分岐した根について』（第一版）訳解』法政大学出版局，2000年.
62 小牧健夫『ヘルダーリン研究』白水社，1953年.
63 榊原哲也「ディルタイと中期フッサール現象学の生成」，日本ディルタイ協会編『ディルタイ研究』10所収，1998年.
64 高橋義人「世紀転換期におけるゲーテ・ルネサンス――ディルタイ，ヘッケル，カッシーラー」，『現代思想』1994年2月号所収.
65 塚本正明『現代の解釈学的哲学』世界思想社，1995年.
66 牧野英二『遠近法主義の哲学』弘文堂，1996年.
67 牧野英二「カントとディルタイ」，日本ディルタイ協会編『ディルタイ研究』8所収，1996年.
68 的場哲朗「ハイデッガーとフリッツ・カウフマンにおけるヨルク伯の意味」，日本ディルタイ協会編『ディルタイ研究』8所収，1996年.
69 丸山高司『人間科学の方法論争』勁草書房，1985年.
70 水上藤悦「ディルタイのゲーテ受容――『体験と文学』について」，日本ゲーテ協会編『ゲーテ年鑑』39巻所収，1997年.
71 山脇直司「シュライアーマッハーの哲学思想と学問体系」，廣松渉他編『講座ドイツ観念論』第4巻所収，弘文堂，1990年.

Arthur Schopenhauer Sämtliche Werke Bd. 2, hrsg. von A. Hübscher, Wiesbaden, ³1972.

39 Schopenhauer, A.: *Der handschriftliche Nachlaß, Bd. 1,* hrsg. von A. Hübscher, München, 1985.

40 Spiegelberg, H.: *The Phenomenological Movement. A Historical Introduction,* The Hague/Boston/London, ³1982. H. スピーゲルバーグ『現象学運動』(上), 立松孝弘監訳, 世界書院, 2000年.

41 Stegmaier, W.: *Philosophie der Fluktuanz. Dilthey und Nietzsche,* Göttingen, 1990.

42 Walzel, O.: *Deutsche Romantik,* 2. Bde., Leipzig/Berlin, 1918.

43 Zöckler, C.: *Dilthey und die Hermeneutik. Diltheys Begründung der Hermeneutik und die Geschichte ihrer Rezeption,* Stuttgart, 1975.

44 シュライエルマッヘル『宗教論』佐野勝也・石井次郎訳, 岩波文庫, 1961年.

45 シュライエルマッハー『独白』木場深定訳, 岩波文庫, 1995年.

46 ハイデガー『存在と時間』(世界の名著62) 原佑訳, 中央公論社, 1971年. 他に, 桑木務訳, 岩波文庫. 細谷貞雄他訳 (『ハイデッガー選集』16・17), 理想社. 辻村公一訳 (『有と時』,『ハイデッガー全集』第2巻), 創文社, 1999年, など.

47 W. H. プレーガー『シュライアーマッハーの哲学』増渕幸男監訳, 玉川大学出版部, 1998年.

48 O. ペゲラー『解釈学の根本問題』晃洋書房, 1977年.

49 O. F. ボルノー『ディルタイとフッサール——20世紀哲学の源流』高橋義人訳・解説, 岩波書店, 1986年.

50 P. リクール『解釈の革新』久米博他編訳, 白水社, 1985年.

51 P. リクール『解釈の理論——言述と意味の余剰』牧内勝訳, ヨルダン社, 1993年.

52 道元語録『正法眼蔵随聞記』懐奘編・和辻哲郎校訂, 岩波文庫, 1929年.

53 道元禅師『正法眼蔵』(上)・(中)・(下) 衛藤即應校註, 岩波文庫, 1939-43年.

54『和辻哲郎全集』, 岩波書店, 1991年.

55 和辻照『和辻哲郎とともに』新潮社, 1966年.

56 坂部恵『和辻哲郎』岩波書店, 1986年.

57 伊藤直樹「ディルタイにおける生の美学の構成——体験の場としての感情と想像力の論理——」, 日本ディルタイ協会編『ディルタイ研究』10所収, 1998年.

München, 1994.
21 Krausser, P.: *Kritik der endlichen Vernunft,* Frankfurt a. M., 1968.
22 Mader, W.: *Scheler,* Hamburg, 1980.
23 Kühne-Bertram, G.: Paul Yorck von Wartenburgs Interpretation der Heraklit-Fragmente als Konkretisierung seiner historisch-psychologischen Lebensphilosophie, in: *Dilthey-Jahrbuch* Bd. 5, 1988.
24 Lessing, H.-U.: *Die Idee einer Kritik der historischen Vernunft,* Freiburg/München, 1984.
25 Lessing, H.-U.: *Hermeneutik der Sinne,* Freiburg/München, 1999.
26 Makkreel, R. A.: *Dilthey. Philosopher of the Human Studies,* Princeton, 1975; dt.: *Dilthey. Philosoph der Geisteswissenschaften.* übersetzt von B. M. Kehm, Frankfurt a. M., 1991. R. A. マックリール『ディルタイ――精神科学の哲学者』大野篤一郎他訳，法政大学出版局，1993年.
27 Misch, G.: *Vom Lebens- und Gedankenkreis Wilhelm Diltheys,* Frankfurt a. M., 1947.
28 Orth, E. W. (hrsg.): *Dilthey und der Wandel des Philosophiebegriffs seit dem 19. Jahrhundert* (*Phänomenologische Forschungen Bd. 16*), Freiburg/München, 1984.
29 Reiff, P.: *Die Ästhetik der deutschen Frühromantik,* Urbana, 1946.
30 Renthe-Fink, L. v.: *Geschichtlichkeit. Ihr terminologischer und begrifflicher Ursprung bei Hegel, Haym, Dilthey und Yorck,* Göttingen, [2]1968 (1. Aufl. 1963).
31 Rickman, P.: *Wilhelm Dilthey. Pioneer of Human Studies,* London, 1979.
32 Riedel, M.: *Verstehen oder Erklären?* Stuttgart, 1978.
33 Rodi, F.: *Morphologie und Hermeneutik,* Stuttgart, 1969.
34 Rodi, F.: *Erkenntnis des Erkannten. Zur Hermeneutik des 19. und 20. Jahrhunderts,* Frankfurt a. M., 1990.
35 Scheler, M.: Idealismus-Realismus, und Zusätze aus den nachgelassenen Manuskripten, in: *Max Scheler Gesammelte Werke Bd. 9,* Bern/München, 1975.
36 Scholtz, G.: *Die Philosophie Schleiermachers,* Darmstadt, 1984.
37 Schopenhauer, A.: *Ueber die vierfache Wurzel des Satzes vom zureichenden Grunde, 1. Ausgabe,* in: *Arthur Schopenhauer Sämtliche Werke Bd. 7,* hrsg. von A. Hübscher, Wiesbaden, [3]1972.
38 Schopenhauer, A.: *Die Welt als Wille und Vorstellung, Bd. 1,* in:

1983.
5 Ermarth, M.: *Wilhelm Dilthey. The Critique of Historical Reason,* Chicago, 1978.
6 Gadamer, H.-G.: *Wahrheit und Methode. Grundzüge einer philosophischen Hermeneutik,* Tübingen, 1960. Jetzt in: *Gesammelte Werke Bd. 1,* Tübingen, 1986. H.-G. ガダマー『真理と方法』 I，法政大学出版局，1983年．（II・IIIは未刊）
7 Gadamer, H.-G.: *Gesammelte Werke Bd. 2, Bd. 4, und Bd. 10,* Tübingen, 1985ff.
8 Gründer, K.: *Zur Philosophie des Grafen Paul Yorck von Wartenburg. Aspekte und neue Quellen,* Göttingen, 1970.
9 Haering, T.: *Novalis als Philosoph,* Stuttgart, 1954,
10 Hegel, G. F. W.: *Theologische Jugendschriften.* hrsg. v. Herman Nohl, Tübingen, 1907. ノール編『ヘーゲル初期神学論集 I・II』久野　昭他訳，以文社，1973/74年．
11 Heidegger, M.: Wilhelm Diltheys Forschungsarbeit und der gegenwärtige Kampf um eine historische Weltanschauung. 10 Vorträge (Gehalten in Kassel vom 16. IV.-21. IV. 1925), in: *Dilthey-Jahrbuch* Bd. 8, 1993.
12 Hodges, H. A.: *The Philosophy of Wilhelm Dilthey,* London, 1952.
13 Husserl, E.: *Ideen zu einer reinen Phänomenologie und phänomenologischen Philosophie. Erstes Buch. Allgemeine Einführung in die reine Phänomenologie,* in: *Husserliana Bd. 3/1,* Den Haag, 1976. フッサール『純粋現象学と現象学的哲学のための諸構想』渡邊二郎訳，みすず書房，1979-1984年．
14 Ineichen, H.: *Erkenntnistheorie und geschichtlich-gesellschaftliche Welt. Diltheys Logik der Geisteswissenschaften,* Frankfurt a. M, 1975.
15 Ineichen, H.: Diltheys Kant-Kritik, in: *Dilthey-Jahrbuch,* Bd. 2, 1984.
16 Johach, H.: *Handelnder Mensch und objektiver Geist. Zur Theorie der Geistes- und Sozialwissenschaften bei Wilhelm Dilthey,* Frankfurt a. M., 1974.
17 Jung, M.: *Dilthey zur Einführung, Hamburg,* 1996.
18 Kant, I.: *Logik,* in: *Kants Werke, Bd. 9,* 1923.
19 Kaufmann, F.: Die Philosophie des Grafen Paul Yorck von Wartenburg, in: *Jahrbuch für Philosophie und Phänomenologische Forschung 9,* 1928.
20 König, J. / Plessner,H.: *Briefwechsel 1923-1933,* Karl Alber, Freiburg/

tion, Stuttgart, 1975.
28 H. E. テノルト『教育学における〈近代〉問題』小笠原道雄・坂越正樹監訳，玉川大学出版部，1998年.
29 H. プレスナー『ドイツロマン主義とナチズム』松本道介訳，講談社学術文庫，1995年.
30 F. マッキンタイヤー『西洋倫理学史』深谷昭三訳，以文社，1992年.
31 伊藤直樹「ディルタイにおける生の美学の構成——体験の場としての感情と想像力の論理」，日本ディルタイ協会編『ディルタイ研究』10所収，1998年.
32 大石　学「個性と歴史的世界——ディルタイの「客観的精神」概念について」，日本ディルタイ協会編『ディルタイ研究』10所収，1998年.
33 尾形良助『ディルタイ研究』理想社，1970年.
34 小笠原道雄編著『精神科学的教育学の研究』玉川大学出版部，1999年.
35 小田垣雅也『解釈学的神学』創文社，1975年.
36 小田垣雅也『キリスト教の歴史』講談社学術文庫，1995年.
37 茅野良男『ディルタイ』有斐閣，1959年.
38 高橋義人「ディルタイ解釈学の形態学的視座」，『思想』No. 716所収，岩波書店，1984年.
39 西谷啓治「人間解釈の類型性とその意義——歴史認識論の一つの試み」，『西谷啓治著作集』第１巻（『根源的主体性の哲学・正』），創文社，1986年.
40 丸山高司「解釈学的理性——知の理論をめぐって」，『現象学運動　岩波講座現代思想６』所収，岩波書店，1993年.
41 日本ディルタイ協会編『ディルタイ研究』（第１号，1987年創刊．2001年現在，第12号まで既刊）
42 『理想』第666号（「ディルタイ特集」），理想社，2001年.

第Ⅲ部　ディルタイをめぐる哲学者群像

1 Arendt, H. : *Lectures on Kant's Political Philosophy,* Chicago, 1982. 浜田義文監訳『カント政治哲学の講義』法政大学出版局，1987年.
2 Bambach, C. R. : *Heidegger, Dilthey and the Crisis of Historicism,* Ithaca, 1995.
3 Bollnow, O. F. : *Dilthey. Eine Einführung in seine Philosophie,* Stuttgart, ^{3}1967（1. Aufl., Leipzig, 1936）. O. F. ボルノー『ディルタイ——その哲学への案内』麻生建訳，未来社，1977年.
4 Bollnow, O. F. : *Studien zur Hermeneutik Bd. 2,* Freiburg/München,

11 Makkreel, R. A. /Scanlon, J. (ed.) : *Dilthey and Phenomenology,* Washington, D. C., 1987.
12 Mesure, S. : *Dilthey et la Fondation des Sciences historiques,* Paris, 1990.
13 Misch, G. : *Vom Lebens- und Gedankenkreis Wilhelm Diltheys,* Frankfurt a. M., 1947.
14 Nohl, H. : Theologie und Philosophie in der Entwicklung Wilhelm Diltheys, in : *Die Deutsche Bewegung. Vorlesungen und Aufsätze zur Geistesgeschichte von 1770-1830,* Göttingen, 1970.
15 Palmer, R. : *Hermeneutics : Interpretation Theory in Schleiermacher, Dilthey, Heidegger and Gadamer,* Evanston, Ill, 1969.
16 Peschken, B. : *Versuch einer germanischen Ideologiekritik. Goethe, Lessing, Novalis, Tieck, Hölderlin, Heine in Wilhelm Diltheys und Julian Schmidts Vorstellungen,* Stuttgart, 1972.
17 Plantinga, Th. : *Historical Understanding in the Thought of Wilhelm Dilthey,* Toronto, 1980.
18 Rickman, H. P. : *Dilthey Today. A Critical Appraisal of the Contemporary Relevance of His Work,* New York/Westport, Conneticut/London, 1988.
19 Robinson, J. M. : *A New Quest of the Historical Jesus,* London, 1959.
20 Rodi, F./Lessing, H.-U. (hrsg.) : *Materialien zur Philosophie W. Diltheys,* Frankfurt/M. 1984.
21 Sauerland, K. : *Diltheys Erlebnisbegriff. Enstehung, Glanzzeit und Verkümmerung eines literaturhistorischen Begriffs,* Berlin/New York, 1972.
22 Scheler, M. : *Wesen und Formen der Sympathie,* in : *Max Scheler Gesammelte Werke Bd. 7,* Bern/München, 1973.
23 Schnädelbach, H. : *Geschichtsphilosophie nach Hegel,* Freiburg/München, 1974. H. シュネーデルバッハ『ヘーゲル以後の歴史哲学』古東哲明訳，法政大学出版局，1994年.
24 Schnädelbach, H. : *Philosophie in Deutschland 1831-1933,* Frankfurt a. M., 1983.
25 Taylor, M. C. : *Deconstructing Theology,* New York, 1982.
26 Thielen, J. : *Wilhelm Dilthey und die Entwicklung des geschichtlichen Denkens im ausgehenden 19. Jahrhundert,* Wurzburg, 1999.
27 Zöckler, Ch. : *Dilthey und die Hermeneutik. Diltheys Begründung der Hermeneutik als "Praxiswissenschaft" und die Geschichte ihrer Rezep-*

12 Pechlivanos, M., u. a. (hrsg.) : *Einführung in die Literaturwissenschaft,* Stuttgart/Weimar, 1995.
13 Rodi, F. : *Morphologie und Hermeneutik. Zur Methode von Diltheys Ästhetik,* Stuttgart/Berlin/Köln/Mainz, 1969.
14 Wehrli, M. : *Allgemeine Literaturwissenschaft,* Bern/München, ²1969.
15 水野建雄『ディルタイの歴史認識とヘーゲル』南窓社，1998年.

第II部　ディルタイ思想の全体像

1 Birus, H. (hrsg.) : *Hermeneutische Positionen : Schleiermacher, Dilthey, Heidegger, Gadamer.* Göttingen, 1982. H. ビールス編『解釈学とは何か』竹田純郎他訳，山本書店，1987年.
2 Bollnow, O. F. : *Dilthey. Eine Einführung in seine Philosophie,* Stuttgart. ³1967 (1. Aufl., Leipzig, 1936). O. F. ボルノー『ディルタイ――その哲学への案内』麻生建訳，未来社，1977年.
3 Bulhof, I. N. : *Wilhelm Dilthey. A Hermeneutik Approach to the Study of History and Culture.* Den Haag/Boston/London, 1980.
4 Fuchs, E. : *Hermeneutik,* Bad Cannstatt, ³1963.
5 Herfurth, Th. : *Diltheys Schriften zur Ethik. Der Aufbau der moralischen Welt als Result einer Kritik der introspektiven Vernunft,* Würzburg, 1992.
6 Hermann, U. : *Die Pädagogik Wilhelm Diltheys. Ihr wissenschafttheoretischer Ansatz in Diltheys Theorie der Geisteswissenschaften,* Göttingen, 1971.
7 Homan, A. : *Diltheys Bruch mit Metaphysik. Die Aufhebung des Hegelschen Philosophie im geschichtlichen Bewußtsein,* Freiburg/München, 1995.
8 Ineichen, H. : *Erkenntnistheorie und geschichtlich-gesellschaftliche Welt. Diltheys Logik der Geisteswissenschaften,* Frankfurt a. M., 1975.
9 Landgrebe, L. : Wilhelm Diltheys Theorie der Geisteswissenschaften, in : *Jahrbuch für Philosophie und phänomenologische Forschung, Bd. 9,* 1928.
10 Makkreel, R. A. : *Dilthey. Philosopher of the Human Studies, Princeton,* 1975 ; dt : *Dilthey. Philosoph der Geisteswissenschaften,* übersetzt von B. M. Kehm, Frankfurt a. M., 1991. R. A. マックリール『ディルタイ――精神科学の哲学者』大野篤一郎他訳，法政大学出版局，1993年.

参考文献

本書所収の各論文において直接的・間接的に言及された二次文献，あるいは，さらなる関心をもつ読者に益すると思われる文献を以下に挙げておく．巻末の「ディルタイ関係邦語文献目録」とあわせて参考にしていただきたい．

第Ⅰ部　ディルタイの思想と生涯

1 Bochenski, I. M.: *Europäische Philosophie der Gegenwart,* Tübingen/Basel, 1947, ³1994.

2 Bollnow, O. F.: *Dilthey. Eine Einführung in seine Philosophie.* Stuttgart, ³1967（1. Aufl., Leipzig, 1936）. O. F. ボルノー『ディルタイ――その哲学への案内』麻生建訳，未来社，1977年.

3 Bollnow, O. F.: *Studien zur Hermeneutik Bd. 1. Zur Philosophie der Geisteswissenschaften,* Freiburg/München, 1982. O. F. ボルノー『解釈学研究Ⅰ』西村皓・森田孝監訳，玉川大学出版部，2000年新装版.

4 Bollnow, O. F.: Wilhelm Dilthey als Begründer einer hermeneutischen Philosophie, in: *Zwischen Philosophie und Pädagogik. Vorträge und Aufsätze,* Aachen, 1988. O. F. ボルノー「ディルタイ研究の新たな諸課題」森田孝訳，日本ディルタイ協会編『ディルタイ研究』第1号所収，1987年.

5 Brenner, P. J.: *Das Problem der Interpretation. Eine Einführung in die Grundlagen der Literaturwissenschaft,* Tübingen, 1998.

6 Hauff, J. u.a.: *Methodendiskussion. Arbeitsbuch zur Literaturwissenschaft,* Frankfurt a. M., 1972.

7 Jung, M.: *Dilthey zur Einführung,* Hamburg, 1996.

8 Loquai, F.: *Hamlet und Deutschland. Zur literarischen Shakespeare-Rezeption im 20. Jahrhundert,* Stuttgart/Weimar, 1995.

9 Makkreel, R. A.: *Dilthey. Philosopher of the Human Studies.* Princeton. 1975. R. A. マックリール『ディルタイ――精神科学の哲学者』大野篤一郎他訳，法政大学出版局，1993年.

10 Martens, E. u. a.: *Philosophische Meisterstücke.* Stuttgart, 1998.

11 Meier-Seethaler, C.: *Gefühl und Urteilskraft. Ein Pladoyer für die emotionale Vernunft,* München, 1993, 1998（2. durchgesehene Auflage）.

1887年　「詩人の創造行為」（のちに『全集』収録に際して，「詩人の想像力．詩学のための礎石」という標題にあらためられた）を発表．ベルリンのプロイセン学士院会員に就任．これ以後，数多くの講演を学士院において行ない，その成果が『アカデミー報告』に発表された．1902年より刊行が開始されたアカデミー版『カント全集』の編集責任者として，その刊行に多大な寄与をなす．

1890年　「実在性論文」を学士院にて報告．

1892年　「近代美学の三つの時期とその今日的課題」を『ドイッチェ・ルントシャウ』に発表．

1894年　「記述的分析的心理学の構想」を学士院にて報告．

1895年　「個性研究への寄与［比較心理学について］」を学士院にて報告．

1896年　ベルリン大学の同僚，実験心理学者ヘルマン・エビングハウスが「説明的心理学と記述的心理学」を発表し，ディルタイ批判を行なう．

1897年　ヨルク死去．

1900年　「解釈学の成立」を発表（96・97年の二つのアカデミー報告にもとづく）．

フッサール『論理学研究』第１巻公刊．ディルタイは本書を高く評価．

1905年　「ヘーゲルの青年時代」を報告．

1906年　『体験と創作』公刊．

1907年　「哲学の本質」を発表．

1910年　「精神科学における歴史的世界の構成」（1904年以降に行なわれた一連の講演をまとめたもの）を発表．

1911年　フッサールが「厳密学としての哲学」を『ロゴス』誌に発表．ディルタイに対する批判的言及をなす．

「世界観学」を発表．「宗教の問題」の執筆を開始するも，完成には至らず．

10月１日，南ティロルにて死去．享年77歳．

作成者：伊藤直樹／大石 学／齋藤智志／舟山俊明（五十音順）

ディルタイ略年譜

1833年　11月19日，ライン河畔ヴィースバーデン近郊のビープリヒにて生まれる．

1852年　ハイデルベルク大学入学．法学専攻を志望するも，父親の強い勧めにより神学研究に向かう．クーノ・フィッシャーに出会い，影響を受ける．

1853年　ベルリン大学へ転学．ランケ（歴史学），トレンデレンブルク（哲学）らのもとで，歴史学および哲学研究に比重を移す．

1856年　聖職者およびギムナジウム教師の国家試験合格．ベルリンのフランス語ギムナジウムで，ついでヨアヒムスタール・ギムナジウムでドイツ語，哲学，歴史，ヘブライ語などの教師を務める（1858年秋まで）．

1859年　論文「先行するもろもろの試みとの関係におけるシュライアーマッハー解釈学の意義について」によりシュライアーマッハー基金の懸賞受賞．『シュライアーマッハー書簡集』第3巻および第4巻の編集をルートヴィヒ・ヨーナスと共同で担当（ヨーナスは同年死去）．

1864年　眼疾のために，所期の博士論文執筆を断念．「シュライアーマッハー倫理学の原理について」で博士号を得る．同年，「道徳的意識の分析の試み」で教授資格を得る．ベルリン大学私講師就任．

1867年　バーゼル大学員外教授就任（68年まで）．

1868年　キール大学教授就任（71年まで）．

1870年　『シュライアーマッハーの生涯』第１巻公刊．

1871年　ブレスラウ大学教授就任（82年まで）．

1874年　カタリーナ・ピュットマンと結婚（77年に長女クララ，84年に長男マクシミーリアーン，87年に次女ヘレーネがそれぞれ誕生）．

1875年　「人間・社会・国家の学の歴史研究について」発表．

1877年　パウル・ヨルク・フォン・ヴァルテンブルク伯爵との往復書簡はじまる（親交は71年にはじまり，ヨルクの死までつづく）．

1882年　ロッツェの後任としてベルリン大学教授就任（1906年まで）．

1883年　『精神科学序説』第１巻公刊．

1886年　「詩的想像力と狂気」をベルリンの軍医学校にて講演，同じ標題で公刊．

ディルタイ著作索引

ヤ 行

ラ 行

ワ 行

マ　行

タ　行

ナ　行

ハ　行

サ　行

事項索引

ア　行

カ　行

ワ　行

ヨーアッハ　Johach, H.　43, 44
ヨーナス　Jonas, L.　(1797-1859)　23, 164, 206
ヨルク　Paul Yorck von Wartenburg　(1835-97)　26, 27, 42, 44, 85, 94, 97, 129, 156, 175, 253-261, 323

ラ　行

ライプニッツ　Leibniz, G. W.　(1646-1716)　135, 140
ライモンディ　Raimondi, M.　(1475頃-1534頃)　114, 118, 120, 121
ラザルス　Lazarus, M.　(1824-1903)　21
ラスキン　Raskin, J.　(1819-1900)　113
ラスク　Lask, E.　(1875-1915)　263
ラファエロ　Rafaello Santi　(1483-1520)　112, 121, 128
ランケ　Ranke, L. v.　(1795-1886)　20, 174, 223
ラントグレーベ　Landgrebe, L.　(1902-91)　201, 203
リクール　Ricoeur, P.　(1913-)　320, 324-326
リーグル　Riegl, A.　(1858-1905)　115
リッカート　Rickert, H.　(1863-1936)　186, 263, 268, 296, 310, 337, 338, 342
リッター　Ritter, J. W.　(1776-1810)　215
リッター　Ritter, K.　(1779-1859)　20
リット　Litt, T.　(1880-1962)　101
リップス　Lipps, H.　(1889-1941)　316, 318
リーデル　Riedel, M.　(1936-)　44, 193, 199
リープマン　Liebmann, O.　(1840-1912)　189
リュッチェ　Rütsche, J.　(1944-)　71
リール　Riel, A.　(1844-1924)　270
ルカーチ　Lukács, G.　(1885-1971)　272, 328, 334
ルター　Luther, M.　(1483-1546)　18, 136, 139-143, 146
レッシング　Lessing, G. E.　(1729-81)　7, 8, 36, 164, 207, 214
レッシング　Lessing, H.-U.　(1953-)　44, 45
レーデカー　Redeker, M.　41
ローディ　Rodi, F.　(1930-)　42-45, 321
ロック　Locke, J.　(1632-1704)　103, 104, 190, 199, 265
ロッツェ　Lotze, R. H.　(1817-81)　27, 202, 203
ローゼンクランツ　Rosenkranz, J. K. F.　(1805-79)　225
ロバートソン　Robertson, M.　(1721-93)　137, 143

ベンヤミン　Benjamin, W.　(1892-1940)　330, 333-335
ボイル　Boyle, R.　(1627-71)　204
ボードレール　Baudelaire, C.　(1824-67)　122, 333
ボップ　Bopp, F.　(1791-1867)　20
ホーフマンスタール　Hofmannstahl, H.v.　(1874-1929)　196, 201
ホーム　Home, H.　(1696-1782)　88
ホルクハイマー　Horkheimer, M.　(1895-1973)　328-331, 333
ボルノー　Bollnow, O. F.　(1903-91)　36, 41, 42, 45, 71, 75, 94, 96, 223, 246, 250, 325, 339

マ　行

マックリール　Makkreel, R. A.　(1939-)　44, 129, 193
マルクス　Marx, K.　(1818-83)　308, 328, 329, 345, 346
マルクーゼ　Marcuse, H.　(1898-1979)　330
マンハイム　Mannheim, K.　(1893-1947)　272, 274, 276, 277, 281-283
三木清　(1897-1945)　260, 345-348, 350, 351
ミケランジェロ　Michelangelo Buonarroti　(1475-1564)　112
ミッシュ　Misch, G.　(1878-1965)　15, 35, 39, 40-42, 74, 94, 137, 164, 166, 171, 196, 223, 224, 227, 230, 246, 297, 309, 313, 315-318, 323, 339
ミッシュ　Misch, C, geb. Dilthey　(1877-？)　42
ミュラー　Müller, J. P.　(1801-58)　25
ミル　Mill, J.S.　(1806-73)　51, 104, 111, 264, 273,
メーテルリンク　Maeterlinch, M.　(1862-1949)　315
メーヌ・ド・ビラン　Maine de Biran　(1766-1824)　199
メンデルスゾーン　Mendelssohn, F.　(1809-47)　3
モムゼン　Mommsen, T.　(1817-1903)　20
モレッリ　Morelli, G.　(1816-91)　125
モンテスキュー　Montesqieu, Ch. L. d. S.　(1689-1755)　137, 143

ヤ　行

ヤコービ　Jacobi, F. H.　(1743-1819)　54
ヤスパース　Jaspers, K.　(1883-1969)　278, 337
ユクスキュル　Uexküll, J. J. v.　(1864-1944)　309
ユング　Jung, C.G.　(1875-1961)　12, 333

フックス　Fuchs, E.（1903-83）179
フッサール　Husserl, E.（1859-1938）8, 31, 41, 58, 87, 188, 196, 201, 286-295, 306, 313, 315, 337, 358
プラトン　Platon（前428/427-348/347）149, 217, 242-244, 289
ブラームス　Brahms, J.（1833-97）16
ブラン　Blanc, C.（1813-82）114
フリース　Fries, J. F.（1773-1843）209, 219
フリードリッヒ大王　Friedrich d. G.（1712-86）136, 140, 143-146
フリシュアイゼン＝ケーラー　Frischeisen-Köhler, M.（1878-1925）101
ブルクハルト　Bruckhardt, J.（1818-97）24, 115, 116, 118, 119, 157
フルッサー　Flusser, V.（1920-91）133
ブルトマン　Bultmann, R. K.（1884-1976）177-179
ブルーノ　Bruno, G.（1548-1600）161
プレスナー　Plessner, H.（1892-1985）305, 309-313, 315, 316, 318
ブレンターノ　Brentano, F.（1838-1917）58, 292
フロイト　Freud, S.（1856-1939）11, 331
フロム　Fromm, E.（1900-80）330
フンボルト　Humboldt, A. v.（1769-1859）219
フンボルト　Humboldt, K. W. v.（1767-1835）135
ペゲラー　Pöggeler, O.（1928-）297
ヘーゲル　Hegel, G. F. W.（1770-1831）3, 8, 16, 25, 27, 31, 58, 63, 110, 135, 137, 174, 186, 187, 189, 192, 207, 217, 219, 220, 223-229, 231, 232, 253, 263, 331, 340, 347, 348, 353, 354, 356
ベーコン　Bacon, F.（1561-1626）204
ベーコン　Bacon, R.（1219頃-92頃）204
ベック　Boeckh, P. A.（1785-1867）20
ヘッセ　Hesse, H.（1877-1962）7
ベニングセン　Benningsen, R. v.（1824-1902）23
ベルクソン　Bergson, H.（1859-1941）307, 315, 337
ヘルダー　Herder, J. G. v.（1744-1803）318
ヘルダーリン　Hölderlin, J. C. F.（1770-1843）7, 36, 214, 216-221, 226, 333
ヘルバルト　Herbart, J. F.（1776-1841）106
ヘルマン　Herrmann, U.（1939-）43, 44, 95, 101
ヘルムホルツ　Helmholtz, H. L. F. v.（1821-94）5, 25, 54, 55, 59, 60
ヘングステンベルク　Hengstenberg, E. W.（1802-68）20
ベンサム　Bentham, J.（1748-1832）104, 110, 111

ナポレオン　Napoleon, N.　(1769-1821)　17
ニーチェ　Nietzsche,　F. W.　(1844-1900)　25, 177, 246-252, 275, 276, 306-308, 311, 315
西田幾多郎　(1870-1945)　viii, 37, 38, 180, 337-345
西谷啓治　(1900-90)　179
ニッチュ　Nitzsch, C. I.　(1787-1868)　20, 159, 160
ニュートン　Newton, I.　(1642-1727)　173, 204
ノヴァーリス　Novalis, F. v. H.　(1772-1801)　36, 175, 214-222
ノーベル　Nobel, A. B.　(1833-96)　16
ノール　Nohl, H.　(1879-1960)　36, 41, 42, 95-99, 101, 159, 160, 225, 226, 229

ハ　行

パスカル　Pascal, B.　(1623-62)　345
ハイデガー　Heidegger, M.　(1889-1976)　vi, 12, 41, 82, 179, 184, 196, 198, 249, 253, 270, 296-298, 300-303, 305, 306, 313, 316, 320, 321, 323-325, 337, 339, 341, 342, 345, 357, 358
ハイム　Haym, R.　(1821-1901)　22, 23, 25, 225
バウムガルテン　Baumgarten, M.　(1812-89)　23
バウル　Baur, F. C.　(1792-1860)　160
パウルゼン　Paulsen, F.　(1846-1908)　96
バッハ　Bach, J. S.　(1685-1750)　25
パノフスキー　Panofsky, E.　(1892-1968)　132
ハーバマース　Habermas, J.　(1929-)　44, 184, 328
バルト　Barth, K.　(1886-1968)　177
バルトーク　Bartok, B.　(1881-1945)　3
ヒス　His, W.　(1831-1904)　25
ビスマルク　Bismarck, O. E. L.　(1815-98)　26, 143, 253
ピヒト　Picht, G.　(1913-82)　252
ヒューム　Hume, D.　(1711-76)　103-105, 137, 143, 190, 199, 265
フィッシャー　Fischer, K.　(1824-1907)　19, 21, 225
フィヒテ　Fichte, J. G.　(1762-1824)　55, 171, 189, 215, 217, 218, 230-236, 300
フェヒナー　Fechner, G. T.　(1801-87)　88
フォイエルバッハ　Feuerbach, L.　(1804-72)　316
フォルケルト　Volkelt, J.　(1848-1930)　123
フーコー　Foucault, M.　(1926-84)　306

タ 行

タイヒミュラー　Teichmüller, G.　(1832-88)　21
ダーウィン　Darwin, C. R.　(1809-82)　12
タウジング　Thausing, M.　(1835-84)　114
ダントー　Danto, A. C.　(1924-)　132
ツヴァイク　Zweig, S.　(1881-1942)　332
ツヴィングリ　Zwingli, U.　(1484-1531)　141
ティーク　Tieck, L.　(1773-1853)　215, 219
ティーツェ　Tietze, H.　(1880-1954)　116
テイラー　Taylor, M. C.　(1945-)　180
ディルタイ，マクシミリアン（父）　Dilthey, M.A.　(1804-67)　16
ディルタイ，ラウラ（母）　Dilthey, M.L, geb. Heuschkel　(1810-87)　16
デカルト　Descartes, R.　(1596-1650)　83, 199, 256, 299, 328, 330
テーテンス　Tetens, J. N.　(1736-1807)　257
テーヌ　Taine, H. A.　(1828-3)　5
テノルト　Tenorth, H. -E.　(1944-)　100
テュルゴー　Turgot, A. R. J.　(1727-81)　143
テンニエス　Tönnies, F.　(1855-1936)　278
テンブルック　Tenbruck, F. H.　(1919-94)　275, 277
トヴェステン　Twesten, A. D.　(1789-1876)　20
道元　(1200-53)　355
トレンデレンブルク　Trendelenburg, F. A.　(1802-72)　19, 21, 24, 202, 203
ドゥンカー　Dunker, M. W.　(1811-86)　23
トライチュケ　Treitschke, H. v.　(1834-96)　22, 23, 123
ドラボルド　Delaborde, H.　(1811-99)　122
トーランド　Toland, J.　(1670-1722)　173
トルストイ　Tolstoi, L. N.　(1828-1910)　315
トレルチ　Troeltsch, E.　(1865-1923)　174, 272, 278
ドロイゼン　Droysen, J. G.　(1808-84)　23

ナ 行

ナトルプ　Natorp, P.　(1851-1924)　263
ナベール　Nabert, J.　(1881-1960)　325

サ　行

シェイクスピア　Shakespeare, W.　(1564-1616)　202, 226, 266, 333
シェーラー　Scheler, M.　(1874-1928)　272, 278, 305-309, 313, 315, 316, 318
シェーラー　Scherer, W.　(1841-86)　5, 6
シェリング　Schelling, F. W. J. v.　(1775-1854)　171, 189, 215, 217, 219, 224, 226, 230-236
シェンケル　Schenkel, D.　(1813-85)　19
下村寅太郎　(1902-95)　337, 338, 340
シャフツベリ　Shaftesbury　(1671-1713)　161
ジャン・パウル　Jean Paul　(1763-1825)　221, 222
シュヴァイツァー　Schweitzer, A.　(1875-1965)　37, 175
シュタイン　Stein, H. v.　(1857-87)　249
シュトゥンプ　Stumpf, C.　(1848-1936)　96, 270
シュトラウス　Strauss, R.　(1864-1949)　3
シュトラウス　Strauss, D. F.　(1808-74)　174
シュネーデルバッハ　Schnädelbach, H.　(1936-)　255
シュプランガー　Spranger, E.　(1882-1963)　41, 65, 101
シュペングラー　Spengler, O.　(1880-1936)　308
シュライアーマッハー　Schleiermacher, F. E. D.　(1768-1834) 3, 4, 8, 9, 14, 20, 23-26, 71, 135, 159-166, 171, 175, 176, 189, 206-213, 218, 224, 231, 321
シュレーゲル（兄）　Schlegel, A. W.　(1767-1849)　215, 219
シュレーゲル（弟）　Schlegel, F.　(1772-1829)　215, 219
シュロッサー　Schlosser, J.　(1739-99)　19
ショパン　Chopin, F.　(1810-49)　3
ショーペンハウアー　Schopenhauer, A.　(1788-1860)　55, 106, 237, 240-244, 275
シラー　Schiller, J. C. F.　(1759-1805)　215, 217, 220, 226, 266
ジンメル　Simmel, G.　(1858-1918)　37, 271-277, 280, 281
スコット　Scott, W.　(1771-1832)　3
スピノザ　Baruch de Spinoza　(1632-77)　161
スペンサー　Spencer, H.　(1820-1903)　272
セイス　Sayce, A.H.　(1845-1933)　126
ソクラテス　Sokrates　(前470/469-399)　256
ゾンバルト　Sombart, W.　(1863-1941)　272, 278

エンペドクレス　Empedokles　(前492頃-432頃)　217, 218
オット　Ott, H.　(1929-)　179
オリゲネス　Origenes　(184/5-253/4)　164

カ　行

カイル　Keil, J. F. K　(1807-88)　210
ガダマー　Gadamer, H.-G.　(1900-)　vi, 44, 66, 130, 184, 192, 223-225, 270, 297, 320-326
カッシーラー　Cassirer, E.　(1874-1945)　263, 270, 271
カント　Kant, I.　(1724-1804)　14, 17, 24, 31, 50, 54, 55, 59, 72, 85, 86, 102-104, 106, 107, 171, 173, 185-194, 198, 199, 204, 207-209, 213, 215, 218, 226, 231, 232, 241, 247, 264, 265, 300, 309-312, 315
ギアーツ　Geertz, C.　(1923-)　80
ギボン　Gibbon, E.　(1737-94)　137
キルケゴール　Kierkegaard, S.　(1813-55)　315
クラーゲス　Klages, L.　(1872-1956)　333
グラーザー　Glaser, A.　(1829-1916)　22, 112
クライスト　Kleist, H. v.　(1777-1811)　7
グリム　Grimm, H.　(1828-1901)　112, 115, 120, 126
グリム　Grimm, J. L.　(1785-1863)　20
グレートゥイゼン　Groethuysen, B.　(1880-1946)　40
クロード　Claudet, A.　(1797-1867)　114
グロートホフ　Groothoff, H.-H.　(1915-)　95
桑木厳翼　(1874-1946)　37, 338
クーン　Kuhn, T. S.　(1922-96)　130
グンドルフ　Gundolf, F.　(1880-1931)　221
ゲーテ　Goethe, J. W. v.　(1749-1832)　3, 7, 16, 65, 125-129, 135, 143, 157, 165, 189, 192, 196-204, 215, 217, 218, 220, 226, 266, 308, 355
ケーニッヒ　König, J.　(1893-1974)　309, 316
ゲーレン　Gehlen, A.　(1904-76)　318
ゲルヴィーヌス　Gervinus, G. G.　(1805-71)　18, 19
コウルリッジ　Coleridge, S. T.　(1772-1834)　175
コーヘン　Cohen, H.　(1842-1918)　263, 270
コント　Comte, A.　(1798-1857)　51, 264, 272, 273
ゴンブリッチ　Gombrich, E. H.　(1909-)　131

人名索引

ア　行

アドルノ　Adorno, T. W.　(1903-69)　329, 330, 333
阿部次郎　(1883-1959)　viii
アリストテレス　Aristoteles　(前384-322)　72, 110, 317, 347
アリナーリ　Alinari, G.　(1836-90)　119
アリナーリ　Alinari, L.　(1832-65)　119
アーレント　Arendt, H.　(1906-75)　193
アントーニ　Antoni, C.　(1896-1959)　278
イエス・キリスト　Jesus Christus　172-176, 179, 180, 227
伊藤吉之助　(1885-1961)　viii
イナイヘン　Ineichen, H.　44, 188
ヴァインガルテン　Weingarten, H.　(1834-92)　21
ヴァッケンローダー　Wackenroder, W. H.　(1773-98)　219
ヴァールブルク　Warburg, A.　(1866-1929)　132
ヴィンデルバント　Windelband, W.　(1848-1915)　58, 186, 263-270, 310, 338, 342
ヴェスターマン　Westermann, G.　(1810-79)　112
ヴェニガー　Weniger, E.　(1894-1961)　41
ヴェーバー　Weber, A.　(1868-58)　272, 278
ヴェーバー　Weber, M.　(1864-1920)　66, 270, 272, 274-278, 280-282
ヴェーバー　Weber, C. M. v.　(1786-1826)　16
ヴェルフリン　Wölfflin, H.　(1864-1945)　115, 118, 120, 122-126, 130, 333
ヴェーレンペニヒ　Wehrenpfennig, W.　(1829-92)　21, 23
ヴォルテール　Voltaire　(1694-1778)　143
ウンガー　Unger, R.　(1876-1942)　37
ヴント　Wundt, W.　(1832-1920)　4, 57, 266, 268
エックハルト　Eckhart, M.　(1260頃-1327頃)　141
エビングハウス　Ebbinghaus, H.　(1850-1909)　29, 62, 87, 270
エルネスティ　Ernesti, J. A.　(1707-81)　210
エーベリング　Ebeling, G.　(1912-)　179

ディルタイと現代　歴史的理性批判の射程

2001年3月23日　初版第1刷発行

編　者　西村　皓／牧野英二／舟山俊明
発行所　財団法人　法政大学出版局
102-0073　東京都千代田区九段北3-2-7
電話03(5214)5540　振替00160-6-95814
製版・印刷　三和印刷
製本　鈴木製本所

ISBN4-588-12100-6

高橋　義人（たかはし　よしと）
1945年生．京都大学教授
外山　和子（とやま　かずこ）
1956年生．神戸大学大学教育研究センター非常勤講師
久野　　昭（くの　あきら）
1930年生．広島大学名誉教授・国際日本文化研究センター名誉教授
森田　侑男（もりた　ゆきお）
1939年生．東京学芸大学教授
北川　東子（きたがわ　さきこ）
1952年生．東京大学教授
鏑木　政彦（かぶらぎ　まさひこ）
1965年生．九州大学大学院助教授
向井　　守（むかい　まもる）
1934年生．九州産業大学教授
西谷　　敬（にしたに　けい）
1937年生．奈良産業大学教授　奈良女子大学名誉教授
榊原　哲也（さかきばら　てつや）
1958年生．立命館大学助教授
山本　幾生（やまもと　いくお）
1953年生．関西大学教授
的場　哲朗（まとば　てつろう）
1949年生．白鴎大学教授
巻田　悦郎（まきた　えつろう）
1961年生．東京理科大学講師
今井　康雄（いまい　やすお）
1955年生．東京大学大学院助教授
溝口　宏平（みぞぐち　こうへい）
1946年生．大阪大学大学院教授
丸山　高司（まるやま　たかし）
1944年生．府立大阪女子大学教授
長井　和雄（ながい　かずお）
1923年生．東京学芸大学名誉教授
松友　昭繁（まつとも　あきしげ）
1942年生．聖カタリナ女子大学教授

編者紹介

西村　　皓（にしむら　しろし）
1925年生．慶應義塾大学名誉教授・日本ディルタイ協会代表理事
牧野　英二（まきの　えいじ）
1948年生．法政大学教授
舟山　俊明（ふなやま　としあき）
1950年生．慶應義塾大学教授

執筆者紹介（掲載順）

宮下　啓三（みやした　けいぞう）
1936年生．慶應義塾大学教授
西村　　皓（にしむら　しろし）
1925年生．慶應義塾大学名誉教授・日本ディルタイ協会代表理事
舟山　俊明（ふなやま　としあき）
1950年生．慶應義塾大学教授
森田　　孝（もりた　たかし）
1929年生．郡山女子大学教授・大阪大学名誉教授
伊藤　直樹（いとう　なおき）
1963年生．法政大学兼任講師
塚本　正明（つかもと　まさあき）
1947年生．奈良女子大学教授
大石　　学（おおいし　まなぶ）
1965年生．東洋大学／慶應義塾大学非常勤講師
小笠原道雄（おがさわら　みちお）
1936年生．放送大学教授・広島学習センター所長
増淵　幸男（ますぶち　ゆきお）
1945年生．上智大学教授
前田富士男（まえだ　ふじお）
1944年生．慶應義塾大学教授
水野　建雄（みずの　たつお）
1940年生．筑波大学教授
竹田　純郎（たけだ　すみお）
1945年生．金城学院大学教授
齋藤　智志（さいとう　さとし）
1962年生．電気通信大学非常勤講師
薗田　　坦（そのだ　たん）
1936年生．龍谷大学教授
小田垣雅也（おだがき　まさや）
1929年生．みずき教会牧師・元国立音楽大学教授
牧野　英二（まきの　えいじ）
1948年生．法政大学教授